KB027314

The Introductory Guide to Art Therapy

Experiential Teaching and Learning for Students and Practitioners

임상 적용을 위한

미술치료의 이해

Susan Hogan · Annette M. Coulter 공저

하은혜 · 곽진영 · 김효식 공역

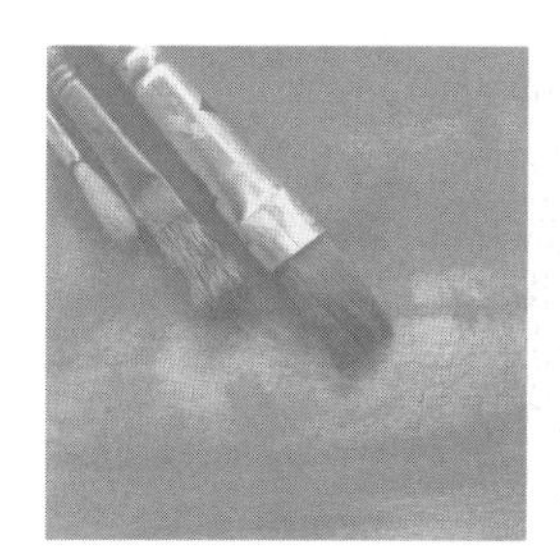

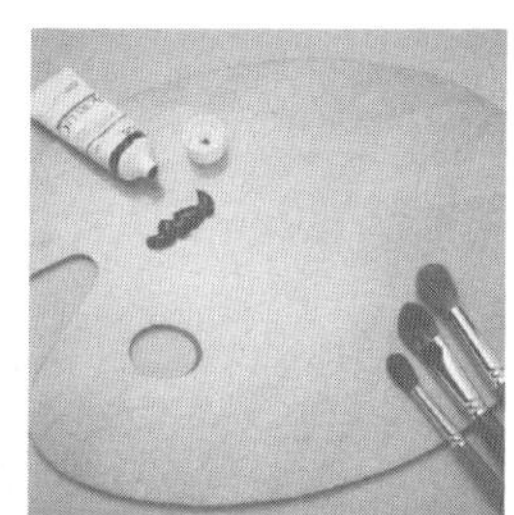

학지사

The Introductory Guide to Art Therapy:
Experiential Teaching and Learning for Students and Practitioners
by Susan Hogan and Annette M. Coulter

역자 서문

미술치료에 대한 관심이 놀라우리만큼 늘고 있고, 우리나라에도 대학원 과정에 미술치료학과가 많이 개설되고 있다. 이에 따라 다양한 독자층을 대상으로 미술치료가 무엇인지를 설명하는 저서들이 출간되고 있지만 아직까지 미술치료를 시작하는 수련생 및 학생을 위한 전문적인 입문서가 충분하지 않은 실정이다.

이 책은 미술치료에 대한 기본적인 개념을 다루는 입문서인 동시에 미술치료 수련생이 알아야 할 필수적인 개념과 다양한 주제를 다룬다.

역자들에게는 '초심 치료사 시절에 미술치료가 어떻게 진행되는 것일까?' 혹은 '치료에서 어려움이 생길 때는 어떻게 대처해야 하는가?'와 같은 여러 궁금증이 있었다.

이러한 궁금증은 미술치료를 처음 시작하고 공부하는 사람들 대부분이 갖게 되는 당연한 질문이 아닐까 싶다. 미술치료를 시작하고 전문적으로 수련받은 그 누군가에게는 이런 막연한 궁금증에 대한 도움을 주는 것이 필요하다고 생각한다. 역자들은 임상현장에서 갖게 되는 질문들을 여전히 가지고 있고 아직도 배워 나가는 부족한 위치에 있지만, 이 책에서 그동안 거의 다루지 않았던 수련생을 위한 미술치료의 기본적인 개념 및 실제에 대해 자세히 다루었기에 번역을 시작하게 되었다.

이 책은 오랜 기간 동안 다양한 내담자를 만나 온 미술치료 전문가이자 교육자인 Susan과 Annette의 임상현장의 경험을 각 장에 생생하고 자세히 담아내고 있다.

먼저 1장은 책의 간략한 개요에 대한 시작이고, 2장에서는 미술치료의 정의, 미술치료의 역사 및 미술치료실 환경에 대해 다루고 있다. 실제 미술치료사가 치료실을 실용적으로 관리하고 치료실과 매체를 사용하는 데 있어 도움이 되는 지침을 제시한다. 또한 3장과 4장에서는 입문 워크숍 과정에서 도전이 되는 작품 반영과 분석을 위한 경험적 학습에 대해 소개하며 경험적인 교수법 전략에 대해 개관하고 있다. 다양한 주제의 워크숍에서부터 좀 더 확장된 교육과정에 이르기까지 미술치료의 교수법이 제시되어 있으므로 미술치료사들이 교육 및 임상현장에서 활용할 수 있을 것이라고 생각한다.

5장에서는 미술치료사의 근무 환경에서부터 적절한 복장에 이르기까지 임상현장에서 필요한 주제를 다루고 있다. 일반적으로 사용되는 미술치료 평가에 대해서도 기록하고 있다. 6장과 7장에서는 미술치료를 교육하는 데 있어 활용할 수 있는 미술치료 기법 및 실습 과정에 대해 소개하고 있다. 다양한 집단에 미술치료가 무엇인지 교육하고 전문적인 기법을 공유하는 데 있어 도움이 될 것이다.

8장에서는 영국의 미술치료가 지향하는 다양한 이론적 모델이 절충된 미술치료 실습의 주요 모델에 대해 설명하고 있는데, 연속선의 형식으로 표현된 미술치료 실습 영역은 우리나라의 미술치료 환경에서도 적용 가능하며 유용하게 활용할 수 있으리라고 생각한다. 9장에서는 문화적인 요소들을 고려하여 미술 작품에 반응하는 것의 중요성에 대해 설명하고 있다.

10장부터 13장에서는 다양한 대상 및 집단별 미술치료에 대해 다루고 있다. 아동, 가해자, 커플, 가족 및 성인과 집단을 대상으로 한 미술치료에 대해 소개하고 있다. 대상별로 필요한 특정 기법과 실습 과정에서의 권장사항이 기술되어 있다.

공동치료사의 역할이 매우 중요하지만 지금까지 미술치료에서 공동치료사와 함께 치료를 진행하는 것에 대해서는 거의 다루어지지 않았다. Annette는 14장에서 미술치료에서 공동치료사의 이점과 중요성에 대해 다루었다.

15장과 16장에는 슈퍼비전에 대한 내용이 포함되어 있다. 슈퍼비전에 대한 내용은 초심 미술치료사에게 도움이 되는 부분이면서 실제 미술치료사를 훈련시키는 현장에 있는 이들에게도 도움이 될 것이라고 생각한다. 역자들이 번역을 하면서도 매우 반갑게 느껴진 장이었다.

영국과 호주의 미술치료사인 두 저자는 그동안 거의 논의되지 않았던 북미와 캐나다와 비교한 영국과 유럽의 미술치료의 차이에 대해 기술하고, 아시아와 국제적인 관점에 대해서도 마지막 장에서 다루고 있어 흥미롭다. 서로 다른 관점에 대한 이해와 통합을 통해 우리나라의 미술치료사들에게 더욱 폭넓은 시각을 열어 줄 것으로 기대한다.

반복하여 읽어도 부족함이 느껴지는 역서이지만 이 책이 미술치료를 처음 시작하는 수련생뿐만 아니라 임상현장에서 미술이라는 매체를 활용하고자 하는 치료사에게 유익한 틀을 제공할 수 있기를 바란다.

그리고 이 책이 나올 수 있도록 도움을 주신 학지사 김진환 사장님과 편집부 여러 선생님 및 정은혜 선생님께 깊은 감사를 드린다.

2019년 봄

역자들을 대표하여 하은혜

서문

Judith A. Rubin PhD, ATR-BC, HLM

미국의 미술치료사가 영국과 호주 미술치료사의 저서에 서문을 기고한다는 것은 놀라운 일이다. 비록 대서양을 사이에 두고 바다의 양쪽에서 편집된 동료들의 저서이지만, 나의 서문이 서로 존중하는 이들의 동료관계를 보여줄 것이다. 이렇게 서문을 작성하는 것은 미술치료 분야가 더 성장하고 있다는 것을 확인시켜 준다. 이러한 요청을 받는 것이 영광스러울 뿐만 아니라 내가 반세기를 활동해 온 미술치료 분야가 지리적 · 정치적 · 이론적인 국경을 가로질러 편안히 교류하기에 충분하다는 것에 대해 기쁘게 생각한다.

미술치료의 '시대가 오고 있다'는 것에 대해 생각하면서, 그간 나의 업적이 미국 내뿐만 아니라 해외, 특히 영국에서 얼마나 영감을 주었는지 생각하게 된다. Susan은 "당신의 주요 커리어 중 미술치료에 영감을 줄 수 있는 서문"을 작성해 달라고 했다. 나는 지난 일들을 되돌아보았고, 개인적으로 보람 있는 과정이었기에 비록 독자들이 영감을 얻지 못하더라도 필요한 정보를 얻기 바란다.

나는 1963년에 이 분야에 처음 발을 내딛었다. 그때 당시 자신을 '미술치료사'라고 부르는 사람이 쓴 책이 한 권 있어 열심히 읽었으나 정보가 매우 부족하게 느껴졌다. 영국인인 Adrian Hill(1945, 1951)이 쓴 책 두 권, Margaret Naumburg(1947, 1950, 1953)와 Edith Kramer(1958)가 쓴 책 네 권이 내가 읽은 전부였다. 나는 치료사이기 이전에 미술교사였고, 이미 자신의 일을 치료적으로 보는 Viktor Lowenfeld(1939, 1957), Florence Cane(1951)과 Seonaid Robertson(1963)과 같은 미술 교육자들의 저서에서 영감을 얻었다. 나는 더 많은 자료를 찾아 도서관을 뒤졌고, 영국의 분석가인 Marion Milner가 쓴 『그림을 그릴 수 없는(On Not Being Able to Paint)』(1957)과 나에게 영구적인 영향을 미친 호주의 정신과 의사 Ainslie Meares(1957, 1958, 1960)의 저서를 발견했을 때의 흥분을 결코 잊지 못한다.

이 작가들은 내가 미술치료에 대한 이해를 얻기 위해 찾은 첫 번째 '관심사가 비슷한 사람들'이었고, 그저 도서관에서 책을 통해 간접적으로 만난 것임에도 불구하고 실제로 만난 것 같이 느껴졌다. 당시 내가 피츠버그에서 유일한 미술치료사였기 때문에 출판물을 통해 미술치료를 알리는 사람들을 발견하는 것은 미술치료라는 새로운 분야에 대한 지식을 얻는 데 도움이 되었다. 그러나 미술치료가 잘 알려진 현시대에서 이것은 효과적 전달방식이라고 하기 어렵다.

내가 책으로 만난 이 '친구들'에 대한 정서적 반응의 강도는 아마도 내 삶에서 미술치료가 가지는 정서적인 의미와 관련이 있는 것 같다. 그것은 마치 나의 진정한 자아를 발견하는 것과 같다고 해도 과언이 아닐 것이다. 이는 내가 쓴 『못생긴 새끼 오리가 백조를 찾는다(An Ugly Duckling Finds the Swans)』(Rubin, 2006)라는 책의 '미술치료 설계자들(Architects of Art Therapy)'이라는 장의 제목에도 반영되어 있다. 나는 항상 예술가, 미술교사 또는 미술사(내가 생각했던 또 다른 직업)가 아닌 미술치료사가 되는 것이 나에게 '적합'하다고 생각해 왔다. 따라서 출판물이었지만 『이미지 마술(Image Magic)』(Kris, 1952)에 대한 비슷한 열정을 가진 다른 사람들을 만났을 때 마음 깊이 친밀감을 느꼈고, 고립감이 완화되었다.

직접 사람들을 대면하여 만나는 것이 훨씬 더 황홀한 경험이었다. 1968년에 「추악함의 심리학(The Psychology of Ugliness)」에 대한 논문을 발표한 스코

틀랜드 출신의 한 유쾌한 친구와 점심을 먹었다(Pickford, 1967). 1970년 미국 미술치료협회의 첫 번째 회의에 참석한 100명 중 한 명으로 마치 나의 전문가 가족(professional family)을 찾은 것 같았다. 한 주간의 세미나 동안 나의 룸메이트였던 영국의 미술치료사 Diana Halliday와 즉각적인 유대감을 느꼈는데(Rubin, 1972), 그것은 아마도 그녀가 아이들과 함께하는 작업이 나와 비슷했기 때문일 것이다. 다음 세미나에서 나는 내가 이미 읽고 감명을 받은 책의 저자인 스코틀랜드의 미술 교육자 Seonaid Robertson에게 매료되었다(Robertson, 1963). 얼마 지나지 않아 Michael Edward와 Edward Adamson을 만났는데, 이들 역시 영국 출신으로 나와 마음이 잘 맞는 사람들이었다.

대서양 건너편에서 이 동료들을 만나는 기쁨을 회상하면서 왜 영국의 문학과 미국의 문학이 수년 동안 서로 교류하지 않는지에 대해 궁금해했던 내 자신이 떠올랐다. 물론 예외는 있었지만 대부분의 경우 미술치료는 가장 광범위하게 발전하고 있는 두 곳에서 독립적으로 성장하고 있는 것으로 보였다. 이유가 무엇이든 간에 시간이 흐르면서, 특히 지난 10년 동안 그 상황이 분명히 바뀌기 시작했다는 것을 알게 되어 기쁘다. 이러한 건강한 발전은 앞서 언급한 성장으로 인하여 최근 몇 년간 미술치료 분야가 주목할 만큼 전 세계적으로 확대되어 왔다.

최근에는 국제기구와 웹 사이트의 급격한 성장을 기반으로 모든 대륙의 동료들이 기여한 영화 〈치유를 위한 보편적 언어(Art Therapy: A Universal Language for Healing)〉(Rubin, 2011)가 제작되었다. 2011년 관련 영화 프로젝트는 전 세계에 있는 미술치료협회의 자원봉사 번역가와 금전적 지원으로 완성되었다. 〈미술치료는 많은 얼굴을 가지고 있다(Art Therapy Has Many Faces)〉(Rubin, 2004)라는 이 DVD는 12개국의 언어로 번역되어 자막이 만들어졌다. 이 아이디어는 몇 년 전 단순하고 복잡한 중국어 자막으로 동일한 영화 버전을 제작한 Liona Lu와 대만 심리치료연구소의 아이디어였다. 우리는 실제로 서로 배우고 돕고 있으며, 이것은 매우 훌륭한 과정이라고 생각한다.

이처럼 전 세계적인 웹의 발전으로 인해 서로 협력하는 것이 훨씬 더 쉬워졌다. 인터넷은 분명히 여러 면에서 우리의 삶을 변화시켰다. 이 저서를 만드는 데 각 장을 이메일로 주고받은 것은 하나의 예이다. 그러나 나는 그러한 원활한 상호 교류가 없더라도 현재의 국제적인 미술치료는 여전히 발전할 것이라고 확신한다. 20세기 초반의 심리학과 예술의 발전이 〈미술치료의 시대가 왔다는 아이디어(Art Therapy an Idea Whose Time Had Come)〉(Rubin, 2004)를 만들어 낸 것처럼 '세계화'는 21세기에 필연적인 세계적 현상으로 발전했다.

미술의 치료적 가치는 결국 인류 역사의 시초부터 존재해 왔다. 미술치료—변화를 위한 치유력을 활용하는 전문 영역—는 그 현상을 반영한 것이다. 이 분야는 지금까지 미국과 영국에서 가장 광범위하게 발전해 왔지만, 다른 많은 문화권에서는 미술의 치료적 가치보다 미술 자체가 보다 더 중심적이고 사회구조에 잘 섞여 있다. 따라서 미술치료가 전 세계에서 다양한 방법으로 성장하고 있으며, 그것이 뿌리를 내리고 있는 특정 문화와 양립할 수 있다는 것은 놀라운 일이 아닐 것이다.

영미권 사람들은 해외에서 상담을 하거나 가르칠 때 우리가 개인이나 가족 또는 단체와 함께 일하는 것만큼 문화적인 문제에 민감할 것이다. 다른 사람들을 잘 돕기 위해 자신을 알아야 하는 것과 마찬가지로 미술치료의 국제적인 발전에 있어서 지역의 개척자들을 돕기 위해서는 문화에 대한 의식을 가지고 민감하게 반응하며 유능하게 대처해야 한다. 이 책은 우리 자신이 편견을 가지고 있다는 불가피한 사실에 대해 잘 다루고 있다.

두 저자가 기록한 것을 읽으며 가장 흥미로운 것 중 하나는 두 저자 모두 전문적인 임상 경험을 통해 그들이 개발한 신념에 대해 매우 솔직하게 기록했다는 것이다. 독자들이 모든 것에 동의하지 않을 수도 있지만, 일부 주제는 일반적으로 그렇게 자세하게 고려되지 않는 주제로서 내가 읽으면서 오랫동안 곰똘히 생각했던 만큼 독자들도 흥미를 가질 것이다.

예를 들어, 공동치료를 하는 것의 복잡성과 이점은 전체 장의 주제이며, 미술치료를 가족 또는 집단에게 제공할 때 동료, 학생 또는 교사와 협력하는 미술치료사에게 도움이 되는 방식으로 자세히 작성되었다. 공동치료사와 함께 작업하는 것은 내담자에게 도움이 되고 이로울 수 있지만, 미술치료사에게는 큰 도전이 된다. 각 임상가에게 불가피하게 나타나는 민감한 전이와 역전이를 인식하는 것은 중요하지만 간과되기도 한다.

이 책은 거의 논의되지 않았거나 실제로 자세히 다루어지지 않았던 부분에 대해 설명한다. 그중 하나가 미술치료 공간으로, 이곳은 실제 미술의 치유력이 나타나는 공간이다. 이는 진정한 변화가 일어나기 위해 모든 치료사가 진지하게 받아들여야 하는 주제이다. 미술치료는 병상이 있는 병동이나 노숙자 쉼터와 같은 최적의 조건이 아닌 곳에서도 제공될 수 있으므로 공간을 가능한 한 안전하게 만드는 것이 절대적으로 중요하다. 별도의 공간이 있는 경우 물리적 환경이 '자유를 위한 틀'을 제공하는지 확인하면서(Rubin, 2005) 미술치료사가 신중한 관심을 갖는 것이 필요하다.

이 책이 매우 반가운 이유 중 하나는 워크숍에서부터 확장된 교육 과정에 이르기까지 교수법의 핵심적인 부분이 4개 이상의 장에서 다루어졌고, 경험 수준이 다른 미술치료를 공부하는 학생, 동종보건전문가 및 미술치료사를 교육하는 것에 이르기 때문이다. 또한 슈퍼비전에 대한 내용을 포함하는 3개의 장은 전적으로 혹은 부분적으로 슈퍼비전에 대한 내용을 다루었는데, 이는 매우 반가운 일이다. 미술치료의 교수법과 원리를 다룬 것과 마찬가지로 그들은 강의실뿐만 아니라 슈퍼비전에 있어서 실제 미술치료사를 훈련하는 현장에 있는 이들에게 가장 도움이 될 것이다.

임상 미술치료사이자 수십 년 동안 교육자로 활동한 두 저자는 자신들에게 친숙한 주제를 다룰 수 있는 상당한 전문 지식을 가지고 있다. 미술치료에 관심 있는 초보자부터 경험 있는 전문가까지 이 책을 읽는 모든 사람이 미술의 놀라운 치유력을 제공하고 홍보하기 위한 노력을 향상시키기 위해 이 책의 내용에서 영감을 얻길 바란다.

참고문헌

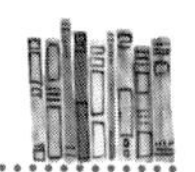

Cane, F. (1951). *The Artist in Each of Us*. London: Thames and Hudson.

Hill, A. (1945). *Art Versus Illness: A Story of Art Therapy*. London: Allen and Unwin.

Hill, A. (1951). *Painting Out Illness*. London: Williams and Northgate.

Kramer, E. (1958). *Art Therapy in a Children's Community*. Springfield, IL: C.C. Thomas.

Kris, E. (1952). *Psychoanalytic Explorations in Art*. New York: International Universities Press.

Lowenfeld, V. (1939). *The Nature of Creative Activity*. London: Routledge and Kegan Paul.

Lowenfeld, V. (1957). *Creative and Mental Growth*. (3rd ed.). New York: Macmillan.

Meares, A. (1957). *Hypnography*. Springfield, IL: C.C. Thomas.

Meares, A. (1958). *The Door of Serenity*. London: Faber and Faber.

Meares, A. (1960). *Shapes of Sanity*. Springfield, IL: C.C. Thomas.

Milner, M. (1957). *On Not Being Able to Paint*. New York: International Universities Press.

Naumburg, M. (1947). Studies of the "free" art expression of behavior problem children and adolescents as a means of diagnosis and therapy. *Nervous and Mental Disease Monograph*, 1947, No. 17.

Naumburg, M. (1950). *Schizophrenic Art*. New York: Grune and Stratton.

Naumburg, M. (1953). *Psychoneurotic Art*. New York: Grune and Stratton.

Pickford, R. W. (1967). *Studies in Psychiatric Art*. Springfield, IL: C.C. Thomas.

Robertson, S. (1963). *Rosegarden and Labyrinth*. London: Routledge and Kegan Paul.

Rubin, J. A. (1972). A framework for freedom. In M. Perkins (Ed.), *International Seminar on the Arts in Education*. Lancaster, MA: Doctor Franklin Perkins School.

Rubin, J. A. (2004). *Art Therapy Has Many Faces*. VHS/ DVD. Pittsburgh, PA: Expressive Media, Inc.

Rubin, J. A. (2005). *Child Art Therapy*. (2nd ed.). Somerset, NJ: Wiley.

Rubin, J. A. (2006). An ugly duckling finds the swans. In M. B. Junge & H. Wadeson

(Eds.), *Architects of Art Therapy* (pp. 105–121). Springfield, IL: C.C. Thomas.

Rubin, J. A. (2011). *Art Therapy: A Universal Language for Healing*. Pittsburgh, PA: Expressive Media, Inc.

Rubin, J. A. (2011). *Art Therapy Has Many Faces, with Subtitles in 13 Languages*. Pittsburgh, PA: Expressive Media, Inc.

감사의 글

Susan Hogan

3장과 4장의 초판은 몇 년 전 ANATA 뉴스레터에 실렸고, 이후 개정되었다. 미술치료 모델 개요(8장)의 이전 버전이 Inscape에 실렸다. 미술치료 국제 저널, 이 버전은 부분적으로는 이후의 피드백을 고려해 다시 작성되었다. 의견을 준 Andrea Gilroy 박사, Michele Gunn, Susan Joyce 박사, Rosy Martin 및 Nick Stein에게 다시 한번 감사드린다. 나는 특히 Michele의 훌륭하고 상세한 평론에 감사하며, 내가 그것에 대해 적절히 답변했기를 바란다. '우아한 무지개' 비유에 대해서도 감사의 마음을 전한다. 또한 이전 버전에서 답변했던 Inscape 평론가들의 의견에 대해 감사를 드린다. Inscape(IJAT)의 편집장인 Tim은 이 교재가 개선될 만한 유용한 제안을 했다. 슈퍼비전과 관련된 장은 대학 동료들에 의해 검토되었다. 평론에 도움을 준 모든 분께 감사를 드린다. 9장에서 나에게 Lofgren의 작업에 대해 알려 주고, 이 주제에 대해 더 생각하게 해 준 Gary Nash에게 감사드린다.

이러한 주제에 대해 나와 함께할 준비가 되어 있는 모든 사람, 특히 동료인 Jean Bennett, Jamie Bird 및 Shelagh Cornih에게 감사의 마음을 전한다. 마지막으로, 우리가 함께 이 책을 쓰는 것을 먼저 제안한 Annette에게 감사를 전한다.

[그림 2-1] 및 [그림 2-3]은 런던미술치료센터(The London Art Therapy Centre)와 사진작가 Peter Lurie(lightworkerarts.com)(2012)에게 저작권이 있으며, 그들의 허락하에 복제되었다.

[그림 9-1]과 [그림 9-2]는 D. Lofgren(1981)의 Art Therapy and Cultural Difference, *American Journal of Art Therapy, 21*, 25-32에 게재되었으며, 허가를 받아 여기서 사용되었다.

[그림 15-1] The Reflective Cycle은 G. Gibbs(1988)의 『Learning by Doing: A Guide to Teaching and Learning Methods』[Oxford: 옥스포드 폴리테크닉(Oxford: Oxford Polytechnic)]의 교육 및 학습 안내서에서 처음 나온 것으로 허가를 받아 사용되었다.

Annette M. Coulter

이 책에서 제공된 대부분의 자료는 호주와 동남아시아 지역에서 미술치료를 적용하기 위해 개발된 단기 과정에서 사용했던 것이다. 이 기간 내내 나의 슈퍼바이저인 Peter Blate, Brian Cade, Mee Mee Lee는 어려운 임상 및 교육 경험을 통해 나의 생각과 아이디어를 종합하는 데 중추적인 역할을 했다.

Mrcia Rosal 박사는 호주에서 지신의 박사학위 논문에 나를 참여하도록 하여 북미 미술치료에 대한 실용적인 경험을 소개했으며, Shirley Riley는 청소년, 가족 및 커플과의 공동작업에 큰 영향을 미쳤다. 또한 내가 기록한 장들의 최종 편집에 도움을 준 Mauren Crago, Elixabeth Bursn, Maralynn Hagood 박사, Marcia Rosal 박사 및 Naycy Slater 박사에게 감사를 전하며, 이미지와 관련하여 기술적인 도움을 준 David Brazil에게도 감사를 전한다. 나는 Maralynn Hagood 박사와 Liz Sheean의 지속적인 지혜와 관심에 감사를 드린다.

미술치료사인 Jean Eykamp는 이 책에 대한 비전을 가지고 있었고, 이 책을 출판하도록 격려해 주었다. 이 과정에 직간접적으로 기여한 다른 미술치료사들은 다음과 같다. Janie Stott, Sheila Murugiah, Elizabeth Aylett, Sysan Joyce 박사, Claire Edwards, Jennifer Pitty, Jessica Pitty, Jessica Koh, Nancy Caldwell, Mellissa Strader, Susanne Calomeris와 Donna Betts 박사이다.

또한 나의 파트너인 Boudewijn Massen과 가족, 특히 부모님 Pauline과 Neil, 그리고 할머니 Margaret Springgay에게 그들의 이해와 관심과 격려에 감사를 전한다.

마지막으로, 나의 동료이자 친구이자 공동저자인 Susan Hogan 박사에게 감사드린다. Susan Hogan의 출판 경험, 나에 대한 믿음, 그리고 내가 기록한 장에 대한 끊임없는 그녀의 조언이 끝까지 지지가 되었다. 수년 동안 함께해 온 많은 내담자, 학생과 동료는 나의 기술 및 지식에 대한 도전이 되었으며, 나의 경험을 확장시키는 데 도움을 주었다.

차례

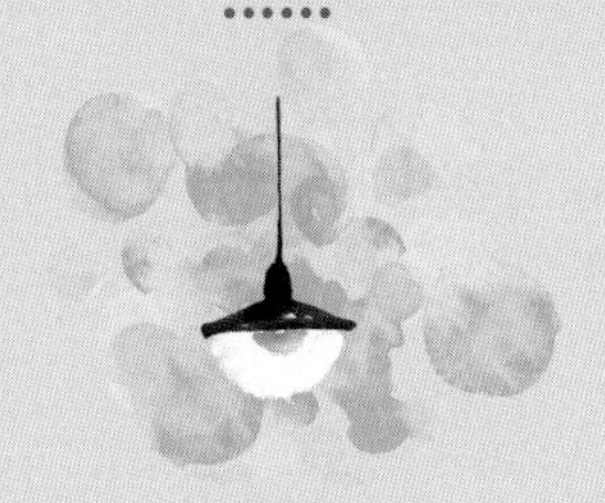

제1장

개관
책의 범위

Susan Hogan

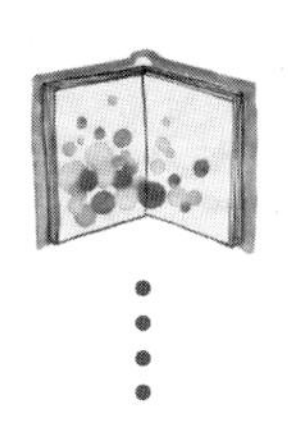

미술 작품이란 다른 누구도 흉내 낼 수 없는 개인의 고유한 표현이라는 것을 잊지 않으려고 한다(Elizabeth Colyer, *c.* 1986).

1. 범위

이 책은 미술치료를 배우고자 하는 예비 학생, 교사 및 교사 지망생과 미술치료 수련생을 위한 필수적인 지침들을 제공한다. 본문의 내용은 상담자들과 임상현장에서 미술치료를 활용한 시각적 방법을 적용하는 데 관심이 있는 동종보건전문가들에게도 도움이 될 것이다. 이 책의 전반적인 목적은 미술치료에 대한 균형 잡힌 개관을 하는 데 있다.

『임상 적용을 위한 미술치료의 이해』는 미술치료 수련생들의 주교재로 사용될 수 있고, 미술치료 전문가들을 위한 핸드북으로 활용될 수 있으며, 다른 임상 전문가들이 적용할 수 있는 자원을 제공하고자 한다. 본문은 준비단계의 교재로 활용할 수 있도록 주요 용어와 개념의 정의에 주의를 기울였다. 특정한 모델을 다른 모델의 우위에 두지 않고 철학 및 주요 작업방식이 다루어졌기에 필수적이지만 지금껏 다소 부족하게 다루어졌던 주제의 개관을 제공한다. 복잡한 주제를 쉽게 이해할 수 있도록 명료한 문장으로 구성했다. 또한 임상현장에서 경험적 학습(experiential learning)과 반영 실습(reflective practice)의 원칙을 제시하며, 국제적인 관점에서 전문적이고 윤리적인 문제들에 대해 다루었다.

이 책은 주제에 대한 전반적인 소개로서 미술치료가 무엇인지, 어떻게 활용되는지에 대한 이해를 얻고자 하는 전문가들에게 유용할 것이다. 향후 기관을 운영하고자 하는 개인이 이 책을 활용하여 조직 내 미술치료사의 잠재적인 역할에 대해 명확하게 이해할 수 있을 것이다. 이처럼 이 책을 다양한 영역에서 유용하게 활용할 수 있을 것이다.

더욱이 이 책에서는 미술치료에서 필수적으로 실천되어야 할 모든 측면을 다루었다. 전문 용어와 어려운 용어 사용을 배제하여 쉽게 이해할 수 있도록 했다. 따라서 미술치료를 새롭게 접하는 이들에게 도움이 될 것이다. 특히 미술치료 수련생들이 이 책을 미술치료를 시작하는 시작점으로 삼기를 희망하지만 수련생과 더불어 다양한 독자층에서도 관심을 갖기를 바란다.

이 책의 두 저자는 독특한 목소리와 견해를 가지고 있으며, 상호 보완적인 관점을 제공할 수 있는 숙련된 전문가이다. 두 저자 간의 의견차이가 있을 수 있지만 이들은 서로를 존중한다.

2. 개요

이 책에서는 미술치료의 맥락과 정의를 다룬다. 경험적 학습과 교육을 다루는 장(미술치료 수련생과 워크숍 운영을 고려하는 미술치료사 모두에게 유용하다)은 다음과 같다. 이 책에서는 미술치료 이론을 다루었고, 후반부의 여러 장에서는 여러 내담자와 미술치료에 대한 개관을 하는 것을 목표로 했다. 마지막 장에서는 슈퍼비전과 관련한 문제들을 소개하고, 최종적으로는 국제적인 상황에서의 다양한 전문적인 문제에 대해 다루었다.

1) 미술치료의 정의

이 장에서는 이 책의 범위를 대략적으로 설명하고 내용을 다음과 같이 요약했다.

제2장 미술치료란 무엇인가?: 미술치료 환경–치료실 관리 및 사용하기

이 장에서는 '미술치료'라는 용어에 대해 개관한다. 미술치료실에 대해 설명하고 미술 작품을 보관할 수 있는 공간을 포함하여 미술치료실 관리에 대한 아이디어를 모색한다. 비밀보장의 중요성과 관련하여 치료의 실제 기본 원칙을 다룬다. 다른 치료사 또는 다른 미술치료 실무자와 함께 치료실을 사용하는 것에 대해 다루고, 특히 미술 작품을 보관하는 것과 관련하여 다양한 의견을 살펴본다. 더불어 집단미술치료 작품의 폐기에 대해서도 논의한다.

다음으로, 미술치료의 맥락에 대해 설명한다. 교도소에서 호스피스 시설에 이르기까지 다양한 내담자 집단과 작업 환경을 소개한다. 마지막으로, 미술치료의 역사와 발전에 대해 간단하게 다룬다.

2) 미술치료–교육 및 학습

제3장 경험적 학습에 대한 반영

이 장에서는 경험적 학습의 개념을 자세히 살펴본다. 이 장은 1990년 이래로 미술치료에서 구조화된 기초 과정을 교육해 온 저자의 경험을 바탕으로 하며, 미술치료를 경험적으로 교육하는 방법에 대해 논의한다. 회화적 상징, 유추 및 비유의 역할과 미술치료 회기의 전반적인 구조를 살펴본다. 워크숍의 구성, 다양한 형식을 비교하고 대조하는 능력, 그리고 이러한 다양한 형식이 집단의 역동성에 어떤 영향을 미치는지에 대해 논의한다. 구성원이 이를 실제로 반영하는 데에 도움이 되는 기술에 대해서도 다룬다.

제4장 입문 미술치료: 입문단계에서의 지시적 미술치료 교육에 대한 추가적인 고찰

이 장에서는 미술치료 워크숍 과정에 대해 자세하게 설명한다. 워크숍의 목표는 구성원들에게 다양한 형식을 제시하여 '지시적' 미술치료의 범위를 볼 수 있도록 하는 것이다. 모든 회기는 구조화된다. 구성원들은 자신이 즐겨 사용하는 한 가지 특정한 방식을 발견할 수도 있고, 주제에 대해 더 학습하여 치료사가 되면 내담자와 함께 다양한 집단 형식을 사용할 수도 있다. 여기서는 다양한 기술이 자세히 설명된다.

이 장에서는 학생들이 집단 작업의 경험에 대해 반영하고, 경험적인 집단 작업에서 충분히 유익을 얻을 수 있도록 기본적인 분석 도구를 제시한다. 집단 작업의 다양한 성격을 반영하는 것은 복잡하기 때문에 분석 도구 혹은 보조 도구는 매우 유용하다. 학생들은 반영 일기의 집단 작업에 대한 상세한 분석을 위해 이 도구를 사용할 수 있으며, 이것이 단지 환원적인 체크리스트로 사용되지 않기를 희망한다. '실습 반영하기'의 개념 또한 자세히 설명된다.

제5장 미술치료사 되기

미술치료 졸업생은 임상수련 과정을 마치면서 근무할 수 있는 미술치료 기관을 찾기 시작한다. 이 장에서는 업무 내용을 협상하는 것에서부터 적절한 복장에 이르기까지 실습을 위한 중요한 주제를 다룬다.

또한 일반적으로 사용되는 미술치료 평가에 관한 부분이 포함된다. 미술치료 평가의 목표는 다양한데, 진단을 위해 사용될 수 있고(특히 개인 의료보험이 적용되는 국가에서), 개인이 미술치료에 적합한지 아닌지를 결정하는 데에도 사용될 수 있다(그리고 이 장에서는 미술을 기반으로 한 평가에 대해 개략적으로 설명한다). 평가는 결과의 평가뿐만 아니라 치료 과정에 대한 평가도 포함된다. 영국에서는 치료적 중재의 결과에 초점을 둔 효과성의 표준 척도가 개발되었다. 한 예로, 임상 결과 루틴 평가—결과 척도(CORE-OM)—는 전 세계적으로 일관된 임상 효과의 증거를 산출하기 위해 사용되고 있다. 그러나 Gilroy, Tipple과 Brown(2012)은 임상실습에서 '평가 관행의 이질성'에 주목했다(p. 219).

제6장 다른 동종보건전문가에게 미술치료 교육하기

우리의 역할 중 일부는 기존의 임상팀 혹은 업무에서 보다 효율적으로 미술을 사용하는 것에 대해 교육받기를 원하는 전문가 집단 또는 개인을 대상으로 교육적 상담 연수를 실시하는 것이다. 동종보건전문가들은 미술치료 연수 과정을 끝까지 마무리하는 것을 원하지 않을 수 있지만, 이미 현장에서 미술치료를 하고 있다고 주장하며 미술치료 기법을 더욱 확장하려고 한다. 이 장에서는 미술치료사가 이러한 맥락에서 자신의 전문성을 알릴 수 있는 방법에 대해 다룬다. 임상현장에서 미술 매체를 사용하는 것만으로는 '미술치료'가 아닐 수 있다.

제7장 혁신적인 교수 전략

이 장에서는 이미 치료 전문가이자 임상 장면에서 미술을 보다 효과적으로 사용하기를 원하는 치료사와 상담자에게 미술치료 기법을 가르칠 때 필요한 실습 과정을 다룬다. 자신의 전문 영역에서 미술을 보다 효과적으로 사용하고자 하는 치료 실무자들에게 그들의 경험을 바탕으로 미술치료 교육 실습을 통합하는 혁신적인 교수 전략이 논의된다. 자격을 갖춘 미술치료사 중 일부는 자신의 기법을 과보호하고, 다른 영역의 전문가와 전문 지식을 공유할 준비가 되어있지 않을 수 있다. 임상 장면의 일원이 되어보는 것과 효과적인 미술치료 실습에 관심 있는 동료를 참여시키는 것은 보람 있는 도전일 수 있다. 미술치료사는 미술치료에 회의적인 집단이나 동종보건전문가들뿐만 아니라 전문적인 지원을 제공하는 사람들과도 기법을 공유할 수 있어야 한다. 이 장에서 강조하는 것은 동료들에게 미술치료를 가르치는 방법, 미술치료를 사용하여 팀을 구축하는 방법, 그리고 동종보건전문가들과 함께 치료하는 방법을 배우는 것이다. 이 장에서는 미술치료사가 가치 있다고 여기는 다른 임상팀에 전문 미술치료 기법을 통합하는 방법에 대한 답을 제시한다.

3) 미술치료 이론

제8장 미술치료 모델의 개요: 미술치료 연속선-영국 미술치료 임상수련의 다양성을 구상하는 데 유용한 도구

이 장은 처음 실습을 시작하는 치료사에게 특히 혼란스럽게 보이는 상황을 명확히 하는 데 도움이 될 것이다. 미술치료는 다소 복잡하며, '미술치료 연속선(continuum)'은 다양성에 대해 한눈에 알 수 있도록 그림 또는 '스냅샷(snap-shot)'을 제공한다. 스냅샷처럼 전체적인 풍경을 드러내지는 않지만, 이 장에서는 현대 미술치료 실습의 주요 모델에 대한 개요를 제공한다. 이 장에서 볼 수 있듯이, 오늘날 영국 미술치료는 근본적으로 다양한 이론적 모델이 기본적으로 절충된 상태이다. 간략하게 말하면, 게슈탈트 심리학 접근법이라고 볼 수 있다. 분석적 전이중심 모델, 즉 실존주의 철학과 상징적 상호작용(나중에 설명될 것이다) 및 정신분석 이론에서 비롯된 집단 상호작용 모델, 인간중심 미술치료 집단 모델과 오늘날 영국의 미술치료사가 선호하는 스튜디오 기반의 접근방식으로서 미술 과정과 관련된 근본적인 치료법으로 간주된다. 여기서는 이러한 주요 접근법에 대해 자세히 설명한다.

제9장 미술치료에서 이미지의 역할과 문화적인 반영: 다양한 집단의 미술치료사로 활동하기

미술치료와 심리치료 또는 상담의 근본적인 차이점은 무엇인가? 미술치료에서 이미지는 어떻게 기능하는가? 삼각관계는 무엇인가? 이 장에서는 미술치료 과정에서 이미지의 역할에 대해 논의하고, 다른 이론적 관점에서 다양한 아이디어를 조망한다. 미술 작업의 이러한 역할은 다양한 방식의 미술치료에서 각기 다르게 나타난다. 시각적 요소와 언어적 요소 간의 갈등에 대해서도 논의된다. 또한 지시적 및 비지시적 미술치료 작업의 찬반양론에 대해서도 다룬다.

이 장에서는 미술치료의 주제를 다루는 포스트모더니즘 이론을 제시한다. 여기에서는 이론의 환원주의적인 사용과 내담자의 작품을 과도하게 해석하는 것에 대해서도 사례를 들어 다룬다. 미술치료의 문화적 차이에 관한 주요 작업에 대해서도 요약하였다. 이 장은 또한 미술 작품 과정의 문화적 차이와 인식에 초점을 맞추면서 임상 작업에서의 성평등에 대한 비판적인 의식을 유지하는 것의 중요성에 대한 정보를 제공한다.

4) 미술치료 대상자와 방법

제10장 미술치료사로서 아동과 작업하기

이 장에서는 다양한 아동 내담자와 함께 작업하는 데 필요한 특정 기법을 제시하고 토론한다. 또한 실습 과정에서의 권장사항을 다룬다. 아동 및 청소년과 작업하는 데 있어 미술치료의 효과성은 실무자들로부터 점차 인정받고 있다. 이 장에서는 정신건강 및 지역 사회복지 영역에서 미술치료 서비스를 수립하는 것에 대해 설명한다. 여기에는 개인 및 집단 작업 상황에 대한 고려사항과 부모, 형제, 자매 및 가족의 역할이 포함된다. 치료사와 아동 모두에게 비언어적이고 치료 중 인식하지 못하는 과정의 중요성에 대한 고찰도 포

함된다. 모래놀이, 자유놀이, 드라마, 음악 및 춤과 같은 창조적인 과정이 다른 상징적이고 비유적인 사용과 연결된다. 신경과학의 관점에서 창의적 사고와 감정 처리의 비언어적 측면이 포함된다.

제11장 미술치료사로서 가해자와 작업하기

이 장에서는 구금 시설 및 기타 안전한 환경에서의 미술치료 사용법을 개괄적으로 설명한다. 교도소와 같은 구금 시설에서 미술치료의 사용에 대한 폭넓은 맥락을 제공하며, 이 주제에 관한 분야의 문헌 개관과 핵심 내용에 대한 상세한 비평을 제공한다.

미술치료사가 안전한 환경에서 직면하는 특정 어려움은 무엇인가? 이 장에서는 임상경험을 바탕으로 재소자와 작업하는 것의 특별한 의미에 대해 다룬다. 이를 위해 짧은 사례연구와 삽화의 형태로 된 미술치료 임상 실례가 제시된다.

제12장 커플 및 가족과 함께하는 미술치료

이 장에서는 커플상담과 가족치료에서 미술치료가 어떻게 적용되는지에 대해 설명한다. 체계적 가족 및 커플미술치료에 중점을 둔 다양한 이론적 접근 방법이 포함되지만 보다 최근의 모델인 기술적이고 간략한 해결중심의 가족 및 커플미술치료도 포함된다. 복잡하다고 여겨지는 정신분석과 인지적 접근의 통합이 있다. 가족 및 커플미술치료 작업에서 미술은 시각적인 의사소통의 시작 및 개입의 대안적인 방법으로 소개된다. 어떤 가족 구성원들은, 미술 작업을 통해 현재의 관계가 어떻게 영향을 받는지 쉽게 이야기할 수 있게 된다. 미술치료사는 가족 구성원 모두에게 맞는 기법을 적용해야 하고, 커플상담을 할 때는 서로 다른 생각을 수용할 수 있어야 한다. 커플미술치료 및 가족미술치료는 평가 기술뿐만 아니라 효과적인 전략적 개입 및 기타 치료적 고려사항에 대한 이해를 포함해야 하는 전문 분야이다. 가족 및 커플과 함께

하는 작업은 풍부하고 도전적인 역동이 있는 집단 작업이다. 치료사는 집단의 역동에 빠지기 쉬운데, 이때 미술치료는 역동과 체계를 검토하고 반영하는 방법을 제공한다.

제13장 성인 집단 활동 및 집단 상호작용 미술치료 모델

이 장에서는 집단미술치료의 기본 원리에 대해 다루고, 집단 상호작용 방법을 설명한다. 집단 상호작용 접근법의 기본적인 방안은 집단 내 다른 사람들과 상호작용하는 동안 자신의 '상호작용의 특징적인 패턴'을 드러내는데, 이 패턴은 일상생활에서 타인을 통제하는 것으로 간주된다(Waller, 1993: 23). 이러한 '상호작용 패턴'의 인식이 집단 분석에서는 중요하게 다루어진다. 집단에서 내담자의 지금-여기 행동을 분석하는 방법이 사용된다. 이것은 내담자의 문제에 대한 단순한 토론이 아니라 현재 그들의 한계를 드러내는 것이다. 그러한 내담자의 한계나 습관적인 사고방식은 집단의 다른 구성원들과의 대화를 통해 드러나거나 작품에 묘사될 수 있다. 구성원의 '피드백'은 이 방법의 중요한 부분이다. 집단 구성원들로부터의 피드백은 타인에게는 인식되지만 자신이 인식하지 못하는 측면을 조명한다(Waller, 1991: 23).

제14장 미술치료와 공동치료

공동치료사를 포함하는 문제는 미술치료에서 매우 드물게 다루어진다. 이 장에서는 미술치료를 받는 내담자와 구성원에 대한 서비스 제공을 강화하기 위해 집단 작업에서 공동치료사를 두는 것에 대한 이점과 중요성을 다룬다. 미술치료 실습 집단, 특히 20년 동안 매해 운영되는 집단치료에서는 공동치료사의 역할을 중요시한다. 여러 미술치료사/공동치료사의 보고 및 피드백은 다른 공동치료사와 함께 작성하여 이 장의 주석으로 포함되었다.

5) 슈퍼비전 문제

제15장 슈퍼비전의 시작-슈퍼비전의 취약성: 슈퍼비전 초기에 발생하는 절망, 부족함, 불안에 관한 측면

이 장에서는 미술치료 슈퍼바이저가 되고자 하는 이들을 위해 도움이 되는 자료를 제공한다. 또한 미술치료 수련생에게 미술치료 임상수련의 중요한 부분을 차지하는 임상현장실습 초기에 발생할 수 있는 점에 대한 유용한 통찰력을 제공한다. 이 장에서는 미술치료 수련생이 자신감을 얻고 슈퍼바이저들이 무엇을 기대하는지 더 잘 이해할 수 있도록 슈퍼비전 집단의 초기단계에 내재하고 있는 불안에 대해 다룬다.

제16장 슈퍼비전 및 개인치료 모델

이 장에서는 임상 슈퍼비전의 맥락에서 미술치료를 사용할 수 있는 방법에 대해 다룬다. 이 부분은 임상수련을 끝마쳐 미술치료에 익숙한 미술치료사뿐만 아니라 다른 동종보건전문가들을 슈퍼비전 하는 데에 미술치료를 활용하는 방법을 다룬 것이다. 이 장에는 일일 보고를 위한 자기슈퍼비전에서 미술 작업을 활용할 수 있는 방법이 포함되어 있다. 이 방법은 전문적으로 고립된 환경에서 근무하는 치료사들에게 특히 유익하다. 내담자 기록 보관, 차트 작성 및 치료 일지 작성의 예가 제시된다.

6) 전문적인 문제

제17장 국제적인 관점

북미와 영국의 정신건강관리체계 간의 주요 차이점은 Gilroy, Tipple과 Brown(2012)에 의해 요약되었다. 그들은 영국이 소득에 관계없이 무료 의료서비스를 제공하고 있다는 것을 언급했다. 대조적으로 북미 지역에서는 개

인 건강보험(의무적으로 적용될 수 있음)이 보편적이다. 북미의 건강보험 회사에서는 이를 '관리의료'라고 한다. 그들은 다른 의료제공자들이 이러한 목표 지향적인 의료 문화를 채택하고 있다고 언급했다.

Coulter가 기록한 장에 따르면, 북미의 훈련된 미술치료사는 영국의 치료사보다 표준화된 평가 도구를 적용하고, 진단을 내리는 데 직접적으로 관여할 가능성이 높다. 미술치료사가 다양한 상황 및 조직 내에서 일하는 것에 따라 강조점이 달라지는 기관들이 있다. Hagood(1994)은 북미에서 체계적이고 인지적이며 인본주의적인 모델이 미술치료에 통합될 가능성이 높고 주제 기반 접근법이 더 많다는 점을 언급했다. 그러나 영국의 미술치료가 정신분석 이론에 기초하였고 정신분석 이론이 우세하다는 것은 오해이며(Waller, 1991; Hogan, 2001), 영국의 미술치료는 이 책의 초기 장에서 소개한 다수의 접근법을 제공한다.

미술치료사 집단의 국제 네트워킹 그룹(INGAT)의 버전은 국제적인 대화를 위한 포럼을 제공하는 것이었다. 많은 국가가 영국과 북미 이외의 지역에 전문 기관을 설립할 때 이론 및 윤리적 딜레마에 직면한다. 따라서 문화적 맥락에 대한 민감성이 필요하다. 이 장에서는 전문가들이 발생하는 문제에 어떻게 대처해야 하는지 또한 문화적 맥락에서 임상수련의 기준을 위해 무엇을 고려해야 하는지에 대해 다룬다. 이는 미술치료가 거의 알려지지 않은 국가에서 미술치료 기관을 설립하는 것에 대한 논의로 설명된다. 미술치료의 다문화적인 측면에 관한 내용이 여러 기사 및 책에서 다루어졌지만, 미술치료의 국제적인 분야에 대해서는 거의 다루어지지 않았는데, 서구의 치료법을 다른 문화적 맥락에 적용한다는 것은 윤리적 · 도덕적 · 이론적 복잡성을 수반할 수 있다. 또한 이 장에서는 동양 문화적 맥락에 대한 미술치료의 입문을 살펴본다. 동양 의학이 미술치료에 어떻게 수용될 수 있을까? 다른 문화적 · 영적 · 윤리적 신념이 서구의 미술치료 전문성에 포함될 수 있을까?

제18장 미술치료 핵심 용어사전

대부분의 전문 용어가 본문 내용에서 정의되지만 이 용어들 중 일부는 이 핵심 용어사전 부분에서 더 자세히 다룬다. 이 장에서는 용어의 정의가 제공되며, 핵심 개념에 대한 중요한 정보가 제공된다.

참고문헌

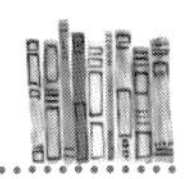

Gilroy, A., Tipple, R., & Brown, C. (Eds.) (2012). *Assessment in Art Therapy*. London: Routledge.

Hagood, M. M. (1994). Diagnosis or dilemma: Drawings of sexually abused children. *Art Therapy: Journal of the American Art Therapy Association*, *11*(1), 37-42.

Hogan, S. (2001). *Healing Arts: The History of Art Therapy*. London: Jessica Kingsley Publishers.

Waller, D. (1991). *Becoming a Profession: The History of Art Therapy in Britain 1940-1982*. London: Routledge.

Waller, D. (1993). *Group Interactive Art Therapy*. London: Routledge.

제2장

미술치료란 무엇인가?

미술치료 환경–치료실 관리 및 사용하기

Susan Hogan

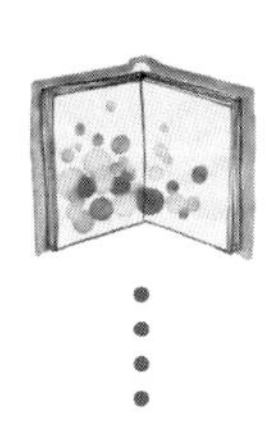

미술치료에서 치료사가 미술 작품을 해석하고 그 안에 숨겨진 의미를 풀어낸다는 것이 미술치료에 대해 보편적으로 갖게 되는 흔한 오해이다. 그러나 그 과정의 즐거움을 경험하는 것은 치료사에게 있는 것이 아니라 이미지를 만들어 낸 내담자에게 있다. 치료사의 역할은 주로 통찰을 가능하게 하는 것이다. 미술치료에는 다양한 모델이 있고, 이것들은 추후 설명될 것이다. 예를 들어, '상호작용 모델'에서 치료사의 역할은 집단의 주제와 역동을 명확히 하는 것이다.

1. 미술치료의 정의

미술치료의 정의는 유동적이므로 시간의 경과에 따라 그 정의가 변화하는 과정을 살펴보는 것은 흥미로운 일이다. 이 장은 최근 미국과 영국의 미술치료 정의에 대한 분석으로 시작된다. 영국미술치료사협회(The British

Association of Art Therapists: BAAT)의 정의는 다음과 같다.

> 미술치료는 미술 매체를 의사소통 양식으로 사용하는 심리치료의 한 형태이다. 치료사의 전반적인 목표는 내담자가 안전하고 편리한 환경에서 미술 매체를 사용하여 개인 수준에서 변화와 성장을 이룰 수 있게 하는 것이다.

영국미술치료사협회의 정의는 또한 미술에 대한 이전의 경험이나 기술이 미술치료에 필수적이지 않으며, 미술치료사가 내담자의 이미지에 대한 미적 혹은 진단적 평가에는 관심이 없다는 것을 분명히 한다. 그리고 미술치료사가 내담자의 작품에 대한 심미적인 평가에 집중하지 않을 것을 제안한다(그로 인해 많은 영역이 치료사의 추측으로 남아 있음에도 불구하고). 영국의 미술치료에서 치료사는 의학 분야에 속하는 진단적 행위에 거의 관여하지 않는다. 반면에 미술치료의 진행 과정에 대한 정보는 의료진에게 전달되며, 이는 사례 평가와 치료 계획을 결정하는 데에 도움을 준다.

앞의 인용문에서 중점을 두는 것은 미술을 기본 방식으로 사용하는 정신치료에 대한 것이다. 생각과 감정은 미술 매체를 사용하여 회화적이고 상징적으로 표현되며, 개인의 변화와 정신적 어려움의 개선을 목표로 한다. 미술은 자신의 생각과 감정을 언어로 표현하는 것이 어려운 사람들에게 유용하지만 실제로는 이미지에 대한 논의 그 자체가 깨달음을 줄 수 있다. 미술치료의 일부 모델은 언어적으로 이루어지기도 하지만, 미술치료는 내담자, 치료사 및 미술 작품의 삼각 구도로 이루어져 언어적 심리치료와는 근본적으로 다르다.

'성장'이라는 용어는 흥미롭다. 그것은 미술치료 내담자에게 개인적인 인식을 넓혀 주어 문제와 어려움을 더 잘 다룰 수 있도록 도와줄 것이다. 또한 내담자에게는 생각과 느낌을 외현화하고 시각화하고 탐구할 수 있는 기회가 주어진다. 추후 더 자세히 설명되겠지만, 미술치료에서 일어나는 의사소통의 일부는 내담자 자신이 이미지를 통해 표현한 것이다. 그것은 내면의 대화이다. 작품이 반드시 명시적이거나 명확하지 않을 수 있기 때문에 모든 것이 치료사에게 즉각적으로(또는 항상) 드러나지는 않는다. 어떠한 생각과 감정은 내담자만의 시간에 드러나 치료사와 다른 집단 구성원들에게 전달될 수 있다. 따라서 미술치료 내담자들은 어느 정도 선택적으로 정서를 노출할 수 있다. 이는 분명히 언어적 접근에 비해 뚜렷한 이점이다(내부 독백과 침묵은 언어적 심리치료에서 내담자가 선택할 수 있는 하나의 대안이 되긴 하지만).

상담이 개인의 수준에서 변화와 성장을 이루는 데 관심을 갖기 때문에 상담이라는 용어보다는 심리치료라는 용어를 사용하는 것이 중요하다. 상담이 정서적 문제해결에 지침을 제공한다는 역사적 의미를 갖지만, 심리치료는 접근방식이 다양하고 핵심 문제를 파악하도록 통찰을 촉진하여 갈등과 어려움에 대한 의사소통을 돕는 것을 목표로 한다. 여전히 논란의 여지가 있지만 심리치료와 상담 사이의 경계는 사라졌다.

미국미술치료협회(The American Art Therapy Association: AATA) 웹 사이트의 첫 페이지에서는 미술치료에 대해 다음과 같이 설명했다.

> 미술치료는 모든 연령대 사람의 신체적 · 정신적 · 정서적 안녕을 증진시키고 향상시키기 위해 미술 작업의 창조 과정을 사용하는 정신건강 전문 직업이다. 이는 예술적 자기표현에 관련된 창조적 과정이 갈등과 문제를 해결하고, 대인관계 기술을 개발하고, 행동을 조절하고, 스트레스를 감소시키고, 자존감과 자기인식을 증진시키며, 통찰력을 얻는 데 도움이 된다는 믿음에 기반하고 있다.

이 정의에서 문제를 해결하는 것이 중점적으로 보일 수 있지만, 더 넓게 보면 미술을 활용하여 심리적인 행복을 증진시키는 것에 중점을 둔다는 것을 알 수 있다. 영국의 보건 운동에서는 개인의 웰빙(well-being)과 관련된 담론(discourse)에서 미술이 사용되었다. 개인의 건강을 위한 지역사회 웰빙 운동의 일환으로 미술치료가 사용되었는데, 이러한 과정에서 미술치료사들이 미술치료를 분리하기 시작했다. 미국의 정의에서 미술치료의 목표는 행동 관리와 자존감의 향상으로 명시되어 광범위하다. 우리는 예술적 자기표현에 중점을 둔 것을 간과해서는 안 된다.

미국미술치료협회 웹 사이트는 미술치료를 정의하는 부분에서 이와 관련해 자세히 설명했다.

> 미술치료는 인간 발달, 시각 미술(그림, 회화, 조각 및 기타 예술 형식) 분야와 상담 및 심리치료 모델을 사용한 창의적인 과정을 통합한다. 미술치료는 어린이, 청소년, 성인, 노인, 집단 및 가족과 함께 다음을 평가하고 치료하는 데 사용된다. 불안 · 우울증 및 기타 정신적 · 정서적 문제 및 장애, 약물 남용 및 기타 중독, 가족 및 관계 문제, 학대 및 가정 폭력, 장애 및 질병과 관련된 사회적 · 정서적 어려움, 외상 및 상실, 신체적 · 인지적 · 신경학적 문제, 의학적 질병과 관련된 심리적 어려움 등이 있다.

이 정의에서 미술치료가 '상담 및 심리치료 모델'과 통합된 예술로 간주된다는 점이 흥미롭다.

호주/뉴질랜드미술치료협회(The Australian and New Zealand Arts Therapy Association: ANZATA)는 '미술치료란 무엇인가?'에 대해 다음과 같은 정의를 제시했다.

> 미술치료는 신체적 · 정신적 · 정서적 안녕을 향상시키고 개선하기 위해 미술 제작, 드라마, 움직임을 포함한 창조적 과정을 사용한다. 미술치료는 모든 연령대와 삶의 다양한 상황에 적합하며 개인이나 집단과 함께 진행할 수 있다. 미술치료는 새로운 삶의 모델을 만들어 낼 수 있는 상상력과 창조성에 접근하고, 자아인식과 수용력을 증가시켜 보다 통합된 자의식을 발달시키는 데 기여한다.

호주/뉴질랜드 미술치료의 정의는 앞의 인용문에서처럼 드라마 및 기타 분야를 포함하지만, 호주/뉴질랜드의 미술치료사는 다른 영역보다 미술 작업에 전문화되어 있기 때문에 회화적 미술 매체를 사용하는 것에 특화되어 있다.

다시 말하면, 우리는 '신체적 안녕'을 포함하여 웰빙을 강조하는 것에 주목할 수 있다. 미국미술치료협회의 정의에는 웰빙에 신체적 안녕이 포함되어 있지만, 호주/뉴질랜드미술치료협회의 정의는 정신적 · 정서적 안녕에도 중점을 두는 것으로 보인다. 영국미술치료사협회와 미국미술치료협회의 정의의 공통점은 자기인식을 증가시키는 것에 대한 강조이다. 그러나 미술치료가 어떻게 작용하는지에 관해 설명하는 다음 부분에서 '상상력과 창조성의 접근'과 '새로운 삶의 모델'의 개발을 강조하여 미술치료가 웰빙 영역에 확고하게 자리 잡고 있는 것처럼 보일 것이다. 이것은 상당히 넓고 개방적이며, 삶의 질을 향상시키는 방향으로 보인다.

그러나 이 견해는 미술치료와 관련된 부분에서 그 의미가 약간 좁혀진 것처럼 보인다. 이 부분은 '정신분석학 또는 심리역학의 원리에 기초'한 '학제간 심리치료'라고 설명할 수 있다. 이것에서 수행되는 작업의 범위는 영국의 미술치료사보다 광범위할 수 있다. '일부 미술치료사는 사진치료, 놀이 및 모래상자 작업도 제공'하며 진단도 제공한다.

> 미술치료는 치료사와 내담자가 명확한 경계와 목표를 지닌 역동적인 대인관계를 발전시키는 치료 및 진단 도구이다. 이것은 작품의 결과물보다는 창조의 과정에 강조를 둔다는 점에서 전통적인 미술과 다르다.
>
> 미술치료는 모든 연령대에 적합한 창조적인 과정이며, 특히 삶의 변화, 외상, 질병 또는 장애를 겪고 있는 개인과 가족을 위한 것이다.
>
> 미술치료는 내담자의 내면의 변화에 기여한다.

'미술치료가 어떻게 도움이 되는가?'라는 제목에서 호주/뉴질랜드미술치료협회 웹 사이트는 미술치료의 잠재적 이점에 대해 앞의 인용문과 같이 밝혔다. '이야기하기 어려운' 느낌을 표현할 수 있다, '상상력과 창조성을 자극'한다, '건강한 대처 기술 및 집중력 향상'에 기여할 수 있다, '자존감과 자신감을 증가'시킨다, '문제와 관심사'를 명확히 하는 데 도움이 될 수 있다, 의사소통 기술을 향상시킬 수 있다, 감정을 나눌 수 있는 '안전한 양육 환경'을 제공한다, 신체적 건강과 관련하여 '운동 능력과 신체적 협응 능력의 발달'을 도우며 '감정을 인식하고 감정 표현을 차단하는 능력과 개인적 성장'을 돕는다. '대처 기술'은 다소 모호하지만 앞의 대부분은 명확하다.

2. 치료로서의 미술

다양한 형식의 미술치료에 참여하는 내담자들은 종이와 페인트 같은 미술 매체를 사용하여 자신의 감정을 표현하게 되는데, 이때 콜라주, 점토 및 입체 작업(목재, 철사, 금속 메시, 플라스티신, 잎이나 돌과 같은 천연 재료를 포함한 재료) 등에서 다양한 매체를 사용할 수 있다. 이 매체들은 개인치료 혹은 집단치료에서 다양하게 사용될 수 있다. 자신의 감정 상태를 묘사하는 데 있어 비유와 상징의 역할은 중요하다. 내담자들이 미술 매체를 어떻게 사용하는지가 완성된 작품의 의미를 더한다. 미술 매체(재료의 본질)는 사용하는 사람의 감정을 불러일으킬 수 있다. '마술적인' 힘이 이미지나 대상에 투사될 수 있고, 미술 작품은 내담자에게 큰 상징적 의미가 될 수 있다. 따라서 이미지가 어떻게 변경되고 저장되며 표현되거나 파괴되는지는 관련성이 있다(Hogan, 2001). 특정한 패턴이나 '이야기'가 분명하지는 않지만 알아차릴 수 있으므로 일련의 시리즈와 같은 이미지가 표현되면 내담자는 이를 통해 깨달음을 얻을 수 있다.

이미지나 대상을 만드는 과정이 완성된 결과물보다 더 중요할 수도 있다. 이것에는 그림에서의 투쟁, 드러난 이미지를 해결할 수 없는 상태 또는 그것을 구성하거나 파괴하는 실제 과정이 있다(Hogan & Pink, 2010). 결과물은 때때로 부적절해 보일 수 있다.

집단 작업에서는 집단 내 개인에게 중점을 둘 수 있으며, 각 집단 구성원은 자신의 작품에 대해 전체 집단과 이야기할 시간을 갖는다. 다른 접근법으로 '상호작용 모델'이 있는데, 이는 습관적인 행동방식을 밝히는 것을 목표로 하는 과정의 일환으로서 집단 구성원 간의 상호작용을 탐구하는 데 중점을 두며, 이를 고찰하고 자세히 다루기 위해 숨김없이 털어놓는 과정을 거친다(Waller, 1991).

3. 미술치료 환경: 치료실 관리 및 사용하기

1) 미술치료실

많은 미술치료사는 치료실이 미술치료실처럼 보이는 것을 선호한다. 그것은 스튜디오와 같은 분위기를 가지고 있다. 미술치료사는 미술 작업을 수행할 때 작품을 벽에 붙여 집단 구성원이 치료실의 주인이라는 감각을 갖도록 한다. 많은 치료사가 이것이 치료적으로 유용하다는 견해를 지지한다. 집단 구성원들은 진행 중인 작업이나 방금 만든 집단 작업을 그대로 두고 가도 작품이 다음 날이나 일주일 후에도 여전히 벽에 붙어 있을 것이라는 확신을 가질 수 있다. 작품은 집단 구성원들에게 환영 인사 혹은 치료실에 온 것을 환영한다는 느낌을 갖게 한다. 내담자가 두고 간 곳에서 기다리는 작품은 안전감과 연속성을 형성한다.

그러므로 이상적인 미술치료실은 미술치료사가 완전히 통제할 수 있는 곳이다. 작품을 두고 갔는데 다른 치료실 사용자에 의해 작품이 옮겨지는 것은 좋지 않으며, 내담자의 불안, 혼란 또는 실제로 위반에 대한 느낌을 유발할 수 있다. 특히 작품이 손상되거나 손실될 수 있는 경우라면 심각한 문제가 될 수 있다.

이에 대한 절충안으로 사람들이 드나들 수 있는 벽장을 두어 작품을 건조하거나 고정할 수 있지만 많은 미술치료사는 미술 스튜디오처럼 보이는 스튜디오 형태를 선호한다.

반대로 일부 미술 작품은 전시되기에는 다소 개인적인 내용들을 포함하기 때문에 개개인만의 저장 공간이 제공되어야 한다. 그러나 내담자들이 때로는 자신의 작품을 전시하기를 원하며, 이는 개인과 집단 모두에게 해방감을 느끼게 한다. 흰색 벽은 텅 빈 것 같은 느낌을 주어 무엇을 해야 할지 모르는 막막함을 줄 수 있다. 그렇지만 미술치료실이 다른 전문가들에 의해 여러 용도로 사용되는 경우에는 그것이 유일한 대안일 수 있다. 그럼에도 불구하고 미술치료사는 작업하기에 부적합한 환경을 제공했다는 생각을 가질 수 있다.

치료 회기가 방해받는 것은 일반적으로 다른 치료사와 협력하여 해결할 수 있다. 회기 내에서는 내담자가 수용되고 안전하다고 느껴야 하며, 회기가 방

[그림 2-1] 런던미술치료센터
(© The London Art Therapy Centre, Peter Lurie, lightworkerarts.com)

해받는 것은 내담자의 안전과 비밀보장에 영향을 미치고 치료 과정을 방해할 수 있다는 점을 이해해야 한다. 다른 전문가들에게 미술치료가 어떻게 진행되는지를 교육하는 것은 미술치료사의 필수적인 역할이다. 다음으로, '회기가 진행 중이므로 방해하지 마세요.'라는 팻말을 거는 것은 매우 효과적이다. 특히 공간이 부족하거나 전문가 간의 적대적 경쟁이 있는 곳이라면 기관의 역동이 치료실과 관련하여 나타날 수 있고, 회기가 방해받을 때 피해를 입었다고 느낄 수 있다.

2) 비밀보장이 되는 안전한 보관 장소

작품을 안전하게 보관할 수 있는 저장 공간은 개인적이고 사적인 미술치료 작업을 위한 필수 요건이다. 작품을 저장하기 위해서는 작품이 접히지 않을 정도로 충분히 큰 공간이 바람직하다. 서랍장이 포함될 수도 있고, 내담자들은 자신의 작품을 안전하게 보관하기 위한 포트폴리오를 제공받을 수도 있다. 선반 또는 선반이 있는 찬장은 조소 작품 보관에 필요하다.

강한 감정으로 구현된 작품은 이미지를 만든 내담자에게 매우 중요할 수 있다. Joy Schaverien은 미술 작품의 저장과 폐기가 미술치료 과정에서 얼마나 상징적인 의미를 가질 수 있는가를 강조한다. Joy Schaverien(1987: 96)은 다음과 같이 기록했다.

> 치료사들은 작품을 보관하는 데 있어 적극적이다. 새로운 내담자와 함께하는 첫 번째 작업 중 하나는 이름을 쓰는 폴더를 제공하는 것이다. 이것은 그들의 작품이 함께 보관되기보다 안전하고 개인적으로 보관될 것이라는 기대를 갖게 한다. 미술치료사는 이런 방식으로 **작품에 가치를 둔다.**
>
> (나의 강조)

[그림 2-2] 미술치료실이 흰색 무균 상자 같은 방이 될 필요는 없다(© Susan Hogan, 2013).

그녀가 말한 또 하나의 예는 쉬는 시간에 아동 내담자의 작품을 붙여 놓고 다시 돌아왔을 때 작품을 발견할 수 있도록 하는 것의 중요성이다. 이렇게 하는 것은 아동 내담자에게 자신이 그 자리에 없을지라도 잊히지 않았다는 것을 알려 준다(나의 강조). 이것은 성인 내담자에게도 중요하다. 정신병원에 재입원한 사람들은 자신이 수년 전에 입원했지만 미술치료사가 작품을 보관하는 폴더를 아직도 보관하고 있다는 것을 알고 안심하기도 한다. 이런 방식으로 그녀는 "미술치료사가 일과 사람, 그리고 관계에 적극적으로 가치를 부여한다."라고 주장한다(Schaverien, 1987: 96; 나의 강조).

미술치료실에는 서로 다른 '방식'이 있다. 어떤 미술치료사는 내담자가 미술 작품을 가지고 가거나 저장 공간에 두거나 작품을 숨기거나(두고 갈 것이라는 것을 알리는) 또는 돌아올 때까지 작품이 안전할 것이라는 것을 인지한 상태에서 작업한 곳에 두고 가는 것을 허용한다.

3) 실용적인 측면

외부에서 픽사티브를 뿌려야 하는 작업을 할 때 외부 공간으로 나갈 수 있는 치료실은 매우 유용하다. 작품을 가지고 나가기에 작품이 너무 노출된다는 느낌을 주는 공간이라면 문을 연 상태로 뿌릴 수도 있다. 이는 집단 내에 호흡곤란을 겪는 집단 구성원이 있을 수 있고, 픽사티브가 불편을 야기할 수도 있기 때문이다(혹은 단순히 자극적일 수 있다).

세면대는 미술치료 시설을 위한 전제 조건이지만, 집단 워크숍을 위해서는 충분한 양의 물통과 물이 필요하다.

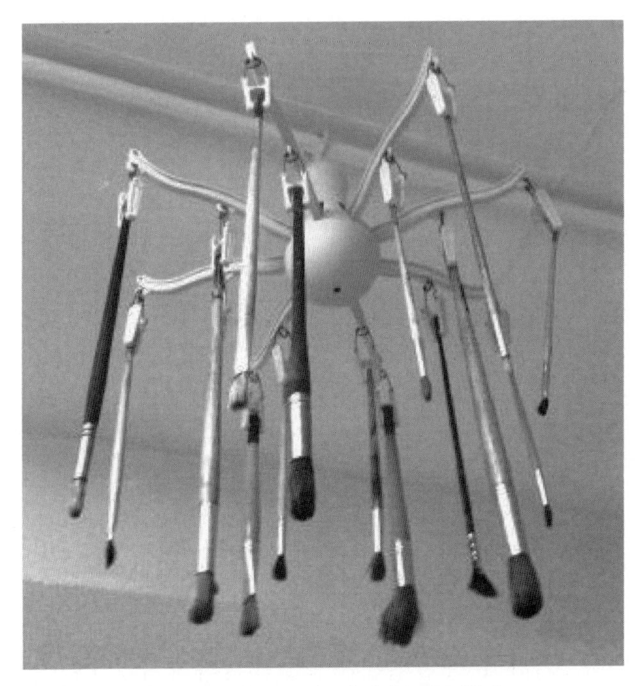

[그림 2-3] 붓모빌, 런던미술치료센터
(© The London Art Therapy Centre, Peter Lurie, lightworkerarts.com)

일정한 자연광은 미술치료실에서 매우 유용하며, 머리 위에서 바로 비치는 형광등 조명은 내담자가 다소 억압적으로 느낄 수 있다.

카펫보다는 닦을 수 있는 바닥을 권장한다. 이상적인 미술치료실 환경은 다음과 같이 다양한 작업 영역을 포함한다. 내담자가 바닥에서 작업할 수 있는 영역, 테이블이 있는 영역, 그리고 몇 개의 이젤과 덩키(Donkey)가 있는 영역을 포함한다. 덩키(Donkey)는 이젤을 마주보고 앉는 좌석의 일종이다.

Rubin(1984)은 너무 어수선해서 집중을 방해하는 공간에 대해 경고하며 공간이 어떻게 사용되는지가 매우 중요한데도 이러한 공간의 배치가 소홀하게 여겨진다는 것을 지적했다. 심지어 이상적인 공간이 잘못 사용될 수도 있다. Rubin은 주의해야 할 점에 대해 다음과 같이 말했다.

> … 노인 정신병 내담자들의 회기에서 숙련된 미술치료사는 네 개의 작은 테이블을 서로 밀착시켜 각 집단 구성원이 다른 집단 구성원들을 쉽게 볼 수 있는 243.84cm의 작업 영역을 만들었다. 그러나 그녀는 테이블 주위에 있는 8명의 내담자 각각에게 줄 수 있는 가장 큰 크기의 종이(48.26×60.96cm)를 선택했다. 사실 이렇게 큰 종이를 사용하기에는 공간이 부족했다. 이러한 장애가 있는 노인들의 경우, 이것은 심각한 문제가 될 수 있다. 몇 사람이 종이를 접어 문제를 해결했지만, 몇몇 사람은 회기 전반에 걸쳐 채색하는 데 어려움이 있었다.
>
> 사소한 문제 같지만, 그 미술치료사는 내담자들의 동기 부여를 위해 보여 주는 방식에 집중한 나머지 자신도 모르게 내담자에게 유도한 좌절감에 대해서 자각하지 못하고 있었다.
>
> (Rubin, 1984: 81)

공간이 어떻게 구성되는가는 그 공간의 물리적 특성만큼이나 진행되는 작업에 달려 있다. "가족 내 하위 집단과 그들의 관계를 관찰하고 싶다면 공간에서 움직임을 허용하는 것이 도움이 된다. 이를 통해 습관적인 상호작용 패턴을 쉽고 자연스럽게 나타낼 수 있다."(Rubin, 1984: 82) 앞으로 보다 자세히 설명할 상호작용 모델에서는 집단 구성원들을 공간에서 움직이게 하는 것이 결정적으로 중요하다. 그러나 다른 모델들이 사용될 수도 있다. 여기에 하나의 예가 있다.

> … 각 내담자는 작은 이젤에서 각자의 작품을 만들었으며, 최소한의 상호작용을 유도하는 물리적인 구성을 통해 개인이 작업에 참여하는 것을 촉진했다. 작품을 마쳤을 때, 내담자들은 그림을 큰 방의 다른 구역으로 가져와서 벽에 붙이고 편안한 의자에 반원 형태로 앉았다. 집단 구성원들이 모두 모였을 때 토론이 이루어졌다. 이러한 구성을 통해 모든 작품을 한번에 볼 수 있었고, 치료사가 진행하는 토론 과정에서 개별 작품에 집중할 수 있었다.
>
> (Rubin, 1984: 83)

스튜디오 접근법을 사용하는 경우, 구성원은 서로의 상호작용을 최소화하고 작은 걸상에서 작업할 수 있으며, 미술치료사는 작업 공간을 차례로 방문할 수 있다. 집단 역동은 이 스튜디오 작업 모델에서 잘 형성되지 않는다.

내담자가 진행 중인 작품을 두고 갈 경우에는 청소 직원 및 공간의 관리자에게 연락하여 작업 공간을 청소할 때 작품을 옮기지 않도록 한다. 특정한 이유로 미술치료실이 항상 청소되는 경우, 내담자가 작품을 두고 가지 않도록 하여 작품이 손상될 가능성을 최소화한다.

구비되어 있는 다양한 미술 매체를 접할 수 있다는 것은 내담자들에게 매우 흥미로운 일이다. 그러나 매체를 찾기 위해 찬장과 서랍 주변을 찾거나 뒤져야 하는 것은 잠재적으로 회기 내 활동의 흐름을 방해할 수 있다.

4) 미술 매체

때로는 크레용이나 점토와 같이 어린 시절부터 친숙하고 저렴한 재료를 사용하는 것이 내담자들에게 해방감을 줄 수 있다. Rubin(1984: 7-8)은 시간이 제한되어 있는 미술치료 회기에서 많은 미술치료사가 상대적으로 단순한 매체를 제공한다고 보았다.

> 미술치료 회기 내에서 만족스러운 작품을 창조할 수 있는 매체에 관해서는 언급할 만하다.

미술치료사는 가장 기본적인 매체에서부터 질 좋은 전문가용 매체까지 다양한 범위의 매체를 제공하는 것이 좋다(값싼 색연필은 작업을 저해하므로 제공하지 않는 것이 좋다). 기본적인 매체는 튜브용 혹은 블락으로 된 수채화 물감, 다양한 종류의 팔레트(물감과 접착제와 색채를 혼합할 수 있는 매체가 포함되어 있는), 고급 세필 붓에서부터 벽화용 대형 붓(붓은 끝이 사각형에서 길고 빳빳한 형태의 붓까지 다양한 모양을 만들 수 있는 붓이 이상적이다), 물통 및 폴리비닐알코올(PVA)과 같은 혼합 매체를 포함한다.

다른 매체로는 연필이 있다(값싼 연필은 피하는 것이 좋다). 크레용(유아용에서 전문가용까지), 분필, 오일 파스텔, 흑연, 숯, 미세한 펜부터 펠트펜 및 마커를 포함할 수 있으며, 지우개도 포함한다.

다양한 색상과 품질의 종이를 제공해야 한다. 마분지, 포일, 형광색 종이, 화장지 및 다양한 질감을 가진 종이가 포함될 수 있다. 다양한 크기의 도화지와 큰 크기의 작업을 할 수 있는 전지가 기본이 된다. 테이프 또는 양면테이프도 필요하다(종이를 연결하는 경우). 집단 작업에서는 가위가 충분하지 않으면 작업에 방해가 되므로 많은 가위가 필요하다. 칼과 연필깎이는 내담자에 따라 필요할 수 있다. 칼을 타인에게 주는 것은 신뢰를 나타내는 상징적인 제스처이다. 많은 기관에서는 날카로운 칼이나 가위를 사용하지 못하게 하기 때문에 종이를 찢는 것으로 대신하기도 한다(일부 안전을 위해). 칼은 불안정한 내담자나 어린이에게는 적합하지 않다. 판화를 찍을 수 있는 보드와 함께 단순한 판화 제작 세트도 사용할 수 있다.

점토(air drying)를 포함하여 다양한 종류의 조소 매체가 제공되어야 한다. 쓰레기통을 설치하는 것이 좋으며, 집단 구성원들에게 오래되어 감성적이고 가치가 없어진 크리스마스 장식과 같은 원하지 않는 잡동사니를 가져올 것을 요청할 수 있다. 스테이플러(사용법을 명확하게 가르쳐야 하는), 철사, 메탈 메시 및 다양한 종류의 접착제가 필요하다. 끈과 털실 또한 유용하다.

값싼 매체만 제공하는 것은 내담자에게 평가 절하되었다는 느낌을 줄 수 있으므로 다양한 매체를 제공하는 것이 중요하다(Schaverien, 1992). 구색을 잘 갖춘 매체는 내담자들이 작업하고자 하는 매체들을 다양하게 찾을 수 있게 한다. Rubin(1984: 11)이 지적한 것처럼 "두껍고 손잡이가 긴 붓이 어떤 사람에게는 강력해 보이고 다른 사람에게는 다루기 힘들어 보이며" 매체에 대한 반응은 그것을 만든 이가 의도한 것과 어느 정도 일치하지만, 미술 매체는 다른 결과를 가져오는 다양한 기능이 있으며, 일부 매체는 다른 매체보다 담아내고 제어하기가 훨씬 쉽다. 물질의 미적 감각을 발견하는 것은 미술치료 과정의 일부이다. 확실히 미술치료 촉진자(미술치료사)에게는 매체에 대한 정교한 이해가 필요하다(Moon, 2010).

5) 함께 사용하는 공간

다른 미술치료 또는 미술을 기반한 집단이 사용하는 곳이라도 공유되는 치료실에서는 다른 사용자에 대한 배려가 필요하다. 대규모 입체 작품 제작을 포함하는 입문 워크숍을 진행하다 보면 작품의 보관, 전시 및 폐기와 관련된 문제가 제기될 수 있다.

회기가 끝나면 치료실을 정리해야 한다는 말을 하지 않더라도 싱크대에 물감 잔여물이 남아 있지 않도록 청결한 상태로 유지하고 잘 닦아 놓아야 한다. 그렇지 않으면 치료실을 공유하는 사람들과의 관계가 악화될 것이다.

작품을 벽에 붙이거나 남겨 두면 공간을 공유하는 사용자의 반응을 유발할 수 있다. 때로는 집단들이 큰 집단 작품을 붙이거나 가장 좋은 작품 전시 공간을 차지하기 위해 경쟁하기도 한다. 치료실에 남겨진 입체 작품은 다른 집단이 더 큰 입체 작품을 만들도록 유도할 수 있다. 집단의 역동을 인식하고 토론할 수 있다면, 치료실을 함께 사용하는 동안 작품 전시를 막을 필요가 없다(서로의 작품에 대해 신경 쓰지 않도록 유도하기보다 그 안의 정신역동을 다루는 것이 적합하다).

미술치료사는 내담자들의 작품이 아닌 그림이나 작품을 전시하여 내담자들에게 영감을 줄 수도 있다. 다양한 용도로 사용되는 공간에서 작업하는 어떤 집단치료사는 흰 벽에서 작업하고 모든 미술 작품을 회기가 끝날 때마다 치우는 것을 선호하는데, 이는 하나의 대안일 수 있다.

6) 계약의 형태로서의 공간

미술치료는 명확한 경계 내에서 이루어진다. 동일한 장소에서 일관된 시간에 진행되며, 각 회기는 동일하게 지속된다. 어떤 집단 작업은 이전 회기에 대해 생각하는 시간, 작품 제작을 위한 시간 및 이미지를 분석하는 시간을 나누어 동일한 형태로 지속된다. 일부 치료사는 동그랗게 앉아 시작할 때 매주 같은 자리에 앉으며(동그랗게 앉는 것이 집단 작업의 의례적인 시작이다), 이는 구성원들로 하여금 집단치료사 혹은 다른 구성원들과 관련하여 자신의 위치를 잡게 한다. 이 부분에 대해 많은 것을 이야기할 수 있으나 한 예로 시작을 하자면, 어떤 사람이 집단치료사의 얼굴을 바라보며 그 앞에 앉으려 할 수 있다. 집단치료사의 관점은 한 개인의 행동에 의해 불가피하게 지배를 받는다.

왜 그럴까? 이 사람이 집단의 관심을 독점하고 싶어 하는 사람(Yalom, 1995)인가? 이 사람이 집단치료사에게 특별히 어떤 것을 전하고 싶어 하는가? 혹은 이 사람이 그 옆에서 편안함을 느끼기 위해서인가? 개인의 위치에 따라 흥미로운 질문들이 생길 수 있다(이것에 대해서는 이후에 더 다룰 것이다).

관계의 불안정성과 불일치를 많이 경험한 내담자의 경우에는 규칙적이고 예측 가능한 공간이 중요하다. 미술치료실은 가능한 한 매주 같은 범주의 매체를 제공한다. 이곳은 다른 치료사들이 있지 않고 진행 중인 회기를 방해하지 않는 안전한 공간이다. 치료실 내의 경계가 안전한 공간을 형성한다. 숙련된 미술치료사는 큰 어려움도 치료적으로 사용할 수 있을 것이다. 예를 들어, 매우 큰 인쇄기가 기관 내의 무언의 경쟁과 갈등으로 인하여 내가 작업하는 공간에 놓였다. 적절한 용어로 버려졌다고 표현할 수 있겠다(조금 더 힘이 있는 상대가 놓은 것으로 보이지만 확실하지는 않다). 큰 인쇄기는 집단 토의용 의자를 두는 곳에 움직일 수 없게 고정되어 있었다. 집단 구성원은 우리의 공간이 침범당한 것에 화가 났고, 일부는 마치 더럽혀졌다고 느껴 격분했다. 그 사건에 대한 반응은 공간의 침해와 학대라는 집단 주제로 이어졌다. 다른 집단 구성원들에게 이 인쇄기가 상징하는 바가 무엇인지 탐색되었고, 이것은 다루기 어려운 정서적 자료와 함께 다루어졌다. 이것은 당황스러운 사건이었지만 집단 작업을 불러일으켰고, 집단 내에서 다룰 수 있었다. 일단 집단이 형성되고 나면 충격을 견뎌 낼 수 있다. 그러나 치료사는 어떤 종류의 침범으로부터라도 집단을 보호하기 위해 노력한다.

이 공간은 평범한 삶과는 별개로 자기반영과 자기관찰의 기회를 제공한다. 작품을 만든 이의 내면세계를 담고 있는 작품은 이후에 더 자세히 다룰 것이다.

4. 미술치료의 역사와 발전

미술치료는 여러 가지 지류에서 출현한 학문이다. 18세기 망명자 개혁 운동은 비순응주의적 종교와 실용주의 철학의 수렴으로 발생했다. 실용주의 철학은 원인과 결과에 대한 견해를 가졌으며, 정신병자의 '관리'에 대한 견해를 채택한 치료법이 개발되었다. '도덕적 치료'에서는 정신병자라 할지라도 자신이 원하는 치료를 선택할 수 있는 최소한의 이성을 가지고 있다고 보았다. 이와 함께 미술적 노력에 요구되는 훈련이 강조되었다. 환자에게 자기 통제를 하도록 하는 것이 '도덕적 치료'의 핵심이었고, 미술은 환자의 감성을 자극하는 흥미로운 것으로 보였다. 18세기의 많은 의사가 미술의 치료 효과를 선포했다(Hogan, 2001).

유전에 관해 19세기에 발전된 다른 담론은 초기의 심리학적 및 인류학적 저서에 기록되었다. 생물학적 결정론의 이론에서 분명히 드러나는 인종(및 성별)의 계층구조에 관한 가정과 퇴행(퇴보)의 이론은 상징의 문화적 중요성에 대한 견해에 반영되었다. Lombroso(범죄학의 창시자라고도 함)와 같은 작가는 미술과 언어의 상징주의를 원초적 사고방식(원시적인 또는 격렬한 표현으로)과 동일시한다. 다른 이론가들은 미술적 상징주의를 퇴행의 한 형태로 보았고, 이후 상징주의 정신분석 이론의 근원이 될 씨들이 심어졌다. 후자는 때로 미술치료의 '뿌리'로 선포되었지만, 이 주장은 지나치게 단순하고 근본적으로 부정확하다.

두 가지(경쟁적이고 모순적인) 담론은 19세기 말에 분명해진다. Florence Nightingale은 1860년에 형태 및 색과 빛이 회복 중인 사람에게 미치는 영향에 대해 언급했다. 그녀는 신체와 정신 모두가 영향을 받았다고 믿었다[그녀의 작품은 2차 세계 대전 당시의 미술치료 선구자인 Adrian Hill이 나중에 결핵 환자들과 함께한 작업에서 영감을 받았다].

심리학에 대한 견해는 다양한 현대 미술 운동에 스며들었다. 상징주의(c.1885-1900)는 상상력과 환상의 중요성에 중점을 두었고, 감정과 감각에 대한 미술에 중점을 두었으며, 시각적이고 주관적인 정서 상태를 불러일으키는 것을 목표로 삼았다(Chipp, 1968: 49). Hauser(1951)는 상징주의가 낭만주의에서 불러일으켜진 '비자연적이고 물질주의적인 인상주의에 대한 반응'을 시사한다고 보았으며, 비합리적이고 영적인 접근이라고 주장했다. 이것은 주로 인상주의자들과 현실주의적 회화에서 일반적으로 사용되는 비유적 표현에 대한 반응이었다(1951: 183).

표현주의는 '정신의 구현'에 관심이 있는 미술적인 실천으로 등장했고, 구체적인 표현에서 추상화로 옮겨 갔다(Chipp, 1968: 126). 그것은 정서와 주관적인 상태를 지향하는 미술적 형식이었다. 다양하지만 많은 작품이 기괴함을 드러내고, 감정적이고 역동적인 주제를 표현하기 위해 두꺼운 선과 색을 사용했다. 때로는 투박한 표현, 빠른 붓 작업, 시각적인 왜곡 및 두껍고 조화롭지 못한 색채가 불안하고 불안정한 구성 요소에 나타났다. 또는 단순히 생생하고 깊이 있게 자연을 탐구한 Vincent van Gogh의 작품과도 관련된다. Emil Nolde는 1909년에 다음의 저서를 출간했다.

> 나는 종이를 긁어서 구멍을 뚫을 때까지 문질러 닦았다. 다른 것, 더 깊숙한 것에 도달하려고 노력했다. 사물의 본질을 파악하기 위해서였다.
>
> (Chipp, 1968: 146에서 재인용)

미술 장르인 표현주의는 독일의 나치에 의해 적극적으로 억압되었고, 1930년대와 1940년대를 지나 퇴보했다(Hogan, 2001). 그러나 넓은 의미에서 표현주의는 20세기 새로운 미술 운동의 주된 형태가 되었다. 자발적인 표현의 주관적인 형태에 중점을 둔 것은 전형적인 현대 미술 운동이었다.

많은 예술가는 타락하고 무질서하거나 원시적인 관념에 관심을 갖기 시작했으며, 작업을 통해 이러한 견해를 탐구했다. 초현실주의는 "논리 및 근거에서 해방되었더라도"(Breton, 1924; Hogan, 2001: 94에서 재인용)라는 것에 심취했는데, 이는 영국의 현대 미술치료 발달에 중대한 영향을 미쳤다. Roland Penrose와 같은 초현실주의자들은 초기 영국미술치료사협회와 직접 관련되었다(Hogan, 2001).

현대 미술치료의 발전에 특히 중요했던 또 다른 가닥은 분석심리학이고, 무의식의 중요한 측면을 상징하는 Carl Jung의 연구에서 종교 철학이 생겨났다. 이 무의식은 스스로 조절할 수 있으며, 무의식에서 나온 '메시지'는 미술에서 나타나고 해석 없이 동화될 수 있다. 이러한 견해는 영국미술치료사협회의 설립자 중 다수가 근무한 Withymead와 같은 치료 기관에서 주로 '비지시적' 방법으로 개발되었다(Hogan, 2001: 220-89).

급진적인 교육은 현대 미술치료의 발전에 또 다른 중요한 영향을 미쳤다(Waller, 1991; Hogan, 2001). 때때로 미술은 경험적인 형태의 교육에서 중심적인 역할을 했다. 태도는 자기통제를 발전시키고 책임에 집중하기 위해 미술에 관심이 있는 사람에서부터 무정부주의자, 자유주의 또는 이상주의적인 방향으로 '자유로운 표현'에 더 관심 있는 사람들까지 다양하다.

5. 오늘날의 미술치료: 미술치료사들의 근무처

미술치료는 오늘날 소년병들의 재활치료(Kalmanowitz & Lloyde, 2005)에서부터 전쟁 참전 용사(Coulter, 2008) 또는 이전의 전쟁 지역 및 기타 박탈 지역(Levine & Levine, 2011)에서부터 호스피스에서 죽음을 맞는 사람들(Pratt & Wood, 1998; Waller & Sibbett, 2005)과 같이 다양한 상황에서 이루어진다. 일부 미술치료사는 의료 재활 분야(Weston, 2008), 즉 중요한 수술 후 회복하는 사람들(Malchiodi, 1997, 1999; Waller & Sibbett, 2005; Brosh & Ogden,

2008), 출산 경험으로 외상을 입은 여성과 출산 후 적응 문제를 보이는 여성 또는 산후 우울증(Hogan, 1997, 2003, 2007, 2008, 2011)을 다룬다. 미술치료사들은 구금 시설과 보호 관찰 시설에서도 일한다(Laing & Carrell, 1982; Laing, 1984; Liebmann, 1994; Tamminen, 1998; Hastilow & Coyle, 2008; Godfrey, 2008; Rothwell, 2008; Pittam, 2008). 이것을 '법의학(forensic)' 미술치료라고 한다. 그들은 마약 전문 또는 알코올 중독 재활 환경에서 일하거나(Luzzatto, 1989; Waller & Mahoney, 1998) 신경성 식욕 부진증과 같은 특정 질환을 전문으로 할 수 있다(Rehavia-Hanauer, 2003, 2012). 미술치료사는 부부상담과 가족치료 분야에서도 일하고 있다(Kerr et al., 2007).

일부 미술치료사는 교육과 같은 법정 서비스 기관에서 일한다(Welsby, 1998). 특수 교육이 필요한 아동들(Stack, 1998; Evans & Dubowski, 2001) 또는 아동 및 청소년 정신건강 서비스(영국에서는 CAMHS라고 함) 기관이 대표적이다. 미술치료사들이 일하는 분야는 매우 다양하며, 자해 아동, 다양한 행동 문제, 가족의 해체나 사별로 고통받는 경우 또는 정신적인 문제로 자살 위험이 있는(Ambridge, 2008) 내담자를 포함한다. 또 다른 미술치료사들은 광범위한 미술 및 건강 분야에서 일하고 있으며, 미술을 통해 다른 '지역사회'를 대변하거나(Bird, 2010; Hogan, 2011) 미술치료를 연구 기법으로 사용하려고 시도한다. 대다수의 미술치료사는 성인을 대상으로 한 정신건강 분야에서 전문가로 일한다.

6. 전문 용어

모든 전문 분야는 특정 용어를 개발한다. 이 책의 끝에 핵심 용어를 정리한 간단한 용어사전이 포함되어 있다. 그러나 이 책은 특히 앞부분에서 어려운 용어가 일반적으로 정의되고 설명되는 방식으로 작성되었다. 내담자와 치료사의 관계에 중점을 두거나 작업에서 가장 중요한 측면(나중에 설명될 '전이관계'에서)으로 여기는 정신분석의 기초가 된 **'분석적'** 미술치료가 있다. 이것은 명백히 정신분석적이다. 반면, 집단 상호작용 접근임에도 불구하고 집단 과정이 분석되고 행동과 불일치 패턴이 치유 과정으로 정의되는 **'분석적'**인 두 접근을 대조하였다.

참고문헌

Ambridge, M. (2008). The anger of abused children. In M. Liebmann (Ed.), *Art Therapy and Anger* (pp. 27-41). London: Jessica Kingsley Publishers.

Bennett, A. (1932). *The Journals of Arnold Bennett* (entry for March 18, 1897). London: Penguin.

Bird, J. (2010). Gender, knowledge and art: Feminist standpoint theory synthesised with arts-based research in the study of domestic violence. Unpublished paper supplied by author (available at http://www.academia.edu/812535/Gender_Knowledge_and_Art_Feminist_Standpoint_Theory_synthesised_with_Arts-Based_research_in_the_study_of_domestic_violence).

Brosh, H., & Ogden, R. (2008). Not being calm: Art therapy and cancer. In M. Liebmann (Ed.), *Art Therapy and Anger* (pp. 226-37). London and Philadelphia: Jessica Kingsley Publishers.

Chipp, H. B. (1968). *Theories of Modern Art: A Source Book by Artists and Critics*. Berkeley: University of California Press.

Coulter, A. (2008). 'Came back-didn't come home': Returning from a war zone. In M. Liebmann (Ed.), *Art Therapy and Anger* (pp. 238-56). London: Jessica Kingsley Publishers.

Evans, K., & Dubowski, J. (2001). *Beyond Words: Art Therapy with Children on the Autistic Spectrum*. London: Jessica Kingsley Publishers.

Godfrey, H. (2008). Androcles and the lion: Prolific offenders on probation. In M.

Liebmann (Ed.), *Art Therapy and Anger* (pp. 102-16). London and Philadelphia: Jessica Kingsley Publishers.

Hastilow, S., & Coyle, T. (2008). Avoided anger: Art and music therapy in a medium secure setting. In M. Liebmann (Ed.), *Art Therapy and Anger* (pp. 134-50). London and Philadelphia: Jessica Kingsley Publishers.

Hauser, A. (1951). *The Social History of Art Volume IV*. London: Routledge.

Hill, A. (1945). *Art Versus Illness*. London: George Allen and Unwin Ltd.

Hogan, S. (1997). A tasty drop of dragon's blood: Self-identity, sexuality and motherhood. In S. Hogan (Ed.), *Feminist Approaches to Art Therapy* (pp. 237-70). London: Routledge.

Hogan, S. (2001). *Healing Arts: The History of Art Therapy*. London: Jessica Kingsley Publishers.

Hogan, S. (Ed.) (2003). *Gender Issues in Art Therapy*. London: Jessica Kingsley Publishers.

Hogan, S. (2007). Rage and motherhood interrogated and expressed through art therapy. *Journal of the Australian and New Zealand Arts Therapy Association*, *2*(1), 58-66.

Hogan, S. (2008). Angry mothers. In M. Liebmann (Ed.), *Art Therapy and Anger* (pp. 197-210). London and Philadelphia: Jessica Kingsley Publishers.

Hogan, S. (2011). Postmodernist but not postfeminist! A feminist postmodernist approach to Working with new mothers. In H. Burt (Ed.), *Art Therapy and Postmodernism: Creative Healing Through a Prism* (pp. 70-82). London: Jessica Kingsley Publishers.

Hogan, S., & Pink, S. (2010). Routes to interiorities: Art therapy, anthropology and knowing in anthropology. *Visual Anthropology*, *23*(2), 1-16.

Kalmanowitz, D., & Lloyd, B. (2005). *Art Therapy and Political Violence: With Art, Without Illusion*. London: Routledge.

Kerr, C., Hoshino, J., Sutherland, J., Thode Parashak, S., & McCarley, L. L. (2007). *Family Art Therapy: Foundations of Theory and Practice*. London: Routledge.

Laing, J. (1984). Art therapy in prisons. In T. Dalley (Ed.), *Art as Therapy* (pp. 115-

28). London: Tavistock.

Laing, J., & Carrell, C. (1982). *The Special Unit, Barlinnie Prison: Its Evolution Through Its Art*. Glasgow: Third Eye Centre.

Levine, E. G., & Levine, S. K. (2011). *Art in Action: Expressive Arts Therapy and Social Change*. London: Jessica Kingsley Publishers.

Liebmann, M. (Ed.) (1994). *Art Therapy with Offenders*. London: Jessica Kingsley Publishers.

Luzzatto, P. (1989). Drinking problems and short-term art therapy: Working with images of withdrawal and clinging. In A. Gilroy & T. Dalley (Eds.), *Pictures at an Exhibition* (pp. 207-19). London: Tavistock/Routledge.

Malchiodi, C. (1997). Invasive art: Art as empowerment for women with breast cancer. In S. Hogan (Ed.), *Feminist Approaches to Art Therapy* (pp. 49-64). London: Routledge.

Malchiodi, C. (1999). *Medical Art Therapy with Adults*. London: Jessica Kingsley Publishers.

Moon, C. H. (2010). *Materials and Media in Art Therapy: Critical Understandings of Diverse Artistic Vocabularies*. London: Routledge.

Nightingale, F. (1860). *Notes on Nursing: What It Is, and What It Is Not*. London: Harrison and Sons.

Pittam, S. (2008). Inside-out/outside-in: Art therapy with young male offenders in prison. In M. Liebmann (Ed.), *Art Therapy and Anger* (pp. 87-101). London: Jessica Kingsley Publishers.

Pratt, M., & Wood, J. M. (1998). *Art Therapy in Palliative Care: The Creative Response*. London: Routledge.

Rehavia-Hanauer, D. (2003). Identifying conflicts of anorexia nervosa as manifested in the art therapy process. *The Arts in Psychotherapy*, *30*, 137-49.

Rehavia-Hanauer, D. (2012). Habitus and social control: Feminist art therapy and the critical analysis of visual representations. In S. Hogan (Ed.), *Revisiting Feminist Approaches to Art Therapy* (pp. 91-9). London: Berg-Hahn.

Rothwell, K. (2008). What anger? Working with acting-out behaviour in a secure setting. In M. Liebmann (Ed.), *Art Therapy and Anger* (pp. 117-33). London: Jessica Kingsley Publishers.

Rubin, J. A. (1984). *The Art of Art Therapy*. New York: Brunner/Mazel.

Schaverien, J. (1987). The scapegoat and the talisman: Transference in art therapy. In T. Dalley, C. Case, J. Schaverien, F. Weir, D. Halliday, P. N. Hall, & D. Waller (Eds.), *Images of Art Therapy: New Developments in Theory and Practice* (pp. 74-108). London: Tavistock.

Schaverien, J. (1989). The picture within the frame. In A. Gilroy & T. Dalley (Eds.), *Pictures at an Exhibition* (pp. 147-55). London: Routledge.

Schaverien, J. (1992). *The Revealing Image: Analytical Art Psychotherapy in Theory and Practice*. London: Routledge.

Stack, M. (1998). Humpty Dumpty's shell: Working with autistic defence mechanisms. In M. Rees (Ed.), *Drawing on Difference: Art Therapy with People Who Have Learning Difficulties* (pp. 97-116). London: Routledge.

Tamminen, K. (1998). Exploring the landscape within: Art therapy in a forensic unit. In D. Sandle (Ed.), *Development and Diversity: New Applications in Art Therapy* (pp. 92-103). London: Free Association Books.

Waller, D. (1991). *Becoming a Profession: The History of Art Therapy in Britain 1940-1982*. London: Routledge.

Waller, D., & Mahoney, J. (Eds.) (1998). *Treatment of Addiction: Current Issues for Art Therapists*. London: Routledge.

Waller, D., & Sibbett, C. (Eds.) (2005). *Art Therapy and Cancer Care*. London: Open University Press.

Welsby, C. (1998). A part of the whole: Art therapy in a comprehensive school. *Inscape*, *3*(1), 37-40.

Weston, S. (2008). Art therapy and anger after brain injury. In M. Liebmann (Ed.), *Art Therapy and Anger* (pp. 211-25). London and Philadelphia: Jessica Kingsley Publishers.

Yalom, I. D. (1995). *The Theory and Practice of Group Psychotherapy*. New York: Basic Books.

웹 사이트

American Arts Therapy Association: http://www.americanarttherapyassociation.org

Australian and New Zealand Arts Therapy Association: http://www.anzata.org/

British Association of Art Therapists: http://www.baat.org/

제3장

경험적 학습에 대한 반영

Susan Hogan

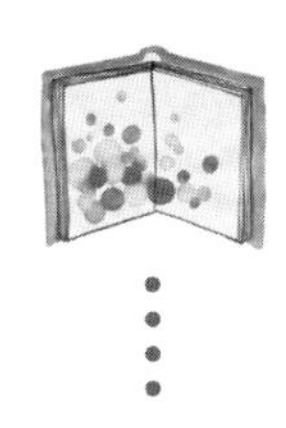

1. 경험적 학습에 대한 반영

이 장에서는 경험적 학습에 대해 자세히 설명하고 경험적인 입문 미술치료 과정의 내용을 다룰 것이다. 미술 매체 활동 과정을 통해 자신의 생각과 감정을 분석한 많은 미술치료사는 경험적 학습을 자명한 것이라고 여기며 간단하고 쉽게 받아들인다. 그러나 많은 내담자와 미술치료를 공부하는 학생에게 이것이 혼란스러울 수 있다는 것을 쉽게 놓친다. 그러므로 이 장에서는 경험적인 교수법을 시도하는 데 있어 관련된 몇 가지 문제를 분석할 것이다.

맥쿼리 사전(Macquarie Dictionary)에서는 '경험적'을 '경험에서 얻거나 관련되는'이라고 설명한다. 이것은 매우 간단하게 행동에 의한 학습이라고 생각할 수 있다.

'경험'이라는 단어는 '개인적으로 접하거나 무언가를 겪는 특별한 사례' 또는 '개인적으로 관찰하거나 마주하거나 진행하는 과정 또는 사실'이라고 정의한다. 나는 그것을 '개인적이고' '특정한' 만남으로 보는 것의 중요성에 대해 관심을 갖고자 한다. 미술치료를 가르치는 데 있어 학생들이 자기인식의 고유성 및 장점과 단점을 깨닫는 것은 중요하다. 우리의 개인적인 자각은 지금-여기에 대한 우리의 관점을 왜곡한다[여기에는 병렬왜곡(軿列歪曲)이 해당될 것이다]. 학생들은 이것에 대해 생각하도록 요청받을 수 있으며, 아마도 이것은 그들에게 익숙하지 않을 것이다.

물론 작품을 이해하는 모든 과정과 공식화된 질문에는 해석적 요소가 있다. 내담자에게 검은색으로 칠해진 흔적이 아닌 빨간색 줄무늬에 대해 묻는 이유는 무엇일까? 어쩌면 하나가 나에게 더 강렬하게 느껴지기 때문이고, 나는 그 질문을 공식화하기 위해 해석에 빠져 있는 것이다.

20년 전 워크숍을 시작했을 때, 나는 경험적 학습이 무엇인지에 대한 간단한 이해만으로도 충분할 것이라고 생각했다. 한 예로, "당신을 집이라고 상상하고 원하는 대로 색칠하세요."라고 지시했다. 그러나 모든 사람이 자신의 집을 상상할 수 없었다. "네, 집을 그렸습니다. 그런데 저는 어떻게 해야 할까요?" 누군가는 이렇게 이야기할 것이다. "아니요, 왜 현관문이 열려 있는지 모르겠지만, 저는 그걸로 편안함을 느꼈어요……." 자기표현과 자기이해가 서로 분리되어 있고 격차가 있었다. 경험이 충분하지 않았던 것이다. 그러므로 적극적인 비판적 반영과 자기분석의 과정이 있어야 한다. 이것은 절대적인 핵심이 된다.

비판적 자기인식의 과정을 자극하고 반영적 실천의 토대를 마련하는 것은 그리 간단하지 않다. 아마도 우리 모두가 객관성의 개념 안에서 자라 왔기 때문일 것이다. 객관성이라는 개념은 밝혀져야 한다. Thomas Kuhn이 쓴 영향력 있는 책인 『과학 혁명의 구조(The Structure of Scientific Revolution)』(1962)에서 분명하게 밝힌 것처럼 '가치 중립적인 관찰' 같은 것은 존재하지 않는다. 그럼에도 불구하고 그것은 우리가 무엇이 진행되고 있는지를 객관적인 방식으로 볼 수 있는 견해이다. 이것에 대해 더 자세히 설명할 것이다.

그래서 우리는 '경험적'의 정의가 경험적인 미술치료에서 일어날 일들을 적절히 묘사하기에 충분하지 않다는 사실을 깨달았다.

학생은 워크숍에서 무엇을 배우고 있을까?

- 그들은 특정한 경계와 규칙을 가진 집단에 있다는 것을 배우고 있다.
- 그들은 이러한 경계와 규칙을 수립하는 데 참여하고 있다.
- 그들은 이 환경에서 자신을 표현하는 것을 배우고 있다(원 안에 앉아서 자신에 대해 이야기하는 것은 모든 사람에게 익숙하지 않은 일이다).
- 처음에 그들은 자기 자신에 대한 이야기를 해야 한다. 그것은 어떤 사람들에게는 결심이 필요하다는 것을 의미한다. 다른 사람들에게는 더 반사적인 반응일 수 있다. "제 이름은 Susan Hogan이고, 저는 등등……." 이라고 말했을 것이다. 그러나 어떤 사람들에게는 자신에 대한 이야기를 하는 것이 어렵다는 것을 잊지 말자.
- 그들은 집단의 관심이 되는 것을 용인해야 한다.
- 처음에는 매체를 다루는 것과 수행에 대한 불안이 있을 수 있다.

우리가 실제로 워크숍을 시작하기 전에 집단의 시작에서조차 집단 구성원들은 매우 복잡한 감정에 싸여 있다. 나는 때때로 집단이 너무 두려워하고 방어적이어서 좌절감을 느끼기도 한다. 이는 성격의 깊은 측면에 관여하고 있으며, 이미 위태로운 상태일 수 있다.

- 나는 규칙에 대해 어떻게 느끼는가? 나는 규칙에 대처할 수 있는가? 나는 규칙에 도전하거나 도발하기를 원하는가?
- 나는 내 의견을 주장할 수 있는가? 내가 이야기한 것이 수용될 수 있을까? 왜 내가 표현한 것이 받아들여지지 않았을까? 어떤 사람들은 처음에는 집단 구성원들이 둘러앉아 자신의 신체 전체를 볼 수 있는 것에 대해 불편함을 느끼고 있다고 불평한다.

- 나는 누구인가? 나는 어떻게 보이기를 원하는가? 내가 집단에서 나를 어떻게 표현할지에 대해 영향을 줄 수 있는 일이 있는가?
- 나는 왜 관심의 중심이 되는 것을 싫어하는가? 왜 내가 주목의 중심이 되어야 하는가? 왜 나 자신에 대해 뭔가를 표현하는 것에 대해 불평하는가?
- 나는 색칠할 수 없다. 나는 잘 색칠해야 한다.

미술치료사로서 우리는 집단 작업의 이러한 측면을 알고 있다. 집단 역동에 대한 자료가 풍부하고 집단 구성원이 새로운 집단에 참여하는 초기에 두려움을 경험할 수 있다. 나는 집단 활동에 열중하고 싶어 했기 때문에 집단 작업을 자주 서둘렀다. 나는 집단 구성원들에게 상황에 적응할 시간을 주고 회기에 맞게 나의 기대를 수정하는 것이 유용하다는 것을 배웠다.

2. 반영 실습하기

앞서 언급한 것처럼 학생들이 자신을 집으로 그리는 것과 같은 미술치료 작업을 하도록 요청받으면 다른 집단 구성원으로부터 배울 수 있다. 집단 구성원들은 다른 집단 구성원의 이야기를 듣고 자신의 집을 묘사함으로써 활동이 가지고 있는 풍부한 비유의 잠재력을 깨닫는다. 지하실, 다락방, 작은 탑이 설명되고 분석된다. 집이 지어진 지형에 관련성이 있을 수 있고, 아마도 집과 다른 집, 나무, 자동차 등과의 중요한 관계를 분석할 수 있다. 활동이 얼마나 솔직하게 다루어지는지 보고, 다른 집단 구성원들이 제작한 풍부하고 다양한 그림 자료를 보는 것은 그것을 파악하는 데 어려움이 있는 집단 구성원에게 교육적인 효과가 있다. 아마도 그들은 타인의 시선을 의식하게 되어 이후에 그림을 과장된 상징으로 장식할 것이다. 특정 집단 구성원 간에 비유적인 표현을 극적으로 사용하는 것에 대한 경쟁이 있을 수도 있다.

그래서 시각적 상징, 비유 및 유추를 사용하여 자신을 표현하는 사람들조차도 타인의 이야기를 듣고 그들이 한 것을 보는 것으로부터 아이디어를 얻는다. 그러나 학생들이 자신의 이미지와 그것이 의미하는 바뿐만 아니라 전체 경험에 대해 생각하기를 바란다. 이것은 워크숍의 중요한 측면이다.

내가 진행하는 워크숍 시리즈는 학생들이 다양한 집단 형식으로 발표하도록 하는 것을 목표로 한다. 나는 학생들이 집단의 형태에 대해 생각하기를 원한다. 나는 그들이 워크숍의 구조에 대해 생각하고, 다른 형식을 비교 및 대조하며, 다른 형식이 집단의 역동성에 어떻게 영향을 미치는지 생각해 보고 이것을 반영하기를 바란다.

내가 운영하는 이 과정을 마치면 학생들에게 미술치료의 두 가지 방식을 비교하고 대조하는 과제를 요청한다. 따라서 학생들은 의무적으로 그것에 대해 생각하게 된다. 내 경험으로는 반영 일기(reflective diary)가 없으면 학생들은 워크숍에 깊이 있게 반영하지 못하고, 실제로 이 과제를 제출할 때까지 그 과정 중에 무엇을 했는지를 분명하게 기억하지 못한다.

학생들의 분석을 어떻게 깊은 수준까지 이끌어 낼 수 있을까? 나는 그들이 개인적 자료에 대한 통찰을 잃지 않고 집단의 전체 역동에 대해 생각하며 그 부분에 대해 더 깊이 분석하기를 원한다. 최근에 나는 학생들에게 반영 일기를 계속 기록해 달라고 요청했다. 학생들이 무엇을 기록할지 어떻게 알 수 있을까? 나는 학생들에게 집단 경험을 다른 부분들로 나누어 어떤 학생들은 대단히 유용하다고 느끼고, 다른 학생들은 매우 단순하다고 느끼는 각 부분에 대한 반영을 하도록 도움을 주었다.

입문단계에서 자기인식 능력과 분석적 기술 수준이 다른 사람들을 상대하는 것은 집단치료사로서 직면할 수 있는 문제이다. 예를 들어, 어떤 사람들은 타인의 신체 언어, 집단의 역동 혹은 개인이 사용한 특정한 상징을 자연스럽게 알아차리거나 그 사람이 3주 전에 무엇을 했는지 정확하게 기억할 수 있다. 우리는 집단에 다양한 기술을 제공한다. 내가 집단 작업을 좋아하는 이유 중 하나는 집단을 촉진시키기 위해 우리의 모든 기술을 결합하기 때문이다.

집단 작업을 시작할 때 '집단 분석 방법' 유인물을 나누어 주면, 학생들은 집단 작업의 모든 측면에 대해 생각하기 시작한다. 학생들은 다른 집단 구성원들이 어떻게 착석하고 반응하고 이야기하고 참여하는지 알아차리고, 이에 대한 감정을 나누기 시작하며 반영한다. 그들은 다른 구조적 고려사항이 집단에 어떤 영향을 미치는지를 알아차린다. 구성원들은 이미지를 하나의 집단으로, 짝으로, 소집단으로, 그리고 개별적으로 만들어 본 경험이 있다. 그들은 집단진행자가 환상으로 안내하기를 포함하여 다양한 활동을 수행한다. 그들의 이해를 돕기 위해 사전에 각 회기의 목적을 개관하는 각 워크숍에 대한 설명을 제공한다.

집단 구성원들은 자신의 이미지 분석을 연습하고 다른 집단 구성원은 조용히 앉아서 이야기하는 것을 듣는다. 집단 구성원은 두 가지 다른 방식으로 이미지에 응답할 수 있다. 그들은 개인적으로 자극받은 이미지나 민감하게 느끼는 이미지를 공유할 수 있다. 또한 집단치료사 역할을 수행하고, 이미시에 대해 질문할 수 있다. 아마도 그들온 언급되지 않은 이미지(또는 입체 작품)의 한 부분을 강조할 수 있다. 그들은 다음과 같이 자유로운 질문을 연습할 수 있다. "만약 당신이 편안하게 느낀다면, 그림의 하단에 있는 빨간색 영역에 대해 더 이야기해 줄 수 있나요?" 또는 더 편안하게, "만약 괜찮다면, 좀 더 이야기해 줄 수 있을까요?"라고 할 수 있다.

내담자로서 학생들은 자신의 정서적인 자료, 작품의 의미에 사로잡혀 다른 사람들의 작업에 집중하지 못할 수도 있다. 내담자로서 그들은 개인적인 관점에서 다른 사람들의 작품에 반응할 수 있다. "완전히 실패해서 쓰레기같이 보이는 작품을 볼 때 나는 아주 절망을 느낀다." 치료 수련생들이 감정적 반응을 자각하고 지속적으로 모니터링하며 보유하기(촉진을 돕기 위해 그들을 건설적으로 사용함) 때문에 이것은 수용할 만하다. 우리는 우리의 정서적인 반응을 인정하는 것을 배우며, 동시에 우리의 관심은 내담자에게 있기 때문에 정서적인 반응에 사로잡히도록 두지 않는다. 입문단계에서 학생들은 집단 내에서 정서적으로 취약하다고 느끼면서 미래의 내담자들과의 공감대를 형성하게 된다.

집단 작업의 관점에서 앞에 주어진 정서적 반응은 여러 시나리오로 이어질 수 있다. 아마도 그것은 이미지를 만든 사람에게 촉진적 발언으로 작용할 것이다. 이미지를 만든 사람은 "예, 정말 절망적이라고 느낍니다."라고 대답할 수 있으며, 그 이유에 대해 자세히 설명한다. 또는 반대로 그들은 그것이 절망적이지 않다는 것을 설명하거나 간단히 논박할 수 있다. "그것은 내가 느끼는 것이 아닙니다." 집단의 관심은 발언을 한 구성원이나 누군가 끼어든 사람이 있다면 그에게 돌아가고 그들이 어떻게 느끼는지에 대해 이야기한다. Diane Waller가 설명한 '집단 상호작용 모델'을 사용하여 이러한 상호작용을 분석하는 것이 집단 작업의 중심이 된다. 미술치료 수련생은 이런 방식으로 작업하는 법을 배운다. 그러나 입문단계에서는 학생들이 중요한 상호작용을 감지하고, 이를 기록하거나 집단에서 언급할 수 있기를 기대한다.

학생들은 주로 다른 구성원의 이미지와 관련하여 또는 주로 '내담자'의 역할과 관련하여 촉진자 역할을 하게 될 수도 있고, 두 역할을 번갈아 가며 할 수 있다. 나는 10주 또는 20주간의 입문 과정을 통해서 구성원의 정신의 가장 깊은 곳까지 도달할 것이라고 기대하지 않는다(이것은 전문적인 훈련 수준에서 일어날 수 있다). 그러나 구성원이 정서적으로 관여하기 위해서는 자기개방이 어느 정도 필요하다. 때로는 집단에 속한 개인이 자기 자신에 대해 매우 개방적일 것이고, 이것은 집단의 다른 사람들을 격려하는 데 도움이 될 수 있다. 나는 16명 이상의 구성원 집단과 친밀한 분위기를 만드는 것이 어렵다는 것을 안다. 12명은 집단 구성원들과 대화할 시간이 너무 많다는 부담을 줄일 수 있기 때문에 함께 작업하기에 편안한 인원이다. 심화 실습단계에서는 일반적으로 8명의 구성원이 적합하다.

3. 이미지를 만드는 과정 반영하기

미술치료 기초 과정에 참여하는 동안 학생들이 성취하기를 희망하는 마지막 사항은 완성 작품에 대한 분석이 아닌 미술 작품을 만드는 과정이 얼마나 중요한지에 대한 인식이다. 뿌리기, 찢기, 덮기, 숨기기, 파괴, 낙서 또는 매체 사용에 어려움을 겪는 동안 발생하는 감정은 매우 중요하다. 그것들은 반영 일기에 기록될 수 있다.

여기에 집단 내에서 발생한 미술 매체에 대한 나의 갈등이 묘사되었다. (이 사례는 입문 미술치료 집단에서 드러난 내용이 아니며, 집단이 원하지 않는 한 어떠한 개인적인 것도 공개하지 않으려 한다.)

> 집단의 초청으로 하나의 예술 작품을 만들었다. 나는 모유 수유를 하는 그림을 그렸는데, 그 작품에서 어려움을 겪었다. 나는 매우 묽은 질감의 연못에 반사된 것 같은 이미지를 색칠하고 싶었다. 그림을 그리면서 나의 아기를 내 신체 내부와 외부에서 동시에 묘사하고 싶어 한다는 것을 알게 되었다. 나는 아이가 작은 손으로 한쪽 가슴을 만지면서 다른 한쪽 젖가슴으로 모유를 먹는 것을 상상했다. 그러나 나는 가지고 있는 매체로 만족할 만한 결과를 얻을 수 없었고, 작업하고 재작업하면서 회기를 보냈다. 완성 작품은 미해결되었지만 융합과 분리에 대한 나의 경험을 상징적으로 구현했다. 색칠하는 행위는 나의 자각을 불러일으켰고, 이 과정은 나의 정서적 어려움에 대한 갈등과 양가감정을 나타냈다. 이를 통해 **이미지를 그림으로 해결할 수 없다는 사실**이 드러났다. 나는 대화를 통해서는 이렇게 충돌하는 감정의 힘을 경험하지 못했었다. 이 집단에 참여하는 것이 나에게 언어적인 대화를 통해서 경험되거나 유발될 수 없는 강력하고 구체화된 감정과 반응을 표현할 수 있는 미술치료 과정의 힘을 일깨워 주었다.
>
> (Hogan, 2003: 169; 오리지널 강조)

4. 배경

기관에서 미술치료 워크숍 시리즈를 진행하면서 기관 내에 해결되지 않은 갈등이 있을 때, 이러한 기관의 갈등이 집단에 영향을 미칠 수 있는데, 초기에 치료사는 이를 인식하지 못할 수 있다. 이러한 위험을 최소화하기 위한 유일한 방법은 기관 내의 미해결된 갈등을 인식하고 해결하기 위해 직원들이 정신역동 회의를 갖는 것이다. 그렇지 않으면 미해결된 갈등이 집단 작업을 미묘하게 혹은 분명한 방식으로 오염시킬 것이다. 기관의 대다수 부서에는 막연한 대인관계의 경쟁 또는 갈등이 있으며, 이는 집단 내에 영향을 미치게 된다. 그러나 많은 미술치료사는 이러한 문제가 발생할 필요가 없도록 초기 워크숍 시리즈를 기관에 제공하며, 이러한 갈등은 영구적이지 않기 때문에 복잡한 문제들이 항상 발생하는 것은 아니다.

결론적으로, 나는 경험적 학습을 사용하여 학생들 집단에 미술치료의 아이디어를 소개하려고 애썼던 부분의 일부를 요약했다. 다음 장에서는 워크숍 회기의 내용을 더 자세히 설명하고자 한다. 동일한 매체를 사용해도 집단은 매우 다양하다. 일부 집단 구성원은 즉시 떠난다. 또 다른 사람들은 집단의 성격 유형의 균형에 따라 분개하고 방어하며 두려워하고, 심지어 겁에 질려 있다. 만약 훈련 집단을 운영했던 첫 경험이 어려웠다면, 미루지 말자! 다음이 훨씬 더 쉬울 수 있다.

참고문헌

Hogan, S. (Ed.) (2003). *Gender Issues in Art Therapy*. London: Routledge.

Kuhn, T. (1962). *The Structure of Scientific Revolutions*. Chicago: University of Chicago Press.

Waller, D. (1993). *Group Interactive Art Therapy*. London: Routledge.

제4장

입문 미술치료

입문단계에서의 지시적 미술치료 교육에 대한 추가적인 고찰

Susan Hogan

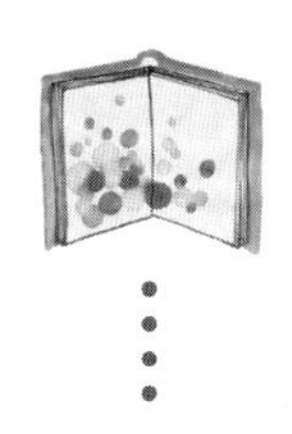

이 장에서는 경험적 학습의 성격과 이것이 어떻게 미술치료 입문 과정을 운영하는 것과 관련되는지를 반영하였다. 이 장은 주로 미술치료 워크숍과 강좌를 제공하기 원하는 미술치료사와 이러한 주제를 처음 접하는 이들을 위해 쓰였다. 이 장에서는 입문 워크숍의 내용과 더불어 워크숍의 목표 및 목적에 대해 더 자세히 기록했다.

이것들이 전문적인 임상수련 워크숍은 아니다. 전문적인 임상수련 과정을 시작하는 데 일부가 될 수도 있지만 기초적인 부분이다. 미술치료에 대한 전문적인 실습의 중요한 구성 요소인 폐쇄 집단으로 운영되는 실습 집단은 Diane Waller의 집단 상호작용 모델을 사용하는 '비지시적' 정신역동 집단이다. 이들 워크숍은 반대로 구성원들이 다양한 집단 구성에 대해 느낄 수 있도록 매우 체계적이고 명확하게 설계되어 있다는 점에서 '지시적' 접근방식을 사용한다. 모든 워크숍은 다른 구조를 가지고 있다. 이 장에서는 다음과 같은 다양한 형식의 워크숍을 기술했다. 짝으로 작업하기, 집단 페인팅, 집단 조소 작업, 환상으로 안내하기, 신체상 워크숍 및 테마 워크숍이 그것이다. 그리고 작품을 분석하는 여러 가지 방법을 논의했다.

또한 학생들에게 집단 활동 경험에 대해 반영하고 경험적 집단 활동에서 충분히 유익을 얻도록 하기 위해 기본적인 분석 도구를 제시했다. 학생들에게 분석 도구나 도움을 주는 이유는 집단 활동의 다양한 특성을 반영하는 것이 복잡하기 때문이다. 나는 학생들이 반영 일기에서 집단 작업에 대한 상세한 분석을 하기 위해 이 도구를 사용할 수 있다는 것을 강조한다. 이것이 환원적인 체크리스트로 사용되지 않기를 바란다.

입문 집단 작업을 분석하는 방법에 대한 주제로 넘어가기 전에 워크숍 시리즈의 내용을 자세히 설명할 것이다. 이에 대한 목표는 학생들에게 '지시적' 미술치료(모든 회기가 구조화되어 있음)의 범위를 볼 수 있도록 다양한 워크숍 형식을 제시하는 것이다. 그들은 그들이 즐기는 한 가지 특별한 방법을 발견할 수도 있고, 주제에 대해 더 깊이 연구하고 전문가가 되면 계속해서 다양한 집단 형식을 사용할 수도 있다.

나는 워크숍 시리즈가 다양한 도구로 가득 찬 공구 상자 같은 것이 되어야 한다고 집단에 설명한다. 비유하자면 집의 크기와 상관없이 큰 집이나 작은 집 모두에 공구 상자가 구비되어 있어야 하고, 멍키 스패너나 스크루 드라이버를 사용해 자전기를 수리할 수 있다. 도구 자체, 그중 많은 도구가 다른 작업에 맞게 조정될 수 있다. 그래서 그것은 워크숍과 함께할 수 있다. 그들은 적절하게 수정될 수 있는 '도구'이다. 구성원이 미술치료에 대한 전문적인 임상수련을 받기로 결정하면 수련 과정의 일부로서 비지시적 상호작용 미술치료를 경험하게 된다. 다수의 치료사가 친숙하게 일하는 방법과는 다소 다른 방법으로, 집단 구성원들 사이의 상호작용과 미술 작품 분석이 관심의 초점이 된다. 이러한 입문 워크숍에서는 집단 상호작용을 분석하는 것이 주된 초점은 아니지만 각 워크숍의 상호작용 요소에 주목한다.

1. 학생들

학생들은 다양하게 구성된다. 그들 중 일부는 미술치료에 대한 전문적인 임상수련을 받기로 결정했으며, 준비 과정으로서 입문 워크숍에 참여한다. 이들 중에는 미술치료가 무엇인지에 대해 궁금해하는 사람들도 있으며, 일부는 내담자에게 미술 매체를 제공할 의사가 없을 수도 있다. 그들은 미술치료 기법을 사용하여 자신의 창의력을 탐구하는 데 더 관심이 있다.

미술치료는 강한 감정과 깊은 카타르시스 반응을 자극할 수 있기 때문에 자격을 갖추지 못한 사람이 시도해서는 안 된다. 따라서 진행하는 워크숍에서 이에 대한 부분을 지적해야 한다. 다른 한편으로 예를 들어, 학교 교사가 미술 수업에서 학생들과 보다 창의적이고 다양한 활동을 하기 위해 미술치료 워크숍 시리즈에 참석하는 경우라면, 이러한 새로운 기술을 습득하는 것을 기쁘게 여길 것이다. 만약 구성원들이 입문 워크숍 시리즈에 참석한 후에 다른 사람들에게 미술치료를 제공해야 한다고 생각한다면, 우리는 그들을 설득할 의무가 있다. 이후 Coulter가 이 부분에 대해 더 자세히 다룰 것이다. 기초 자료, 홍보 자료 및 인터뷰에서 미술치료사들을 위한 전문적 수련은 실질적인 슈퍼비전 임상현장실습이 있는 엄격한 2년의 석사학위 과정이라는 점을 반복하는 것이 중요하다. 입문 과정은 구성원에게 주제에 대한 개요 또는 '흥미'를 부여하기 위한 것이다. 예를 들어, 전문 의료 종사자가 미술치료사와 긴밀하고 건설적으로 일할 수 있게 되고, 미술치료사의 임상 활동에 대한 이해를 얻게 될 것이다. 또한 미술치료가 그들을 위한 것인지 아닌지를 미술치료 수련생이 결정하게 될 수 있을 것이다. 그러나 입문 과정은 미술치료사로서 쉽게 일할 수 있을 것이라는 비현실적인 생각을 가진 사람들을 끌어들일 수 있는데, 이것은 문제가 된다.

여기에서는 내가 통상적으로 제공하는 여러 가지 워크숍을 소개할 것이다.

일반적으로 대학 환경에서 이것들을 제공했다. 이들 워크숍의 진행 순서는 각기 다를 수 있다.

2. 경계와 자기소개

첫 번째 미술치료 활동을 시작하기 전에 어떤 형태로든 자기소개가 있을 것이다. 이 자기소개에서는 각자의 이름과 왜 집단에 참여했는지를 한두 문장으로 간단하게 이야기할 수 있다. 일반적으로 워크숍을 진행하는 치료사가 먼저 시작한다. 집단 구성원들에게 집단에서 공유하는 내용에 대한 비밀 유지를 요청한다. 또한 구성원들에게 휴식 시간에 집단에 대해 이야기하지 말 것을 요청한다. 집단 과정에 대한 분석은 **집단 내**에서 이루어진다. 여기에서는 다양한 집단 경계 또는 '기본 규칙'이 논의될 수 있다. 누군가가 약속이 있어 일찍 떠나야 하거나 휴대전화를 끄는 것과 관련하여 자발적인 토론이 일어날 수 있는데, 집단 구성원은 그 일에 대해 감정을 표현할 수 있다.

3. 짝으로 작업하기

짝으로 작업하기는 다음의 형식을 사용한다. 자세한 내용은 이 장에서 설명할 것이다.

- '기본 규칙' 자기소개 및 논의
- 워크숍에 대한 설명
- 구성원들은 짝으로 나뉘어 **한 장**의 종이를 가져와 함께 작업할 미술 매체를 선택한다.

- 구성원들에게 미술 매체를 사용하여 비언어적으로 자신에 대해 무언가를 서로 이야기하게 한다.
- 15~20분 후에 나는 한 쌍을 A와 B로 나눈다.
- 워크숍의 다음 부분을 설명한다(B가 고개를 끄덕이지 않거나 동의를 표시하거나 의견 차이를 나타내지 않는 중에 A는 B에게 B가 설명하려고 했던 것을 이야기한다. 누군가가 말하는 것에 '무표정하게' 있는 것이 무례하게 느껴져 어렵기 때문에 나는 단서를 주는 역할을 하며, 이 점을 강조하기 위해 '무표정하게' 있는다).
- 5분 후에 그것들을 교대로 하게 하고, 지시사항을 반복한다.
- 나는 '짝'들에게 '무엇이 옳고 그른지'에 대한 해석을 공개적으로 이야기할 기회를 준다.
- 10분 정도 지나면 큰 원을 형성하고 토론할 것에 대해 이야기하며, '짝'은 자신의 경험을 큰 집단과 공유한다.
- 집단 페인팅 전에 짧은 휴식 시간을 갖는다.

나는 자주 짝으로 작업하는 경험을 비교하는 것으로 시작한다. 처음에는 구성원들이 파트너와 함께 이미지를 만들고 나중에는 집단 페인팅을 하고 이후에 이 두 가지 대비되는 경험을 비교할 것이라고 설명한다. 학생들은 이미 우리가 '비언어적 의사소통 연습'을 하고 '투사'와 '집단 역동'에 대한 아이디어를 토론할 것이라고 설명하는 워크숍에 대한 간략한 설명을 들었다. 나는 학생들에게 짝을 지어 줄 것을 요청한다(짝이 맞지 않을 경우, 한 명이 어떤 짝의 관찰자로 앉을 수 있다). 한 쌍으로 짝을 이룬 사람들에게는 그들이 사용하고 싶은 매체를 선택하게 하고, 함께 공유해야 하므로 한 장의 종이를 사용하도록 한다. 이 점을 강조하지 않으면 사람들은 종이 한 장을 공유하지 않을 것이라고 가정한다. 치료사는 구성원들이 이 부분을 잘 이해했는지를 확인하고, 각각의 짝이 한 장의 종이를 공유하고 있는지 확인해야 한다. 일단 구성원이 준비되면 자신의 파트너에게 자신에 대해, 자신이 어떤 사람인지 아니면 무엇에 관심이 있는지를 그림으로 표현하도록 요청한다. 그들이 미술 매체를 사용해서 자신을 표현하도록 하고, 전혀 이야기하지 말아야 한다고 설명한다. 그 한 장의 종이를 사용하는 방법에 대해 협의할 때 비언어적으로 진행할 것을 제안한다. 그들에게는 15분의 시간이 있다(천천히 그리고 망설이며 작업하는 것처럼 보이는 짝이 있다면, 20분 동안 활동을 계속할 수도 있다). 그들이 끝나면, 각 쌍을 A와 B로 나눈다(보통은 그들 스스로 결정하도록 한다. 좀 더 자신감 있는 사람들은 누가 시작할지를 선택하기 때문이다).

그다음 무엇을 할 것인지에 대해 설명한다. 먼저, A가 B에게 B가 그들에게 표현한 것이라고 생각했던 것을 말한다. 그러나 B는 반응을 보이지 않고 이야기를 듣는다. 실제로 B는 그 해석이 옳은지 틀린지에 관해서 어떤 단서를 주거나 미소를 짓거나 제스처를 나타내거나 고개를 끄덕거리지 않으면서 무표정하게 앉아 있는다. 나는 이에 대해 반응하지 않는 것은 무례하다는 느낌이 들기 때문에 매우 어려울 것이라고 설명한다. A들은 B들이 반응하지 않는다고 이미 들었지만, 여전히 무엇을 하고 있는지 확인하기를 원한다!

시작하기 전에 A는 학생들이 그림 분석을 하는 동안에 무엇을 적을지에 대한 몇 가지 조언을 해 준다. 이때 다음과 같은 사항에 주목할 수 있다.

- 사물의 상대적 크기
- 사물의 배치
- 그려진 방식(망설이며, 격렬한 것 등)
- 공간의 일반적인 사용과 창조 과정 동안 공간이 통제된 방식
- B가 A의 이야기에 어떻게 반응했는지
- 비유, 상징 및 유추의 사용
- 그림에 관련하여 나타난 신체 언어(열심히 집중하여 혹은 망설이는 듯)
- 실제 그림 내용

• 매체의 사용을 보고 느낀 기분

5~6분 후에 A와 B가 교대하여 이제 B가 A의 이미지를 해석하고, A는 아무런 반응 없이 무표정하게 앉아 있는다.

대답하지 않고 서로의 해석을 들어야 하는 좌절감을 느낀 후에, 나는 구성원들에게 그들이 옳고 그른지를 확인할 수 있는 기회를 준다. 일반적으로 매우 활기찬 토론이 파트너들 사이에서 일어난다. 그 후에 나는 활동에 대한 옳고 그른 반응이 없다는 것을 이야기한다. 때때로 그들은 이해할 수 있는 상징과 비유를 사용한 신체 언어와 직관을 통해 정확하게 해석한다. 때때로 예민한 사람들은 다른 무엇보다 있는 그대로를 보여 주기 위해 아주 세련되거나 빈약한 이미지를 만든다. 또 어떤 사람들은 자신의 해석이 전혀 맞지 않다고 생각한다.

이미지를 '읽는 것'은 복잡하며, 여러 단계에서 작용한다. 추상적인 작품은 감정을 많이 드러낼 수 있다. 환원적 상징주의는 사실의 전달을 우선시하기 위해 사용될 수 있다. 그림은 매우 다양하며, 구성원의 해석 또한 매우 다양하다. 일부 구성원은 내가 그렇게 하지 말라고 요청했음에도 불구하고 아무런 반응도 하지 않는다는 것이 불가능하다는 것을 발견했다. 따라서 그들은 집단의 다른 사람들보다 해석에 도움이 되는 더 많은 단서를 파트너에게 준다. 결과적으로 나는 어떤 표준화된 결과를 기대하지 않는다.

짝이 이미지에 대해 토론한 후에 나는 모두를 다시 큰 원으로 초대한다. 이 활동은 이미지의 해석이 문제가 된다는 것을 구성원들에게 소개할 수 있는 기회를 준다. 때로는 곤란한 상황이 있고, 유감스러울 정도로 부정확한 해석들은 집단 전체에 공유되고 종종 유머로 끝난다.

미술치료에서는 내담자가 자신의 작업의 의미를 탐색할 수 있도록 하는 것이 중요하다. 미술치료사는 촉진자로서의 역할을 해야 한다. 미술치료사는 의미를 배제할 수 있는 언어 사용을 조심해야 한다. 미술치료사는 내담자가 자신의 작품에 대해 자유롭게 이야기할 수 있는 개방형 질문을 사용하도록 한다. 물론 치료사에 의한 모든 의견이나 질문은 해석에 기반한다. 왜 다른 것보다 이 하나에만 주의를 끌고 있는가? 그러나 나는 이 시점에서 철학적 분석에 들어가지 않는다. 치료사는 무엇이 중요한지 스스로 끊임없이 생각하고 있으며, 이것은 내담자의 것보다 자신의 선입견과 관련이 있을 수 있다. 마찬가지로 우리가 듣는 것 또한 이해하는 행위이다. 왜 우리는 P가 아니라 O를 기억하는가? 또는 아마도 더 중요한 것은 왜 우리는 O가 중요하고 P가 사소하다고 생각하는가? 또는 왜 P는 흥미롭고 O는 평범한 것처럼 보이는가? 아니면 우리는 완전히 다른 것을 듣고 있는 것일까? 이것은 나중을 위한 분석이다.

워크숍의 주된 강조점은 다음과 같다. ① 학생들에게 미술 매체와 비언어적인 의사소통의 아이디어를 소개한다. ② 학생들에게 분석 중 그림의 구성요소 부분에 대해 생각하게 한다. ③ 구성원들이 내담자의 작품에 대한 해석에 주의를 기울이도록 격려한다. ④ '투사(projection)'라는 개념을 깨닫도록 한다. 이것은 우리가 다른 사람들에게 어떻게 투사하는지를 가리키는 유용한 용어이다.

일반적으로 나는 전문 용어를 좋아하지 않지만, 투사의 개념은 유능한 치료사에게 필수적이며 유용하다. 투사는 개인의 자질 또는 특성으로 귀인하는데, 이는 왜곡된 지각의 결과이다. 우리 모두가 어느 정도는 특정 렌즈를 통해 사람들을 보기 때문에 일부 '투사'는 불가피하고, 따라서 완전한 객관성을 가지는 것은 불가능하다. 그럼에도 불구하고 치료사가 되려는 사람들은 자신의 감정적 반응이 다른 사람들과의 관계에 방해가 되는지에 대해 생각할 필요가 있다(이 개념은 다른 곳에서 더 자세히 논의할 것이다).

이처럼 매우 간단한 입문 활동은 실제로 매우 복잡하다. 먼저, 구성원은 미술 매체를 사용하여 자신에 대해 어떻게 묘사할 수 있는지 생각한다. 학생들은 해석의 개념과 개방형 질문을 하는 방법에 대해 생각한다. 그들은 신체 언어와 신체의 사용을 통해 서로 정보를 전달하는 방법에 대해 생각한다. 학생들은 아마도 처음으로 정상적인 신호를 보내지 않는 사람과 이야기하는 것이 얼마나 이상한지를 깨닫게 될 것이다. 그들은 우리가 어떻게 서로의 제스처를 '읽는가'에 대해 생각한다. 그들은 분석 도중 다음과 같은 그림의 구성 요소 부분에 대해서도 생각한다. 대상의 상대적 크기, 대상의 배치, 그려진 방식 등(앞의 체크리스트 참조). 모든 학생이 이것들에 대한 서로 다른 지식적인 배경을 가지고 있다. 일부는 이미 훈련된 상담사일 수 있다. 예를 들어, 이들은 신체 언어를 '읽는' 것에 매우 익숙하다. 미술 매체를 통해 자신을 표현하는 데 익숙한 예술가들도 있을 것이다. 또 어떤 사람들에게는 이 모든 것이 아주 새로울 것이다.

4. 집단 페인팅

워크숍의 후반부는 집단 페인팅 작업으로 이루어진다. 일반적으로 이 과정에서는 집단에 휴식을 먼저 제공한다. 사람들은 잠시 쉬는 시간 동안 긴장을 풀 수 있다. 나는 개인적인 실습과 수련 과정에서 쉬는 시간의 길이를 조정하는 것이 중요한 영향을 미친다는 것을 발견했다. 예를 들어, 지나치게 집중한 집단은 좀 더 긴 휴식을 취하는 것이 좋다. 휴식 시간을 변경하고 효과를 관찰해 보는 것도 도움이 될 것이다.

집단의 쉬는 시간이 끝나면 집단에게 큰 종이를 주고, 약 183cm의 정사각형을 만들 것을 제안한다. 종이의 크기에 따라 마스킹 테이프를 사용하여 두 세 개의 용지를 함께 붙여야 한다. 집단이 이 작업을 직접 하도록 지시한다.

집단에게 자신이 사용하기를 원하는 매체를 선택하게 하고, 20분 동안 자신에 대해 이야기하도록 지시한다. 약 15분 후에 집단의 구성원들과 그림으로 서로 접촉되어야 한다는 추가 지시를 한다. 다시 말해서 이미지가 집단의 각 구성원들과 어떤 방식으로든 연결되어야 한다. 이 과정이 이미 이루어졌을 수도 있지만, 종이가 정사각형이 아닌 직사각형인 경우에는 어떤 사람이 소외되어 있을 수 있다. 서로 겹쳐지게 그리기 어려운 굵고 구분된 선이 그려지거나 다른 사람으로 하여금 접근할 수 없다고 느껴지는 것을 묘사한 경우에는 특히 그럴 수 있다. 상호작용이 충분히 이루어질 때 상대방의 작업이 연약하거나 반대로 공격적으로 인식되기 때문에 누군가와 연결하기 어려울 수 있다. 또는 누군가 다른 사람의 침범으로 인해 상당히 화가 나거나 기뻐할 수도 있다. 학생들은 집단 페인팅 경험의 힘과 잠재력에 대해 눈치챌 수 있다. 나는 이 활동이 더 어려워지기 전에 중단시키고, 구성원들은 집단 내에서 함께 작업하는 것이 짝으로 작업하는 것과 어떻게 다른지 생각할 기회를 갖는다.

만약 한 집단 내에서 두 작품이 만들어졌다면, 구성원들에게 그림을 분석하기 위해 모이도록 제안한다. 만약 한 집단의 그림이 완성되었다면, 그것을 바닥 중앙에 놓아 작품을 쉽게 볼 수 있게 하고, 원으로 둘러앉아 집단 경험에 대해 토론하도록 제안한다. 구성원들은 이야기하는 동안 이미지를 계속 가리키고 싶어할 것이다.

1) 첫 회기의 마무리

학생들에게 분석 저널을 쓰는 것에 대해 소개한다. 이것은 워크숍 과정을 소개할 때 이미 언급된 부분일 것이다. 구성원의 경험에 대한 반영은 경험적 학습에 있어 중요한 부분이다(마지막 장에서 이 주제에 대해 논의했다). 만약 분석 저널이 유용하다고 판단되면, 더 자세한 분석을 위해 이것을 활용할 것을 제안한다. 나는 (질문에 대답할 것을 요구하지 않고) 그들과 하나하나씩 살펴본다. 이것은 회기를 진정시키는 역할을 하는 데 도움이 된다. [그림 4-1]은 내가 나누어 주는 분석 도구이다.

경험적 워크숍에 대해 반영하기

- 활동은 처음에 나에게 어떤 감정을 불러일으켰는가?
- 활동 중 다른 사람들과 대화를 했는가?
- 처음에는 어떠했는가?
- 이 활동이 필요한 것이라 생각되는가?
- 집단 토론의 마지막은 어떠했는가?
- 다른 시간에는 어떠했는가?
- 다른 사람들과 관련된 각 단계는 어떻게 느껴졌는가?
- 내가 원하는 방식으로 언어적인 표현을 했는가? 그때의 기분이 어떠했는가?
- 나는 워크숍의 주제와 어떻게 관련이 있었는가?
- 어떤 집단 주제가 등장했는가?
- 공간에서의 나의 위치 및/또는 공간 사용이 내 경험에 어떤 영향을 끼쳤는가?
- 나는 어떻게 그림을 그리며 나 자신을 표현했는가?
- 유추를 통해?
- 비유였는가?
- 상징이었는가?
- 매체의 표현적 사용(자국을 만들기, 찢기, 끼얹기, 긁기, 붙이기, 겹치기, 예리하거나 거친 붓놀림 등)
- 어떤 구성 요소가 사용되었는가(사물의 상대적인 규모와 어떻게 그것들이 나란히 배열되어 있는지 생각하기)?
- 내가 원하는 방식으로 자신을 열정적으로 표현했는가? 어떻게 생각하는가?
- 내가 한 것에 대한 다른 사람들의 반응에 대해 나는 어떻게 느꼈는가?
- 워크숍의 끝은 어떠했는가?
- 당신은 특별한 도움이 필요한 장애가 있는 사람들에게 이 워크숍이 어떤 면에서 유용할지 생각해 볼 수 있는가?
- 이 워크숍은 지난 워크숍과 어떻게 다른가?

[그림 4-1] 학생 유인물: 경험적 워크숍에 대해 반영하기

나는 학생들이 워크숍의 형태에 대해 생각하게 하기 위해 마지막 질문을 한다. 그들은 매우 다르게 구조화되어 있고, 다른 집단 구조들은 다른 효과들을 만들어 낸다. 이것은 학생들이 생각해 보기를 원하는 부분이다('도구 키트'의 유추를 기억하라). 많은 질문이 구성원들에게 자신의 정서적인 반응을 반영하도록 요구한다. 왜냐하면 비판적 자기인식은 미술치료사들 또는 돌보는 역할을 하는 사람들에게 중요하기 때문이다. 또한 집단 구성원들이 이후에 만나게 될 내담자들에 대한 민감성과 공감 능력을 발달시키기 바란다. 그들이 미술 매체를 사용하는 내담자들과 함께 작업을 한다면 도전적이거나 위협적이거나 정서적으로 노출되는 것을 더 순조롭게 만들어 줄 것이다.

마지막으로, 나는 구성원 모두에게 다음 주까지 오래되어 못 쓰게 된 물건, 골판지 상자, 오래된 크리스마스 장식 등을 많이 가져오도록 요청한다.

5. 집단 조소 작업

두 번째 워크숍은 집단 조소 작업(Group sculpture)이다. 집단으로 작업하는 프로젝드는 집단 응집력을 이끌어 내고, 집단의 역동성을 분석하기 위해 고안되었다. 워크숍은 구성원이 3차원에서 작업할 수 있는 기회를 제공하며, 이는 매체를 조작하는 데 있어 어려움을 가져올 수 있다. 개인적인 경험에 비추어 볼 때, 이 활동은 재미있고 집단 구성원들이 서로를 더 잘 알 수 있게 해준다. 그러므로 워크숍의 초기에 시작하는 것이 좋다.

이 활동은 다음과 같은 형식을 사용하며, 자세한 내용은 다음과 같다.

- 끈, 판지, 스탠리 나이프, 철사, 스테이플러 및 가위와 같은 3차원 작업에 도움이 되는 다양한 매체를 제공한다.
- 구성원들이 가져온 매체들을 함께 둔다.

- 구성원은 원으로 앉아서 자신들의 기분이 어떤지, 또는 이전 워크숍에 대해 자신들이 집단과 나누고 싶은 생각이나 감정이 있는지에 대해 이야기할 수 있다.
- 워크숍에 대해 설명한다.
- 신체의 다른 부분들이 써진 종잇조각이 담긴 주머니를 돌린다.
- 다양한 긍정적인 감정이 써진 종이 주머니를 돌린다.
- 다양한 어려움이나 부정적인 감정이 써진 주머니를 돌린다.
- 스테이플러와 스탠리 나이프를 사용하는 데 있어 주의를 주고, 사용 방법을 알려 준다. 특히 나는 매체를 고정하기 위해 손을 스테이플러 건 뒤에 두지 않도록 알려 준다. 그렇지 않으면 스테이플러가 손에 박히는 사고가 발생할 수 있다. 구성원들이 아직 픽사티브 스프레이를 사용하지는 않지만, 스프레이 알레르기 반응을 보이는 사람들을 위해 작업 공간 밖에서 사용할 것을 미리 요청한다.
- 구성원들에게 과제를 시작하도록 요청한다.
- '사람'이 완성된 후에 구성원들에게 그 주변에 앉아서 경험이 어땠는지 이야기하도록 한다.
- 모두가 원하는 이야기를 할 수 있는 기회가 주어졌는지를 확인하고 마무리한다.
- '폐기'라는 주제를 소개한다.
- 마지막으로, 다음 주 워크숍에 대해 토론한다.

나는 이것에 대해 솔직한 태도로 접근한다. 이 작업은 마치 파티 게임처럼 시작한다. 구성원들에게 원형으로 앉도록 요청하고, 워크숍에 대해 자세히 설명한 후 종이로 가득 찬 주머니를 돌린다. 각 구성원은 선물 뽑기처럼 먼저 엿보기 없이 종이를 골라야 한다. 나는 이미 종이에 '심장' '폐' 등의 신체 부위가 쓰여 있다고 설명했다. 주머니를 돌릴 때 때로는 강렬한 반응으로 신음 소리 또는 비명 소리가 들린다(보통 적어도 두 번은 하기 때문에 모든 사람은 두 개의 신체 부위를 가지고 있다). 어떤 종류를 지정하여 주는 대신에 선택의 여지가 있도록 성과 관련된 부위도 넣는다. 그러고 나서 나는 두 개의 주머니를 더 보낸다. 하나는 충만하고 긍정적인 감정, 즉 '사랑' '기쁨' 등이고, 다른 하나는 부정적인 감정이다. 구성원들이 각각의 주머니에서 세 가지 이상의 감정을 뽑기를 원하기 때문에 주머니에 많은 종류의 감정을 넣었다. 긍정적이고 부정적인 감정을 분리하는 것은 어떤 사람이 부정적인 감정(억울함, 슬픔, 증오, 묵인, 혐오)만을 뽑지 않도록 도와준다.

그리고 그들에게 사람을 만들 것이라고 말하고, 신체 안의 감정을 묘사하고 어디에 배치할 것인지에 대해 생각해 보라고 요청한다. 누군가 뽑은 특정 신체 부위가 그 사람이 뽑은 감정과 반드시 연결될 필요가 없다는 것을 설명하는 것이 중요하다. 그래서 누군가가 '발'과 '행복'을 가졌다면, 그들은 행복한 발을 만들 필요가 없다. 나는 항상 매체가 흥미로운 방식으로 사용되기를 바란다. 사랑을 가진 사람이 평평하고 빨간 사랑을 만들 때 내 마음은 가라앉는다……. '분노한' 모습은 어떨까? 실험해 볼 수 있는 기회가 될 수 있다.

워크숍은 주로 집단 구성원들이 하나의 큰 그림을 만들어 내기 위해 협력해야 하기 때문에 서로 상호작용을 하도록 만든다. 이것은 어떤 이유로든 서로 더 많은 상호작용을 할 수 있도록 사람들과 함께할 수 있게 만드는 워크숍 활동이다.

분석에는 사람들의 반응 양식이 포함될 수 있다. 그들은 코너에 앉아서 상호작용 없이 감정을 표현했는가? 아니면 다른 사람들을 준비시켰는가? 그들은 이것에 대해 어떻게 생각했는가? 감정을 표현하는 실제 과정이 어려웠는가? 미술 매체를 조작하는 느낌이 어떠했는가? 신체에서 다른 감정들이 느껴지는 것에 대해 생각했는가? 활동은 감정을 세분화했지만 우리 신체의 다른 부분에 대해 어떻게 느끼는지도 알 수 있게 한다. 이때 신체상에 대한 이슈가 드러날 수 있다. 나는 수년에 걸쳐 아동기의 성학대, 가정 폭력, 자해, 식욕 부진 및 강간이 워크숍에서 드러나는 것을 경험했다. 그러나 이 활동이 워크숍 초반에 배치되면 깊은 수준의 자기개방은 일어나지 않을 수 있으며, 워크숍은 주로 '기분을 좋게' 하거나 집단 응집력 활동으로 기능할 수 있다.

나는 처음에 학생들에게 '사랑'이라는 단어를 듣고 큰 분홍색 하트를 그리지 말라고 이야기했다. 대신 구체화된 감정이 어떤 것인지 생각해 보고, 이를 묘사해 보라고 했다. 감정을 탐색하는 데 사용되는 비유는 때로는 매우 단계적이고 정교할 수 있다. 학생들은 매체를 사용하여 복잡한 감정을 표현하는 것이 매우 도전이 된다고 이야기하기도 한다.

이 집단의 조각품이 종종 프랑켄슈타인처럼 보일지라도 집단은 자신이 제작한 것을 좋아하는 경향이 있다. 마지막으로, '폐기'라는 개념을 집단에 소개할 수 있다. 집단은 큰 작품을 만들었으며, 그들이 작품을 처분하는 데 있어 무엇을 하고 싶은지 생각해야 한다. 이 작품에는 감정이 들어갔기 때문에 그것을 처리할 때는 민감하게 다루어야 한다. 구성원은 조각 전체 또는 그것의 특정 구성 요소에 대해 강한 감정을 가질 수 있다. 집단은 작품을 해체하기 전에 사진을 찍고 싶어 하기도 한다. 따라서 별도로 사진을 저장할 것이 없으면 진행자가 이 회기를 위해 카메라를 가져올 수 있다(휴대 전화로 충분할 수 있다). 집단이 그곳에서 작품을 해체하고 싶다고 하는 경우도 있지만 만약 그렇지 않다고 하면, 집단을 위해 그 작품을 그 공간에 몇 주간 보관하게 하여 그 공간이 그들만의 것이라는 느낌을 갖게 한다. 사람들은 공간 안에 자신이 창조해 낸 작품이 계속 있는지 보고 싶어 한다.

이것은 미술치료에서의 작품의 보관과 폐기의 중요성을 토론하는 데 장점이 된다. 이 토론은 회기를 잘 '마무리'하게 하는 역할을 할 수 있다.

6. 환상으로 안내하기

많은 종류의 '환상으로 안내하기'가 있고, 활동들이 상당히 대조적이기 때문에 여기에서는 한 가지를 소개한다. 내가 사용하는 특별한 환상 기법은 Janek Dubowski 박사의 연구에서 고안된 것이다. 그 활동은 배를 타고, 열대섬으로 걸어가고, 노를 저어 가는 것과 관련된 다양한 경험에 관한 것이다(이후에 다시 자세히 설명할 것이다).

구성원들에게 실물 크기의 종이 한 장을 가져다 놓고, 그 위에 누워 신체를 원하는 모양으로 만든 후 윤곽선을 그리도록 한다. 이들 중 일부는 미국 영화에서 살인이 일어났을 때 경찰이 시체 주변을 따라 그려 놓은 윤곽선처럼 보인다. 그러나 어떤 경우에는 전혀 사람처럼 보이지 않기도 한다.

나는 쿠션을 제공하고 조명을 어둡게 하여 모두가 간단한 명상을 하도록 한다. 구성원들은 한두 가지의 기술을 사용하여 마음속의 생각을 없앨 수 있다. 하나는 자신의 호흡을 관찰하는 것인데, 만약 마음이 혼란스러우면 집중하는 것을 반복해서 다시 호흡으로 돌아간다. 집단 구성원들은 코로 숨을 들이쉬고, 입으로 숨을 내쉬도록 해야 한다. 그다음에 콧구멍으로 들어오는 공기의 느낌과 입 밖으로 나가는 느낌을 기록하도록 요청하는 것이 포함될 수 있다. "어떤 생각이 떠오르면 그냥 잊고 네 호흡에 집중하라."고 지시한다. 다음과 같이 공기의 온도에 주목할 수도 있다. 코로 들어가는 시원함과 입에서 나오는 열기. 이것은 불교의 수도원에서 가르치는 기본 명상 기법이다.

또 다른 기술은 개인적으로 더 좋아하기 때문에 제안하는 것인데, 맑고 푸른 하늘을 그려 보는 것이다. 어떤 생각이 일어나면 그것은 지나가는 구름에 붙어 떠나갈 수 있다. 구름이 떠다니는 것을 시각화하면 마음은 맑고 푸른 하늘로 돌아간다. 그 아이디어는 우리의 마음을 지배하는 일련의 생각을 멈추도록 한다. 그로 인해 마음이 편안해진다. 신체가 안정되고 혈압이 떨어진다. 엔도르핀이 방출된다. 이러한 기본적인 명상은 우리의 신체에 매우 유익하다. 우리는 이를 위한 시간을 할애해야 한다!

이 경우에 나는 명상 후 편안해진 구성원들에게 내가 이야기하는 것을 시각화하도록 한다. 이야기의 여러 측면은 매우 모호하여 사람들이 자신의 의미를 부여할 수 있다. 이야기는 깊은 잠에서 깨어나는 (또는 태어나는) 사람으로 시작된다. 나는 구성원들이 이야기를 하는 동안 해변에서 물이 찰랑거리는 소리가 녹음된 테이프를 틀어 준다.

1) 환상

당신은 지금 어머니의 자궁 속에 있는 태아이다. 어둠과 따뜻한 온기가 당신을 감싸고 있다. 빛이 어둠을 침범하기 시작했고, 당신은 움직이기 시작한다. 당신은 당신이 있는 공간이 부드럽게 앞뒤로 움직이고 있음을 깨닫는다.

당신은 따뜻하고 편안함을 느낀다. 당신은 흔들리고 있음을 느낀다…….

당신은 기지개를 켜고 깨어나 어두운 공간의 2층 침대 위에 있는 자신을 발견한다.

어둠 속에서 조금 적응한 뒤 문 하나를 볼 수 있고, 당신이 있는 보트 갑판 위로 올라가 별이 가득 찬 하늘을 올려다볼 수 있다…….

주위를 둘러보니 보트가 열대 섬에서 표류되었다는 것을 발견한다. 당신은 섬의 먼 끝에 있는 작은 화산이 연기와 용암을 뿜어내고 있는 것을 볼 수 있다.

노를 저을 수 있는 작은 보트가 당신의 큰 보트 옆에 떠 있다. 당신은 밧줄을 타고 내려와 그 섬으로 가기로 결정한다.

당신이 섬을 향해 노를 저을 때, 눈부신 일출과 안개가 물에서 사라진다.

당신은 보트를 밧줄로 묶고 동굴처럼 보이는 곳으로 걸어간다. 터널이 꽤 좁고 어두워진다.

당신은 앞으로 어떤 빛을 볼 수 있기를 기다리며 계속 걸어간다.

물소리가 들린다. 터널을 통과하면서 소음이 심해진다.

당신은 장관을 이루는 거대한 폭포를 보며 웅장한 지하 동굴로 걸어 들어간다.

당신은 폭포 속으로 들어가고자 하는 충동을 느낀다.

얼마 후에 당신은 빛을 향해 계속 걸어간다. 당신은 빽빽한 정글을 만난다.

당신은 정글 속으로 들어가고 있는 자신을 발견한다. 따뜻한 햇볕이 당신을 감싼다.

당신은 파편을 발견하고 자세히 관찰한다. 거대한 조각상 두 개가 부서져 산산조각이 났다.

멀리 나무 집이 보이고 그 집을 향해 걸어간다.

당신이 그곳에 도착하면 친근하게 보이는 사람이 당신에게 올라오라고 손짓을 한다.

당신은 나무에 매달린 포도나무 사다리를 오르고, 안에 있는 사람에게 친밀감을 느낀다.

당신은 그 사람과 시간을 보내고 마지막으로 전경을 감상하고 나서 사다리를 타고 아래로 내려온다.

당신은 섬을 탐험한다.

당신은 해변으로 나아가고, 해변을 따라 걷다가 보트를 정박한 곳으로 온다.

당신은 섬을 떠나면서 섬에서의 경험을 되돌아본다…….

2) 환상에 대해 그리기

환상을 끝내고 나면 사람들에게 눈을 뜨고 아주 부드럽게 움직여 달라고 요청한다. 손을 흔들고, 머리를 부드럽게 천천히 좌우로 움직이도록 한다. 구성원들이 섬에서 상상한 대로 이야기를 그릴 것이라고 말한다(이미 작업한 신체 윤곽선이 그들의 섬이다). 이것은 이야기에서 등장한 것들이 신체의 특정한 부분에 놓이도록 한다. 화산은 머리, 배 또는 가랑이 부분에 배치될 수 있다. 구성원들이 신체의 배치가 적절한지 아닌지를 결정하는 것이다. 대부분의 구성원은 그 윤곽선을 섬으로 여기고, 그림을 색칠할 때 그것이 신체의 형태라는 것을 잊는다. 그래서 신체를 의식하지 않고 배치한다. 이러한 배치는 의식적인 것은 아니지만 드러날 수도 있다.

작업을 하는 동안 계속 음악을 틀어 놓고 싶은지 구성원들에게 묻는다. 오랜 워크숍 진행 경험 중에 나에게 누군가는 음악을 싫어할 수도 있다고 알려주었다……. 그러나 이 파도와 새의 사운드 트랙에 대한 불평은 아직 듣지 못했다!

3) 짝 또는 집단 토론

이것은 구성원들이 흥미로운 방식으로 유추, 상징 및 비유를 사용하는 것을 경험할 수 있는 기회이다(구성원들에게 이 각각의 용어에 대해 정의해 주거나 알려 준다). 이 작업을 통해 이야기의 모든 면이 드러날 수 있다. 어떤 사람들은 정글을 수월하게 통과하고, 어떤 사람들은 칼을 사용하여 우거진 정글을 통과하는 것이 어렵다고 느끼고, 어떤 사람들은 폭포 안에 들어가기를 원하며, 또 다른 사람들은 그것을 피한다. 그 깨진 조각상들이 권력자나 부모 같은 중요한 인물일 가능성이 있고, 나무 집에서 만난 사람은 만약 사귀는 사람이 없다면 이상형일 수 있다. 때때로 나무 집에 있는 사람이 죽었을 수도 있다. 이것은 그 사람을 잃어버린 경험에 대해 대화를 나눌 수 있는 여지를 준다. 그림의 해석은 그것을 직접 만든 사람에 의해 이루어진다. 나는 "기분이 어땠나요?"라는 질문만 한다.

집단의 크기에 따라 구성원을 짝으로 나누어 작업에 대해 토론하게 하고, 집단이 8명 이하인 경우(따라서 친밀감을 느낄 수 있는 경우)에는 집단 내에 자신의 그림을 놓고 10분 동안 이야기하도록 한다. 나는 시작할 사람을 먼저 지목하지 않는다.

워크숍 초반에 누군가 자신의 이미지를 집단 가운데에 둘 기회가 없다 해도 크게 걱정하지 않는다. 하지만 이야기할 기회를 주기 위해 아직 자신의 작업에 대해 집단 내에서 공유하지 않은 사람들에게 마지막으로 이야기할 수 있는 기회를 준다. 그 순간에 자신에 대해 드러내고 싶지 않거나 자신감이나 자기주장이 부족한 사람들에게 자신이 어떻게 느끼고 있는지 말할 수 있는 기회가 주어진다. 그들은 '내가 주목을 받는 것이 좋지 않다.'와 같이 자기주장과 관련된 현재 문제에 대해 이야기하거나 '나는 나보다 다른 사람이 더 중요한 이야기를 한다고 생각한다.'와 같이 자기 평가 절하 경향을 나타내는 이야기를 할 수 있다. 그들의 작은 나눔은 중요할 수 있다. 실제로 이 회기에서 약간 좌절감을 느낀 사람은 다음에 더 나설 수도 있다(그리고 나는 "우리에게는 20분이 남았습니다." "지난 주 집단에서 자신의 작업에 대해 이야기를 나누지 않은 사람 중 이야기하고 싶은 사람이 있는지 궁금합니다."라고 이야기하며 집단을 촉진한다. 어떤 사람들은 집단에서 관심 받는 것에 익숙하지 않기 때문에 이렇게 기회를 제공하는 것이 도움이 된다). 자신의 작업에 대해 공유하고 싶지 않은 사람들이 있어도 괜찮다(만약 이 집단이 짝으로 나누어져 있다면 이러한 문제는 발생하지 않는다). 나는 이야기를 하지 않은 사람들에게 마지막에 몇 마디 말할 수 있는 기회를 준다. "굳이 이야기할 필요는 없지만 자신의 작업에 대해 이야기를 나누지 못한 사람들이 그것에 대해 어떻게 느끼는지 궁금합니다."라고 말한다. 사람들이 자신의 감정을 느끼도록 돕는 것이 미술치료사의 일반적인 역할이다. 어떤 사람들은 자신들이 이야기하지 않고, 타인의 이야기를 들으며 많은 것을 배워서 좋았다고 표현하거나 다음 주에 이야기할 것이라고 하기도 한다. 길게 말하는 사람들의 이야기를 듣는 것은 그렇지 않은 사람들의 이해를 돕는다. 미술치료의 다른 모델인 집단 상호작용 모델(Diane Waller가 가장 잘 설명한다)에서 각 구성원의 자기개방의 양은 절대적으로 중요하다

(한 명 또는 두 명의 구성원이 자기개방을 하지 않는다면 집단의 진행 과정이 어려워질 수 있다). 그러나 이 모델에서는 워크숍의 초기단계에서 누군가가 자세히 이야기하지 않는 것은 문제가 되지 않는다고 생각한다.

집단에서 자신의 작업에 대해 이야기해 준 구성원에게 감사를 전하고, 이 시간이 첫 번째 회기라고 분명히 이야기하면서 만약 누군가 정서적으로 흥분이 되어 마음을 가다듬기 원한다면 회기가 끝난 후 시간을 보낼 수 있다는 것을 알려 준다. 회기를 제시간에 끝내고 정해진 시간에 구성원들을 보내 주어야 하지만, 필요한 경우에는 추가적인 도움을 주는 것이 중요하다. 1990년부터 1년에 3회까지 입문 워크숍을 진행하였는데(지금까지 23년째가 되었다), 예를 들어, 어린 시절 성학대와 같은 경우를 포함하여 여섯 번 정도 이러한 추가적인 도움이 있었다. 어떤 워크숍 진행자들은 이로 인해 추가적인 일이 더 생기는 것을 두려워할지도 모른다. 그러나 나는 지금껏 그런 경험이 없었다. 구성원들이 필요한 경우 집단이 끝난 후에 진행자와 추가로 이야기를 나눌 수 있다는 것을 알게 되면 안심한다.

4) 추가적인 이론 제공하기

치료사는 자신이 교육하고 있는 맥락에 따라 이론을 가르치는 회기를 제공하거나 제공하지 않을 수 있다. 중간에 쉬는 시간이 있거나 '독서 주간'이 있거나 과정이 일찍 중단되면 집단 구성원에게 다음과 같은 과제—아트 갤러리에 가서 두 개의 이미지를 찾으십시오. 하나는 당신이 생각하는 '혼란스러운' 혹은 '화가 난' 것이고, 다른 하나는 '건강한' 것이라고 생각하는 것입니다. 이 이미지들을 기반으로 만든 작품(또는 스케치 이미지)을 다음 회기에 가져와 주십시오.—를 준다. 이것은 구성원들이 과정 중에 쉬면서 계속 생각할 수 있게 해 준다. 물론 이 과정에서 옳은 답은 없다. 누군가 자신의 '건강한' 이미지를 공유할 때 집단의 일부는 어떤 방식으로든 불길함, 불안감, 혐오감을 느낀다. 다른 사람들이 '화가 난' 또는 '혼란스러운' 이미지를 공유하면 어떤 사람은 이미지를 좋아하거나 편안함을 느낀다. 요점은 이미지에 대해 다양한 해석이 가능하다는 것을 깨닫는 것이다. 우리는 구성 요소, 매체의 사용법과 이것이 어떻게 특정 기분을 만들어 내는지에 대해 논의할 수 있다. 일반적으로 작가는 자신의 그림에 대한 의미에 있어서 독점적이지 않다. 많은 미술의 역사는 '예술가의 의도'에 대한 심리적 구성이 어떻게 그들의 작품을 형성했는지 등에 대해 기록해 왔지만, 그 작품은 사실상 이해하기 힘든 것이다. 만약 당신이 19세기의 관상학(머리의 모양과 두개골을 보고 성격을 나타내는 이론)과 세대의 이론(the generation theory)에 대해 알고 있다면, 그저 미학적인 즐거움을 주는 Degas의 발레 댄서들을 똑같은 방식으로 볼 수 없을 것이다. 작품의 주제는 작가의 선호하는 의미를 나타낼 수 있지만, 작품을 보는 사람은 작품에 대한 정서적 반응에 항상 자신의 독특한 지각을 가져온다. 따라서 예술가의 의도대로 작품이 보이지 않을 수 있다.

7. 신체상 워크숍

이것은 구성원이 입문 과정에서 수행하는 가장 실질적인 활동이다. 워크숍에서 구성원들은 자신에 대한 상반된 인식을 발견한다. 지시사항은 간단하다. 두 개의 이미지, 즉 하나는 스스로 자신을 어떻게 보는지(당신의 실제 또는 내면의 '진정한' 자기)와 다른 사람들이 당신을 어떻게 보는지에 대한 또 다른 이미지를 만드는 것이다. 만약 다른 사람들이 당신을 어떻게 보는지 인식하는 데 어려움이 있다면 당신의 인생에서 중요한 네 명의 사람을 선택해 그들이 당신을 바라보는 방식에 대해 명백하게 설명하면 된다(예: 당신의 연인, 상사 등 가장 중요한 사람이라면 누구든지). 단, 이미지는 실물 크기여야 한다.

이미지는 구체적일 필요가 없고, 추상적이어도 괜찮다는 것을 분명히 전달한다. 일반적으로 이러한 지시사항에 대해서 집단 구성원들이 볼 수 있게 미리 적어 두어 여러 번 질문하지 않도록 한다.

이 워크숍은 구성원들에게 아마도 그들의 삶에서 처음으로 내면에서 느끼는 감정과 자기지각 또는 자아상 사이에서 발생하는 갈등, 그리고 타인이 그들을 보는 시각 사이의 긴장감을 발견할 수 있게 해 준다. 이 과정은 정서적으로 매우 어려울 수 있다. 이러한 복잡한 상태를 나타내는 것은 어려울 수 있으며, 어떤 사람들은 가변적인 자아정체성을 가지고 있고, 다른 사람들은 더 고정되고 변함없는 자아정체성을 가지고 있기 때문에 개념적으로 어려울 수 있다. 몇몇 사람은 다른 중요한 사람들의 인식이 그들의 자아와 행복감에 어떤 영향을 미치는지 생각해 보았을 것이다. 그러나 그 집단의 다른 어떤 사람들에게는 이런 것들에 대한 감정을 분석하는 일이 처음일 것이다. 어떤 사람들은 그 문제에 대해 일반적인 방식으로 생각하는 것을 좋아하고, 또 다른 사람들은 타인이 그들에게 영향을 미치는 다른 방법에 대해 매우 신중하게 반응한다. 우리에 대한 타인의 인식은 우리에게 정서적으로 어떤 영향을 미치는가? 그것은 강력한 질문이다. 이 활동은 구성원들로 하여금 그들의 관계를 분석할 수 있게 해 주며, 우리에 대해 인식하는 방식이 우리의 경험을 형성한다는 것을 알려 주어 결과적으로 내적 갈등을 일으키게 된다.

나는 구성원들이 정서적으로, 개념적으로, 그리고 미술 매체를 사용하는 과정에서도 도전받기를 바란다. 구성원들에게 각각의 이미지에 실물 크기의 종이를 사용하도록 한다. 이것은 그들이 이제까지 완성한 가장 큰 개인 작업일지도 모른다. 워크숍은 2주 이상 진행된다. 첫 번째 회기는 페인팅 작업이다. 두 번째 회기의 처음 15분 동안 작업을 마무리하도록 한다. 이것은 부분적으로 구성원들에게 그들의 작업과 정서적으로 다시 연결될 수 있는 기회를 주기 위한 것이다. 작업을 분석하는 데에는 두 시간이 소요된다. 나는 이 시점에서 구성원들이 자신의 작품을 집단 원의 한가운데에 놓고, 자신의 이미지에 대해 이야기할 수 있게끔 집단 지지를 받도록 한다. 가끔 집단의 크기 때문에 충분히 이야기할 수가 없어서 내가 집단을 지지할 수 없는 경우가 있기도 하다. 그래서 분석은 마지막의 집단 나눔에서 짝을 지어 이루어질 수도 있다.

활동은 강력한 힘이 있기 때문에 강한 감정이 표현될 수 있다. 이 회기를 위해 긴장을 풀거나 진정하는 시간을 갖는 것이 특히 중요하다. 이것은 아직 다루지 않았다면 집단 작품의 폐기에 관한 토론이 될 수도 있고, 미술치료의 이론과 실제에 관한 질문일 수도 있으며, 누군가가 추천도서에 관해 질문하는 것일 수도 있다. 만약 입문 과정에서 에세이 작성이 포함된 경우라면 그것에 대해 이야기할 수도 있다.

8. 테마 워크숍

일곱 번째 회기에서는 테마 워크숍을 제공한다. 이것은 이미 진행되었던 구조화된 작업과의 대비를 위한 것이다. 또한 신체상 워크숍이 상당히 격렬할 수 있기 때문에 집단은 그다음 주에 개방적인 회기를 갖는 것을 선호한다. 테마가 왜 유용할까? 이 단계에서 테마를 사용하면 집단을 통합하는 데 도움이 된다. 테마 워크숍은 사람들 사이의 공통점을 강조하고 있기 때문에 집단 응집력 향상에 도움이 된다. 여기에서 생성된 이미지는 놀랄 만큼 다양할 수 있다. 일부 구성원은 이 활동에서 더 많은 '자유'가 주어졌다는 데 안도감을 느꼈다고 표현한다.

이 과정에서는 상징, 비유, 유추 및 구성 요소가 작품에서 어떻게 작용하는지 강조한다. 유추란 무엇인가? 상징이란 무엇인가? 비유란 무엇인가? 나는 이 부분을 다시 검토한다. 만약 아직 이 부분을 다루지 않았다면 구성원들에게 핵심 용어를 정의한 유인물을 제공한다.

또한 상징과 비유가 자신에 대해 어떻게 의식적인 것을 우회적으로 표현할 수 있는지를 보여 준다. 그들은 이 시점에서 간혹 자신의 이미지에 놀라곤 한다. 최근 한 학생이 "이제야 이해하겠어요."라고 말한 것처럼 깨닫게 되는 때가 온다. 작품 창작의 놀라운 표현력이 이미 분명해진 듯하지만, 일부 학생은 입문 과정에서 매우 통제력 있고 의식적인 방식으로 이미지를 만들 수 있다. 그러나 구성원들이 긴장을 풀고 그 테마 작업을 즐길 때 스스로 놀라게 된다.

개인적으로 내가 좋아하는 테마가 많이 있다. 당신이 좋아하는 것을 상상해 보자. 특히 반복적으로 사용하는 두 가지 테마가 있다. 하나는 '나의 삶이 접시 위에 담겨 있다.'이다. 이 테마는 항상 그 사람의 삶을 개관하도록 하고, 또한 그들이 어떻게 삶을 분류하는지를 매우 생생하게 보여 준다. 어떤 사람들은 그들의 삶을 음식으로 묘사한다(그래서 소시지는 그들의 직업이고, 토마토는 부모이다 등. 당신은 그들이 자신의 삶의 중요한 측면을 어떻게 나누는지 한눈에 볼 수 있다). 다른 사람들은 더 비유적인 접시를 만들어 낼 것이다. 이때 문자 그대로의 측면, 그리고 상징적인 측면들이 혼합될 수 있다. "여기에 양배추가 쌓여 있는데 왜 그런지 정말로 모르겠어요. 전 양배추를 좋아하지 않거든요……." 이러한 것들은 생각할 거리가 된다. 또 다른 사람들은 접시에 자신의 삶을 전혀 담을 수 없다. 아마도 그들은 하고 싶지만 할 수 없을 것이다(이것은 탐색될 수 있다). 다른 사람들은 공간 전체를 사용한다(아마도 테이블과 다른 구성 요소들이 사용될 것이다). 구성원들은 이 활동을 통해 자신의 삶을 다각적으로 탐색할 수 있는 기회를 갖는다.

내가 가장 좋아하는 테마는 '나를 집으로 표현하기'이다. 당신이 집이라면 어떻게 생겼을까? 집은 화려하거나 평범하게 보일 수 있기 때문에 이것은 자기탐색을 위한 더 많은 범위를 제공한다. 그것은 아마도 지하실, 비밀의 방, 승강기, 휴게실 또는 작은 탑을 가지고 있을 수 있다. 집의 각기 다른 부분은 매우 다른 분위기를 가지고 있을 수도 있다. 문이나 창문이 열려 있거나 막혀 있을 수도 있다. 내부는 덤불로 가려져 있을 수 있고, 커튼을 그려 가릴 수도 있으며, 거대한 빗장으로 둘러싸인 문 뒤로 가려져 있을 수 있다. 누군가를 환영할 수도 있고 아닐 수도 있다. 어쩌면 커튼이 얇아서 무언가가 얼핏 보일 수도 있다. 그것은 무엇인가? 집의 내부는 보는 사람을 매료시킨다. 울타리와 통로가 있을 수도 있고, 그렇지 않을 수도 있다. 그 집에 결함이나 싫어하는 부분이 있음에도 불구하고 사랑받고 있을 것이다. 어쩌면 그 집의 특정한 부분을 싫어할 수 있다. "검은색이면 안 되는데……."라고 그 집을 그린 흑인 여성이 말했다. 또 다른 여성은 자신이 어렸을 때 형제가 자신을 벽장에 가두곤 했다며 "이 부분은 폐쇄공포증을 느끼게 해요."라고 이야기했다. 예상치 못하게 매우 심각하게 감정이 스며들어 간 공간과 마주할 수 있다.

집이 있는 주변의 환경은 중요하다. 예를 들어, 그 집은 근처의 나무들과 같이 그림의 다른 요소들과 관계가 있을 것이다. 어쩌면 홍수가 나서 집을 삼켜 버릴 위험이 있는가? 그 집은 크고 강한가 아니면 곧 부서질 것 같고 위태로운가? 비바람에 내버려졌는가? 구성 요소들은 처참할 수도 있고, 그러지 않을 수도 있다. 그것은 불어나는 물 위에 떠 있어 위험에서 빠져나올 수 있는 수상가옥일 수도 있다.

트랩 도어(바닥, 천장에 나 있는 작은 문), 감시탑 또는 경비견이 있을 수도 있다. 어쩌면 집으로 들어가는 길은 전혀 없을 것이다. "정문을 그리는 걸 깜빡했지만, 들어갈 수는 있어요. 집 뒤편으로 돌아가서 담장을 넘어가면 열쇠가 숨겨져 있을 거예요……." "실제로 나는 사람들이 날 알아 가기 힘들게 만드는 것 같아요……." 이처럼 마침내 자신을 이해하게 된다. 드러내는 이미지는 의미가 있다. 치료로서의 미술이라는 개념은 실제적이다. 나의 역할이 주로 테마에 대해 소개하는 것에서 끝났지만 구성원들이 다른 구조들의 미묘한 차이에 대해 더 많이 생각해 보았으면 한다.

9. 분석과 역할극

대부분의 미술 작품에 대한 토론은 구성원들이 원으로 앉아 자신의 작품을 중심에 놓으면서 진행된다. 작품을 만든 사람이 방해받지 않고 그것에 대해 이야기하게 되고, 나는 그들이 집단의 다른 구성원들의 질문에 대답하는 것 또는 그들이 작품에 대해 언급하는 것이 괜찮은지를 묻는다. 그러나 나는 입문 워크숍 시리즈의 어느 시점에서 집단을 세 명으로 나누어 개별적인 작품을 만든 후에 각각 다음의 역할을 교대하도록 한다.

- 심리치료사
- 내담자
- 치료사의 기법에 대해 이야기할 관찰자

심리치료사의 역할에 대해 설명하며 "여기서 무슨 일이 일어나고 있나요?" 혹은 "그림의 이 부분은 어떻게 느껴지나요?"같이 해석으로 인해 배제되는 의미가 없게끔 개방형 질문을 하도록 요청한다. 심리치료사 역할을 하는 학생들은 "새가 어디로 날아간다고 느끼나요?" "그림의 이 부분(그 부분을 가리키며)에 자신이 위치해 있다면, 어떻게 느끼나요?" 또는 "폭풍이 몰아치면 나무집이 어떻게 될 것 같은가요?"와 같이 추측성 질문을 사용하는 연습을 한다. 민감해서 머뭇거리는 경우에는 감정 반응을 제공하는 것이 적절할 수 있다. "이 부분이 저한테는 슬픈 것 같네요." 하지만 가능한 한 개방형 질문을 사용하는 것이 좋다. 나는 '치료사'에게 적절한 순간에 내담자가 말한 것을 듣고 이해한 것을 보여 주기 위해 또는 중요하게 들리는 것을 강조하기 위해 반복해서 이야기하도록 요청한다. "원래 검은색이어서는 안 되는데……." 그들은 중요한 단계를 반복해서 말할 수 있다. 그런 다음 치료사는 '내담자'가 자신이 말한 것을 소화할 때까지 기다릴 수 있다. 따라서 후자의 예에서 무엇인가를 반복하는 것은 내담자가 넘어갔을 수도 있는 지점에서 그의 관심을 유지하는 데 도움이 될 수 있다. 치료사는 여러 가지 요점이 있을 때 요약할 수 있으며, 몇 가지 요점이 연속적으로 빠르게 나올 때 제대로 들었는지 아니면 혼란스럽고 일관성 없게 들었는지를 확인할 수 있다.

그들은 각 역할에 15분 이상을 소요할 수 있다. 나는 관찰자들에게 다음을 언급하도록 한다.

- 치료사가 유도하는 질문을 했는지 아니면 개방형 질문을 했는지의 여부
- 내담자가 말한 모든 것에 응답했는지 아니면 응답할 기회를 놓쳤는지의 여부
- 그들이 자연스럽게 내담자가 언급한 것들을 요약하거나 반복할 수 있었는지의 여부
- 치료사의 신체 언어와 목소리에 대한 언급
- 치료사가 다루지 않은 구성 요소가 있는지에 대한 기록
- 그들이 생각할 수 있는 다른 건설적인 피드백을 줄 수 있다. 아마도 질문들이 연속적으로 제기되어 내담자에게 생각을 멈출 기회를 주지 않았거나 반대로 '치료사'가 너무 머뭇거렸을 수 있다. 어쩌면 그들은 거슬리게 느껴지듯이 재촉하거나 중얼거렸을 수 있다. 질문을 공식화하는 더 많은 개방적인 방법이 있을 것이며, 이것이 이미 사용되었을 수 있고 지적될 수 있다.

내가 구성원들로부터 받는 피드백은 그들이 관찰자와 치료사가 되는 기회가 매우 유용했다는 것이다. 나는 그 공간을 돌아다니며 관찰자의 역할도 한다. 처음에 내담자 역할을 담당하는 사람들에게 내담자 역할은 충분히 경험했으니 다른 역할을 하고 싶다면 표현하라고 알려 주는 것은 중요하다.

10. 학생이 주도하는 워크숍

아직도 워크숍 과정은 끝나지 않았고, 10주, 16주 혹은 18주 과정에 따라 아직 몇 주 정도 남아 있는 경우도 있다. 만약 10주간의 과정인 경우에 구성원들은 남은 3주가 있다는 것을 알고 있지만, 이들에게 종결에 대해 다시 강조할 필요가 있다. 이 과정에서는 다가오는 종결에 대한 정서적인 반응을 다루어야 한다. 상실에 대한 주제는 대개 집단의 마지막에 발생한다. 집단이 더 오래 진행되는 경우, 추가 주제를 탐색하고 일부 비지시적 작업이 이루어질 수 있다. 10주 과정 워크숍에서는 2주 정도 학생들이 주도하는 워크숍을 진행한다. 이 과정은 두 명이 공동으로 혹은 개인이 단독으로 이끌 수 있다. 워크숍을 진행하겠다고 자원한 학생들에게 워크숍의 제목, 목표, 방법 및 이 워크숍이 활용될 수 있는 내담자 집단을 명시하고 이유를 설명하는 표준화된 양식을 제공한다. 이 형식은 구성원의 피드백으로 마무리된다. 워크숍 리더가 작성한 양식의 사본을 만들어 워크숍이 시작되기 전에 학생들에게 제공하여 모든 사람이 워크숍의 목표와 목적에 대해 명확히 이해하도록 한다. 워크숍이 끝날 때 구성원들은 워크숍에 대해 생각한 것을 해당 양식의 구성원 피드백란에 기록한다. 이것들은 워크숍 진행자에게 제출된다. 이 과정이 신속하게 진행되기 위해 기존의 표준화된 방법을 선호한다.

워크숍 리더들에게 내가 참여하길 원하는지 아니면 가장자리에 앉아서 워크숍에 대한 평가를 기록하기를 원하는지 묻는다. 참여하지 않기를 원하면 그들의 성과에 대해 자세하고 건설적인 평가를 내릴 것이다. 참여를 요청하면 그렇게 하고, 마지막에 모든 사람과 함께 양식을 작성한다.

이 과정에서 자주 드러나는 공통적인 어려움은 활동을 하기에 충분한 시간이 주어지지 않았거나 너무 많은 다른 요소로 인해 자신의 작업에 대해 반영할 시간이 부족했다는 점이다. 때로는 지시사항이 명확하지 않아 구성원들이 진행자가 계획한 것을 하지 않게 되는 경우도 있다. 때로는 워크숍 진행자가 다소 편향된 자세를 취하거나 구성원과 눈을 마주치지 못하는 경우도 있다. 이것은 워크숍 진행자가 얼마나 워크숍을 잘 진행했는지에 대한 상세한 피드백을 얻을 수 있는 소중한 기회이다. 완성된 작품을 반영하기 위해 충분한 시간을 제공하지 못하는 것은 초보 워크숍 진행자들이 주로 하는 실수이다. 나는 너무 빽빽한 회기 후에 지치거나 하고 싶은 말을 할 수 있는 충분한 시간이 없어 좌절을 느꼈다.

경험적 집단에서, 특히 응집력 있고 즐겁게 진행된 집단의 종결에는 집단적 상실감이 있을 수 있다. 집단의 종결은 구성원들의 삶에서 다른 상실을 상기시켜 그와 관련된 감정을 불러일으킬 수 있다. 집단의 회기에 따라 헤어짐과 새로운 시작을 주제로 작업할 수 있다.

11. 구조화된 종결 활동

이 과정에서는 집단치료를 구조적인 방식으로 마무리한다. 마지막 워크숍은 선물 워크숍이다. 이 과정은 심각할 수도 있지만, 즐겁기도 하며 축하하는 분위기에서 이루어진다. 나는 구성원들에게 집단의 모든 사람을 위해 선물을 만들어 달라고 부탁하지만, 꽃이나 초콜릿 상자는 만들지 말 것을 요청한다. 나는 구성원들에게 그 사람에 대해 생각해 보고, 그 대상에게 적절한 것을 만들라고 요청한다. 이것은 그들이 생각하기에 그 대상의 내적인 힘이나 그 사람에게 필요한 자질 같은 자원일 수 있다. 집단의 모든 사람은 어느 시점에서 개인적인 상황에 대해 자기노출을 했다. 이는 정말 개인적인 진술을 할 수 있는 기회이며, 선물이 매우 개인적이기 때문에 많은 경우 깊은 감동을 주기도 한다.

예를 들면, 최근에 나는 편한 마음으로 가벼운 선물을 받았다. 그때 당시

나는 어린 아이들을 돌보았고, 출퇴근 시간이 길었고, 풀타임 이상으로 일하고 있었으며, 파트너와의 어려움이 있었다. 나는 나에게 쏟아지는 요구에 대해 거의 폐쇄공포증을 느낄 정도로 힘들다고 집단에서 이야기했다. 마치 축제에서 막대 위에 너무 많이 있는 접시를 돌려야 하는 접시돌리기나 작은 케이지 안에 있는 햄스터와 같이(우리 자신을 동물로 묘사해야 하는 학생 주도 활동에서 무의미하고 쉴 틈 없이 달리는 햄스터로 나를 묘사했다.) 충분한 개인 시간을 갖지 못한다고 이야기했다. 내게 주어진 선물 중 하나는 나를 도와주는 역할로서 플라스티신으로 만들어진 저글링하는 곰이었다. 비록 가벼운 말이었지만 그 말은 나에게 아주 적절하였고, 내가 가사도우미와 보모를 고용하여 나의 노동 시간을 단축시키도록 동기 부여를 했다! 맞다, 나는 훨씬 더 많은 도움이 필요했다! 때로는 선물이 이전에 구성원들이 집단에서 나누었던 것들에 대한 해결책을 제시하기도 한다. 집단의 다른 누군가가 내게 정말 필요한 공간인 작은 빈 상자를 주었다. 그녀는 내가 정말 원했던 것을 주면서 이것을 실제로 이루어야 하는 사람은 나라고 말했다. 조금 뜨끔했지만, 할 수 있다! 당신도 할 수 있다!

선물은 입체 작품이나 그림 또는 카드일 수 있다. 나는 각자에게 차례대로 선물을 나누어 주고, 왜 그것을 만들었는지 몇 마디 전달하도록 요청한다. 그것은 마무리 과정에서 이루어지는 일종의 의식과도 같다.

집단 구성원이 전부 선물을 받은 후에 모두에게 비밀유지의 중요성을 상기시키고, 구성원들이 이야기하고 싶은 것들이 있는지를 물어보면서 집단치료를 마친다. 어느 누구도 좌절감을 느끼지 않도록 이 마지막 기회를 제공하는 것이 중요하다고 생각한다.

제5장

미술치료사 되기

Annette M. Coulter

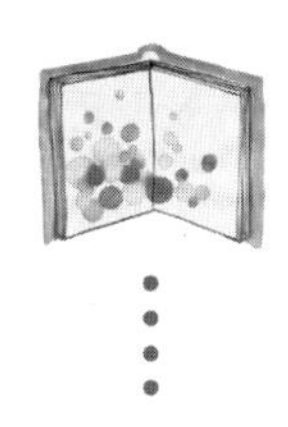

미술치료사들은 졸업 후 다양한 내담자를 만나면서 치료에 대한 아이디어를 구상하고, 임상 경험을 목표로 자신의 커리어를 새롭게 시작한다. 그러나 해외에서 졸업하여 귀국하거나 멀리 떨어진 곳에서 일하게 되는 경우와 같이 직업적으로 고립된 곳에서 미술치료를 시작하는 것은 힘든 일이 될 수 있다. 미술치료가 아직 자리 잡히지 않은 곳에서 미술치료사로서 일자리를 찾기 위해서는 추가적인 기술 습득이 필요하다. 이 장에서는 전문적인 지원체계 없이 일을 할 때 미술치료사가 되기 위해 필요한 조언과 아이디어를 제공한다.

해외에서 학위 과정을 마치고 졸업한 미술치료사로서 국내에서 성공하는 것은 미술치료사의 핵심 정체성, 그들이 제공하는 미술치료에 대한 믿음, 자신의 나라에서 얼마나 능력을 발휘할 수 있을지를 홍보하고, 일반인뿐만 아니라 전문 커뮤니티를 교육하는 것에 달려 있다. 그들은 미술치료사의 전문적인 기술과 능력을 교육하고 촉진하는 것에 대해 이해하고, 불충분한 자원들은 재구성해서 활용할 수 있어야 한다. 재활 커뮤니티는 미술치료의 장점에 대해 회의적인 편이다. 현재 지배적인 담론의 대부분이 영국 또는 북미에서 이루어지고 있어 졸업생들이 자신이 미술치료사로서 신뢰할 만하다는 것을 알리거나 임상 효과를 검증하거나 미술치료를 다른 문화적 맥락에 적용할 준비가 거의 되어있지 않더라도 이미 출판된 미술치료 관련 자료들을 활용할 수 있다.

1. 교육 프로그램 수립

자신의 나라로 귀국한 해외 졸업생은 취업을 하거나 직업 훈련 프로그램을 만들 수 있다. 현지 미술치료사가 전문적 신뢰를 얻게 되면 교육 당국은 교육 프로그램을 승인할 확률이 높다. 과정을 설계하는 지도자들은 미술치료 과정 내용을 새로운 문화적 맥락으로 번역해야 하고, 외국인 미술치료사들 중 일부는 새로운 임상수련 과정을 만드는 것을 지지하기도 하지만 그들 대부분은 지역의 문제와 체계에 대한 지식이 제한적일 수 있다(Hagood, 1993; Gilroy & Hanna, 1998; Campanelli & Kaplan, 1996; Slater, 1999; Coulter, 2006a, 2006b). 그러나 세계 대부분의 지역에서는 교육 프로그램에 있어 초기 영국이나 미국의 영향을 받고 있다(Potash, Bardot, & Ho, 2012).

2. 취업하기

미술치료사로서 취업하는 것이 항상 가능한 것은 아니다. 다음의 제안은 새롭게 자격을 갖춘 미술치료사가 더 나은 방향으로 취업 조건을 향상시키거나 고용될 수 있는 다양한 방법에 대한 내용이다.

1) 선호도에 맞는 단기 프로그램 제공하기

일부 기관의 고용주들은 해당 기관을 위해 특별히 계획된 치료 회기나 연속적으로 이어지는 짧은 회기들을 제공하는 것을 선호한다. 이런 경우에는 특정 패키지를 제공할 수 있는데, 이는 서로 협상이 가능하고 단기 집단이나 전문가 개발 프레젠테이션이 제공되기도 한다(pp. 123-6 참조). 따라서 미술치료 계획에 대한 정보는 기관 간 네트워크를 통해 전달될 수 있으며, 이는 이후 추가적인 치료 프로그램으로 이어질 수 있다.

2) 인턴십/실습

예산이 책정된 기관에서 인턴십을 제공함으로써 미술치료가 시작될 수 있으며, 이를 통해 미술치료사로서의 고용 가능성을 이끌어 낼 수 있다.

3) 확장된 임상현장실습

새롭게 자격을 얻은 미술치료사들은 임상현장실습을 했던 곳에 고용될 수 있다. 교육 프로그램을 만들 때, 학생들을 그 기관으로 연결한다면 그곳에서 단기적인 미술치료 프로그램이 운영될 수 있다. 간혹 기관의 재정적 요인으로 인해 시간제 계약이나 파트타임과 같은 제한된 위치에서 미술치료를 시작하는 사람도 있다. 이를 통해 기관은 도움을 얻을 수 있으며, 이는 내담자에게도 유익하다고 본다. 미술치료사는 이전의 수련생 역할로 돌아가지 않도록 주의해야 하고, 자신이 제공하는 치료적 서비스에 가치를 두어야 한다. 그들은 전문적인 요구사항에 따라 자신의 책임이 어디까지인지 명확하게 하고, 자신의 직무에 대해 자세히 알아야 한다. 예를 들어, 그들의 슈퍼바이저는 이제 자신의 매니저이다.

4) 예산 지원받기

'선호에 맞는 단기 프로그램' 회기 이후, 자선 단체나 서비스 기관으로부터 예산을 지원받는 것에 대해 기관과 협상할 수 있다. 예산은 치료사들이 받는 비용보다 적을 수 있지만 간혹 지역 매체에서 예산을 받아 운영되는 미술치료 프로그램에 대해 공개적으로 알릴 수 있는 기회가 있기도 하다. 미술치료라는 직업이 새롭게 잘 자리 잡기 위한 방향으로 향후의 취업 가능성을 위해 재정적으로 타협하고 절충하는 것이 필요하다.

5) 이전 자격증 알리기

미술치료사들은 미술치료라는 그들의 전문적 기술이 있지만, 미술치료사보다 이전에 먼저 취득한 전문적인 자격을 활용하는 것이 더 유용할 수 있다. 미술치료가 알려지지 않았거나 이에 대한 전문성이 잘 이해되지 않은 경우에는 이전의 다른 전문적인 자격증이 직업 영역에서 더 쉽게 받아들여질 수 있다. 미술치료 훈련을 마친 치료사들은 그들의 이전 직책을 이용해 좀 더 쉽게 일을 찾을 수 있고, '미술치료사'로서 점차 전문가의 입지를 다질 수 있다.

3. 직무 기술서 협상하기

대부분의 미술치료사는 자신들이 미술치료 부서에서 일하고 있다고 보기 힘들다고 생각하고, '상담사' '사회복지사' '아동 혹은 가족치료사' '프로젝트' 또는 '임상' 코디네이터와 같은 다른 직책을 가지기도 한다. 미술치료가 취업에 영향을 미칠 수 있지만 기존에 있는 직업 설명 조항에서는 이러한 속성을 설명할 수 없는 경우가 종종 있다. 고용 조건을 협상할 때는 행정적인 책임과 임상적인 책임을 기술해야 한다. 미술치료사 관리에 대한 책임이 다른 직원들에게 있더라도 임상적인 부분에 대해서는 미술치료사가 책임을 진다.

4. 미술치료 서비스 구축하기

전문가가 없는 상태에서 일하는 경우, 초보 미술치료사들은 문서화된 조항을 이해하고 수행하는 것에 취약할 수 있다. 미술치료는 약물치료, 인지적 중재 및 진단 통계를 중요시하는 체계에서 특히 존중을 받아야 한다. 미술치료사들은 다른 전통적인 개입을 존중하고 이해할 필요가 있다. 상호 간의 수용은 '미술치료사'라는 위치, 연봉 향상, 작업 시설 개선, 미술 매체 구매 및 미술치료 리퍼체계 구축 등을 지원한다.

1) 리퍼하기

최적의 치료 환경은 미술치료사가 사례를 리퍼할 수 있는 곳과 직접 연결된 곳이다. 직접적인 리퍼체계는 치료의 전문성을 구축한다. 의료 환경에서 전문가는 직접적으로 리퍼하는 사람이지만 부서장 또는 다른 치료 영역에서도 리퍼할 수 있다. 리퍼하는 전문가는 제공된 치료뿐만 아니라 미술치료사의 임상 경험을 고려하여 사례 적합성에 대한 평가 과정을 통해 직접 정보를 제공받는다.

직접 리퍼하는 것의 이점은 리퍼하는 전문가와 미술치료사와의 관계가 형성되어 리퍼하는 전문가가 미술치료에 대해 더 많이 알게 되고, 심층적인 사례 논의에 도움이 되며, 함께 작업하는 관계 내에서 기술과 전문성이 확장될 수 있다는 것이다. 리퍼하는 전문가가 미술치료가 어떻게 내담자의 정신병리에 도움이 되는지에 대한 이해를 얻고, 실제 미술치료사의 치료적인 기법을 인정하게 되면 다른 네트워크를 통해 향후에도 사례를 리퍼할 수 있게 된다. 이처럼 미술치료는 치료방식으로서 필수 불가결한 것이 되어 가고 있다.

2) 미술치료 평가

평가단계는 치료사가 내담자의 치료 필요성을 평가할 수 있는 기회를 제공할 뿐만 아니라 치료사가 내담자를 치료할 수 있는지의 여부를 평가할 수 있는 기회를 제공한다.

평가는 주로 미술치료 개입의 적절성을 결정하기 위해 이루어지므로 내담자보다 치료사와 평가를 의뢰한 사람의 필요에 위해 더 많이 평가된다. 리퍼하는 전문가들은 평가가 진행되면 내담자와 치료사의 조합이 적합하지 않았다는 것을 더 쉽게 수용한다. 평가는 법적인 문서가 필요한 경우에 사례관리에도 도움이 된다.

진단과 관련하여 미술치료사가 내담자의 병리를 진단한다는 오해가 간혹 있다. 미술치료사는 진단을 위한 훈련을 받지 않았고, 평가는 치료의 일부가 되어서는 안 된다. 평가는 이미지의 내용을 통해 자기지각, 정신 운동 활동 및 무의식적 표현을 드러나게 한다. 미술 작업은 작품의 제작자가 시각적 세계를 인식하는 방법을 직접적으로 보여 준다. 내담자는 이미지 제작을 통해 언어적으로 설명할 수 없는 것을 표현할 수 있다.

치료사는 평가가 수행되기 전에 비밀보장의 한계를 설명한다. 내담자는 이것이 치료가 아니라 자신의 자기인식을 찾는 하나의 대체 방법이라는 것을 이해해야 한다. 해석은 내담자가 말한 것에 의해서만 구체화된다. 불필요한 소송을 피하기 위해서는 내담자가 이야기한 것을 문서화할 때 그들이 직접 말한 것을 인용하는 것이 중요하다. 이미지를 기록하는 것은 검토를 용이하게 한다. 예를 들어, 간과되었던 주제는 미술 작품이 하나로 완성될 때 분명해진다. 평가는 미술 과정에서 관찰되는 것과 내담자가 투사하거나 치료사가 가정한 것 사이에 구별이 필요하다. 순서, 크기, 압력, 획(stroke), 세부묘사, 대칭, 배치 및 운동성과 같은 표현적인 구성 요소는 미술 작품이 어떻게 제작되는지 그 방법을 보여 주며, 내용 요소는 무엇이 그려졌는지를 설명한다.

일부 미술치료사는 특정 미술치료 평가를 실시할 수 있는 반면, 어떤 치료사들은 치료관계 내에서의 초기 참여 수준과 의식 및 무의식적 과정 관찰에 초점을 둔다(Case & Dalley, 2006; Gilroy, Tipple, & Brown, 2012). 다음의 평가 보고서는 다른 치료사가 미술치료를 이해하도록 도울 수 있다. 이것은 설명하기 쉽고, 관리하기 쉬우며, 효과적이다.

(1) 크레이머 미술 평가

Edith Kramer는 아직까지 널리 사용되고 있는 최초의 미술치료 평가 절차 중 하나를 개발했다(Kramer & Schehr, 1983). 크레이머 미술 평가(The Kramer Art Evaluation) 절차에서는 내담자에게 그림, 드로잉 및 점토 작업과 같은 세 가지 비지시적 작업을 제공하며, 다음과 같이 안내한다. "당신은 오늘 제공되는 매체를 사용하여 세 개의 미술 작품을 만들 것입니다. 무엇이든지 선택한 대로 그리고 칠하고 점토를 사용할 수 있으며, 주제를 선택할 수 있습니다. 세 가지 작업을 모두 마치면 몇 가지 질문을 할 것입니다."(Kramer & Schehr, 1983)

(2) 울만 평가

울만 평가(Ulman Assessment) 절차에는 선택적 채점체계가 포함된다. 미술 매체에는 회색 종이와 분필 파스텔 한 세트, 그림 보드, 마스킹 테이프 및 타이머가 포함된다. 지시사항은 다음과 같다.

① 당신은 네 개의 그림을 그릴 것입니다. 이 매체들을 사용하여 첫 번째 그림을 그리세요.

② 이 활동에서 저를 따라 하세요(신체적 워밍업). 이제는 종이에 분필로 같

은 움직임을 만드세요.

③ 눈을 감고 이 종이에 리드미컬한 낙서를 하세요. 낙서 속에서 이미지를 찾으세요. 당신은 한 개를 볼 수도 있고, 몇 개를 볼 수도 있습니다. 그림으로 발전시킬 이미지를 선택하세요. 이미 종이에 있는 선을 사용하거나 색칠하거나 무시하거나 변경하거나 선을 추가할 수 있습니다.

④ 이것이 당신의 마지막 그림이 될 것입니다. 낙서로부터 그림을 만들 수 있고, 원래 했던 것처럼 종이에 직접 그림을 그릴 수도 있습니다. (Ulman, 1975: 362-5)

(3) 진단적 그림 시리즈

DDS(The Diagnostic Drawing Series)는 미술치료 평가 및 연구에 대한 체계적인 접근법으로 원래는 진단과 관련하여 그림 연구 형식으로 설계되었다 (Cohen, Hammer, & Singer, 1988).

개인이 구조와 지시에 어떻게 반응하는지를 반영하는 세 개의 그림이 제작되어 내담자의 심리적, 그래픽 반응을 나타낸다. 여기에는 세 가지 작업이 있고, 각 작업 후에 내담자에게 다음과 같은 일련의 질문을 한다.

① 과제 1: 이 매체를 사용해서 그림을 그리세요(비구조화)

이 그림을 설명해 주시겠습니까? 색상이 무슨 뜻인지 말해 줄 수 있습니까? 이 이미지들이 의미하거나 표현하는 것이 무엇인지 말해 줄 수 있습니까? 이 그림에 대해 또 무엇을 이야기하고 싶습니까? 그림의 제목은 무엇입니까?

② 과제 2: 나무를 그리세요(구조화)

이 나무를 설명해 주시겠습니까? 당신이 알고 있는 나무입니까 아니면 상상의 나무입니까? 이 나무는 어디에 있습니까? 색상에 특별한 의미가 있습니까? 나무의 어떤 부분을 가장 좋아합니까? 당신은 나무의 어떤 부분을 가장 싫어합니까? 그림에 대해 또 무엇을 이야기하고 싶습니까?

③ 과제 3: 자신의 감정을 선, 색, 형태를 통해 표현하세요(구조화)

이 그림을 설명해 주시겠습니까? 이 색들이 무슨 뜻인지 말해 줄 수 있습니까? 이 이미지가 무엇을 나타내는지 이야기해 줄 수 있습니까? 이 그림의 제목은 무엇입니까?

(Cohen, Hammer, & Singer, 1988)

3) 미술치료 평가 설계

내담자의 요구에 잘 맞는 평가를 설계하는 것이 치료사의 기술이다. 치료사는 평가를 설계할 때 다음의 아이디어를 사용할 수 있다.

- '자유화': 내담자는 '생각나는 대로 그리시오.'라는 지시를 통해 초대된다. 자유로운 그림은 많은 평가 절차의 첫 번째 과제이다(Kwiatkowska, 1978; Ulman, 1975; Cohen, Hammer, & Singer, 1988). 이 개방된 작업은 치료 초기에 내담자가 결정할 수 있는 내용 및 매체의 선택을 제공한다. 여기에서는 예술적 가치가 주요 관심사가 아니다(pp. 131-2 참조).
- 가족화: 이 작업은 '동물 가족화 그리기' 또는 조금 더 복잡한 '추상적 가족화 그리기'와 같은 작업으로 시작될 수 있다(Kwiatkowska, 1978). 또는 특정한 가족 활동과 관련된 가족 미술 과제를 고안할 수 있다. 이것은 움직임이 있는 과제일 수 있다. 예를 들어, "자신을 포함해 가족들이 무언가를 하고 있는 것을 그리기"(Burns & Kaufman, 1970: 5) 같은 것들이다. 가족은 하나 이상의 미술 작업을 함께할 수 있다(pp. 131-2 참조). 매체는 오일 파스텔을 선호하는 경향이 있지만 점토와 같은 입체 매체도 사용할 수 있다([그림 5-1] 참조).

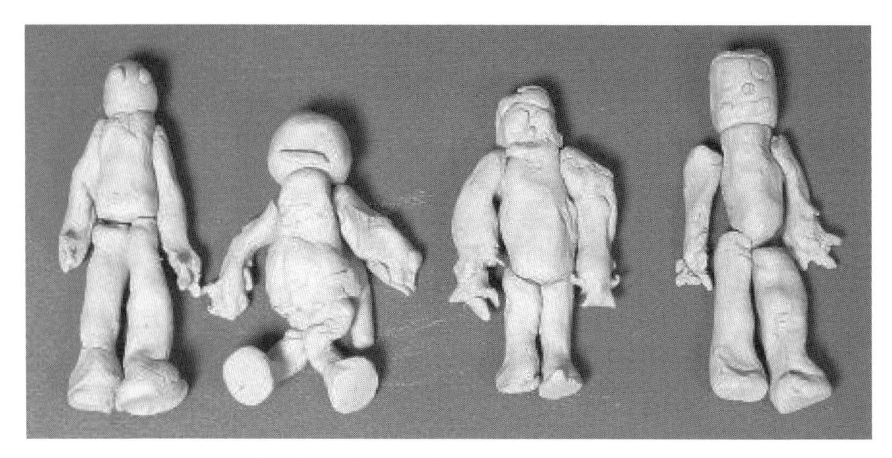

[그림 5-1] 나의 가족(Elizabeth 작품, 8세)

- 문제: 이 작업의 목적은 문제를 시각적으로 개념화하는 내담자의 능력을 판단하는 것이다. '당신이 이해하고 있는 문제에 대해 그리기'일 수도 있다. 그러나 '반복적인 꿈 그리기' 또는 '이 사람이 당신을 어떻게 느끼게 하는지 그리기'와 같은 보다 구체적인 지시가 필요할 수 있다. 그러나 이 작업이 항상 적합한 것은 아니다. 왜냐하면 내담자는 그들이 왜 그렇게 느끼는지에 대한 개념이 없거나 문제가 있다고 생각하지 않을 수 있기 때문이다. 예를 들어 만약 그들이 우울하다면, "어떤 방법으로 당신은 그 감정을 종이에 담을 수 있습니까?"와 같이 감정에 대한 이미지를 그리는 것이 더 적절할 수 있다.
- 자아상: 내담자의 자존감이 기분에 영향을 미치는 경우, 특히 어린 연령대에 해당하는 내담자의 평가에 있어서 자아개념 작업은 적절하다고 볼 수 있다. 과제는 간단히 '자신을 그리기'일 수도 있고, '타인이 당신을 어떻게 보는지 그리기'와 같이 더 복잡한 과제일 수도 있다. 또한 상징적일 수도 있다. '원하는 재질과 원하는 색으로 나를 나무/동물/물체로 그리기' 또는 추상적으로 '자신을 도형과 색상만으로 묘사하기' 또는 확장하여 '……그림을 볼 때 그것은 이 시점에서 당신이 누구인지에 대한 감

각을 전달한다…….'까지 도달할 수도 있다. 이 작업은 '지금까지의 삶을 지도로 그리기'와 같은 상황별 또는 도식적인 내용일 수도 있다. 거울은 사실적인 자화상 표현에 사용될 수 있다(Ault, 1999).

- 미래의 초점: 미래지향적인 과제를 포함하는 것은 치료의 목표를 결정하는 데 도움을 주며, 치료사와의 계약을 맺는 데에도 도움이 된다. 명확한 목표를 정하는 것이 합의된 치료의 조건일 수 있다. 미술 작업은 '1, 5, 10년 안에 어떻게 지내고 싶은지를 그리기' 또는 '당신이 더 이상 치료를 받을 필요가 없다면 당신의 삶이 어떨지를 그려 보기'와 같을 수 있다. 과제는 내담자가 자신의 인생에 문제가 없다고 상상해 보도록 초대된 '기적의 질문'을 포함할 수 있다. "기적이 일어났을 때, 당신의 삶은 어떻게 달라질까요?"(de Shazer, 1994: 95)라고 묻고, 미술치료사가 "그것을 그릴 수 있나요?"라고 덧붙인다(Coulter, 2011: 88). 이 작업에는 현재의 어려움을 긍정적으로 재구성할 수 있는 능력이 필요하다.
- '자유'화: 최종 '자유'화를 완성하라는 안내문은 평가 절차가 내담자에게 어떤 영향을 주었는지를 나타낸다. 첫 번째와 마지막 자유화를 비교하는 것은 유익하다(Kwiatkowska, 1978; Ulman, 1975).

일반적으로 내담자의 치료적 개입이 결정되고 회기가 3회기 정도 지나면 치료사와 내담자 사이의 친밀감과 안전이 확립될 수 있다. 미술치료사는 내담자에 대해 가졌던 초기 인상을 확실하게 하기 위해 평가를 6회기로 확장할 수 있다. 혹은 치료 예산, 의료 보험 또는 기관의 정책으로 인해 6~12회기만 진행되는 경우에는 평가를 2~3회기로 제한할 수 있다. 일부 치료사는 평가가 한 시간 또는 두 시간 내에 끝날 수 있도록 하기 위해 초기 회기를 길게 잡기도 한다. 초기 회기가 더 길기 때문에 한 시간 또는 두 시간의 회기로 평가가 완료된다. 미술치료의 적합성을 결정하는 평가 보고서는 초기 회기가 완료된 후에 리퍼하는 전문가에게 보내진다.

4) 문서 작업

내담자에 대해 작성된 모든 것은 법적인 문서이다. 그러므로 객관적이지 않은 치료사의 주관적인 의견이 아닌 사실만을 문서화하는 것이 중요하다. 일반적으로 미술치료 평가가 끝나면, 특히 의료 환경에서 리퍼하는 전문가에게 서면으로 보고해야 한다. 그것은 리퍼 시점에 내담자의 정보를 포함하는 보고서 작성을 위한 전문적인 서식을 갖도록 돕는다. 현재까지의 회기 수, 내담자의 배경, 초기 인상, 가족의 경우에는 직접 만난 사람과 그 빈도, 평가 또는 치료의 성격, 내담자의 진술과 생각 및 의견 등 주목할 만한 권고사항, 추가 치료와 결론을 제공한다.

내담자 자기평가는 각 치료 회기가 시작하고 끝날 때 시각 일기에 자발적으로 그림을 그리는 것이 될 수 있다(pp. 155-6 참조). 그 대신에 내담자 피드백은 치료가 끝났을 때 미술 매체를 사용하는 것에 대한 질문을 포함하여 미술치료가 내담자에게 도움이 되었는지의 여부를 확인할 수 있도록 설계된 간단한 양식을 체크하는 것이 될 수 있다.

5) 양식 및 정책 설계

미술치료를 제공하려면, 특히 혼자 일하는 미술치료사에게는 효율적인 임상적 실제를 지원하는 양식이 필요하다. 이 양식에는 다음의 내용이 포함되는 것이 좋다. 리퍼하는 전문가 목록, 내담자 평가/피드백, 정보 교환, 기록에 대한 동의, 작품을 교육 목적으로 공유하거나 사용하거나 내담자 작품을 전시하거나 사진으로 찍을 수 있는 것에 대한 허가 등이 있다.

(1) 리퍼의 형식

① 공동 팀 작업

임상팀에서 미술치료사로서 취업하는 것의 이점은 치료사가 공동 사례관리를 하면서 내담자의 어려움으로 인해 영향을 받는 다른 사람들과 함께 일할 수 있다는 것이다. 예를 들어, 리퍼하는 전문가는 내담자의 부모, 조부모, 형제자매 또는 다른 가족과 같은 확대 가족 구성원과 함께 작업할 수 있다.

(2) 소유권 및 윤리적 책임

내담자가 이러한 요청을 거절할 수도 있지만 보편적인 동의서는 임상적 또는 교육적 환경에서 미술 작품을 공유할 수 있도록 요청한다. 특히 아동 미술치료의 경우에는 미술 작품이 다른 팀 구성원, 부모 또는 의사에게 공유되는 것이 내담자에게 항상 유익한 것이 아닐 수 있다. 내담자가 단지 치료사를 기쁘게 해 주기 위해 동의서에 서명했다 하더라도 내담자가 허락했기 때문에 치료사의 윤리적인 의무는 충족되었다. 미술 작품 전시는 미술치료의 효과를 입증할 뿐만 아니라 치료의 장점을 제공할 수 있다(Coulter, 2008). 비밀 보장의 한계가 있을 수 있다. 미술치료사는 자신이나 타인에게 해를 가하려는 의도나 내담자에 대한 학대 사실이 드러나면 의무적으로 보고해야 한다.

(3) 전문적 보상 및 보험

기관에 고용되었을 때 보험은 대개 고용 패키지의 일부에 들어가 있지만, 계약직으로 일하는 미술치료사는 자신이 진행하는 치료 회기를 위한 개인 보험을 가지고 있어야 한다. 어떤 경우에는 치료사가 최신의 손해 배상 보험에 가입된 것이 전문가 집단에 소속되기 위한 조건이 되기도 한다. 이것은 내담자 치료에 관한 개인적인 책임으로부터 미술치료사를 보호한다.

(4) 사설 기관의 운영

치료사 자신이 사설 기관을 운영하기 전에 기관에 고용되어 수련을 받으며 경험을 쌓는 것이 좋다. 사설 기관을 운영할 경우에는 치료사를 전문적으로 지원해 줄 수 있는 것이 없기 때문에 지도감독하에 수련받는 임상 경험을 권장한다. 기관에 고용되어 일할 수 있는 기회가 제한된 경우에는 사설 기관의 운영이 불가피하다.

사설 기관을 운영하는 것은 기관에 고용되어 일하는 것보다 치료 비용적인 측면에서 더 나은 대우를 받지만 보험 및 제3의 책임 보험에 가입해야 하는 경우가 있으며, 개별적인 아트 스튜디오가 필요할 경우에는 비용이 더 많이 들기 때문에 더 큰 간접 비용이 들어가며, 더 큰 임상적 책임이 뒤따른다. 그래서 간혹 이미 치료실로 만들어진 곳에 투자를 하거나 가정 내에 치료실을 만드는 것이 쉽다. 개인 거주지에 있는 상담실에서 치료를 하게 되면 경계를 유지하는 것에 대한 문제가 생길 수 있으며, 실용적이지 않을 수 있다. 상담실을 임대하거나 공유하는 곳에서는 미술 매체 사용에 대한 제약과 혼란이 있을 수 있다.

일부 국가에서는 미술치료를 포함한 상담에서 환급 제노(rebate scheme)나 건강 보험을 통한 보조금 지원 제도를 운영하고 있다. 어떤 나라에서는 민간 의료 기금이 미술치료를 포함한 대체 프로그램을 지원하며, 때로는 국제적으로 적용된다. 내담자가 정부 예산을 지원받는 특수한 상황이 있다고 하더라도 미술치료를 받을 수 있는 사람은 재정적으로 안정적인 사람들이다.

(5) 치료사의 복장

의료 환경에서 예술가 같은 모습은 다른 전문가로 보이는 사람들과 같은 존경을 얻지 못한다. 미술치료사는 옷을 입는 방법을 포함하여 전문가로 간주될 때 이점을 누릴 수 있다. 직업적인 복장 규정은 미술치료사에 대한 내담자의 인식에 영향을 미친다. 눈에 보이는 굴곡이 없으면 여성 치료사에 대한 성적 전이를 관리하는 데 도움이 되고, 발가락이 드러나지 않은 신발은 발 혹은 발가락 페티시(fetish)가 있는 내담자를 만나는 데 도움이 된다. 치료적인 관계에서 복장을 통해 개인적인 신념을 드러내는 것은 문제가 있다. 예를 들어, 종교적 상징물을 착용하는 것은 치료사의 종교와 상충되는 영적 혹은 망상적인 신념을 가진 내담자와의 관계를 방해하거나 불쾌하게 할 수 있다. 일부 문화권에서는 부르카, 야르크 또는 터번과 같은 복장에 대한 요구가 있다. 치료관계에 대한 개인 복장의 잠재적 영향은 슈퍼비전을 통해 관리될 수 있다.

(6) 미술치료의 전문성

이미 '약간의 미술치료'를 하고 있다고 주장하는 사람들에게 단기 실습 워크숍을 제공할 때, 미술치료는 대학원 과정의 전문적인 훈련을 요하며 하루의 단기 워크숍에서 모든 것을 가르칠 수 없다는 것에 대해 언급하는 것이 도움이 된다. 다른 전문가들이 미술 기법을 사용하는 곳에서는 '창조적 미술' '미술과 자기표현' '창조적 표현' 또는 '예술과 개인적 성장'이라고 부르는 것을 권장함으로써 혼란을 피할 수 있다. 국가 협회 설립 시 '미술치료'라는 용어의 법률 제정이 요청될 수 있다.

(7) 파트너십 형성: 다른 전문 집단

미술치료사는 때로 가족치료사 혹은 상담사 및 심리치료사로 구성된 협회에 가입할 자격이 있다. 미술치료사로서의 자격 등록이 확립되지 않은 경우, 다른 조직에 소속되어 현지 실무자로서 전문성 개발 및 기술 향상 기회를 제공받을 수 있다. 콘퍼런스 및 교육 프레젠테이션을 통해 미술치료 실습에 대한 다른 사람들의 교육을 도울 수 있다(pp. 120-1, 123-4 참조). 다른 전문가와 함께하는 프레젠테이션과 같이 자신의 경력을 프로파일링(profiling)하는 방법을 찾는 것은 리퍼하는 전문가 네트워크를 만드는 것과 미술치료 홍보에 도움이 된다.

(8) 국가 협회 설립

국가 협회를 설립하면 전문성을 인정받고, 공교육 및 미술치료 발전의 기회가 크게 향상된다. 특정 국가에서는 미술치료의 발전을 위한 정보센터를 설립할 수 있다. 미술치료에 대한 지식은 현지 언어로 번역되어 접근성이 좋아진다. 창립 멤버는 짧은 수련 과정뿐만 아니라 워크숍과 콘퍼런스를 통해 미술치료에 대한 국가적 이해를 증진할 수 있다.

첫 번째 단계는 미술치료사들의 소규모 지역특별실무반을 구성하는 것이다. 이 창립 집단 또는 운영위원회는 다음의 사항을 고려한다. ① 권한, ② 목적, ③ 회원 기준을 설정하는 것이다. 두 번째 단계는 다음과 같은 내용을 담은 정책 문서의 초안이 필요하다. ① 규정, ② 윤리 강령, ③ 임상실습 기준, 그리고 궁극적으로는 ④ 교육 지침이다. 때로 해외 교육 프로그램과 국내 프로그램의 차이가 있기 때문에 국내 상황에 적합하게 적용하기 위해서는 토론이 필요하다. 다양한 해외 연수에서 창립 멤버가 생겨나고, 모순된 이론 및 실천 이론을 뒷받침할 때 미술치료에 대한 국제적인 인식의 필요성이 요구된다. 또한 차이점에 대한 통합과 타협이 필요하다(제17장 참조). 국제적인 관점은 직업적으로 고립된 상태에서 미술치료의 기반을 잡아 가는 미술치료 전문가에게 더 도움이 된다.

5. 결론

국제적으로 미술치료의 기반을 잡아 나가는 것은 지역 문화에 스며들어 있는 미술치료의 전문적인 측면들을 통합하는 것을 포함하고, 그것은 미술치료사의 핵심적인 믿음과 이해에 도전이 될 수 있다. 미술치료라는 전문성의 국제적인 다양성은 실제적인 차이를 존중하는 관점에서 해결될 필요가 있다. 미술치료사가 되는 데는 여러 측면이 있지만, 전문적인 지원이 거의 없는 환경에서 미술치료라는 직업 영역을 확립하는 것은 점점 더 큰 도전이 되고 있다.

참고문헌

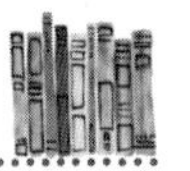

Ault, R. E. (1999). Drawing on the contours of the mind-contour drawing as a psychotherapeutic process. Keynote address, the Sixth International Annual Conference of the Korean Art Therapy Association, Seoul, Korea, October.

Burns, R. C., & Kaufman, S. F. (1970). *Kinetic Family Drawings*. New York: Brunner/Mazel.

Campanelli, M., & Kaplan, F. F. (1996). Art therapy in Oz: Report from Australia. *The Arts in Psychotherapy*, *23*(1), 61-7.

Case, C., & Dalley, T. (2006). *The Handbook of Art Therapy* (2nd ed.). London: Routledge.

Cohen, B. M., Hammer, J. S., & Singer, S. (1988). The diagnostic drawing series: A systematic approach to art therapy evaluation and research. *Arts in Psychotherapy*, *15*(1), 11-21.

Coulter, A. (2006a). Art therapy in Australia: The extended family. *Australian and New Zealand Journal of Art Therapy*, *1*(1), 8-18.

Coulter, A. (2006b). Art therapy education: No more lip-service to cultural diversity! Panel presentation, International Networking Group of Art Therapists: Education development, current practice and research, American Art Therapy Association Conference, 16 November.

Coulter, A. (2008). 'Came back-didn't come home': Returning from a war zone. In M. Liebmann (Ed.), *Art Therapy and Anger* (pp. 238-56). London: Jessica Kingsley Publishers.

Coulter, A. (2011). Contemporary art therapy: Working with transient youth. In H. Burt (Ed.), *Art Therapy and Postmodernism: Creative Healing Through a Prism* (pp. 83-93). London: Jessica Kingsley Publishers.

Gilroy, A., & Hanna, M. (1998). Conflict and culture in art therapy. In A. R. Hiscox & A.C. Calisch (Eds.), *Tapestry of Cultural Issues in Art Therapy* (pp. 249-75). London: Jessica Kingsley Publishers.

Gilroy, A., Tipple, R., & Brown, C. (Eds.). (2012). *Assessment in Art Therapy*. London: Routledge.

Hagood, M. M. (1993). Letter to the editor. *The Arts in Psychotherapy*, *20*(4), 279-81.

Kramer, E., & Schehr, J. (1983). An art therapy evaluation session for children. *American Journal of Art Therapy*, *23*, 3-12.

Kwiatkowska, H. Y. (1978). *Family Therapy and Evaluation Through Art*. Springfield, IL: C.C. Thomas.

Potash, J. S., Bardot, H., & Ho, R. T. H. (2012). Conceptualizing international art therapy education standards. *The Arts in Psychotherapy*, *39*, 143-50.

de Shazer, S. (1994). *Words Were Originally Magic*. New York: W.W. Norton and Company.

Slater, N. (1999). Keynote address (unpublished). Tenth Annual Conference of the Australian National Art Therapy Association, Coming Full Circle: An Unfolding Journey, Brisbane, Queensland, Australia.

Ulman, E. (1975). The new use of art in psychiatric analysis. In E. Ulman & P. Dachinger (Eds.), *Art Therapy in Theory and Practice* (pp. 361-86). New York: Schocken Books.

제6장

동종보건전문가에게 미술치료 교육하기

Annette M. Coulter

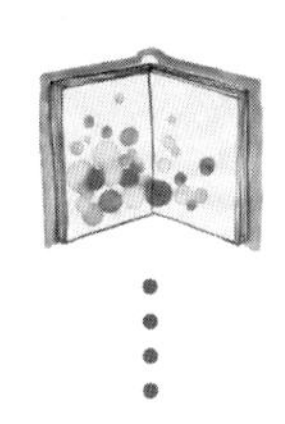

미술치료라는 전문 분야의 기반을 잡아 나갈 때, 미술치료사는 교육 실습을 제공하도록 요청받는다. 강의 초빙이나 워크숍 또는 특정 환경에서 미술치료에 대해 간략하게 소개하도록 요청받을 수 있다. 이러한 교육에 참여하는 구성원들은 미술치료에 관심이 있는 동종보건전문가, 지역사회 사업가 및 교육 · 교정 서비스 또는 사설 의료 기관 및 의료체계와 같은 다른 기관 부서의 직원을 포함할 수 있다. 기업에서도 이러한 교육 과정을 원할 수 있는데, 특히 미술치료가 기업의 조직을 구성하거나 기업 내 갈등 조정 및 인력 관리에 기여할 수 있기 때문이다.

이러한 전문가들은 미술치료를 운영할 수 있는 자격을 원하는 것은 아니지만 자신들의 기술이 향상되기를 원하고, 직원들이 직장 내에서 미술을 보다 효과적으로 사용할 수 있을 것이라는 기대를 흔히 가지고 있다. 그들 중 일부 동종보건전문가는 이미 내담자의 치료에 미술을 적용하고 있고, 실습에 참여하는 것으로 그들의 기술을 향상시킬 수 있다. 미술치료가 자신들이 공식적인 임상수련을 받지 않은 전문 분야라는 인식이 동기 부여가 되기도 한다. 전문적인 교육을 제공할 때, 미술치료사는 이미 잘 알려져 있거나 경험된 것들에 대해 민감할 필요가 있다.

전문적인 교육을 제공하는 것은 미술치료를 신뢰할 수 있는 직업으로 홍보하고 더 넓은 지역사회를 교육하여 미술치료를 알릴 수 있는 기회이다. 청중이 미술치료에 대해 얼마나 이해하고 있는지를 아는 것이 유용한 첫 번째 단계이다. 미술치료사는 자신의 직업을 부정확한 정보로부터 보호하고 업무의 전문성에 대한 인식을 높이기 원한다. 동종보건전문가를 교육할 때 미술치료사는 다음과 같은 질문에 관심을 가져야 한다. 교육받지 않은 사람이 미술을 얼마나 치료적으로 적용할 수 있는가? 치료 환경에서 미술을 오용하는 데 있어서 책임이 있는 사람은 누구인가? 미술치료사는 효과적인 임상적 실제에 관한 정보를 제공하는 데 있어 어떤 역할을 하는가?

미술치료라는 분야에 쉽게 접근할 수 있게 하면서 미술치료사는 전문가의 전문 지식과 경험을 너무 쉽게 전달하는 것에서 발생할 수 있는 위험을 감수해야 할지도 모른다. 그러나 미술치료가 잘못 사용되는 것을 막기 위해 미지의 영역으로 남아 있거나 미술치료에 대해 애매한 정보를 제공하거나 '영업비밀'을 내어 주지 않으려고 할 필요는 없다. 동종보건전문가 및 다른 이들은 미술치료에 능숙하지 않을 수 있지만 그들의 전문 지식과 전문성은 경험이 부족한 초보 미술치료사에게 도전이 될 수 있다. 만약 치료사가 다양한 지식에 관심이 있어 청중을 존중하며 그들이 제공하는 정보를 제대로 이해한다면 교육 프레젠테이션의 질을 향상시킬 수 있다.

1. 입문 실습 제공하기

미술치료사는 명확한 실습 보고를 받아야 한다. 조직은 책정된 예산에 따라 직원을 실습에 파견하는데, 이는 직원이나 매니저 혹은 슈퍼바이저가 효과적인 실습을 위해 요청한 것일 수 있다. 미술을 사용하는 것에 대한 개인적인 열정이 동기가 될 수도 있고, 구성원이 마지못해 참석할 수도 있으며, 참석하도록 지시를 받았을 수도 있다. 관리자나 고용주가 교육에 파견된 이들의 기술 향상을 원할 수도 있고, 직장 내에서 미술을 사용하는 것에 대한 부적절성이나 불만에 대해 우려할 수도 있다. 미술치료사가 지역사회 기관을 위해 전문적인 교육을 실시하면서 광범위한 청중을 수용하게 된다. 이것은 대중을 교육하기 위한 일회성의 기회가 될 수 있다. 전문적인 교육 기간 동안 싫지만 어쩔 수 없이 듣고 있는 청중이 있을 수도 있다.

미술치료는 교육 프레젠테이션의 유형과 부여된 시간에 따라 접근방식에 차이가 있다. 미술치료사는 다양한 방법 및 상황에 맞게 프레젠테이션을 제시해야 할 수도 있다. 예를 들어, 미술치료 작업에 재정을 지원하려는 정부 부처나 직원을 위한 전문성 개발에 관심 있는 소규모 기관, 미술치료사 고용을 고려 중인 조직, 미술치료가 그들의 특정 문화 안에서 그들의 업무를 보완할 수 있다고 고려하는 집단 또는 미술치료가 새로운 무언가를 제공해 줄 수 있다고 생각하는 특정한 임상 집단을 위한 서비스로서도 접근할 수 있다.

2. 일회성 특강 혹은 강의

미술치료에 대한 영국과 미국의 공식적인 정의뿐만 아니라 다른 나라의 정의를 포함한 여러 관점을 보는 것으로부터 시작하는 것은 유용하다. 미술치료사가 작품 해석을 하거나 결과물을 토대로 진단할 때 어떤 모델을 기반으로 이해하고 있는지를 명확하게 하는 것이 필요할 수도 있고, 그렇지 않을 수도 있다. 미술치료가 무엇인지 설명할 필요가 있는지 없는지(The Hong Kong Association of Art Therapists, 2002)는 치료사가 지향하는 바와 프레젠테이션을 듣는 청중과 관련이 있는 이론적인 내용이 무엇인지에 따라 결정된다. 일반적으로 정의에는 창조적인 과정(pp. 150-1 참조), 창조적 사고에 기여하는 심리적 요인, 미술치료에 대한 이론적 접근, 회기 자료가 들어간다. 임상적 자료는 포함될 수도 있고 포함되지 않을 수도 있으며, 여기에는 미술치료의 가치에 대한 결론이 뒤따른다. 사례에 대한 설명은 특강의 내용을 한층 강화할 수 있지만 내담자 정보는 최소한으로 제공되어야 하고, 특정한 부분을 설명하기 위해서만 사용되어야 한다.

3. 경험적 워크숍

집단에 자신을 소개할 시간을 제공하는 것은 그들이 가지고 있는 기술, 경험, 지식, 그리고 특히 미술치료에 대한 그들의 경험이 영국 혹은 미국의 미술치료 관점인지를 알게 한다(pp. 150-1 참조). 이것은 교육에 참여한 구성원들의 기대에 영향을 미칠 것이다. 경험적 워크숍은 실용적이며 기술 향상에 초점을 맞추고 있지만, 이론적 구성 요소는 워크숍 참석에 회의적인 사람들을 참여시키는 데 도움이 되는 학문적 기초를 제공한다.

2일간의 기초 실습에는 미술 키트, 집단 가이드라인, 과정 가이드라인, 기초적인 DVD(Rubin, 2004) 및 시각 일기가 포함될 수 있다. 이론적 구성 요소에는 미술치료의 정의와 창조성, 표현치료 연속선(ETC; Lusebrink, 1990), ETC 개입 설계, 미술치료의 가치, 작품의 문서화, 소유권과 보관, 도서 목록 및 기타 자료가 포함될 수 있다. 실습의 내용으로는 미술을 통한 의사소통, 미술매체 탐구, 미술을 통한 자기소개, 집단미술치료, 미술과 자아상 및 시각 일기 항목이 있다. 매일 수업이 끝나면 질문 및 세미나 토론 시간을 갖고 평가를 하는 것이 유용하다.

4. 입문 과제

여기에는 선으로 대화하기, 낙서(scribble) 안의 이미지 찾기(pp. 146-7, 270-1, 274-5 참조) 또는 '자유'화(pp. 113-5, 146-7 참조)가 포함될 수 있다. 미술 작업을 통한 의사소통은 일반적으로 재미있고 매력적인 것으로 경험되지만, 치료의 평가단계를 반영하고 미술치료의 효과를 입증하기 시작한다. 집단의 신뢰가 형성되면 미술 및 자아상과 같은 심층적 자기개방 유형의 작업을 통해 치료단계를 반영한다. 미술치료 작업을 위한 자료는 워크숍 구성원들에게 권장될 수 있다(Liebmann, 2004; Makin, 1999; Malchiodi, 1998; Buchalter, 2009; Ross, 1997). 미술치료사는 또한 집단 가이드라인과 집단 작업에 대한 교육적인 지침을 전달해야 한다.

1) 집단 가이드라인

집단 가이드라인은 실습 기간 동안 기본 과정이 되고, 작품을 만들기 전에 전달되어야 한다. 이것은 특히 구성원이 저항이 있거나 미술치료에 대해 의심스러워하거나 강요에 의해 참여했을 때 안전을 확립하는 데 도움이 된다. 실습 도구로서 이 가이드라인은 처음부터 윤리적 사항들을 설명하고 이해를 도우며, 구성원의 가치 기준과 관련된 토론을 조장할 수 있도록 시간을 허용한다. 이것은 교육적 맥락을 가진 작업 과정을 위해 준비된다. 또한 구성원의 기대를 둔감하게 하고, 미술치료사가 아닌 구성원을 위한 전략을 소개한다. 미술치료를 가르치는 데 시간이 제한되어 있을 경우, 집단 및 과정 가이드라인을 포함하면 치료 시 미술의 안전한 사용을 강화할 수 있다. 다음은 교육 집단 가이드라인의 내용을 요약한 것이다.

(1) 자기 자신 책임지기

이것은 치료가 아니라 실습이다. 예기치 않은 개인적 통찰이 드러날 경우, 워크숍이 아닌 다른 곳에서도 논의될 수 있다. 가능한 한 개인적인 공간에서 작업하는 것이 좋다. 미술 제작 과정에 영향을 미치거나 위협적일 수 있는 다른 사람의 작품을 보지 마라. 당신의 작품을 공유할 필요는 없다. 구성원들에게 개인적인 경계를 제공하는 것은 미술치료사의 책임이며, 이 경계 내에서의 자기모니터링은 구성원의 책임이다.

(2) '내면의 대화' 허용하기

내적 대화는 작품을 만드는 동안 일어날 수 있으므로 이야기를 하거나 산만하게 만드는 소리를 내지 마라. 긴장을 풀고 미술 매체가 생각하게 두라. 자발적이고 무의식적인 과정이 동원되도록 허용하라.

(3) 치료적 경계 유지하기

치료실 외부에 있는 작품에 대해서 이야기하지 마라(치료실이 가지고 있는 '보유'하는 공간이라는 역할을 방해할 수 있다). 작업 공간, 미술 작품, 시간의 길이와 미술치료사의 존재는 내용을 보유할 수 있도록 하는 경계를 만들어 줄 수 있다. 워크숍은 비밀보장이 되며, 작업 공간의 벽은 '프레임'이 된다. 따라서 '프레임 안의 프레임'의 개념이다(Schaverien, 1989). 구성원은 회기가 진행되는 동안 작업 공간에 남아 있어야 한다.

(4) 비밀유지하기

공유되는 내용은 비밀보장이 된다. 파트너 또는 친한 친구와 함께 자신의 작품에 대해 토론할 수는 있지만 다른 사람의 이야기는 하지 마라. 쉬는 시간에 작품에 대한 논의는 진행되지 않는다. 작품 사진을 찍을 수 있도록 허락을 구하고 뒷면에 기록하라. 구성원들은 미술치료사가 아니기 때문에 미술치료사와 같은 전문적인 윤리 강령에 구애를 받지는 않지만 전문 영역의 보편적인 기준은 고려해야 한다.

(5) 작품 존중하기

미술 작품은 그 사람의 일부와 같다. 당신의 작업을 다른 사람의 것과 겹쳐 놓지 말고, 그들의 작업 공간을 존중하라. 치료사는 허락 없이 구성원의 작품을 만지지 않는다. 비밀보장을 기억하라.

(6) 모든 작품 기록하기

작품이 완성되면, 개인적인 과정을 숙고하고 반영하며, 시각 일기에 메모와 간단한 기록을 남긴다. 이름, 날짜, 제목, 시간 및 작품의 수를 완료 순서대로 뒷면에 기록한다.

(7) 과정의 중요성

미적 기술은 중요하지 않지만 과정은 중요하다. '내면의 대화' 중에 어떤 일이 일어났는지 생각해 보라. 작품은 그 자체로 끝나는 것이 아니라 그 과정이 어디까지 이루어져 있는가에 대한 설명이다. 그 작품이 미적으로 얼마나 '좋은지' 혹은 '나쁜지'는 중요하지 않다.

(8) 미술 매체 깨끗이 정리하기

미술 매체는 임상 도구이다. 워크숍 기간 전후에 구성원들이 사용할 기본적인 '도구 키트'를 제공한다. 따라서 오염된 매체는 피해야 한다. 자신의 미술 매체를 관리하고 유지하는 것은 각 구성원에게 달려 있으며, 공동 미술 매체를 제공하는 것보다 각자가 사용할 수 있는 매체를 제공할 때 더 효과적이다. 미술 매체는 표현치료 연속선(Expressive Therapies Continuum; Lusebrink, 1990)의 기준을 충족해야 하며, 이것은 추후 임상 장면에서 사용될 수 있다.

(9) 시각 일기 사용하기

즉흥적인 제스처 그리기에 시각 일기를 사용하라(pp. 155-6 참조). 모든 항목을 기록하라. 이 항목은 비공개이며 원하는 경우에만 공유된다. 시각 일기는 워크숍을 통해 교육 과정을 지원하고 반영하는 데 사용된다.

(10) 집단 작업 교육하기

워크숍 구성원들은 짝으로, 소집단으로 또는 더 큰 집단으로 작업할 수 있다. 그것이 직장에서의 교육이라면 관계가 이미 확립되었기 때문에 더 큰 집단과의 협력은 보다 효과적이다. 워크숍은 팀 구축을 강화할 수 있다. 그러나 팀이 역기능을 보인다면 구성원들이 동료들로부터 프라이버시를 원하므로 큰 집단의 작업이 효과적이지 않을 수 있다. 진행자가 교육 집단에 대해 이해하고 집단 내의 관계를 관찰할 때 작업을 처리할 방법에 대한 결정이 이루어진다.

구성원들은 대개 서로를 모르고 있다. 이 상황에서 미술 작품을 안전하게 처리하려면 집단 응집력이나 신뢰를 구축해야 한다. 따라서 짝이나 소집단에서 상호작용을 시작하는 것이 더 효과적이다. 단기 교육 워크숍에서 얻을 수 있는 것에는 제한이 있다. 미술 작품을 만드는 과정에 대해 기본적으로 알려 주는 사항들이 있다. 구성원은 설명과 예시를 통해 이 점을 더 쉽게 이해할 수 있다. 과정 가이드라인(pp. 131-3 참조)은 시간 제약이 있는 집단 가이드라인(pp. 127-31 참조)과 결합될 수 있다. 그러나 정보를 더 쉽게 받아들이기 위해서 쉬는 시간이 있다면 어느 정도 작품이 만들어진 후에 과정 가이드라인이 전달되는 것이 더 쉽다.

(11) 짝으로 작업하기

사람들은 그들이 아는 사람, 그들이 편안함을 느끼는 사람 혹은 최소한으로 아는 사람과 작업할 수 있다. 초기의 워크숍 과제는 내담자-치료사 관계를 반영하는 한 쌍의 상황을 만들어 내담자와 친밀감을 형성하거나 소통하려는 치료사의 노력을 반영한다. 이 시나리오에서는 치료사와 내담자가 서로를 모를 가능성이 높기 때문에 구성원들에게 이 새로운 관계를 반영할 만한 잘 모르는 사람과 짝을 지어 달라고 요청한다. 좀 더 깊이 있는 나눔을 할 때는 구성원이 편안함을 느끼는 사람 또는 그들이 잘 아는 사람과 짝을 짓도록 구성원을 격려한다. 이들은 이미 친밀감이 형성되어 있기 때문에 이 내담자-치료사 시나리오에 더 적합하다. 구성원들이 서로 과정에 대한 의견을 나누도록 격려함으로써 교육 경험을 통해 잘된 점과 더 많이 고려가 필요한 점을 배우게 된다.

2) 과정 가이드라인

다음의 과정 가이드라인은 작은 집단과 큰 집단에 해당된다. 전체 집단과 함께 작품을 만드는 것의 이점은 이러한 점을 예로 보여 주기가 더 쉽다는 것이다.

(1) 작품에 대해 나눌 필요는 없다

작품은 이제 막 의식화되었으며, 작품의 제작자는 언어적으로 표현하기 전에 그것에 대해 숙고할 시간이 필요하다. 작품 제작은 그 자체로 치료적이며 이를 표현하는 단어가 항상 적절하거나 필요한 것은 아니다. 때로는 제작자가 작업을 완전히 이해하지 못할 수도 있다.

(2) 당신의 생각이라는 것을 인정하라

다른 사람들의 작품에 대한 가정을 하지 마라. 당신의 생각이라는 것을 인정하라. 예를 들어, "내가 이것을 볼 때 나는…….."이라고 말하라. 다른 사람의 작품에 대한 반영으로서 당신의 직감을 공유하는 것은 좋지만, 이것이 자신의 경험에 대한 것이라는 점을 인정하라. 예를 들면, "내가 당신의 가족을 볼 때 나는 ……한 느낌이 든다."라고 말하라.

(3) 예술적 가치에 대해 비판하지 마라

비록 우리가 사회적으로 인정하는 공통된 예술적인 가치가 있지만 예술적 가치에 대한 논평을 피하라(예: "얼마나 사랑스러운 그림인가."). 판단에는 주관적인 가치가 내재되어 있으나 미술치료의 맥락에서는 유용하지 않다.

(4) 한 사람씩 이야기하라

구성원들이 작품의 제작 과정에 흥미를 느끼면 이러한 부분이 간과될 수 있다. 각 개인은 문화적 배경, 신념체계 및 개인이 경험한 생활에 기초한 고유의 시각적 언어를 가지고 있다. 그들의 상징언어가 무엇인지 듣고, 그것을 존중하라.

(5) 언제든지 나눔을 멈출 수 있다

개인적인 통찰은 어느 순간에도 깨질 수 있다. 그리고 이것에 직면할 수 있다. 더 이상 설명하지 않고 언제든지 나눔을 중단한다. 예를 들어, 단순히 "여기까지만 하고 싶습니다."라고 말하면 된다. 작품은 영구적이며 나중에라도 작품으로 돌아갈 수 있다. 중요한 자료는 이해되고 처리될 때까지 반복한다.

(6) 반드시 답할 필요는 없다

질문이나 의견에 반드시 답을 해야 할 필요는 없다. 워크숍 내에서 반드시 지켜야 할 사회적 규범도 없다. 당신은 반드시 이야기를 할 필요가 없으며, 단순히 고개를 끄덕이거나 작품에 대해 심사숙고할 수 있다.

(7) 질문을 진술로 옮겨라

작품에 대한 질문은 생각에서 비롯된 것이다. 이 생각을 자유로운 진술 또는 의견으로 나눈다. 제작자가 항상 자신의 작품에 대해 질문 공세를 받기 원하는 것은 아니다.

(8) 사용된 언어를 들어라

당신의 작품에 대해 이야기를 나눈다는 것은 당신의 시각적인 세계를 다른 사람들에게 설명하는 것이다. 이것은 놀라울 정도로 정서적인 경험일 수 있다. 당신이 이야기를 듣는 사람일 경우에는 사용된 언어를 듣고 말한 사람이 그것을 확인해 줄 때까지 자신의 생각이 옳다고 생각하지 마라. 작품에 대해 이야기할 때 작품의 제작자가 사용하는 용어를 사용하라.

(9) 치료사가 계획한 일정에서 벗어나라

그 사람이 자신의 작품에 대해 나눌 준비가 될 때까지 기다려라. 그 작품에 대해 치료사 자신이 생각하는 것에 너무 이끌리지 마라. 작품을 만드는 것이 그 자체로 치료적이라는 것을 기억하라.

5. 표현치료 연속선

Lusebrink의 표현치료 연속선 또는 ETC(Lusebrink, 1990)는 시간제한이 있는 워크숍에서 동종보건전문가가 이해하기 쉬운 명확한 이론이다. 두 출판물(Lusebrink, 1990; Hinz, 2009)은 구성원에게 ETC 및 치료 과정과 관련한 미술 매체의 영향에 대한 추가 정보와 변화 과정에 대해 설명한다. 동종보건전문가를 위한 교육을 제공할 때 구성원들에게 미술 매체의 중요성에 대해 생각해 보도록 하기 위해 시간을 할당하는 것이 좋다. 동종보건전문가는 몇 가지 없는 색 또는 '오염된' 미술 매체(앞의 집단 가이드라인 참조)가 내담자의 참여에 미친 영향을 고려하지 않는 경우가 많다. 내담자에게 특별히 끌리는 매체나 치료사가 제공하는 미술 매체는 중요하다. 미술 매체에 중점을 두면, 동종보건전문가는 임상실습에서 매체의 효과적인 사용에 대해 알 수 있다. ETC는 미술 매체의 건설적인 사용에 대한 체제를 제공하며 다음과 같이 요약할 수 있다.

〈표 6-1〉 미술 '도구' 키트

ETC 수준	매체	목적
인지적/상징적	그래파이트 스틱(4B/6B)	통제가 가능하더라도, 인지적/상징적 수준으로부터 하위단계로 움직이고 싶다면 유연성을 활용하라.
	색연필	12색(최소)
	연필깎이	인지적/상징적 수준으로부터 움직이기 위해 연필을 깎는 것이 활용될 수 있다.
	시각 일기	A4 용지
지각적/정서적	오일 파스텔	16색의 수용성 오일 파스텔—빠르고 깨끗하며 선명해서 자주 사용됨—은 필수 아이템이다.
	초크 파스텔	12색(최소)
	플라스티신(색상 클레이)	검정색과 흰색을 포함한 모든 색상을 포함한다.
	가위	끝이 둥근 가위(안전을 위해)를 사용할 수 없는 경우에는 종이를 찢을 수 있다.
	풀	콜라주 작업에서 주로 사용한다.
	PVA 액체 풀 300ml	강한 접착력을 지닌 풀은 물을 타서 광택제로 사용할 수 있으며, 접착용으로 사용할 수 있다.
운동감각적/감각적	아크릴 물감 튜브 5개 (300ml)	기본 색상(빨강, 파랑, 노랑에 검정과 흰색)과 2차색을 섞는 것은 매체 교육의 일부분이 된다.
	점토(500gm)	채색이 가능하다. 굽지 않아도 된다.
	붓 3개	돼지털 붓이 효과적이다. 작은, 중간, 큰 크기의 붓을 사용한다.

Lusebrink는 〈표 6-1〉에 제시된 것처럼 미술 매체를 인지적/상징적, 지각적/정서적, 운동적/감각적의 세 가지 수준으로 나눈다(Lusebrink, 1990).

1) 인지적/상징적 수준

이 수준에서는 소근육 운동 정확성 및 개념화, 추상화, 언어적 자기지시, 직관적이고 자기주도적인 개념 형성, 종합적 사고를 포함한 사고 과정과 관련된 정제된 매체(색연필, 흑연 스틱, 압축된 차콜)를 사용한다.

- 추상적 사고가 가능해야 한다.
- 정보 처리는 복잡하고 존재하지 않는 것을 다룬다.
- 현재로부터의 발산을 제공한다.
- 인지, 분석 및 논리적 사고 과정을 접목한다.
- 매체의 특성을 이용해 문제해결을 하는 것은 인지적 목표가 된다.

예를 들어, '신경 쇠약'을 경험한 학자는 정제된 매체가 자신과 더 친숙하기 때문에 이 수준에서 더 편안함을 느낄 것이다. 내담자가 편안함을 덜 느끼지만 점진적으로 유연한 매체를 경험할 수 있도록 돕는 것은 덜 친숙한 것에 대한 위험을 감수하게 하기 때문에 치료적인 측면을 가질 것이다.

2) 지각적/정서적 수준

형식에 중점을 두고 있으며, 구체적인 이미지에 대한 형식적인 요소가 더 강조된다. 감정과 기분 표현, 그리고 색채 사용에 중점을 둔다. 미술 매체에는 사진 콜라주, 펠트 펜, 초크 파스텔, 오일 파스텔 및 플라스티신(어린이용 공작 점토)이 포함된다.

- 미술 매체와의 상호작용은 지각 수준을 높이고, 정서적 각성을 일으킨다.
- 시각적 표현은 지각을 활성화시킨다.
- 시각적 조직화는 과거의 인식으로부터 '좋은 몸짓'을 만들어 내고, 그 경험을 마무리하는 데 도움을 준다.
- 효과는 이미지 작업에 대한 시각적 형태, 즉 정서적 반응을 통해 활성화된다.
- 이전에 인식되지 않았던 친밀하고 원시적인 감각과 감정을 표현할 수 있다.

예를 들어, 이미 완성된 미술 작품 중 '추상적인 가족화'나 '나무로 표현한 나 자신'과 같이 나를 상징하는 무언가가 들어 있는 작품에서 색채에 초점을 맞추고, 작품에서 무언가 혹은 누군가가 어떻게 지각되었는지 보여 주는 작업이 하나의 예가 될 수 있다. 제한된 예산으로 작업하는 경우에 이 수준은 ETC를 위로 혹은 아래로 조절해 가며 움직이기 때문에 유연성이 가장 뛰어난 미술 매체를 제공한다.

3) 운동감각적/감각적 수준

이 수준은 부드러운 파스텔/분필, 수성 페인트 및 점토와 같은 미술 매체를 포함하며, 움직임, 제스처 및 미술 매체에 대한 유연한 탐구도 포함한다. 촉각의 질은 중요하며, 내부 감각에 중점을 둔다.

- 신체 활동/운동을 통한 에너지 방출에 초점을 두고 있다.
- 각성을 자극하거나 에너지가 방출되도록 하여 긴장감을 낮춘다.
- 정서적 반응의 인식이나 개입이 없는 감각 경험을 한다.
- 특별한 목표가 없다(미술 매체가 감각적으로 사용될 가능성이 있기 때문에).

운동감각적/감각적 수준은 통제를 적게 하기 때문에 이 수준의 미술 매체와 우발적이고 자발적인 상호작용을 할 가능성이 더 높다. 일례로, ADHD 아동은 이 수준의 매체를 다루는 것을 즐기고, 익숙하다고 느낄 수 있다. 그러나 이것은 혼란스러운 감정을 자극하고 통제가 어려운 행동 수준을 높일 수 있기 때문에 반드시 ADHD 아동에게 치료적이라고 하기 어렵다.

마지막으로, 워크숍 구성원이 어떤 ETC 수준을 가장 친숙하게 여기는지를 고려할 수 있으며, 매체의 경계를 넘어서도록 요청할 수 있다. '매체 차원 변수(MDVs)' '매개체' 및 '반영적 거리 두기(RD)'(Lusebrink, 1990)의 사용도 고려될 수 있다. 구성원들은 규칙을 깨고, 알려지지 않은 것을 발견하고, 매체를 혼합하고, 위험을 감수하고, 친숙하지 않은 방식으로 작업하며 경계를 확장한다.

미술치료 수련생은 미술 매체의 모든 측면에 친숙해지는 것을 목표로 한다. 워크숍에서 이러한 매체를 모두 경험해 볼 수 있다. 구성원들에게 다음과 같이 질문하라. "색연필에 물을 섞거나 손가락으로 플라스티신(점토)을 종이 위에 누르거나 아크릴 물감에 파스텔로 작업하면 어떻게 됩니까?" 처음부터 작업을 깊이 있게 나누지 않고, 잠시 동안만 살펴볼 것이라고 알려 준다. 이는 다양한 기법을 시도하고, 어떤 효과가 나타나는지에 대한 호기심을 높인다. 다양한 매체를 경험하는 시간이 주어지기 때문에 구성원들은 미술 매체에 대해 배우고 내담자와의 작업에 대한 새로운 경험을 하면서 재미를 느낀다. 앞의 카테고리들은 단기 교육 과정을 제공할 때 유용하지만 절대적이지는 않다. 그 매체들이 실제로 어떻게 사용되었는지가 영향을 미치기 때문이다. 워크숍에 대한 평가에서 이것이 가능한 이유는 훈련 중 그들이 매체를 가지고 놀 수 있도록 허용되었기 때문이다. 여기에서는 구성원들이 훈련 과정 중 매체 탐색을 얼마나 즐겼는지에 대해 언급한다.

6. 미술 키트

다양한 종류의 매체를 제공하는 대신에, 워크숍 비용을 고려하고 구성원들이 보관하여 작업에 즉시 사용할 수 있는 미술 키트를 제공할 수 있다. 표현치료 연속선을 시연할 때, 매체는 ETC 요건을 충족해야 한다(〈표 6-1〉 참조).

색지와 도화지가 제공되며, 점토 도구와 점토 칼뿐만 아니라 반짝이, 파이프 클리너 및 잡지의 여러 이미지(Landgarten, 1993)와 같은 기타 콜라주 소재도 제공된다(낚싯줄 양 끝에 나무 막대기를 묶어 손잡이를 만들면 저렴한 점토 절단기가 된다). 좀 더 많은 매체가 나중에 추가적으로 사용될 수 있으며, 다양한 필수 및 선택적 매체 목록이 제공되고 교육 자원으로 논의된다.

7. 기초 미술 매체

- 연필: 흑연 스틱, 색, 수성
- 숯: 압축, 스틱, 연필
- 잉크: 색, 서예, 인디언
- 콜라주 매체: 실/울, 자연물 및 재활용, 천, 판지
- 사진 이미지: 잡지, 엽서, 가족
- 색지: 주름 종이, 셀로판, 포장지, 화장지, 카드, 갈색 포장지
- 석고: 틀, 조각(신체 이미지 작업용)
- 크레용: 콩테, 왁스, 수성
- 파스텔: 분필, 오일, 왁스
- 점토: 자연 건조(공기 건조), 테라코타, 피모, 플라스티신
- 물감: 아크릴, 핑거 페인트, 수채화, 스틱, 템페라, 구아슈

매체 소개의 또 다른 요소는 추상적인 미술의 고려사항이기도 한 기본적인 미술 원리의 목록을 제공하는 것이다. 이러한 내용은 간단하게 설명하거나 브레인스토밍으로 설명할 수 있으며, 다음을 포함한다.

- 공간의 방향: 개방/혼잡/장벽/풍경
- 색상: 1차적/2차적, 대조적/보완적, 색상의 겹침
- 지배적인 움직임: 수직/수평/대각선
- 구조: 단단한/느슨한, 고르지 않은/균형 잡힌
- 균형: 대칭/비대칭
- 그림 내의 관계: 반복, 우위, 중첩, 경계
- 선의 질: 두꺼운/얇은, 가늘게/굵게, 단단한/부드러운
- 형상: 기하학적/생물학적
- 텍스처: 거친/매끄러운/패턴이 있는/조잡한
- 톤: 밝은/어두운/음영의 그라데이션
- 리듬: 반복적인/흐르는/점진적인
- 비율/크기: 왜곡된/불분명한/불완전한/부재의

8. 작품에 대해 생각하기

구성원들이 처음으로 작업을 할 때 잠시 시간을 내어 작품을 바라보게 한다. 이렇게 미술 작품을 보는 것은 구성원들에게 Betensky(1995)의 현상학적 직관을 경험하게 해 주고, 그 작품에 대한 실존적 개념을 활용하여 작품의 제작자 또는 수련생, 내담자 또는 치료사, 워크숍 구성원 1 또는 워크숍 구성원 2가 되게 한다.

작업에서 고려해야 하는 사항은 다음과 같다. 누가 작품에 대해 먼저 나눌

것인지를 결정하라. 작품에 대해 토론하기 전에 제작자와 파트너 둘 다 용지에 약 2분 동안 체크를 한다. 그들은 작품에 대해 함께 생각하고, 실제 제작자는 작품에 대해 개인적인 관점에서 반영적 위치로 옮겨 간다. 제작자는 이야기를 듣는 사람의 역할을 한다(Betensky, 1995: 14-25). 그다음 워크숍의 파트너는 제작자에게 "무엇이 보이십니까?"라고 묻는다(Betensky, 1995: 17). 작품의 제작자가 그것에 대해 이야기하기 전에 구성원들에게 작품에 대한 그들의 즉각적인 반응을 들어 보도록 격려하라. 작품을 보는 사람으로서 구성원은 작품이 공명하도록 허용하고 있다. 제작자에게는 이것이 '내면의 대화'에 귀를 기울이는 기회를 허용하는 집단 가이드라인의 연장이 되기도 한다(pp. 128-31 참조).

워크숍에 이론적 접근법 사용 가이드라인이 포함된 경우, 현상학적 접근법에 있어 미술 매체 구성 요소 및 이 기본적인 미술 원리 목록은 토론이 더 나아가 자기성찰적 이야기가 될 수 있도록 도와준다(p. 148-9 참조). 이것은 또한 시각적 언어에 대한 이해를 확장시킨다.

9. 워크숍 평가

동종보건전문가를 위한 전문성 개발 과정이 끝나고 미술치료라는 전문성에 대한 새로운 존중이 생겼다면 이 과정은 성공적이라고 볼 수 있다. 평가양식을 통해 향후 워크숍 제공방식을 구체화하고 개선할 수 있다.

10. 교육 워크숍을 마무리하며

임상 장면에서와 마찬가지로 워크숍의 마지막 부분에서 일부 구성원이 문제를 드러낼 수 있다. 일부 치료사는 구성원이 임상 슈퍼비전이나 내담자에게 미술치료를 의뢰할 수 있도록 연락처를 제공하기도 한다. 어떤 구성원들은 워크숍 경험에 대해 더 자세히 논의하고 싶을 수도 있다. 교육이 끝나면 비용을 받지 않고 제공할 수 있는 것들에 대해 고려해야 한다. 워크숍 환경을 벗어나서 추가적인 문의사항에 대해 물어보는 것은 좋다. 그러나 남아 있는 구성원들과 개인적인 시간을 보내는 것은 추천하지 않는다. 그들이 개인 미술치료 작업을 계속하기를 원한다면 미술치료사에게 의뢰할 수 있다. 워크숍 교육, 정보 전달 및 임상실습 간의 경계가 명확해야 한다. 일부 구성원은 치료사와 더 많은 시간을 보내기를 원하기 때문에 뒤에 남아 있기도 한다. 어떤 구성원은 워크숍이 끝날 때 깔끔하게 정리하기 위해 쓰레기통에 작품을 놓고 가기도 한다. 이것이 누군가의 개인적인 방식이라면 치료사는 기분이 상할 필요가 없다. 그것은 당황스러울 수 있고, 개인적으로 가치 있는 과정이 아니었다고 해석되기 쉽다. 교육 워크숍은 개인치료를 위한 시간이 아니기 때문에 워크숍이 끝난 후에 워크숍을 제공한 치료사의 추가적인 역할은 없다.

11. 결론

동종보건전문가를 위한 미술치료 입문 워크숍을 제공할 때, 미술치료에 대한 일반적인 오해를 다룰 수 있는 기회로 간주하라. 그들의 지식과 전문 지식을 존중하라. 미술치료사는 자신의 분야에서 전문가이지만, 구성원은 전문가로서 임상실습에 맞는 이론과 미술 매체를 사용해 다양한 시나리오를 만들어 낼 수 있다. 항상 더 배울 것이 있다는 가정하에 작업하고, 전문성에 관한 정보를 동종보건전문가라는 관심 집단에게 전달할 수 있는 특권을 가진 것에 대해 겸손한 자세를 가져라.

참고문헌

Betensky, M. G. (1995). *What Do You See? Phenomenology of Therapeutic Art Expression*. London: Jessica Kingsley Publishers.

Buchalter, S. I. (2009). *Art Therapy Techniques and Applications*. London: Jessica Kingsley Publishers.

Hinz, L. D. (2009). *Expressive Therapies Continuum: A Framework for Using Art in Therapy*. London: Routledge.

The Hong Kong Association of Art Therapists. (2002). Association brochure.

Landgarten, H. B. (1993). *Magazine Photo Collage: A Multicultural Assessment and Treatment Tool*. New York: Brunner Mazel, Inc.

Liebmann, M. (2004). *Art Therapy for Groups: A Handbook of Themes and Exercises* (2nd ed.). London: Jessica Kingsley Publishers.

Lusebrink, V. B. (1990). *Imagery and Visual Expression in Therapy*. New York: Plenum Press.

Makin, S. R. (1999). *Therapeutic Art Directives and Resources: Activities and Initiatives for Individuals and Groups*. London: Jessica Kingsley Publishers.

Malchiodi, C. A. (1998). *The Art Therapy Sourcebook*. Los Angeles, CA: Lowell House.

Ross, C. (1997). *Something to Draw On: Activities and Interventions Using an Art Therapy Approach*. London: Jessica Kingsley Publishers.

Rubin, J. A. (2004). *Art Therapy Has Many Faces*. VHS/DVD. Pittsburgh, PA: Expressive Media, Inc.

Schaverien, J. (1989). The picture within the frame. In A. Gilroy & T. Dalley (Eds.), *Pictures at an Exhibition: Selected Essays on Art and Art Therapy* (pp. 147-55). London: Tavistock/Routledge.

제7장

혁신적인 교수 전략

Annette M. Coulter

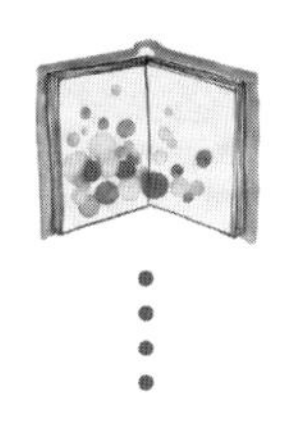

미술치료사는 이미 자신의 분야에서 임상 경력이 있는 상담사와 치료사에게 실제 미술치료가 어떻게 운영되는지 가르쳐 달라는 요청을 종종 받는다. 이 장에서는 좀 더 실제적인 교수 전략을 위해 현재 미술치료 교육 기법과 다른 치료사들의 기술과 경험을 결합하여 전문가 집단에 적용함으로써 제6장에서 소개된 아이디어를 확장한다. 이 전문가들은 그들이 활동하는 현장에서 미술이 좀 더 효과적으로 사용되기를 바라나 대개 '미술치료사'가 되기를 원하는 것은 아니다. 미술치료사는 자신의 기술을 전달하는 데 있어 미술치료사가 아닌 사람들과 전문성을 공유할 준비가 되어 있어야 한다. 임상팀의 일원으로서 동료들에게 실제 미술치료의 효과성을 소개할 수 있어야 한다. 이것은 미술치료사와 함께 일하는 동료 모두에게 보상적인 경험이 될 수 있다. 미술치료사는 회의적인 의료 종사자뿐만 아니라 열정적으로 전문적인 지원을 제공하는 사람들에게도 자신의 기술을 공유할 수 있어야만 한다.

1. 함께 일하는 동료에게 미술치료 가르치기

1) 특강

교육 프레젠테이션은 내부 직원회의, 임상 슈퍼비전 집단, 직업 개발 이벤트, 강의 시리즈, 기관 간의 회의, 정신건강 포럼, 의학적 회의에 기술을 공유하고 동료 전문가들을 교육하는 기회가 된다. 따라서 그 내용과 내용의 전달 모두 중요하다. 미술치료사는 사람들이 미술치료에 대해 이미 알고 있는 내용이 무엇인지를 명확히 파악하고, 도전적일 수 있는 다양한 집단에게 소개할 준비가 필요하다.

임상 적용의 다양성을 보여 주는 관련 사례 자료뿐만 아니라 창조적 과정 이론에서 보는 미술치료의 정의가 추천된다. 예를 들어, 미술 작품의 소유권에 대해서, 미술적인 가치에 대해 기뻐할 것인지, 미술 작품을 해석할 것인지에 관한 윤리적인 쟁점이 논의로 이어질 수 있다.

2) 해석

사람들은 일반적으로 미술치료가 미술 작품을 해석하는 방법을 가르쳐 줄 것이라고 기대한다. 이것에 대한 질문을 받을 준비를 하고 해석적 모델에 관한 당신의 입장을 명확히 하며, 미술치료의 역사적 차원의 내용을 존중하는 것을 분명히 하라. 미술치료의 발달 기원 중 하나는 20세기 초 정신분석에 기반을 두고 정신분석적 개념을 이용해 해석적 모델을 설명하며 이미지 해석을 시도하는 것이다(Naumburg, 1950, 1966; Junge, 1994). 미술치료 개념에 대한 기원은 잘 기록되어 있다(Ulman, 1975a; Kramer et al., 1974; Waller, 1991; Hogan, 2001). 그러나 현대의 미술치료에서 이것은 흔한 방식이 아니다. 물론 미술치료 진단평가의 해석을 혼동하지 않는 것은 중요하지만 해석은 내담자가 무엇을 말했는지와 내담자의 행동이나 개인적인 경험과의 관련성에 관해서 입증되어야만 한다. 진단평가는 치료가 이루어지는 장소에서 이루어지면 안 된다. 그러나 미국에서는 내담자에 대한 정보가 많을 경우 진단에서 시각적 기법을 사용하는 것에 대한 장점이 보고되었다(Betts, 2006, 2012).

청중이 미술치료 실습을 받지 않았다고 가정했을 때 초점을 맞추어야 할 부분은 해석이 해가 될 수 있다는 점이고, 그 잘못된 해석은 치료사의 욕구 때문이거나 작품을 이해해야만 한다는 걱정 때문인 경우가 많다. 영국의 관점에서 미술치료사는 앞으로 나타날 다양한 가능성을 보기 위해 내담자의 작품에 호기심을 가지는 것이 중요하다고 본다. 미술치료에서 우리는 내담자가 우리에게 정보를 알려 주고, 그들의 이미지에 대해 설명해 주며, "당신은 무엇을 보고 있나요?"라는 질문에 대한 대답을 해 주기를 기다린다(Betensky, 1995).

2. 미술 활동 과정

앞으로 나오는 항목들은 사례와 함께 논의된다.

- 서투른 해석이나 별생각 없이 하는 말은 둔하고 어설프고 적절하지 않은 것일 수 있다.
- 이미지에 이름을 붙이는 것은 스트레스와 불안을 유발할 수 있다. 내담자는 뭔가 완전히 다른 것을 묘사한 것일 수 있는데, 그것은 확실하지 않을 수 있다. 설명을 기다리고 추정하지 마라.
- 미술 작품을 해석하는 것은 내담자가 그들만의 생각을 가지고 있다는 것을 무시하는 것이다.

- 만약 '모든 것을 알고 있는' 치료사가 침범한다면 내담자는 노출되었다고 느끼게 된다. 그들은 자신의 정체성이나 주체성이 침범당하거나 공격받았다고 느낄 것이다.

1) 기억해야 할 점들

- 중요한 내용은 그다음 회기에서 다시 나타날 것이다.
- 치료사와 내담자 사이의 상호작용에서 중요한 것은 '알지 못하는' 상태에 머물러 있는 것이다.
- 치료사는 호기심이 있을 필요가 있으며, 의미를 확장하고 다른 것이 나타날 가능성을 허용해야 한다.
- 치료는 내담자의 개인적이고 사적인 공간을 지속적으로 존중하도록 요구한다. 친밀감과 거리감, 함께하는 것과 혼자 있는 것의 균형이 필요하다(Dalley, Rifkind, & Terry, 1993).

3. 경험적 내용

1) 낙서

이론적인 설명과 사례가 무엇이든 간에 간단한 경험적인 과제는 워크숍의 하이라이트로 잘 기억되곤 한다. 예를 들어, 청중이 자유롭게 낙서를 하도록 한다. 즉흥적이고 통제가 덜된 상태로 낙서하기 위해, 우연히 만들어지는 흔적을 위해 주로 사용하는 손이 아닌 다른 쪽 손을 사용하거나 부분적으로 눈을 감고 작업하는 것을 권한다. 그러고 나서 구성원들이 그들의 낙서를 돌려보면서 자유로운 낙서에서 이미지를 찾도록 한다. 이 경험은 특별한 미술 도구 없이 구성원들이 자기의 자리에 앉은 채로 이루어진다. 위협적이지 않으면서 구성원들에게 즉흥적인 것의 중요성, 위험을 감수하는 것, 무의식적인 이미지의 사용에 대해 빠르게 시연할 수 있다. 간단한 미술 활동은 시각적으로 언어를 우회해서 뇌의 비언어적인 부분을 더 쉽게 드러나게 한다. 이러한 개입은 Winnicott의 난화 기법(Winnicott, 1971b)에서 차용되었으나, 접근하기 쉽다는 면에서 보수적이거나 흥미가 없거나 저항적인 청중에게 미술치료를 소개하는 효과적인 방법이라는 것에는 논란의 여지가 없다. '좋은' 낙서를 만들기 위한 준비 작업 또한 잘 기록되었다(Kwiatkowska, 1978; Ulman, 1975b; Cane, 1951; Naumburg, 1966).

2) 다른 경험적 과제

구성원들에게 자유화(pp. 113-5 참조), 자신의 이름 그리기, 자신에 대해 설명하는 미술 작품 만들기 같은 입문 과제를 제공한다.

이런 과제를 하는 데 맞거나 틀린 방법은 없다. 이 과제들은 그들의 개인적인 기준에 가장 적합하게 과제를 해석하도록 만들어져 있다. '자유화 그리기'는 여러 미술치료 진단검사 기법의 기본적인 부분으로 설명된다(Kwiatkowska, 1978; Ulman, 1975b). '자신의 이름 그리기'는 아동부터(pp. 219-21 참조) 성인, 노인에 이르기까지 모든 연령의 집단에 해당된다. 이것은 모두 자신의 이름을 알고 있고, 워크숍 발표자를 포함해 서로의 이름을 기억하는 것을 도와주는 좋은 집단 시작 과제이다. '집단에 자신을 설명하는 그림 그리기'는 그 사람이 공유하기 원하는 중요한 개인적인 정보일 수 있는데, 예를 들어 가족이 최근에 받은 의학적 진단이나 좀 더 사소한 것으로는 오늘 아침에 먹은 음식 같은 것일 수 있다. 이러한 선택은 워크숍을 시작하기 전에 집단의 신뢰가 얼마나 잘 형성되는지에 영향을 받는다.

3) 자아상

입문 워크숍에는 미술 매체 선택에 영향을 주는 자아상 탐색 과제가 최소한 가지 포함될 수 있다. 예를 들어, '나무인 나'(환상적인 요소를 포함하여 어떤 재질이든 상관없는 모든 종류의 나무, 색 · 모양 등의 모든 요소가 나무로서의 당신을 묘사한다)를 그릴 때는 물감 사용을 권할 수도 있다. 반면에 세 개의 풍부한 '자화상'(내가 나를 어떻게 보는지-실제의 나, 다른 사람이 나를 어떻게 보는지-외부의 나, 나는 어떻게 보이고 싶은지-이상적인 나)을 그릴 때는 풍부하고 즉각 드러나는 색채 사용이 가능한 오일 파스텔이나 초크 파스텔을 사용할지도 모른다. 매체 추천에 대한 설명을 제공하지만 사람들이 매체를 선택할 수 있도록 한다. 그들이 당신이 추천한 것을 반드시 받아들일 필요는 없다. 그들은 플라스티신이나 점토로 나무를 만들 수도 있고, 색연필이나 물감으로 세 개의 자화상을 그릴 수도 있다. 매체의 선택은 워크숍의 일부로서 이론을 적용해서 실습으로 논의하기 좋은 또 다른 요소가 될 수 있다.

구성원들이 자기반영 노트를 기록하도록 격려할 수 있다. '나무인 나'를 예로 들면, 완성된 이미지를 그리고 작품에 대해 자기반영 연습과 시각적 보고로서 시각 일기를 기록할 수 있다. 이것은 자신에 대해 자신이 알고 있는 것을 1인칭 시점으로 서술하는 것이다. 예를 들어, "이것이 나이다. 나는 …… 이렇고, 나는 ……을(를) 가지고 있다." "나는 ……일 때 좋다." "내가 자란 곳은 ……." 비슷하게 '세 개의 자화상'에서 각각의 자화상에 대한 글이 이렇게 시작될 수 있다. "이것이 이상적인 나이다. 나는 …… 이렇고, 나는 ……을(를) 가지고 있다. 나는 ……일 때 좋다."

처음 참여한 사람들에게 자신을 상징하는 것에 대해 글을 쓰도록 격려하는 것은 긍정적인 실습 경험이 될 수 있다. 왜냐하면 글로 묘사하는 것이 통찰력 있는 반응을 이끌어 내기 때문이다. 사람들은 더 큰 집단에서 자신들이 얻은 통찰 중 몇 가지 새로운 것을 선택해 공유한다. 자아상 과제가 실습의 경험적인 요소 중 가장 확실한 학습이었다는 피드백이 꽤 많다.

4) 자기상자

자기상자는 임상수련이나 워크숍에서 모두 효과적으로 사용되는 인기 있는 과제이다(Keyes, 1974). 이 과제는 간단한 매체로 얼마나 효과적인 자기반영 작업이 가능한지 보여 준다. 이 과제에서는 다양한 크기의 상자들이 제공된다. 상자의 바깥은 그 사람의 외부적인 면을 표현하고, 외부 세계에서 보이는 부분이다. 다른 사람들로부터 받는 피드백뿐만 아니라 바깥 세계에서 자신이 어떻게 보이는지에 대한 자기지각을 포함한다. 상자의 안쪽은 좀 더 사적이고 외부로부터 숨겨진 그 사람의 내적인 측면을 표현한다. 이러한 기본적인 개념은 구성원들에 의해 쉽게 이해되고, 콜라주 매체를 사용하고 만드는 것을 포함해 자기반영 과제를 즐길 수 있게 해 준다. 여기에서는 상자의 표면이 어떻게 만들어지고, 외부와 내부가 어떻게 관련되어 있는지가 관심의 초점이다. 한 워크숍 구성원은 그녀의 유산 경험에 대해 반영했다. 상자의 뚜껑에 찢어진 흰 누더기 같은 줄을 꼬아 넣었다. 이 줄들은 밖은 흰색이었지만, 안은 붉은 색으로 칠해졌다. 종이 상자 뚜껑의 표면은 그녀에게 신체적이고 심리적인 외상을 준 내부와 외부 사이의 변화를 연결해 주는 영역이 되었다. 표면에는 창문, 거울, 문, 구멍 등을 만들 수 있다.

상자에 있는 여섯 개의 면에 주제를 다양하게 꾸미는 것이 소개되었다. 가족, 물리적인 것, 감정적인 것, 직업적인 것/일/학교, 영적인 것, 사회적인 것이 그 주제이다. 이것은 선택이나 구조화된 실습 경험을 원하는 사람들에게 매력적이다. 상자의 여섯 면에 각각의 주제가 정해지고, 각 주제의 외부와 내부가 만들어진다. 예를 들어, 내부의 영적인 면과 외부의 영적인 면이 있는데, 내부의 '영적인' 면이 외부의 영적인 면과 어떤 관계가 있는지를 보여 준다. 어떤 주제가 상자의 위와 아래에 선택될 것인지도 탐색할 수 있다.

4. 창조적 과정

모든 창조적 과정은 개인이 현실에 맞서 도전하는 것의 예로 볼 수 있다. 그들의 주관적이고 내면적인 상상의 세계, 개인적인 경험, 환상, 꿈, 이미지들이 객관적인 현실과 사실에 관한 도전이 된다. 이러한 아이디어들은 우뇌와 좌뇌 이론, 의식적이고 무의식적인 과정, 개인적이고 비언어적인 내적 세계와 집단적인 외부 언어 세계, 언어가 발달되기 전에 시각적으로 세상에 반응하는 것을 포함한다. 그래서 정서의 발달은 엄마의 얼굴 같은 외부의 시각적인 것에 애착을 가지는 것을 기반으로 하고, 이것은 '정서의 활력'으로 이어진다(Stern, 1985; Evans & Dubowski, 1988).

창조적인 과정은 다음 네 개의 단계로 단순화할 수 있다(Wallas, 1926).

① 준비(preparation): 의식적인 관심과 고민, 즉 과제에 대해 고려하고 조사하며 심사숙고할 때이다. 이 단계에서 내담자에게 미술 과제가 주어지면 내담자는 종종 무엇을 그리거나 만들어야 할지를 생각한다.

② 잠복(incubation): 이 단계에서 막힘이 생기는데, 잠깐 동안 머뭇거릴 수도 있지만 오랜 시간 동안 머뭇거림이 계속될 수도 있다. 내담자는 여러 회기 혹은 몇 달 동안 창조적인 작업을 하지 못할 수도 있다. 내담자는 이렇게 말할지도 모른다. "나는 무엇을 그려야 할지 모르겠어요." 치료사의 역할은 이 단계를 지날 동안 내담자를 지지하며, 제안은 하지 않지만 반응은 하는 것이다. "크레용/당신의 손이 생각하게 두세요." 이런 발언은 내담자가 창의적인 표현이 막힌 교착 상태에서 분리되는 것을 도와준다.

③ 깨달음(illumination): 무의식에서 갑자기 생각이 떠오를 때 영감, 풍부함, 큰 기쁨의 순간을 경험한다. 이러한 아이디어의 원천은 알 수 없으나 그 사

람의 의식에서 예고 없이 뜻밖에 단순하게 나타난다.

④ 확인(verification): 이것은 깨달은 아이디어가 확인되고 비판적으로 검토되는 단계이다. 이 아이디어는 잘 진행되지 않을 수 있고, 준비나 잠복으로 돌아갈 수도 있다. 창조적인 과정은 네 단계보다 더 경험되고 확장될 수 있다. 그러나 근본적으로 이 네 단계가 창조적인 과정 이론에 대한 기본 이해를 제공하는 간단한 방법이다.

구성원들이 기본적으로 워크숍에서 무엇을 경험할 것인지에 대해 설명하고, 각 단계의 일반적인 활동을 안내하는 것은 유용하다. 예를 들어, 사람이 요리할 때 이런 과정을 경험할 것이다. "냉장고에 뭐가 있지? 너무 어렵다. 요리할 게 없네! 잠깐 기다려 봐. 이 계란으로 뭔가 만들 수 있을 것 같아. 요리를 시작하자." 이처럼 미술 작품을 완성했을 때 그 과정은 다음과 같을 수 있다. "그리기라……. 시작을 못하겠어. 너무 어려워. 나는 창조적이지 않아."라고 하다가도 어느 순간 갑자기 생각이 떠올라 미술 매체를 들고 그림을 그리기 시작한다. 미술 과제가 시작된 것이다.

5. 창조성과 관련된 심리적 과정

• 지각(perception): 우리는 세상을 우리의 감각을 통해 '환원적인 체계'라고 인식한다. 만약 우리가 지각하는 모든 것을 경험한다면 우리는 압도되겠지만 지각은 편집되기 때문에 중요한 정보가 의식적으로 잊힐 수 있다(Gordon, 1985). 미술치료는 무의식으로 밀어낸 과거의 지각을 일깨울 수 있다.

• 형상화(imagery): 이것은 지금은 없는 과거의 지각에 대한 기억의 흔적에 기반을 둔다. 잊힌 기억에서 이미지들은 지각에 기반을 두고 꾸며질 수

있다.

- 상징화(symbolisation): 하나의 상징은 많은 의미를 가질 수 있다. 의도된 의미가 있고 그 상징은 탐색되므로 다른 덜 의식적인 의미가 드러날 수 있다. Carl Jung이 언급한 '집단 무의식'(Jung, 1964) 같은 더 넓은 무의식도 있다.
- 중간 대상(transitional object): 이것은 대상에 대한 경험을 통해 내부에 있는 것이 외부에 있는 것과 연결되는 것이다. 미술치료에서 우리의 관심은 내부와 외부 세계 사이의 다리 역할을 하는 미술 대상에 있다. 이러한 견해는 아동이 엄마가 없을 때 그들 스스로 어떤 대상에 의미를 둔다는 것을 알아챈 Winnicott에 의해 만들어졌다(Winnicott, 1971a). 중간 대상은 아동의 외부 세계에서 발견되는 대상이다. 예를 들어, 입에 넣고 빠는 조끼나 부드러운 장난감 또는 음색이 될 수도 있는데, 이는 아동의 내부 세계에서 중요하고 의미가 있는 것이다. 아동은 이 대상을 통해 세계를 경험한다.
- 놀이(play): 치료에서는 놀이의 최종 산물에 가치를 두기보다는 그 과정에 초점을 둔다. 사회는 일반적으로 결과에 중심을 둔다. 예를 들어, 우리는 돈을 벌기 위해 일하거나 공부를 끝마친 후 학위를 받는다. 그러나 치료에서의 초점은 놀이 과정에 있다. 결과물은 단순히 과정에 있는 한 지점을 일컫는 것이다. 내담자가 심미적으로 아름다운 미술 작품을 만들 수 있으나, 만약 놀이 과정에서 이것이 부서지는 것이 필요하다면 치료를 위해 그렇게 할 수도 있다.

6. 상호작용 그리기 치료

상호작용 그리기 치료(Interactive Drawing Therapy: IDT)는 최근에 뉴질랜

드의 건축가인 Russell Withers에 의해 개발된 효과적인 치료 도구이다. 그는 건축가로서 자신의 의뢰인과의 시각적인 조율 과정에서 드러난 치료적인 과정에 대해 알아차리고 상담사와 치료사를 위한 도구로 IDT를 개발했다(Withers, 2006). IDT는 뉴질랜드와 호주에서 많이 활용되고 있으며, 더 많은 IDT 수련생이 자격을 얻고 있고 점차 확장되고 있다. IDT와 미술치료에는 비슷한 점도 있고 차이점도 있다. IDT는 '정신의 다양한 부분과 연결되는 단어, 이미지, 느낌으로 독특하게 구성된 활동지에 기반을 둔 작업 방법'의 효과적인 사용을 위해 이전에 없던 구조화된 틀을 제공한다(Withers, 2009: 1). 기본 기법에 내담자가 내용을 제공하고 치료사가 과정을 관리하는 것이 포함된다. 내담자의 우선적인 관계는 '활동지'에 있을 뿐 치료사에게 있지 않다. 치료사는 활동지를 들고 내담자에게 단어나 이미지, 느낌을 활동지에 추가하고 심사숙고하도록 함으로써 내담자가 활동지와 관계를 맺도록 돕는다. 이것은 내담자를 존중하며 작업하는 방법이다. 왜냐하면 내담자가 내용을 이야기하고 치료사는 과정을 운영하기 때문이다. 입문 실습 과정을 운영할 때, IDT 도구는 치료에서 결합된 이미지를 보는 그들의 기술을 향상시키는 효과적인 방법으로 상담사와 치료사에게 추천될 수 있다. IDT는 치료사에게 그림을 그리는 과정을 치료적으로 사용하는 방법을 가르쳐 준다. "이 활동지는 내담자에게 거울이 될 것이다. 그들 자신을 새로운 관점에서 좀 더 객관적으로 볼 수 있게 도와주고, 통찰력을 길러 주며, 내면의 원천을 깨닫게 하고, 큰 변화를 가져다준다."(Withers, 2009: 1) 치료사는 내용에 대해서 치료사가 생각하는 적절한 치료 일정이 무엇이든 상관없이 내담자가 이끄는 대로 따라가도록 교육받는다. 내담자가 이끄는 과정을 신뢰하는 것은 IDT에서 중요하다. 구성원들은 내담자가 상담 회기에서 작업하려고 가져오는 것이 무엇이든 간에 그 내용에 관해 치료사 자신을 내세우지 않도록 교육받는다.

7. 시각 일기

미술치료 실습이나 개인치료에서 반복되는 개인적인 과정의 일부로 시각 일기(visual diaries)가 사용된다(Coulter, 2008). 시각적이라는 점만 빼면 글로 쓰는 일기와 비슷하다. 매우 사적인 내용이므로 만약 글쓴이가 치료사나 임상 슈퍼바이저, 수련생/개인지도/동료 슈퍼비전 집단과 내용을 공유하고 싶다면 그들에게만 보여 주도록 한다(제16장 참조). 그러나 일기가 꼭 공유되어야 하는 것은 아니다. 일기는 감정을 자유롭게 처리할 수 있는 안전한 공간이다. 실습을 시작할 때 내담자와의 치료 과정과 동일하게 이에 관련된 동의서가 구성원들에게 주어진다(Coulter, 2008). 워크숍에서 시각 일기를 사용하면 할수록 더 풍부한 실습 경험이 될 가능성이 높다. 특정한 과제를 하기 전이나 후뿐만 아니라 실습의 시작과 마지막에서도 일기 작업을 할 수 있다. 일기는 워크숍 장소를 떠나서도 작업할 수 있다.

이 과정에서는 어떤 미술 매체라도 사용될 수 있다. 기사, 이미지, 시, 생각, 인용, 농담, 어떤 것이라도 포함될 수 있다. 시각적인 작업은 덜 의식적인 과정과 연관되어 있어 일기와 관련된 생각을 잊어버리기 쉽다. 그렇기 때문에 모든 일기가 기록으로 남는 것은 우리에게 도움이 된다. 날짜, 시간, 제목뿐만 아니라 관련된 생각과 느낌이 기록에 포함되어야 한다. 어떤 사건이 일기와 관련해 일어날 수 있거나 먼저 일기를 떠올리게 할 수도 있다. 일기를 지속적으로 반영할 때 더 깊은 개인적인 통찰이 나타날 수 있고, 이것 또한 기록될 수 있다.

임상현장에서 시각 일기가 어떻게 사용되는지는 워크숍에서 시연된다. 동종보건전문가는 일반적인 시각 일기의 사용에 대해 교육을 받을 수 있고, 이것은 다음과 같은 여섯 개의 요점으로 요약된다(pp. 124-7, 128-31, 253, 360-2에 있는 시각 일기 사용에 대한 좀 더 많은 정보 참조).

① 꿈 일기: 꿈을 시각적으로 기록하고 글로 쓰는 것이다.

② 일반 시각 일기: 실습 워크숍, 개인치료, 교육 과정 중에 일반적으로 사용한다. 즉흥적인 그림 일기, 시각 저널, 집단 과정을 포함할 수 있다.

③ 집단 활동 일기: 미술심리치료 실습 집단을 위해 특별하게 사용된다.

④ 슈퍼비전 일기: 임상 슈퍼비전에서 나타난 문제들에 대한 반응을 기록하고, 특히 전이와 역전이에 집중하기 위해 사용된다.

⑤ 자기슈퍼비전: 회기 사이에 내담자와 그들의 문제에 대한 반응을 기록하고 자기점검을 하는 것으로, 미술치료사가 치료를 유지하는 것을 도와준다.

⑥ 내담자 지지: 회기 사이에 내담자를 지탱하기 위해 사용된다.

1) 실습 워크숍에서 시각 일기의 사용

구성원들은 짧은 실습 워크숍 기간 동안 시연하기 위해 가능한 한 자주 시각 일기를 사용하도록 권유받는다. 시각 저널은 미술치료 실습에 근간이 되는 가장 좋은 연습이다. 시각 일기는 워크숍 구성원들이 처음으로 종이 위에 하는 작업인 경우가 많다.

• 즉흥적 그림일기(spontaneous diary pictures): 감정 상태를 반영하는 빠른 제스처 그림이다. 구성원들은 너무 깊이 생각하지 않고 흔적을 만들도록 격려받는다. 그들이 사용하기 원하는 매체가 무엇이든 간에 빠르게 작업해서 2~3분 안에 일기를 완성하도록 한다. 시각 일기는 사적인 것이고, 그것에 대해 논의하지 않을 것이라고 안심시키는 과정이 반드시 필요하다. 의식적인 걱정과 염려를 완화시키고, 위험을 기꺼이 감수하며, 미술 매체가 생각하게 내버려 두는 것까지 모두 일어날 수 있는 일이다. 내담자가 덜 의식적으로 생각할수록 더 좋다. 이 그림들은 이해할 필요

도 없고, 이치에 맞게 만들려고 할 필요도 없다. 그러나 즉흥적 제스처 그림은 덜 의식적인 정보에 연결되는 통로일 수 있기 때문에 자연스러운 흔적을 만들도록 격려한다. 이후 내용과 의미에 대해 생각하고 이해할 수 있는 시간이 있다.

- **시각 저널**(visual journaling): 이 일기는 나중에 워크숍 실습에서 사용되는데, 대개 특정한 작품이나 워크숍 경험에 대한 과정과 반영에 관련된다. 일기를 그리기 전에 생각하고 계획을 세우는 시간을 갖도록 한다. 이것은 자연스러운 흔적에 의지하고 생각하지 않는 즉흥적 제스처 그림일기와 정반대이다. 계획을 세우고 저널 일기를 작업하는 동안 이미지는 시각화되고 언어가 형성된다. 일기가 완성된 후에 구성원들은 이미지에 대해 반영하도록 격려받는다. 그들의 일기에 반영적 저널 과정의 일부로 다른 그림에 대한 영감을 받을 수도 있다. 시각 저널은 워크숍에서 미술 과제의 완성을 좀 더 깊이 있게 다룬다. 예를 들어, 더 큰 이미지 도식이 기록될 수 있고, 일기에 그에 관한 설명이 기록될 수 있다.
- **집단 과정**(group processing): 이 시각 일기는 좀 더 큰 집단에서 이야기하기 힘든 부분에 초점을 두고 관계에 관한 집단 반영에 집중한다. 시각 일기는 집단 과정 내의 어려움에서 벗어날 수 있는 공간을 제공하고, 집단 실습이라는 맥락 안에서 사적인 시간을 허용한다. 집단 경험에 대한 시각 일기의 반영은 치료사를 포함한 다른 집단과 특정한 집단 경험에 대해 덜 의식적인 이미지가 나타나도록 한다.

8. 미술치료를 통해 팀 구축하기

1) 기업 미술치료

미술치료는 기업 분야에 많은 도움이 된다. 심리학적 배경이나 타인을 돕는 일을 했던 경력이 있는 실습사, 인생 상담 코치(life coaches), 사업 멘토들이 미술치료 기법을 개인 실습, 팀 개발, 규모가 작은 사업 전략을 세우는 데 이미 사용하고 있다. 예를 들어, 미술치료는 팀 구축(team building)을 강화하거나 기관 운영을 하는 데 있어서 새로운 시각을 제공하고, 치료를 받을 여력이 없는 상태에 있는 실무자에게 리퍼를 제공할 수도 있다.

2) 기업 특강: 홍보 전략

기업 분야에서 계약을 맺기 위해 미술치료사는 특강을 위한 포트폴리오를 만들 필요가 있다. 치료사가 생각하기에 기관에 가장 좋은 것을 준비하는 것이 적합하지 않을 수도 있다. 오히려 그들이 원하는 것이 무엇인지 듣고 그들의 특정한 요구에 맞는 것을 설계할 수 있는지 타협하고 계약을 맺는다. 비록 상담을 하면서 사용하는 기술이라 할지라도 간혹 스스로를 '미술치료사'라는 직책으로 부르지 않는 것이 필요하다. 기업 분야 종사자들은 '미술치료사'가 무엇을 하는지 모른다. 그러나 창조적인 팀 구축을 위한 특강의 강사로서 '창의력 컨설턴트'나 디지털 매체와 시각 매체의 상징적인 사용에 대해 알고 있는 '미디어 전문가' 혹은 팀의 상호작용 네트워크를 탐색하고 향상시키며 자기반영을 하게 하고, 팀에 관련된 지식을 알려 주는 '상호작용 컨설턴트'는 기업과 관련이 있을 수 있다.

미술치료사는 또한 홍보 매체에 들어갈 주요 단어에 대해 고려할 필요가 있다. 기업에 미술치료를 홍보할 때 언어는 상징적이기 때문에 중요하다. 기관들은 긍정적인 상호작용 기술, 문제해결 능력, 특정한 기관의 필요와 요청에 민감하게 반응하는 능숙하고 통찰력 있는 치료사를 찾을 것이다.

3) 팀 구축

미술치료는 팀 구축에 있어 함께 일할 팀에 대한 긍정적인 인식을 만들어 주는 데 중점을 둔다. 미술 과제는 팀으로서 직원의 자산, 기술, 지식, 가치에 대한 인식을 높이기 위해 계획되고, 개인과 팀의 비준을 위해 기획된다. 팀 구축 과제는 협력 프로젝트에서 협동적으로 일할 수 있는지, '건강한 의사 전달'을 통해 협업이 가능한지, 공통의 목적을 위해 일하는 것이 가능한지에 대한 구성원의 능력을 탐색하기 위해 만들어지고, 동의를 얻으면 팀 과제로 확정된다. 팀 구축 과제는 긍정적인 미래에 초점을 두기 때문에 쉽게 개선된다.

팀 구축은 개인적이고 사회적인 것 모두에 초점을 둔다. 일부 팀 구축 과제는 개인에게 초점을 두고, 개인의 창의적이고 즉흥적인 측면을 보이는 데 집중한다. 이것은 개인이 팀에 공헌할 가능성이라는 맥락에서 자신감과 자기 확신에 대한 감각을 길러 준다. 팀 내에서 개인적인 발전을 도모할 기회가 있을 수 있고, 팀의 공통된 관심사 안에서 개인적인 주체성과 동기를 증가시킬 수 있다. 많은 경우에 팀 구성원들은 아이디어를 결정하거나 창의적으로 생각하고 실험하거나 테스트할 자유가 없을 수 있다. 팀 구축은 건강한 팀 기능을 저해하는 느낌, 감정, 갈등을 표현할 수 있게 도와준다. 기업의 팀 구축에서 미술치료는 환상을 가지고 작업하는 것을 허용하고 팀의 생산성에 영향을 미칠 수 있는 덜 의식적인 과정에 대해 이해하도록 돕는다. 구성원들이 그들의 시각적이고 언어적인 경험을 정리하기 때문에 미술 과제는 통찰력, 자기 인식, 반영을 증진할 수 있도록 만들어진다.

팀 구축의 사회적인 초점은 자기 자신에 대한 관심과 인식을 증진하는 것이다. 왜냐하면 팀 내의 다른 사람들에게서 자신의 진가를 인정받게 되기 때문이다. 다른 사람들과의 관계 안에서 자기 자신에 대한 이해는 의사소통을 촉진시키고, 팀의 응집력은 공동 작업 미술 과제와 안전한 공간 제공을 통해 동기화된다. 여기에서 보편적으로 경험하는 것들이 있다. 신뢰와 관련된 문제가 다루어지고 팀 내의 부정적인 역동을 개선할 수 있는 작업이 주어지기 때문에 팀의 일원으로서 다른 사람들과 협업을 한다는 것은 사회적 지지를 경험하게 한다. 미술의 사용은 언어적으로 표현하기 어려울 수 있는 문제에 대해 초기에 비언어적인 표현의 기회를 제공하기 때문에 큰 안도감을 준다. 팀은 그들이 서로 어떻게 상호작용하는지에 대해 더 배운다. 이전 패턴을 조사하고 재작업하면서 서로를 이해하게 되고, 구성원들은 좀 더 단호하게 행동하고 독립적으로 문제를 다루도록 격려받는다.

상호작용의 패턴과 체계를 탐색하고 변화를 위한 표현방식을 만들고 설명하고 듣게 하기 위해 구성원들의 지각이 다루어지는 합동 과정이 있다. 협력적인 활동은 팀의 장점과 기술을 결합하고 협업을 창조하여 팀 내에서 '소망성취'를 구체적으로 그리도록 한다. 시각 일기에서는 색, 비유, 상징, 신화, 저널 작업이 모두 사용될 수 있다.

9. 미술치료의 가치

미술치료 단기 실습 워크숍을 마칠 때, 미술치료사가 무엇이 시연되고 경험되었는지를 정리한 목록을 제공하는 것을 추천한다.

다음에 나오는 목록은 이론적인 개념과 일부 학습 경험을 구체화한 것이다. 미술치료의 가치는 다음과 같이 정리할 수 있다.

- 상징과 비유라는 언어를 사용하는 표현적인 배출구이다. 그러므로 일부

내담자에게는 언어적 형태의 치료보다 덜 위협적이다.

- 내면의 경험에 대한 직접적인 표현을 제공한다. 예를 들어, 언어보다는 이미지로 나타나는 꿈이나 환상 같은 것이다.
- 대개 개인적으로 이전에 표현하지 않았던 아이디어, 느낌, 생각을 주는 새로운 경험이다.
- 과제중심적일 수 있다. 활동에 집중함으로써 불안과 혼란을 줄일 수 있다.
- 통합적인 경험을 제공한다. 개인적인 비언어적 과정의 일부로 시작, 중간, 끝이 있는 활동을 하면서 생각이 조직화된다.
- 인지적 능력, 정서적 능력, 운동 능력을 동시에 끌어낸다.
- 다양한 미술 매체에 제한이 있는 상황에서 적극적인 문제해결을 요구한다.
- 하나의 미술 작품 안에 보유되는 카타르시스를 제공하고, 정신병리의 통합을 촉진한다.
- 독특하게 개인적인 무엇인가를 창조할 수 있는 기회를 제공한다.
- 그 내용이 쉽게 사라지지 않고, 영구적인 기록이 남는다. 작품은 이후에 검토될 수 있기 때문에 과거의 생각과 느낌에 대한 중요한 연결고리가 된다.
- 언어적 표현보다 더 쉽게 검열을 피할 수 있는 무의식적인 내용의 투사를 허용한다.
- 개인의 자율성을 격려한다. 제작자는 작품을 만들면서 자유와 통제를 경험하고, 자신의 미술 작품을 이해하며, 그 의미를 찾는 방법을 배운다.
- 치료사가 정신 내부에 접근하는 것을 돕는다. 그렇지 않으면 접근하기 어렵다.
- 언어적 표현 이전에 성장과 통합을 예측하게 한다.

참고문헌

Betensky, M. G. (1995). *What Do You See? Phenomenology of Therapeutic Art Expression*. London: Jessica Kingsley Publishers.

Betts, D. (2006). Art therapy assessments and rating instruments: Do they measure up? *Arts in Psychotherapy*, *33*(5), 371-472.

Betts, D. (2012). Positive art therapy assessment: Looking towards positive psychology for new directions in the art therapy evaluation process. In A. Gilroy, R. Tipple, & C. Brown (Eds.), *Assessment in Art Therapy* (pp. 203-18). London: Routledge.

Cane, F. (1951). *The Artist in Each of Us*. Craftsbury Common, VT: Art Therapy.

Coulter, A. (2008). 'Came back-didn't come home': Returning from a war zone. In M. Liebmann (Ed.), *Art Therapy and Anger* (pp. 238-56). London: Jessica Kingsley Publishers.

Dalley, T., Rifkind, G., & Terry, K. (1993). *Three Voices of Art Therapy: Image, Client, Therapist*. London: Routledge

Evans, K., & Dubowski, J. (1988). *Art Therapy with Children on the Autistic Spectrum: Beyond Words*. London: Jessica Kingsley Publishers.

Gordon, R. (1985). Imagination as mediator between inner and outer reality. *The Arts in Psychotherapy*, *12*, 11-5.

Hogan, S. (2001). *Healing Arts: The History of Art Therapy*. London: Jessica Kingsley Publishers.

Jung, C. G. (1964). Approaching the unconscious. In C. G. Jung (Ed.), *Man and His Symbols* (pp. 1-94). London: Aldus Books.

Junge, M. B. (1994). *A History of Art Therapy in the United States*. Alexandria, VA: American Art Therapy Association.

Keyes, M. F. (1974). *The Inward Journey: Art As Psychotherapy for You*. Millbrae, CA: Celestial Arts.

Kramer, E., Kwiatkowska, H. Y., Lachman, M., Levy, B. I., Rhyne, J., & Ulman, E. (1974). Symposium: Integration of divergent points of view in art therapy.

American Journal of Art Therapy, *14*(1), 13-7.

Kwiatkowska, H. Y. (1978). *Family Therapy and Evaluation Through Art*. Springfield, IL: C.C. Thomas.

Naumburg, M. (1950). *An Introduction to Art Therapy: Studies in the 'Free' Art Expression of Behavior Problem Children and Adolescents as a Means of Diagnosis and Therapy*. New York: Columbia University, Teachers College Press.

Naumburg, M. (1966). *Dynamically-Oriented Art Therapy: Its Principles and Practice*. Chicago, IL: Magnolia Street Publishers.

Stern, D. (1985). *The Interpersonal World of the Infant*. New York: Basic Books.

Ulman, E. (1975a). Art therapy: Problems of definition. In E. Ulman & P. Dachinger (Eds.), *Art Therapy in Theory and Practice* (pp. 3-13). New York: Schocken Books.

Ulman, E. (1975b). The new use of art in psychiatric analysis. In E. Ulman & P. Dachinger (Eds.), *Art Therapy in Theory and Practice* (pp. 361-86). New York: Schocken Books.

Wallas, J. (1926). *The Art of Thought*. New York: Harcourt, Brace.

Waller, D. (1991). *Becoming a Profession: The History of Art Therapy in Britain 1940-1982*. London: Routledge.

Winnicott, D. W. (1971a). *Playing and Reality*. London: Tavistock Publications.

Winnicott, D. W. (1971b). *Therapeutic Consultations in Child Psychiatry*. New York: Basic Books.

Withers, R. (2006). Interactive drawing therapy: Working with therapeutic imagery. *New Zealand Journal of Counselling*, *26*(4), 1-14.

Withers, R. W. (2009). *IDT Information Brochure*. Auckland, NZ: IDT Ltd.

제8장

미술치료 모델의 개요

미술치료 연속선-영국 미술치료 임상수련의 다양성을 구상하는 데 유용한 도구

Susan Hogan

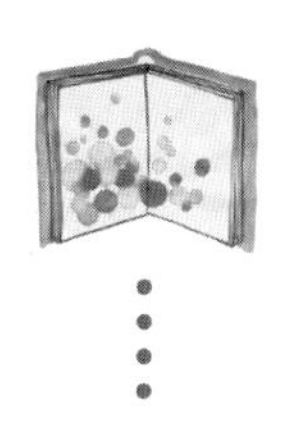

1. 입문

이 장에서는 영국 미술치료 실습에 대해 이해하고, 그와 관련한 개요를 제공한다. 이것은 미술치료에서 주로 사용하는 스타일을 정리한 '스냅샷'으로 볼 수 있다. 오늘날 영국에서 이루어지고 있는 미술치료 실습 영역을 설명하기 위해 연속선의 형식으로 표현되었다. 비록 그 초점이 영국의 실습에 맞춰져 있다고 해도 이 모델은 다른 환경에도 적용 가능하다. 북미나 캐나다에서 진단하기 위한 목적으로 이미지를 사용하는 경우에 더 긴 연속선이 나타날 수 있으나, 이 장에서는 영국에서 주로 이루어지는 미술치료 실습 범위에 대한 개요를 다룬다.

『미술치료 국제 저널(The International Journal of Art Therapy: Inscape)』에 게재된 이 장이 나에게 지속적으로 감정을 불러일으킨다는 것이 놀랍다. 많은 독자와 학생은 연속선상에서 그들이 어디쯤에 있는지 생각하는 것이 유용하다는 것을 발견한다(비록 그것이 나의 우선적인 의도는 아니지만).

연속선의 배치를 통해 더 뛰어나다고 생각되는 서열이나 그에 관련된 판단을 나타내려고 의도한 것은 아니다. 이런 다양한 실제에 대해 알려 주는 이론은 여러 가지가 있다. 이 연속선의 발달에 대한 동기는 수련생뿐만 아니라 일반적으로 치료사들이 극도로 혼란스러워하는 상황(특히 '분석'이라는 용어가 문학에서 다양하게 사용된다는 점에서 본다면 몇몇 혼란스러운 점이 있다)에 명백함을 제공하기 위한 것이다.

나중에 언급하겠지만, 오늘날의 미술치료는 다소 복잡하므로 '미술치료 연속선'은 이러한 다양성에 대해 한눈에 보는 그림이나 '스냅샷'을 제공하려는 것이라고 할 수 있다. 그러나 이것은 다른 어떤 스냅샷과 마찬가지로 전체적인 풍경을 드러내지는 못한다. 캘리포니아 어딘가에는 누드(nude) 미술치료를 제공하는 곳도 있다! 흔히 우리가 이야기하는 '치료적인 돌' 같은 치료 효과가 의심스러운, 어떤 활동과 미술치료를 결합하여 사용하는 소수의 북미 미술치료사도 있다. 그러나 변두리에서 일어나서 우리와 관련이 없다고 주장하고 싶은 일들에 주목하는 것이 아니라 영국에 있는 대부분의 미술치료사가 미술치료에 좀 더 쉽게 접근하기 위해 무엇을 하고 있는지에 관하여 논의할 것이다.

하나의 틀에 잘 들어맞는 것은 아니지만 각각의 다른 요소를 사용하는 몇몇 실습 모델이 있을 것이다. 그 뼈대가 완전하게 '정돈'된 것은 아니다. 그러나 나는 그것이 개념적으로 유용하길 바란다.

우리 중 다수는 내용, 시간 조정, 내담자 집단, 편리성에 관해 하나 이상의 미술치료 실습을 활용할 것이다. 적용 가능한 모델에 대해 유연하게 반응할 수 있는 능력은 우리가 감당할 수 있는 범위 내에서 도움이 된다.

연속선에 대한 아이디어는 다양성의 범위와 관계의 지속성 모두에 적용된다. 예를 들어, 무지개의 모든 색은 빛의 색이지만 각각의 색이 가지고 있는 주파수가 다르다. 이 연속선에서 공통된 특징은 미술 활동을 통해 작품이 만들어진다는 것이지만 이 연속선을 통해 어떻게 개념화되고 어떻게 다르게 다루어지는지에 관해 자세하게 설명할 것이다.

A

언어적 심리치료를 보조하는 미술-'게슈탈트' 미술치료를 포함하여

(미술 작품의 이미지의 질이나 만들어진 것에 대한 분석을 강조하는 것이 아니라 언어적 심리치료에 실마리로 사용하는 것을 좀 더 강조한다.)

B

분석적 미술치료-내담자와 치료사 사이의 '전이관계'에 강조를 두는 미술치료

(정신분석적 기반 때문에 종종 '분석적'이라는 명칭을 사용한다.)

C

집단 상호작용 접근-집단의 '상호작용' 접근에서 모든 측면의 활동과 상호 경험적 학습에 관심을 두는 미술치료

(내담자가 만든 작품에 대해 무엇을 말하고 싶은지, 내담자가 서로에게 무슨 말을 하는지, 그들이 어떻게 상호작용하는지에 관한 분석을 포함한다. 이것은 '전이관계'에 대한 이해를 포함한다. 그러나 후자는 '전이관계'에 대한 이해도 포함하지만 그것이 주된 강조점은 아니다.)

D

집단에서 개인-집단 안에 있는 한 개인의 인간적인 지지에 집중하는 미술치료

(이 접근은 내담자가 작품에 대해 말하고 싶어 하는 것과 만든 것에 대한 분석을 포함해 미술 활동에 동등한 강조점을 둔다. 그러나 집단 역동과 함께 다루려는 시도는 하지 않는다.)

E

미술 작품을 만드는 것과 그것을 언어적으로 분석하는 것에 강조를 두는 미술치료

(이것은 만들어진 작품에 대한 분석을 포함할 수 있다. 그 작품의 구체성, 작품의

여러 다른 단계에서 발생하는 감정, 미술 작품의 변화. 작품은 매 회기 동안 새롭게 만들어지는 것이라기보다는 일정 기간에 걸쳐 만들어질 수도 있다.)

F

심미적인 것을 지향하는 미술치료–미술치료에서 미술에 특권을 주고 최소한의 언어적 분석을 하는 미술치료

(강렬한 감정을 담는 그릇으로서 미술 작품의 생산은 언어적 분석 없이도 내담자에 의해 완전히 이해된다. 미술치료사는 '안아 주는(holding)' 환경을 제공하고, 그 과정의 '증인' 역할을 하며, 작품을 만드는 과정을 격려할 수 있다.)

2. A: 언어적 심리치료를 보조하는 미술

언어적 심리치료를 보조하는 역할로 이미지를 사용하는 것은 현재 임상현장에 있는 소수의 미술치료사나 미술심리치료사에 의해 사용되는 매우 합리적인 기술이다. 나는 '미술치료'를 일반적인 용어로 사용하지만 '미술치료'와 '미술심리치료'라는 용어의 차이점이 명확하게 정의되지 않았고, 지속적으로 거론되는 차이점도 없다.

미술치료는 보조적이거나 부가적으로 사용될 수 있다. 여기서 의미하는 바는 무엇인가? 이미지는 우선적으로 언어적 교환이라는 맥락 안에서 사용된다. 치료가 진행되는 동안 치료사가 느끼기에 내담자가 '막혔다'거나 꺼리는 지점에 도달했을 수 있다. 그러나 우리가 여기서 이야기하는 것은 카타르시스를 주는 거친 붓질의 표현이 아니라 이미지의 사용에 집중하는 것이다.

Moreno와 Pearls에 의해 만들어졌고, Landy(1994)에 의해 유명해진 연극치료에서 흔히 사용되는 '빈 의자 기법'이라고 부르는 기술이 '게슈탈트' 모델에서 유사하게 사용될 수 있다. 빈 의자는 치료사의 앞에 자리한다. 치료사는 내담자에게 그들의 어머니/아버지/학대자/형제가 그 빈 의자에 앉아 있는 것을 상상하도록 요청하고, 내담자가 그들에게 하고 싶은 말—"나는 항상 당신을 사랑했어요." "나는 당신을 싫어했어요." "당신은 어린 나를 학대했어요."—을 하도록 초대한다. 무엇이든 그들이 해야 하는 말을 하게 한다. 그러고 나서 그들은 의자를 바꾸고, 그들이 어머니/아버지/학대자/형제가 되어서 그들 자신에게 직접적으로 이야기하는 것을 상상한다. 이러한 연극치료 기법은 광범위하게 사용된다.

이와 비슷하게 이미지들이 이러한 담론을 자극하기 위해 사용될 수 있다. John Birtchnell은 이렇게 말했다.

> 특히, 지금 여기에서 그림에게 말을 하는 것은 내가 알고 있는 가장 강력한 도구이다…….
>
> (Birtchnell, 1998: 149)

John Birtchnell 같은 치료사는 "당신의 어머니/아버지/학대자/형제를 그리시오."라고 지시한다. "이제 전화기를 그리세요. 지금 당신이 전화를 받는 것을 상상하고 당신이 그에게 하고 싶은 말을 하세요……." 이것이 내가 말하는 미술이 언어적 심리치료에 보조적으로 쓰인다는 의미이다. 이미지를 만드는 것이 포함된 연극치료 방법을 사용하는 본질적인 심리치료이다.

게슈탈트 접근에서 미술 활동은 미적으로 열심히 작업한 작품이라기보다는 대개 간단한 스케치이다. Birtchnell(2003)은 이에 대해 다음과 같이 말했다.

> 내가 하는 치료(Birtchnell, 1998)와 사이코드라마(Moreno, 1972) 사이에는 유용하며 비슷한 점이 있다. 사이코드라마에서 드라마와 관련 있는 것이 거의 없고 연기하는 능력이 필요하지 않은 것처럼 내가 하는 작업은 미술과 거의 관련이 없고, 예술적인 능력이 필요하지 않다(Birtchnell, 2002b). 내가 훈련받은 예술가와

> 이런 종류의 치료를 할 때, 나도 가끔 그렇지만, 그 결과물은 시각적으로 그들의 예술적인 능력의 반영이 아니고 예술 작품처럼 보이지도 않는다. 사실 그것들은 예술 작품이 아니다. 내가 하는 것과 전통적인 미술치료 사이의 관계는 사이코드라마와 연극치료 사이의 관계와 비슷하다…….

내담자가 자신을 표현하는 것을 강조하고 이미지는 대체되는 담론으로서 추가적인 내용을 제공한다. 이러한 접근에서는 미술 작업의 예술적인 측면에 관심이 없다.

> …… 내담자는 그 또는 그녀만의 개인적인 현실을 그리거나 상연한다. 이것은 본래의 것이 아니고 상상적이거나 허구이거나 창조적이다. 그것이 중요한 것이 아니다. 중요한 것은 그녀가 말하는 것을 [미술 작품을 만드는 과정을 통해] 보완하고, 그녀 스스로가 되기 위한 것이 어떤 것이었는지, 특정한 사람들과의 관계가 어떤 느낌이었는지 시각적인 용어로 전달하고, 이런 것들을 치료사와 그녀 자신에게 명확히 하며, 그들과 연결되고 그녀와 치료사가 그것을 이해할 수 있게 돕는 것이다. 나는 사이코드라마 작가(psycho-dramatist)처럼 내담자가 어떤 것을 창조하길 원하지 않는다. 창조성은 치료와 관련이 없다. 의도적으로 나는 내담자에게 미술 작품을 창조할 시간을 주지 않는다…….
>
> (Birtchnell, 2003)

우리가 나중에 살펴보겠지만, 이 접근은 미술 작품을 만드는 과정에서 예술적인 측면에 초점을 맞추는 것에 특히 관심이 있는 입장과 다소 다르다. Birtchnell은 대개 집단에서 한 개인이 집중적인 방법으로 작업하고, 다른 집단 구성원은 지지적인 역할을 하는 방식으로 작업한다. 그는 관심을 받는 한 사람이 이미지를 성공적으로 만들 수 있게 격려할 뿐만 아니라 계속 이야기도 한다. 한 사람에게 집중하는 시간이 끝나 가면서 치료사가 매우 직설적이

될 수 있는데, 이것은 강한 감정적인 분출을 야기할 수 있다. Birtchnell은 이 접근을 다음과 같이 설명했다.

> 매우 가치 있는 게슈탈트 기법은 그나 그녀가 언급하는 그 사람을 그들이 누구이든 간에 실제로 직접 초대하는 것이다. 이것은 치료사에게 말하는 것보다 훨씬 더 감정적이다……. 비슷하게 미술치료에서 한 여성이 그녀의 남편을 그리고, 그녀가 그린 것에 대해 이야기한다. "그는 깡패예요." 내가 말한다. "그에게 말해요." 그녀는 나를 이상하게 바라본다. 나는 이렇게 설명한다. "이 그림을 보고 이 그림이 정말 그 사람이라고 상상하고 그에게 말해 봐요……." 아마 이런 직면에서 도망가기 위해 그녀는 다시 나에게 말할 수 있다. "그는 나를 침실에 가두곤 했어요." 나는 그녀의 말을 바꿔 준다. "**당신이** 갇히곤 했군요." 그녀는 그림을 향해 돌아앉아서 말한다. "당신이 침실에 나를 가두곤 했어요." 그러고 나면 그녀의 남편에게 계속 말하게 된다……. 지금-여기 접근을 받아들이는 것은 내가 말하는 것—"위에 침실을 그려 보세요. 당신을 안에 넣고 그를 바깥에 두세요. 이것이 지금이라고 상상하고 그에게 지금 당신의 기분이 어떤지 말해 보세요."—을 포함한다. 그녀는 이제 현재 시제로 말하기 시작한다. 그 장면 전체가 끔찍하게 현실적으로 느껴진다. 그녀는 떨면서 남편에게 나가게 해 달라고 애원한다.
>
> (Birtchnell, 1998: 148-9)

다른 집단 구성원이 방금 들은 이야기에 공명할 수 있기 때문에, 드러난 이야기에 대한 그들의 감정을 표현할 기회가 주어지고, 그것에 의해 촉발된 그들의 감정이 무엇인지 탐색하기 위해 초점이 집단 구성원 전체에게 돌아온다. 개인이 집중해서 작업을 다시 시작하기 전에 관심의 초점이 집단 전체로 돌아오는 것이다.

일부 미술치료사는 대개 다른 방법이나 작업 '모델'을 사용하지만 때로는 이런 기술을 사용하기도 한다.

3. B: 분석적 미술치료

'분석적'이라는 용어는 여기서 특히 '전이'를 다루는 모든 접근법을 명시하기 위해 일반적인 방법으로 사용되었으나, 미술도 포함된다. 나는 현재 상황 때문에 다소 '모호'하게 취급되는 전문 용어(내 동료 중 하나가 언급한 것처럼)에 대해 '분석적'이라는 것의 의미가 정신분석적인 생각이나 분석적 심리학에 의해 정해졌다고 추정하는 것이 최선이라고 생각한다. 그러나 어떤 경우라도 치료사는 '전이'(역사적으로 '분석적'이라는 용어는 융 학파에서 사용하는 경향이 있고, '정신분석적'이라는 용어는 프로이트 학파에서 사용하는 경향이 있지만 이 구분은 더 이상 존재하지 않고, 많은 '분석적' 상담가는 정신분석에 기반을 두고 있다)라는 개념과 작업을 하게 될 것이다. 무엇이 전이관계인가? 우리는 모두 훈련을 통해 감정의 전이에 대해 알고 있다. 내담자가 마치 치료사를 내담자의 삶에 존재하는 과거나 현재의 인물인 것처럼 여겨 그와 관련된 것이 치료사에게 가는 것이다. 다른 말로 하면, 이제는 치료의 중요한 부분이 된, 치료사가 내담자에게 중요한 다른 인물이 되어 그 사람에 대한 속성이 치료사에게 투사된다. '대상 표상'은 내담자가 투사한 것으로, 치료 과정의 핵심적인 부분으로서 탐색된다(Rycroft, 1968: 168).

이 모델의 적합성에 대해 주장하려고 하는 것이 아니다. Joy Schaverien은 그녀의 논문에서 '전이 안에 전이'에 대해 논의했다(단순하게 말하면 치료사와의 전이관계 안에서 미술 작품을 향한 내담자의 전이를 말한다). 이것은 일대일과 집단 활동 모두에서 다양한 수준의 본질에 대한 인정으로 치료사와 미술 작품 둘 다를 향한 '투사'일 수 있다. 만약 내가 이 용어를 사용한다면 투사적 장(projective field)은 꽤 복잡해질 수 있으며(특히 집단 활동에서), 궁극적으로 애매모호하고 같이 작업하기 어려울 수 있다. 그러나 여기서 비판하려는 것이 나의 의도는 아니다. 대신 나는 미술치료의 다른 방식 사이의 구별에 집중하려 한다. Joy Schaverien이 그녀의 접근에 대해 그녀의 단어로 묘사한 것을 소개한다.

> 분석적 미술심리치료는 내가 그림에 관한 분석적인 구별화(differentiation)를 전이의 분석과 비교할 때 미술치료 종류를 구별하기 위해 사용하는 용어이다. 이 형태의 미술치료는 관련된 두 흐름으로 구성되어 있다. **치료사라는 사람**에 대한 전이와 **그림**에 대한 전이가 그것이다. 이 전이는 분리되어 있지만 연결되어 있고, 역전이와도 연결되어 있다.
>
> (Schaverien, 1990: 15; 나의/오리지널 강조)

이 '두 흐름'이나 전이에 관한 그녀의 견해는 어떤 면에서 논쟁을 불러일으켰는데, 왜냐하면 대부분의 분석 치료사는 전이를 전체 치료적인 환경에 대한 투사로 보았기 때문이다. 결론적으로 그녀의 생각은 강하게 비판받았다.

> 전이는 치료사라는 사람, 그/그녀의 가구, 치료사의 가족, 그들의 훈련, 치료실, 그림, 기관 등에 일어날 것이다. 마치 어떤 다른 분리된 것이 있거나 전체 전이 상황과 다른 게 있는 것같이 '전이 안에 전이'라는 개념은 혼란스러운 제안이 된다. 그림은 전체 전이 과정에서 나눌 수 없고, 그 문맥 안에서만 온전히 이해될 수 있다. 전이는 하나이지만 그 초점이 치료사라는 사람에게서 그림으로 옮겨지고, 그림에서 다시 사람으로 옮겨지는 과정이 왔다 갔다 할 수도 있다. 그러므로 그림에 대한 전이는 전체 분석 환경에서 전이이지 그 안에 있거나 다르거나 비교하거나 첨가하는 것이 아니다. 두 개의 전이는 없다.
>
> (Mann, 1990: 33-4)

결론적으로, 내담자-치료사 축이 '주된 초점'이고, '분석적인 미술심리치료'와 '역동적인 장이 완전히 활성화된' '미술심리치료'에 대한 그녀의 구별은 문제가 있는 구별이며, 혼란을 야기할 가능성이 있다(Schaverien, 2000: 61). 그러므로 내가 사용하려는 용어는 아니다.

전이와 관련해서 미술치료의 다른 '모델'을 사용하면 자기 자신의 감정을 다른 사람에게 돌리는 내담자의 감정에 대한 투사를 갑자기 인식하게 되고, 건설적인 방법으로 그러한 감정을 다루는 것이 가능해진다. 우리는 다른 사람들의 감정을 느낀다. 가끔 우리는 그것에 사로잡힐 수도 있다. Whitaker(1985: 221)는 그의 집단 활동에 대해 다음과 같이 기록했는데, "때때로 사람은 대부분의 경우 회피하는 감정의 영역에 [감정적인] 전염을 통해 빠져든다." 흥미롭게도 Tolstoy는 미술에 대한 정의를 말할 때 '전염성'에 대해 언급하고 있다. 만약 우리가 이런 미술의 정의를 받아들인다면 우리는 그 연속선상에 '전이적인' 측면이 있다는 것을 반드시 받아들여야만 한다.

> 미술은 인간이 살면서 외부적인 신호에 의하여 의식적으로 느낀 감정을 타인에게 전하고, **이런 감정에 영향을 받은 타인이 그 감정을 경험하는 인간 활동**이다.
>
> (Harris, 1996: 2에서 재인용; 나의 강조)

Skaife는 분석적 미술치료 집단은 미술 작품을 "우선적으로 집단 과정을 반영한 것"(2000: 116)이라고 보는 경향이 있고, "종종 이미지를 만드는 것과 그것에 대한 언어적 상호작용 사이에 긴장이 발생한다"(2000: 115)라고 설명한다. 그러나 집단 과정에 대한 반영으로서의 미술 작품은 이렇게 설명될 수 있다.

> …… 집단에서 매체를 확장해서 사용하는 것과 상징 및 비유를 통해 강한 감정이 보유되고 수용되는 것은 도움이 된다. 치료 효과를 위해 미술 작업에 대해 탐색하지 않기도 한다. 미술 작업의 예술적인 면은 필수적인 요소이다…….
>
> (2000: 116)

Skaife는 집단 과정의 언어적이고 시각적인 측면 사이의 긴장이 존재할 수 있는 미술치료의 다음 모델을 언급했다. 어떤 치료사들은 전이관계가 미술치료의 핵심이고, 이것에 대해 내가 말하는 '분석적 미술치료'로 구별되는 특징을 갖고 있다고 느낄 수 있다.

4. C: 집단-상호작용 접근

집단-상호작용 접근(Waller가 1991년에 묘사한)은 미술 작품(만들어진 방법에 대한 분석도 포함되는)과 내담자가 그것에 대해 말하기 원하는 것, 그리고 내담자들이 서로 이야기하는 것에 강조를 두는 미술치료 모델의 예이다. 이것은 '전이관계'에 대한 이해를 포함한다. 집단-상호작용 집단은 다소 '분석적'이고, 집단에서 개개인에 초점을 맞추는 것에 대해 다양하게 강조할 수 있다. 미묘한 강조의 차이점에도 불구하고 일부 미술치료사는 모든 측면을 다루고 싶어하고, 이것을 진정한 도전이라고 여긴다. Skaife와 Huet이 지적한 것처럼 이런 집단에서 단순히 '너무 많은 매체'를 주는 것은 다른 측면들 사이에 긴장을 유발하기에 집단치료사가 강조하길 원하는 것을 선택하도록 한다(1998: 17).

> …… 그들의 이미지가 상당한 언어적 집단 상호작용을 불러일으키는데, 한 사람이 그 과정을 유발할 수 있다. 여기에서 딜레마는 이미지에 초점을 맞출 것인가 아니면 이미지를 좀 더 깊은 상호작용을 위한 발판으로 삼을 것인가이다. 둘 다를 위한 충분한 시간은 절대 있을 것 같지 않다.
>
> (1998: 28)

집단-상호작용 접근 뒤에 있는 이 기본적인 생각은 집단에서 다른 사람들과 상호작용하는 동안 개인들의 '상호작용의 성격적 패턴'을 드러나게 한다.

이것은 사람들의 일상생활에서 그들을 제한하는 것처럼 보인다(Waller, 1993: 23). 이 '상호작용의 패턴'은 인식되고 반영되어 집단 분석을 위한 관점을 제공한다. 그러므로 이 방법은 집단에서 내담자의 지금-여기 행동에 대한 분석을 포함한다. 이것은 내담자의 문제에 대한 단순한 논의일 뿐만 아니라 그들의 현재 제약에 대한 노출이다. 이러한 제약들이나 사고하고 행동하는 습관들은 집단의 다른 구성원들과의 상호작용이나 미술 작품에서 묘사된 것들을 통해 드러날 수 있다. 게다가 미술 작품은 내담자의 자기(self)나 다른 '대상(objects)'에 대한 측면들을 나타낼 수 있다(다른 말로 하면 투사와 전이 감정을 담는 것에 사용된다. 앞에서 설명된 '대상관계'를 참조하라).

구성원들의 '피드백'은 이 방법에서 중요한 역할을 한다. "다른 집단 구성원으로부터의 피드백은 자기에 대한 측면을 조명해 주는데, 이것은 다른 사람들에게는 점점 더 명확해지지만 자기 자신은 인식하지 못한다."(Waller, 1991: 23) 해명하려는 것이 아닌 피드백은 도전이 되고 자극이 된다. 더욱이 Waller가 이야기한 것처럼 "다른 사람에 대한 구성원들의 인식을 왜곡시키려는 경향(편집증적 왜곡)은 집단이 집중하기 좋은 가치 있는 자료를 제공한다." (Waller, 1991: 24)

이 방법의 기반이 되는 이론은 Stack Sullivan(1953), Foulkes(1948), Yalom (1975)에 의해 특히 영향을 받았는데, 이들은 초기 아동기의 경험보다 '중요한 타인'과의 상호작용이 병인학에서 더 중요하다고 여겼다. 게다가 성격은 초기 아동기에 정해진다기보다는 지속적이고 끊임없는 변화로 보았다(Waller, 1991: 22). 이러한 생각들은 상징-상호작용주의자에게 다음과 같은 생각을 하게 했다.

> 사람들은 자기 자신을 창조하고 다른 사람들과의 접촉을 통해 계속해서 그들 자신을 재창조한다. 그 과정 자체가 자기이다.
>
> (Alvesson & Skoldberg, 2000: 4)

철학적으로 이 방법은 병인학에서 초기 아동기를 다루는 것과 다소 다르고, 심리학과 사회과학에서 구조주의 이후의 발달과 좀 더 분명하게 관련이 있다.

집단-상호작용 방법은 매우 움직임이 자유롭고 다양한 단계가 있어서 그 초점이 구성원과 미술 작품의 분석, 개인의 자기노출에 의해 촉발된 감정의 반영, 미술 작품을 만드는 동안 구성원들이 경험한 느낌의 분석, 두 구성원 사이에서 교환한 것의 분석으로 자유롭게 옮겨질 수 있다. 집단 역동은 치료적인 과정의 일부로 반영된다. 개개인들은 또한 집단 전체에 감정을 투사하는 경험을 할 수도 있고, 순간적으로 개인에게 투사할 수도 있다. 이런 결과는 아주 역동적이고 풍부하다.

이러한 집단 상호작용의 일부가 미술치료 수련생이 자신의 경험을 분석했을 때 나타났다.

> …… 그녀가 어린 시절 성학대에 대해 이야기하고 난 후 …… 나는—남자로서—이 남성 집단에 내가 있는 것에 대해 어떻게 느꼈는지 표현하는 이미지를 만들었다. 남자들이 힘을 남용하는 것에 대한 분노와 격노, 남자로서 느끼는 일반화된 죄책감, 사랑받고자 하는 나의 욕구가 나와 집단을 망칠 것이라는 감당하기 어려운 우울감과 두려움이 야기한 무력감과 희망 없음을 그렸다. 이런 감정과 생각들은 황소의 이미지로 나타났다……. 분노에 대한 표현이 다른 사람들에게 그들의 분노를 드러내도 된다는 허락을 한 것 같았다. 솔직한 상호작용과 노출 및 피드백이 점점 더 심화되어 갔다…….
>
> (현재 미술치료사로 일하고 있는, 당시 학생의 경험을 인용함)

5. D: 집단에서의 개인

미술 지지 집단과 미술 스튜디오 집단은 언어적 노출에 대한 분석과 미술 작품에 대한 분석을 포함하지만 항상 집단 역동에 집중해서 작업하는 것은 아닌 두 가지 유형의 미술치료 집단이다. 이 집단에서 강조하는 것은 개인이다.

Edward Adamson이 **치료로서의 미술**이라고 묘사한 그의 오리지널 스튜디오에서 구성원들은 각자 덩키나 이젤에 앉아서 작업하고, 집단으로 모여서 이야기하지 않았다. Adamson은 개개인과 관계를 맺었고, 개별적으로 돌아가면서 이야기를 했다(Hogan, 2001).

그러나 집단 역동의 분석에 관심이 없는 어떤 집단들은 그들의 작품에 대해 집단으로서 구성원들이 이야기하는 것을 허용한다. 보통 돌아가며 이야기를 하고, 다른 구성원의 담론에 대해 존중하는 자세로 듣기를 격려한다(이것은 상식적인 '기본 규칙'으로 다른 사람이 말하고 있을 때는 방해하지 않는다). 한 구성원이 다른 사람의 미술 작품이나 담론에 대해 언급하는 것으로 옮겨 갈 수 있으나, 앞의 집단-상호작용 모델과 다르게 이러한 변화가 집단의 장기적인 주의를 끌지는 않는다. 아마 미술 작품에 대해 말한 사람이 다른 사람에게 고마워하거나 그들의 말에 대해 동의하지 않을 수 있지만 초점은 빠르게 다음에 이야기할 사람에게 돌아가고, 이후 토론할 미술 작품으로 넘어간다['틀렸다고 느껴지는' 다른 구성원이 한 해석적인 발언에 동의하지 않는 것을 허용하는 것이 초기에 또 다른 '기본 규칙'으로 만들어질 수 있다. Liebmann(2004)의 '기본 규칙'을 참조하라]. 돌아가며 이야기하는 것이 이 모델의 특징이라고 할 수는 없지만 구성원들 사이에서 일어나는 전이의 분석 또는 다른 상호작용의 특징이 이 집단의 주된 초점은 아니다. 이 모델은 만들어진 미술 작품에 대한 이해에 훨씬 더 관심이 있고, 그 분석은 매우 섬세하게 진행될 수 있다. 나는 이 작업 모델을 평가 절하하지 않는다.

예를 들어, 미술치료 지지 집단은 같은 문제를 가지고 있는 내담자들끼리 했을 때 잘 진행된다. 모두 최근에 가족의 사망을 겪었다든지 모두 암으로 치료를 받았을 수 있다. 비록 집단 상호작용에 대한 분석이 초점은 아닐지라도 당신이 경험한 것을 진정으로 이해하는 사람이 함께하는 것이 구성원에게 주는 느낌은 매우 강력할 수 있다. 그러므로 '공감'은 중요하고 보완적이다(물론 비슷하게 나타나는 특징들이 다른 유형의 집단에서 발생할 수 있기에 이것이 이 모델의 특이점이라고 제안하는 것은 아니다).

다른 접근들과 마찬가지로 가끔 집단 상호작용이 강요되고 주된 것이 되면 집단의 관심에 초점을 맞추게 하여 그것을 다루고, 집단이 그들에 대한 이미지와 담론으로 다시 관심을 돌릴 수 있다. 예를 들어, 만약 한 구성원이 다른 구성원에게 무례하다면 그 문제가 철저히 검토되고 해결되어야 하는데, 여기에 투사와 전이(혹은 그 사람의 행동 패턴에 대한 분석이 포함될 수 있다)가 탐색될 가능성이 있다. 이런 식으로 집단의 안전이 위협받게 되면 집단 구성원들이 집단의 단일성에 대해 불안해하는 투사를 야기할 수 있다. 이렇게 감정을 탐색하는 것은 일시적으로 미술 작품에 대한 분석에서 멀어져 집단의 관심에 초점을 맞추는 것으로 옮겨 갈 수 있다.

'전이'라는 개념으로 작업하지 않는 치료사들이나 집단 역동과 상호작용하는 방법으로 일하기를 원치 않거나, 특히 로저스 학파나 '인간중심' 미술치료사들은 안전에 관한 문제를 다르게 해결하려고 시도한다. 이들은 그 심리학적 변화의 측면을 파고들어 가는 것이 아니라 집단이 시작할 때 만든 '기본 규칙'에 대해 다시 이야기할 것이다['인간중심' 미술치료의 예인 Silverstone(1997)의 활동 참조].

6. E와 F: 미술 작품을 만드는 것과 언어적인 분석을 강조하는 미술치료 및 심미적인 것에 기반을 둔 미술치료–최소한의 언어적 분석을 사용하는 미술치료

미술치료 연속선의 다른 한쪽 끝은 미술 작품을 만드는 것에 강조를 두는 미술치료이다(이것은 어떤 방법으로 만들어졌는지 분석하는 것을 포함할 수 있다.

작품의 구체성, 작품을 만드는 각 단계에서 느껴지는 감정, 미술 작품의 변화). 작품은 매 회기마다 새로운 것이 만들어진다기보다는 정해진 시간을 초과해서 만들어질 수 있어서 미술 대상, 미술 작품의 진화, 해당하는 감정 반응이 가져오는 변화가 있는지를 강조한다. 또는 새로운 작업이 계속되는 감정 과정을 통해 이미지에 대한 반응을 이끌어 낼 수도 있다.

하나의 미술 작품을 가지고 한 회기 이상 작업하는 것은 집단-상호작용 집단을 포함해서 다른 모델에서도 가능하다. Skaife와 Huet은 집단-상호작용 집단에서 (앞에서 묘사한) 간단한 작업과 동일시하는 것이 문제라고 보았다.

> 집단이 미술 작품을 만드는 시간은 시각적인 아이디어를 가지고 작업을 시작하거나 시각적인 아이디어를 찾기에 충분한 시간이면 된다. 작가가 만든 것이 무엇인지 보고 싶어 하고 작품에 대해 심미적으로 생각하고 싶어 하는 시기에 멈춰야 한다. 이것은 미술 작품이 결코 다음 단계로 강요되어서는 안 된다는 것을 의미한다. 집단 과정에서 다음과 같은 반응이 나타난다. 상징과 비유는 즉흥적인 미술 작품을 통해 드러날 수 있는데, 이것은 집단 과정의 반영으로 나타난다. 그들은 집단 과정을 확장해서 중요한 문제에 집단이 집중하는 것을 도울 수 있다……. **그러나 내담자는 창조적인 과정에서 충분히 개입할 만한 공간을 가지고 있지 않다. 예를 들어, 생각을 내려놓고 그것을 잊어버리고 혼돈으로 나아가며 그 이후 새로워진 형태로 그것을 다시 찾는 것을 의미한다. [이것은] 창조적인 과정으로 인생의 축소판 그 자체이고, 매우 유용하며, 치료적인 재료이다.**
>
> (1998: 27; 나의 강조)

앞의 인용문에서 볼 수 있듯이, 정서적인 자료를 탐색하기 위한 미술 매체 사용에 좀 더 많은 시간을 집중하며 보낼 수 있을 때 얻는 이점들이 있다. Skaife는 "미술 작품을 만드는 심미적 측면"이라고 언급하고, 이것이 좀 더 언어적인 것에 기반을 두는 다른 작업 모델에서 가끔 잊힐 수 있다고 말한다

(2000: 116).

이 연속선상의 끝에서 만들어진 미술 작품에 대해 토론하는 시간은 상대적으로 간단하거나 미술 작품에 대한 분석이 아예 없을 수도 있다. E에서 깊이 있는 대화가 계속될 수 있다면 F에서는 거의 그럴 일이 없다.

이 논문을 비평하는 사람들 중 하나는 미술치료에서 항상 '타인'—대화 상대, 치료사, 비평가, 친구, 비슷한 관점을 가진 사람—이 있는 것이 아님을 지적했다. "나는 우선적으로 미술에서 의사소통은 자기 자신과의 의사소통, 미술 과정과의 의사소통, 작품의 주제와의 의사소통이라고 생각한다. 이것은 또한 미술치료에서 의사소통이 시작되는 지점이다."(Gunn, 2007) 여기에서는 모든 접근 방법에 공통점이 있다는 것이 핵심이다. 작업하는 방식이 매우 다르고 경험의 구조화가 다름에도 불구하고, 비록 A에서는 다소 제한될 수 있지만, 연속선상 안에는 특징이 있다. 이것이 모든 접근 방법을 미술치료로 만든다.

연속선상의 끝에서(F에서) 미술 작품에 대해 거의 말하지 않거나 아예 언어적 교류가 없는 접근 방법이 있을 수 있다. Michael Edward는 그의 임상 경력 초기에 많은 영향을 준 'Jung'의 미술을 기반으로 한 치료적 커뮤니티인 Withymead에서 일할 때를 이렇게 묘사한다. "치료사들은 '간섭하지 않는' 방침을 포함하는 '과정을 운영'하며, 뒤에 서서 그들만의 속도로 감정이 표면에 드러나는 것을 허용한다."(Hogan, 200: 245에서 재인용) Withymead에서 일했던 다른 미술치료사가 설명한 바에 따르면, 그림을 통해 "개인은 개인적으로 자연적인 균형을 경험하고 정신적으로 자기관리를 가능하게 하는 힘인 자율성을 경험할 수 있다."(Godfrey; Hogan, 2001: 245에서 재인용) Godfrey가 기록했듯이, "미술적인 표현을 통한 치료의 핵심적인 의미는 영적인 가치를 경험하는 것에 있다." 그림은 자연적인 치료 과정에 이르는 수단으로 보인다. 그러므로 치료로서의 미술(art as therapy) 개념에 부합한다(이 방식의 작업에 대한 자세한 분석은 Hogan(2001) 참조).

물론 미술치료의 다른 모델에도 '입증'하고 '담아 주는' 측면이 있다. 나의 의도는 작업하는 방법 사이에 절대적으로 명확한 구분을 제안하는 것이 아니라 어떤 면을 강조하는지에 따라 다른 이론적 아이디어가 뒷받침될 수도 있다는 것을 말하고자 한 것이다.

7. 토론

이 모든 기술은 그들만의 특정한 장점과 단점이 있고, 치료사가 유연성 있게 사용하면 유익하다고 느낀다. 미술치료의 한 가지 측면에 특정한 초점을 맞추게 되면 다른 측면들을 보지 못하게 될 가능성이 있다. 아마도 '보지 못하는' 것이 너무 강해서, 겨우 초점을 유지하고 다른 가능한 요소들을 거의 다루지 못할 것이다. Skaife가 앞에서 언급한 것처럼 너무 많은 매체가 그렇다.

내가 여성들과 단기간의 작업을 할 때 임신과 어머니가 되는 것으로 인한 그들의 정체성의 변화를 탐색하기 위해 지지 수단으로써 미술치료를 사용했고, 나는 그것이 주로 D에 속한다고 생각한다.

내가 미술치료사를 훈련할 때, 깊이 있는 폐쇄된 집단을 운영할 때는 주로 C로 작업을 하는데, 이것은 집단-상호작용 모델로 알려져 있다(그러나 연속선상-A부터 미술 작품이 언어적 심리치료를 보조하는 F까지-에서 집단은 침묵하고, 미술 작품의 분위기에 몰두하고, 명상하는 순간까지 계속 움직일 수도 있다). 내가 워크숍을 기반으로 한 미술치료의 개요를 가르칠 때 주로 D를 다시 사용하지만 심미적인 측면에 대해 깊이 있게 반영하는 시간을 일부 가지기를 원한다(그래서 구성원들을 E와 F로 데려간다). 내가 깊이 있게 임상 작업을 할 때는 B와 C를 사용한다(좀 더 섬세하게 말하자면, B의 끝과 주로 C라고 생각한다). 사실 일상적으로 내가 하는 작업들은 B와 D를 가로지르고, 나는 지속적으로 이 연속선상의 양쪽 끝에서 작업하는 것은 아니다. 이것은 구성원의 특성뿐 아니라 나의 개인적인 취향 때문이기도 하다. 나는 미술 작품을 만들 때 간섭주의적인 드라마 치료방식의 기술을 사용하는 것에 약간의 불편함을 느낀다. 나는 과거에는 A의 방법들을 사용했으나 특히 자신이 정체되었다고 느끼는 내담자에게 요즘은 거의 A의 기법을 사용하지 않는다. 나는 한 명의 구성원으로서 내가 일반적으로 나 자신에게 적용할 수 있는 모델이 아니라고 느낀 방식으로 작업하는 것의 이점을 볼 수 있었고, 이 집단을 통해 많은 것을 얻었다. 우리는 아마도 이 연속선상에서 우리가 가장 편안하게 느끼는 부분이 어디인지 본능적으로 느끼고 찾아낼 것이다(그리고 나는 개인적인 성향이 여기서 영향을 미친다고 생각한다). 이와 같이 나는 전적으로 F로는 작업할 수가 없다. 왜냐하면 나는 언어적인 분석과 집단-상호작용 작업을 좋아하기 때문이다. 그러나 이것이 이러한 방식으로 작업하는 경향이 있는 사람들이 경험하는 강력한 이미지가 갖는 가치를 떨어뜨리는 것은 아니다(강력한 이미지에 대한 비언어적인 동화가 있는 다른 모델들에서 F의 요소들을 찾을 수 있다). 나는 또한 분석적으로 작업하는 것을 즐긴다(분석적 모델과는 대조적으로).

나는 최근 몇 년 동안 미술치료의 다른 모델들에 대해 반대하는 식으로 분열을 초래하는 이론들이 있다고 느낀다. 연속선을 사용하는 것은 하나의 지점에 구성원들을 고정시키고 그들의 연속선과 다른 부분이 있다고 고집하기 위한 것이 아니다. 즉, 거짓되고 잘못된 분할을 만들고자 하는 것이 아니다. 오히려 그 연속선 안에서 움직이는 것이 가능하다. 연속선은 유동적인 방법으로 미술치료 적용을 개념화한다. 비록 어떤 사람은 개인적인 취향과 특정한 소질 때문에 한 가지 방법으로만 작업할 수 있지만 구성원들이 특정한 방법으로 작업하는 것에 사로잡히지 않을 가능성이 있다고 본다.

내가 누군가가 한 말을 알아차리고 반복할 때 나는 매우 언어적이고 아마도 무엇인가—물감이 입체 작품의 측면으로 흘러내리는 것—를 놓치고 있을 가능성이 있다. 앞에서 말한 것처럼 아마도 우리는 현실적으로 여러 가지를 한 번에 볼 수 없고, 한 가지에 초점을 맞출 수밖에 없을 것이다. 우리는 우리가 반응할 수 있는 것보다 더 많은 일이 집단에서 일어나는 경우를 본다. 우리는 마치 바닥에 수영장을 연상시킬 정도의 많은 물감이 떨어지는 것을 본다. 우리는 그녀가 그에게 하는 제스처를 본다. 우리는 다른 누군가가 그 제스처에 반응하는 것을 본다. 두 사람이 동시에 말하려고 한다. 누군가는 한숨을 쉰다. 우리는 미술 작품이나 방금 드러난 요소들에 의해 생성된 특정한 감정을 강하게 느낀다. 동시에 발생할 수 있는 많은 요소 중에 우리가 순간적으로 반응하기로 선택한 것이 우리의 강조점, 우리의 연속선상에 자리할 것이다. 그것이 확실한가? 결국 우리의 반응은 한없이 많은 면을 가질 수가 없다. 기록된 것처럼 집단은 매우 복잡하고 다면적이다. 논의되어 왔던 것처럼 한 초점에서 다른 초점으로의 이동이 가끔은 무척 빠르게 일어날 수 있다. 상호작용 모델을 이용하는 사람들에게 언급될 수도 있는 준언어적인 특징들(눈 맞춤, 신체적 언어 등)이 풍부하게 있다. 운율적 특징(음의 높이, 톤, 억양, 강조 등) 또한 중요하다. 이처럼 잠재적으로 중요한 요소들을 다루는 것은 미술 작품의 어떤 측면을 못 보고 넘어갈 수도 있다는 것을 의미한다.

가끔 심미적인 측면이 제일 앞쪽에 놓일 수 있다. 이전에 전쟁이 있었던 지역에서 온 여성은 "나는 피를 뒤집어쓴 것처럼 느껴요."라고 말하고, 『맥베스』에 나오는 사람처럼 빨간 파스텔로 뒤덮인 그녀의 팔을 쭉 폈다. 미술 매체는 깊이 있는 감정을 끌어내는 그것만의 힘이 있다.

반복하자면 이런 작업하는 방법들 사이에 절대적으로 명확한 구분을 제안하는 것이 내가 의도하는 바는 아니다. 그러나 강조점이 변할 수 있고, 이것은 다른 이론적인 생각들에 의해 뒷받침될 수도 있다.

8. 연속선상 안에 있는 갈등과 자연스러운 긴장의 영역

자연스러운 긴장의 영역은 연속선상의 각 '끝'에 있다. A와 F는 가장 가깝지 않은 친구이다. 게다가 그들은 서로를 반대할 수도 있다.

언어적 심리치료에 부가적으로 미술을 사용하는 첫 번째 모델(A)은 가끔 아주 지시적이고, 이런 침범적인 지시들은 많은 경우 F가 조장하는 미술 작품을 만드는 '자연적'이고 '직관적인' '치료 과정'과 매우 대조적이다. 어떤 경우 F는 미술 매체와의 상호작용을 통한 미적인 가치의 흡수가 미술치료의 핵심(Gunn의 초기 언급 참조)이고, A가 하는 것은 실제 미술치료가 전혀 아니라고 주장할 수도 있다.

나는 하나의 모델이 다른 것보다 더 효과적이라고(실제로 아직은 증거가 없다) 주장하지 말고, 두 개의 모델 모두 유용하다는 것을 알고 그들의 차이점을 존중할 것을 치료사들에게 요청한다.

페미니스트 미술치료가 어디에 있는가? 답은 연속선 안 어딘가에 있다. 다시 한 번 나는 이것이 강조와 인식의 문제라고 제안한다. 특정한 요소들이 다른 것보다 더 우세한 것일 뿐이다.

나는 연속선 안에 있는 자연스러운 긴장의 영역에 대해 논의해 왔다. 연속선은 불행하게도 미술치료 활용의 개념화 과정에서 갈등의 소지가 있는 방법이다. A에서 어떻게 지시하는 것이 정확한지에 관해 논란의 여지가 있다고 본다.

B에는 다른 분석 이론들이 서로 경쟁하기 때문에 많은 논란의 여지가 있다. 예를 들어, 클레인 학파는 프로이트 학파에 동의하지 않을 수 있다. C에는 의견의 차이가 있을 수 있다. 예를 들어, 전이가 있는 작업을 얼마나 해야 하는가 혹은 전이가 가치 있는 개념인가 아닌가에 대한 것이다. D에서는 상호작용적인 요소를 얼마나 다룰 것인가에 대한 논란이 있을 수 있다. E와 F에

서는 치료사의 역할과 언어적인 분석이 필요하거나 유용한지에 대해서 논란이 있을 수 있다. 이처럼 각각의 모델 안에는 논란의 여지가 있다.

모델들 간에도 논란의 여지가 있다. A와 B 사이에는 긴장이 있을 수 있다. 왜냐하면 첫 번째는 매우 지시적이고, 두 번째는 비지시적인 경향이 있기 때문이다. 혹은 A를 주로 사용하는 사람들은 B의 전이에 대한 해석을 받아들일 수 없고, B를 사용하는 사람들은 A에서 미술치료사의 역할이 침범하는 것으로 보일 수 있다.

무엇이 실제로 치유력이 있는가에 대한 생각들로부터 나온 서로 다른 생각들뿐만 아니라 반대적인 요소를 사용해 설명하기 위한 개요(일반적인 vs 특정한)와 병인학에 대한 이론(초기 유아기에서 비롯된 개인적인 병의 근원 vs 지속적으로 사회적 상호작용을 통해 형성된 사회적으로 조건화되고 만들어진 반응)이라는 관점에서 B와 C 사이에는 긴장이 있을 수 있다. 사실 다른 철학적인 기반 때문에 무엇이 실제 '자기'인가에 대해 논란이 있을 수 있다.

몇몇의 F적인 경향이 있는 미술치료사는 분석적(B) 작업에 대한 의구심이 있을 수 있고, 미술을 사용하고 그것을 그들의 담론에 포함하는 정신분석적 경향이 있는 치료사들이 중요한 심미적인 측면—특히 그들이 미술치료의 핵심이라고 여기는—을 무시한다고 여길 수도 있다. 그들은 이런 미술치료사들이 미술 과정에 대한 이해를 충분히 하지 못했다고 볼 수도 있다. 이처럼 갈등의 불씨들이 발견될 수 있음에도 불구하고 나는 이 연속선이 전체적으로 치료에 대한 개념을 구체화하는 데 있어 분열을 덜 초래하는 방법이라고 느낀다. 나는 '미술치료사'와 '미술심리치료사' 사이의 차이점과 관련한 짜증 나는 주장들에 대해 알고 있다. 이 명칭에 대한 강조는 정말로 중요한 것에서 다른 것으로 관심을 돌려 사람을 헷갈리게 만드는 일이다. 많은 '미술치료사'와 '미술심리치료사'는 연속선의 다른 지점에서 같은 일을 하고 있다.

실제 미술치료의 활용에서 나는 잘못되었다고 비판하고 싶은 측면이 있으나, 그것은 이 장을 쓴 나의 목적이 아니다(Hogan의 1997년과 2011년의 환원주의적 이론화와 전이에 관한 문제가 있는 작업에 대한 논의, 특히 치료사의 특정한 이론에 대한 독단적인 집착 때문에 생기는 전이의 잘못된 이해—내가 '정신적인 학대'라고 부르는—에 대한 정곡을 찌르는 비평 참조).

나의 동기는 특히 수련생뿐만 아니라 많은 치료사가 상황을 명확히 하는 것을 돕기 위해 이 연속선에 대한 개념을 만들었으나 처음에는 매우 혼란스러워 보일 수 있다. 나는 이것이 유용하길 바란다.

9. 결론

이 연속선은 오늘날 이루어지고 있는 미술치료의 다양한 활용에 대해 비교적 일방적인 판단을 하지 않고 '스냅샷'을 주기 위한 의도로 만들어졌다. 바라건대 우리가 원한다면 내담자의 필요에 따라 가장 적합한 것에 의지해 우리 모두 이 연속선 안에서 움직일 수 있다.

아마도 이 장의 주된 가치는 Gunn이 말한 것처럼 "질문을 던지고 토론하고 논쟁하라!"일 것이다.

추천도서

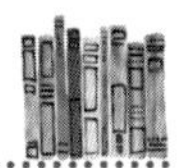

Hogan, S. (2014). *Art Therapy Theories*. London: Routledge.

참고문헌

Adamson, E. (1990). *Art as Healing*. London: Conventure.

Alvesson, M., & Skoldberg, K. (2000). *Reflexive Methodology: New Vistas for Qualitative Research*. London: Sage.

Birtchnell, J. (1998). The gestalt art therapy approach to family and other interpersonal problems. In D. Sandle (Ed.), *Development and Diversity* (pp. 142-53). London: Free Association Press.

Birtchnell, J. (2003). The visual and the verbal in art therapy. *International Arts Therapies Journal 2* (online).

Gilroy, A., & McNeilly, G. (2000). *The Changing Shape of Art Therapy: New Developments in Theory and Practice*. London: Jessica Kingsley Publishers.

Gunn, M. (2007). Personal correspondence, 21 February.

Foulkes, S. (1948). *Introduction to Group-Analytic Psychotherapy*. London: Maresfield Reprints.

Harris, R. (1996). *Signs, Language and Communication*. London: Routledge.

Hogan, S. (Ed.) (1997). *Feminist Approaches to Art Therapy*. London: Routledge.

Hogan, S. (2001). *Healing Arts: The History of Art Therapy*. London: Jessica Kingsley Publishers.

Hogan, S. (Ed.) (2003). *Gender Issues in Art Therapy*. London: Jessica Kingsley Publishers.

Hogan, S. (2011). Postmodernist but not postfeminist! A feminist postmodernist approach to working with new mothers. In H. Burt (Ed.), *Art Therapy and Postmodernism: Creative Healing Through a Prism* (pp. 70-82). London: Jessica Kingsley Publishers.

Landy, R. (1994). *Dramatherapy: Concepts, Theories, and Practices* (2nd ed.). Springfield, IL: Charles C. Thomas.

Liebmann, M. (2004). *Art Therapy for Groups: A Handbook of Themes and Exercises* (2nd ed.). London: Jessica Kingsley Publishers.

Mann, D. (1990). Some further thoughts on projective identification in art therapy:

A partial reply to Joy Schaverien. *Journal of the British Association of Art Therapists*, Winter 1990, 33-4.

Rycroft, C. (1968). *A Critical Dictionary of Psychoanalysis*. London: Thomas Nelson and Sons.

Schaverien, J. (1987). The scapegoat and the talisman: Transference in art therapy. In T. Dalley, C. Case, J. Schaverien, F. Weir, D. Halliday, P. N. Hall, & D. Waller (Eds.), *Images of Art Therapy: New Developments in Theory and Practice* (pp. 74-108). London: Tavistock.

Schaverien, J. (1990). Triangular relationship(2): Desire alchemy and the picture. *Inscape: The Journal of the British Association of Art Therapists,* Winter 1990, 14-9.

Schaverien, J. (1992). *The Revealing Image: Analytical Art Psychotherapy in Theory and Practice*. London: Routledge.

Schaverien, J. (2000). The triangular relationship and the aesthetic countertransference in analytical art psychotherapy. In A. Gilroy & G. McNeilly (Eds.), *The Changing Shape of Art Therapy: New Developments in Theory and Practice* (pp. 55-83). London: Jessica Kingsley Publishers.

Silverstone, L. (1997). *Art Therapy: The Person-Centred Way*. London: Jessica Kingsley Publishers.

Skaife, S. (2000). Keeping the balance: Further thoughts on the dialectics of art therapy. In A. Gilroy & G. McNeilly (Eds.), *The Changing Shape of Art Therapy: New Developments in Theory and Practice* (pp. 55-83). London: Jessica Kingsley Publishers.

Skaife, S., & Huet, V. (1998). Dissonance and harmony: Theoretical issues in art psychotherapy groups. In S. Skaife & V. Huet (Eds.), *Art Psychotherapy Groups: Between Pictures and Words* (pp. 17-43). London: Routledge.

Stack Sullivan, H. (1953). *The Interpersonal Theory of Psychiatry*. New York: Norton.

Waller, D. (1991). *Becoming a Profession: The History of Art Therapy in Britain 1940-1982*. London: Routledge.

Waller, D. (1993). *Group-Interactive Art Therapy*. London: Routledge.

Whitaker, D. S. (1985). *Using Groups to Help People*. London: Routledge.

Yalom, I. D. (1975). *The Theory and Practice of Group Psychotherapy* (2nd ed.). New York: Basic Books.

Yalom, I. D. (1983). *In-Patient Group Psychotherapy*. New York: Basic Books.

제 9 장

미술치료에서 이미지의 역할과 문화적인 반영

다양한 집단의 미술치료사로 활동하기

Susan Hogan

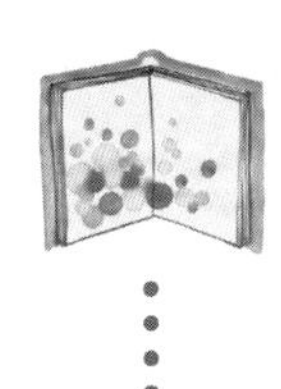

1. 미술치료에서 미술 작품에 반응하기

이전 장들에서 미술치료 회기 내에 만들어진 작품의 상징과 비유의 역할에 대해 설명했고, 다양한 주제와 가능성에 대해 자세히 논의했다. 앞 장에서는 미술치료의 서로 다른 모델들이 어떻게 미술 작품에 접근하는지 살펴보았다.

이 장에서는 심미적인 것과 해석의 문제에 대해 좀 더 자세히 반영할 것이다. 미술치료 수련생은 다양한 치료적 만남을 이해하기 위해 자신의 해석을 고수하지 않고 뜻을 섣불리 드러내지 않도록 요청받는다. 가장 기본적인 것으로 미술치료사들은 폐쇄형 질문보다 개방형 질문을 하도록 훈련받는다.

> 경험이 부족한 수련생이 "거리에 우체통이 있네요."라고 이야기하자, 내담자가 언짢게 "이건 이층 버스예요. 우체통이 아니에요!"라고 대꾸했다.

물론 모든 이해하려는 시도와 질문은 해석적인 요소를 가지고 있다. 왜 나는 검은색 흔적보다 빨간 자국에 대해 내담자에게 물었는가? 아마도 나에겐 하나가 좀 더 강하게 느껴져서 질문하고 싶었고 해석을 하려고 했을 것이다(Hogan & Pink, 2010; Hogan, 2011).

미술치료사는 내담자가 그들의 작품에 대해 조금은 다른 방법으로(그들이 어떤 모델을 사용하느냐에 달려 있다) 생각하도록 도울 수 있고, 개방형 질문을 할 수 있다. 예를 들어, "무슨 일이 일어났는지 나에게 이야기해 줄래요?" 혹은 특정한 요소를 가리키면서 "이 강에 대해 어떻게 느끼나요?" 또는 추측에 근거한 질문을 할 수도 있는데, "이 새는 어디로 날아가고 있나요?"라고 물을 수 있다. '확장(amplification)'이라고 불리는 기술이 있다. 이 기술은 Carl G. Jung의 작업을 발전시킨 것으로 묘사된 새가 어떤 기분인지 묻는 것을 포함해 그림의 도식에 상상력을 발휘해 들어가는 것이다. 그러나 다른 기술인 '게슈탈트'는 이전 장에서 서술된 것과 같이 묘사된 캐릭터가 마치 그 공간에 있는 것처럼 말을 거는 방법이다.

더 깊이 있게 탐색되면서 작품을 만드는 과정에 대해 질문을 하거나 그에 관한 견해를 말할 수도 있다. "첫 번째 그림을 찢어 버리고 나중에 다시 테이프로 붙인 것을 봤어요. 그때 당신의 기분이 어땠니요?" 또는 입체 작품인 경우, "그것이 무너졌을 때 기분이 어땠어요?"라고 질문할 수 있다. 그러나 모든 미술치료사가 이렇게 하는 것은 아니다. 훈련받은 미술치료사는 특정 심리학 이론에 기반해서 내담자의 작품이 의미하는 바에 대해 자신이 생각하는 것을 이야기하는 데 빠지지 않도록 해야 한다. 작품의 해석에 적극적이어야 하는 사람은 치료사가 아니라 미술치료에 참여한 사람이다. 치료사의 역할은 우선적으로 그런 분위기를 조성하는 것에 있다. '우선적으로'라는 말을 사용한 이유는 집단-상호작용 모델에서 집단 역동이 치료사에 의해 설명될 수도 있기 때문이다(구성원들의 관점에 있어서 독단적인 방법이 아니라 그들이 일어난 사건에 대해 반영할 수 있는 시각으로). 게다가 지속되는 개인치료에서 미술치료사는 내담자의 인식을 돕기 위해 행동이나 나타나는 주제의 패턴에 대해 이야기할 수 있다. 예를 들어, 내담자가 최근에 아버지를 방문하고 돌아가는 길에 어지럽고 메스꺼움을 느꼈다고 말한다면 치료사는 이와 관련된 패턴을 발견하고 그것에 대해 반영할 수 있다. "당신은 최근 아버지를 세 번 방문할 동안 매번 아팠어요. 그것에 대해 인식하고 있나요?" 이러한 관찰은 매우 조심스럽게 다루어져야 하지만 자주 나타나는 현상은 아니다. 이것에 관해서는 나중에 좀 더 다룰 것이다. 그러나 분석적인 맥락에서 발생하는 심리적 패턴에 대해 이야기하는 것은 타당하고 도움이 된다. 여기에는 신체 언어에 대한 반영도 포함될 수 있다. 미술치료사는 이런 질문을 할 수도 있다. "당신이 직장에 대해 이야기할 때, 이렇게 당신 자신을 끌어안네요. 그럴 때는 어떤 기분인가요?"

2. 미술치료에서 이미지의 역할과 해석에 대해 비판적으로 사고하기

1) 게슈탈트 미술심리치료

앞 장에서 대략적으로 설명한, 게슈탈트 모델을 사용한 작업에서 미술 작품의 미적인 질은 중요한 것이 아니다. 윤곽만 있는 도식 이미지가 아주 빨리, 자주 만들어질 수 있다. 앞서 설명했듯이, 이 모델에서 치료사는 내담자에게 이것을 그리라, 저것을 그리라고 지시할 수 있다. Birtchnell(2003)이 언급한 것처럼 치료사는 구성원에게 '예술 작품'을 창조할 만한 충분한 시간을 주지 않는다. 그러나 시각적인 요소들이 어떤 단계에서 방해가 될 수 있어 빨간 물감이나 초크가 손에 묻은 내담자는 "이거 그 사람 피 같아요."라고 말할 수 있다. 매우 게슈탈트적인 순간이다! 이러한 접근의 미술 작품은 지속적인 자료로 보관되기보다는 거의 다시 작업되는 일이 없고, 회기가 끝날 때 버려질 수도 있다. 많은 간단한 작품이 만들어지고, 이것들은 대화가 진행되면서 중요하지 않게 된다.

2) (정신)분석적 미술치료

전문 용어는 저자들마다 다르게 쓰였다. 그러나 나는 정신분석적 미술치료라는 용어를 특히 '전이관계'에 초점을 맞추고, 넓게는 정신분석적(단순히 분석적인 것의 반대) 기반을(분석적 심리치료는 대개 융 학파이다) 둔 접근이라는 의미로 사용할 것이다. 이것이 미술치료사가 작품을 보는 데 어떤 영향을 미치는가? 이 모델의 작업에서 치료사는 내담자가 '잠재된 내용'을 발견하는 것을 돕기 위해 미술 작품의 해석을 제안할 수 있다. 치료사는 내담자의 반응을 보기 위해 질문하면서 '정확성을 입증'하는 것을 추구할 수 있다. 그러나 내담자가 치료사의 영향을 받는다는 것은 명확하다. 게다가 "미성숙한 해석"이라는 개념과 "이해할 준비가 되기 전에 치료에서 해석하는 것"은 또한 매우 문제가 있다(Case & Dalley, 2006: 281). "그들이 이해할 준비가 되기 전"이라는 구절이 흥미로운데, 작업에 깃든 복잡하고 다양한 의미가 시간이 지나면서 드러나는 동안 그것에 깃든 의미와 이해가 치료사의 것이 아니고 내담자의 것인 게 확실한가?

> 해석을 통해 잠재되어 있던 감정이 분명해질 때 의미가 형성된다. 내담자가 만든 작품의 중요성을 이해하려는 시도 중에 제작자/내담자의 생각이나 언어가 표현된다. 또는 그림이나 관계에서 중요한 측면을 발견한 치료사로부터 나올 수도 있다. 이것은 치료사와 내담자 사이의 전이 과정일 수도 있고, 상징적인 수준에서 이미지를 통해 나타나는 어떤 감정일 수 있다……. 직접적인 해석은 내담자가 스스로 의미를 찾고 만족감을 느끼는 것을 막거나 그것을 부정하게 할지도 모른다. 미술치료사는 기다린다……. 내담자가 이해하기 시작할 준비가 되고, 그 의미를 드러낼 때까지.
>
> (Case & Dalley, 2006: 82; 나의 강조)

작품 해석을 위해 적절한 순간까지 기다리는 것이 치료사의 중요한 역할이며, 그렇지 않을 경우 '미성숙'한 것으로 여겨질 수 있다. 그러나 그 해석이 단순히 잘못되거나 환원주의적일 때는 아주 심각한 문제가 된다. 해석은 치료사의 투사일 수 있다. 이 모델로 작업하는 것에 대한 우려가 바로 여기에 있다. 강하게 느껴지는 전이의 내용이 없으면 치료사들은 그들 자신의 투사로 그 공간을 채울 것이다. 나는 이전 저서에서 해석의 오류에 대한 부분을 강조했다(예: Hogan, 1997: 37-42와 Hogan, 2012: 29-33).

비슷하게 슈퍼비전 관계에서 Schaverien과 Case(2007)는 슈퍼비전을 받는 사람의 개인적인 내용이 내담자 작품과의 관계에서 자극받을 수 있다고 이야기한다. "그러나 이것은 무의식적일 수 있고 슈퍼바이저가 알아차릴 수 있다. 슈퍼바이저는 슈퍼비전 시간에 이것에 대해 논의할 것인지를 결정해야만 한다……."(17; 나의 강조) 회기 내에서 드러나는 치료적 관계의 역동으로, 슈퍼바이저와의 관계에서 자신의 정신적 자료를 투사하게 된다. 결론적으로, 이것은 잘못 해석되거나 학대로 이어질 가능성이 있다. 내가 오랫동안 일하면서 문제가 있는 슈퍼비전을 받고 있는 수련생에게 개인치료를 한 경우도 있었다. 슈퍼바이저의 개입과 발언의 일부는 사례 내용이라기보다는 슈퍼바이저 자신에 대한 것이 더 많았다. 만약 그 내용이 '무의식적'이었다면, 수련생이 내담자 작품의 어떤 면과의 연관이 이상하게 부족한 것을 제외하면 수련생과 슈퍼바이저 모두에게 그것은 보이지 않는다. 후자는 단순한 인식의 부족—'맹점(blind spot)'이거나 좀 더 복잡할 가능성이 있는 것—을 의미할 수 있다. 그러나 슈퍼바이저는 이 부분에서 수련생이 풀지 못한 정신적인 내용이 있다면 결론으로 건너뛰어서는 안 된다.

정신분석과 대상관계 이론은 심오하게 그럴듯한 설명을 하는 것처럼 보인다. 예를 들어, 다양한 수련생이 '유아 관찰(baby observation)'을 할 때(다행히도 미술치료 훈련의 기본적인 부분은 아니다) '편집증적 경향'이 있다고 상상하거나 유아에게 있는 다른 발달 현상을 구분한다. 다른 설명 도식을 가지고 있는 사람은 실제로 유아의 행동을 다르게 보고 다르게 해석한다. 이론에서 자유로운 관찰은 없다. Thomas Kuhn의 관찰이 유명한 것처럼 말이다. 이러한 설명 도식(explanatory schema)들은 내가 이전에 기록한 것처럼 치료를 실제로 적용하는 데 중요한 영향을 끼친다.

> 유아가 알아차리기엔 너무 어려서 내용을 투사하는 것이 문제가 되지 않을 수 있지만, 일곱 살인 아이에게 엄마가 마녀라고 말해 주거나 그녀가 아빠의 성기를 먹고 싶어 한다고 얘기해 주는 것은 정신적으로 해를 입힐 가능성이 있다. 나는 내담자의 미술 작품에 대한 독단적이고 환원주의적인 해석을 '정신적인 학대'라고 부른다.
>
> (Hogan, 1997: 39)

Dorothy Rowe가 지적한 것처럼 심리치료사들은 그들의 훈련, 지식, 특별한 통찰 덕분에 때때로 "그들은 내담자의 능력을 넘어서는 진실에 도달한다……. 심리치료사들은 내담자의 진실을 해석하고 그들에게 진짜 의미를 말해 준다."라고 느낀다(Rowe, 1993: 94).

불행히도 독단적인 해석은 미술치료에서 미술치료사가 미술 작품이나 전이를 해석해야겠다고 느낄 때 일어난다(Hogan, 2011). 미술치료사는 이런 종류의 치료적 성과에 대한 부담감에 저항해야만 한다.

나는 이전 저서에서 이러한 현상에 대해 질문했고, 위험하다고 여겨지는 환원주의적 해석의 예를 일부 들었다(Hogan, 1997: 37-42). 여기 내가 하는 질문이 있다.

> 오이디푸스 콤플렉스 모델이나 클레인 학파의 '편집 분열적 자리(paranoid-schizoid position)'의 개념(아마 관심을 끈 내담자가 있는)을 사용하는 미술치료사들이 있는가? 누가 이런 개념을 바탕으로 그들의 내담자를 돕기 위해 치료에 개

입하는가? 더 나쁜 것은, 미술치료사가 자신이 계획한 치료 일정을 토대로 내담자와 작업하고 치료적인 결과를 내담자로부터 만들어 내지 않는가? 간단하게 말하면, 이런 미술치료사들이 내담자의 현실 감각에 적절하지 않은 자신의 주관적인 해석 도식을 사용해서 사람들을 더 혼란스럽게 만드는가? 이 혼란은 단순히 다른 치료사들이 좋아하는 전문적인 용어를 이해할 수 있는 능력이 없는 내담자의 무능함을 말하는 것이 아니다. 미술치료사들이 **현실에 대한 그들의 시각을 덮어씌워서** 내담자의 고통을 악화시키는가? 나는 그들이 그렇다고 생각하고, 이것이 계속되면 정신적 학대라는 극단적인 경우로 이어진다고 본다.

(Hogan, 1997: 39)

McNiff(2004) 역시 북미에 있는 이와 같은 환원주의적 경향에 대해 비판했다.

나는 정신병리학의 다양한 형태와 부정적인 성격적 특성의 축소판으로 볼 수 있는 미술 해석에 대한 카탈로그를 처음 접했을 때 믿을 수가 없었다. 드로잉과 페인팅은 편협한 이론적 토대에 의해 분석되어 있었다. 최종적인 해석은 환자의 개인적인 표현에 대해 지나치게 단순하고 기본적이며 희화화되었고, 터무니없이 외설적으로 느껴졌다. 숨겨진 갈등과 동기를 찾는다는 미명하에 그들은 이미지를 해부하고 작품 제작자의 감성에는 주목하지 않았다.

(p. 75)

최근에 나는 대상관계 이론의 환원주의적인 적용에 대해 자세한 비평을 했다(Hogan, 2012). 여기서 내가 의문을 품은 점은 특정한 이론적 기반이 아니라(비록 환원주의적인 이론을 제시할 때 두드러지게 나타나는 특정한 형태이긴 하지만) 미술치료사들이 해석을 해야 하느냐 말아야 하느냐를 묻는 것이다.

전이관계에 대한 해석에 우선적으로 초점을 맞추는 미술치료는 나의 관점으로 볼 때 문제가 될 소지가 있다.

3) 상호작용 미술치료

그들이 하는 미술치료가 넓은 의미로 심리치료적일 때, 어떤 미술치료사들은 그들의 작업을 '분석적'이라고 언급하는데, 이것은 일반적으로 혼란을 불러일으킨다. 심리치료는 자기관찰 능력을 향상시키고 생각과 행동을 변화시키며 관계를 발달시키는 것을 통해 자기인식을 높이는 것을 목표로 하는 경험적인 방법이다. 미술심리치료는 지시적일 수도 있고 비지시적일 수도 있다. 이 모델에서는 정신분석에 근접한 것으로부터 좀 더 상호작용을 중심으로 하는 접근까지 접근의 연속선을 볼 수 있다. 이 모델은 집단 내에서 개인에게 좀 더 집중하는 집단 활동이다.

상호작용 모델에서 구성원들은 집단에서 그들의 습관적인 행동을 드러내고, 그것을 반영하도록 교육받는다(이 방법의 좀 더 자세한 설명은 제13장 참조). 이 모델의 미술치료는 치료사의 방식과 초점(집단 역동과 관련하여 집단에 생긴 일)에 따라 전이관계에 관심이 있을 수 있다. 그러나 Skaife(2007)는 "자료가 너무 많아서" 전이가 특정한 것에 집중되지 않을 수도 있다고 지적한다(이론적으로 상호작용 모델을 사용하는 것이 가능하지만 전이 개념이 전혀 맞지 않을 수도 있다). 이 치료 모델은 '분석적'이고 해석적인 요소도 있다. 이 부분에서 치료사의 역할은 집단 과정에 대해 이야기하는 것이다. 그러나 이것은 치료사가 독단적으로 확정하는 방식이 아니라 집단 구성원을 초대해서 도전하게 하고, 그녀의 인식과 논쟁하는 과정을 통해 집단적인 이해를 생성하는 것이다. 만약 집단 구성원이 집단에서 있었던 사건에 대해 '잘못된' 인식을 가지고 있을 때 집단에서는 기본적인 합의가 가능하다. '피드백'이 자신의 비생산적인 생활 습관에 도움이 된다면 유용하다.

집단은 미술 작품과 '사건들'에 대한 집단 내 상호작용 분석에 초점을 둔다. 여기서는 특정 주제와 관련된 접근이 사용될 수 있다. 그러나 만약 집단이 '비지시적'이라면 두 개의 주된 활동 방법이 있을 수 있다. 첫 번째 비지시적 접근은 시간을 정하고('틀'을 만들어서 비지시적 작업을 하는 것), 각 회기에 정해진 시간을 미술 작품을 만드는 데 사용하고 이야기하는 것이다. 두 번째 비지시적 접근은 시간은 전혀 정하지 않고(집단의 시작과 끝은 존중하되), 집단이 회기의 방향을 결정하는 것이다. 간혹 후자의 접근은 집단이 원하는 것을 어떻게 구성할 것인가에 대해 합의할 수 있다. 그러나 어떤 경우에는 토론을 위한 시간과 작품 활동 시간 분배에 관해 구성원들 간에 갈등이 있을 수 있다. 이것은 생산적인 갈등일 수 있다. 규칙이 없거나 '집단이 이끄는' 접근은 미술 작품의 미적인 면이 충분히 탐색될 수 있다는 장점이 있다. 예를 들어, 집단이 회기 전부를 그림 그리는 데 사용하기로 결정하고, 다음 주에 작품에 대해서 이야기하기로 정할 수 있다. 여기에는 장점과 단점이 있는데, 작품이 한 주 동안 남겨져 있었기 때문에 감정적인 힘과 영향이 사라졌을 수 있고, 작품에 거리감을 느낄 수 있다. 반면에 좀 더 복잡한 작품이 만들어질 수 있다(실제 작업을 하는 과정에서 자기반영이 더 일어날 가능성이 있다). 후자의 접근은 전자보다는 덜 보유된다는 느낌을 받을 수 있다. 그러므로 덜 안전하다고 할 수 있다. 비록 비지시적 구조를 사용하는 치료사라 할지라도 미술 작품을 만드는 것으로만 구성된 회기에 그 회기를 마무리하는 느낌을 주기 위해 짧은 '발표'를 하자고 제안할 수 있다. 그러나 치료사는 회기가 5분 남았다고 알리며, 끝날 때가 되었다는 것에 주목시킬 수도 있다.

비지시적인 두 가지 접근 모두 구성원들이 그들의 미술 작품에 대해 이야기를 하고(간략히 설명하거나 충분히 설명하거나), 그것에 대해 어떻게 느끼는지와 그것을 만드는 과정을 반영한다. 비록 이러한 차이점들이 미묘하게 들릴 수 있으나 이들을 좀 더 자세히 살펴보면 다른 집단 경험을 만들 수 있다. 이처럼 미묘한 강조의 변화가 차이를 만든다.

4) 미술치료 지지 집단

이전 장에서 설명한 바와 같이 이 접근은 집단 과정보다는 집단에 있는 개인에게 좀 더 초점을 맞출 수 있다. 미술 작품을 만든 이후 작품에 대해 미술치료사와 개인적으로 혹은 집단으로 논의한다. 이 모델에서는 이미지와 이미지를 만드는 과정에 초점을 맞추기 좋다. 이미지를 만드는 과정이 매우 유용한 정보를 줄 수 있고, 가끔 이미지를 만들면서 어려움을 겪을 때 자신의 내면이 드러날 수 있으며, 그것을 반영으로 이끌어 주면 의식할 수 있게 된다.

> 집단을 시작할 때, 나는 미술 작품을 하나 만들었다. 나는 모유수유를 하는 그림을 그렸는데, 그 작품을 만들면서 어려움을 겪었다. 나는 연못에 반사된 것 같은 매우 묽은 질감의 이미지를 색칠하고 싶었다. 그림을 그리는 동안 나는 내 아기를 내 신체몸의 안과 밖에서 동시에 묘사하기 원한다는 사실을 알게 되었다. 나는 아이가 한쪽 젖을 먹으면서 작은 손으로 다른 쪽 가슴을 만지는 것을 상상했다. 그러나 나는 주어진 매체로는 만족스러운 결과를 만들 수가 없었고, 작업을 반복하며 회기를 보냈다. 이것은 경계와의 투쟁이었다. 완성된 작품은 해결되지 않은 상태였으나 융합과 분리되는 나의 경험을 상징적으로 구현했다. 그림을 그리는 행위는 나의 자각을 불러일으켰고, 이 과정은 나의 정서적 어려움에 대한 갈등과 양가감정을 나타냈다. 게다가 **그림으로 해결할 수 없는 나의 무능함이** 여실히 드러났다. 나는 대화를 통해서는 이렇게 충돌하는 감정의 힘을 경험하지 못했었다. 이 집단에 참여하는 것은 나에게 언어적인 대화를 통해서 경험되거나 유발될 수 없는 강력하고 구체화된 가정과 반응을 표현할 수 있게 하는 미술치료 과정이 가지는 힘을 일깨워 주었다.
>
> (Hogan, 2003: 168; 오리지널 강조)

그러므로 미술 작품이 만들어지고 재작업되는 방식—없애고 다시 만드는 부분—은 내면의 갈등과 양가감정에 대한 영역과 즉각적으로 연결되고, 깊이 있게 드러날 수 있다. 이러한 측면에 대한 논의가 우선시되어야 할 수도 있다. 어떤 대상이 감정을 상징하는 것처럼 작품이 그 뒤에 어떻게 다루어지고 파괴되었는지가 관련이 있을 수 있다. 미술치료는 힘이 있고 즉각적인 방법이다. 또한 전시가 가능하다. 비록 많은 미술치료 작품은 공개되지 않은 채로 남아 있지만 일부 구성원이 만든 이미지를 공개하는 것은 그들로 하여금 카타르시스를 느끼게 하고, 자신감을 경험하게 할 수 있다. 한 여성이 최근에 나에게 말했다. "나는 다른 사람들이 내 이야기를 들었다는 느낌을 받았어요."(Hogan & Pink, 2010) 심미적으로 작업하는 것이 이 모델의 전유물은 아니지만 만약 집단 구성원 간의 상호작용이 없고, 상호작용적인 요소를 분석하지 않는다면 작품을 만들고 그것에 대해 생각할 여지가 더 많을 것이다.

이와 관련하여 다음과 같은 활동의 스펙트럼이 있을 수 있다. 많은 상호작용 요소가 있는 작업부터 구성원과 치료사의 관계가 중요한 접근(다른 집단 구성원에 대한 개입을 통제하는 '기본 규칙'이 있는)과 스튜디오 같은 분위기를 가진 접근도 있다.

5) 미술치료 스튜디오

앞 장에서 설명한 것처럼 이 방법은 집단에는 적절하지 않은 접근 방법일 수도 있다. 스튜디오는 개방형 집단일 수도 있고, 폐쇄형 집단일 수도 있다. 만약 개방되어 있다면 구성원들이 돌아다니며 공간을 선택하고 사용한다. 그들은 참여할 것인지 참여하지 않을 것인지를 선택할 수 있고, 참여하지 않더라도 아무런 문제가 되지 않는다. 전적으로 구성원에 의해 속도가 조절되며, 얼마나 작업할 것인지를 그들이 결정한다. 매주 고정된 시간보다 이런 방식이 더 잘 맞는 사람들이 있다. 정신건강 서비스를 받는 사람이 최근에 나에게 말한 것처럼 '필요에 의해 창조적'이 되어야 한다는 생각이 들지 않는 사람들이 있을 수 있다.

만약 스튜디오가 '폐쇄적'이라면, 예를 들어 월요일 오후 같이 특정한 시간에 정해진 사람이 초대된다는 것을 의미한다. 그러므로 후자의 접근방식은 출석이 좀 더 꾸준할 가능성이 있고, 좀 더 집단 같은 느낌이며, 좀 더 하나의 예측 가능한 경험을 제공한다. 스튜디오는 다양하게 구성된다. 테이블이나 이젤이나 걸상을 사용하거나 혹은 이 모두를 혼합해서 사용한다.

대부분의 스튜디오 접근에서 미술 작품은 미술치료사와 일대일로 논의된다. 이 모델에서는 지속적으로 미술 작품을 만들 시간과 공간이 있고, 미술 작품을 만드는 과정을 반영할 시간이 있다(이전 장에 있는 Michelle Gunn의 언급 참조).

최근 온라인에서는 '미술치료에서 해석과 평가에 대한 질문'이라는 제목으로 토론이 있었다. Randall James(2010)가 다음과 같이 토론의 요약을 제공했다.

> 일반적인 합의 내용은 다음과 같다.
>
> ① 미술치료사는 내담자의 미술 작품에 대한 심리적 해석을 내담자에게 제공하지 않는다.
>
> ② 미술치료사는 내담자와 미술 작품의 의미에 대한 대화가 원활하도록 관여하고, 내담자가 자신의 해석을 할 수 있게 격려한다.
>
> ③ 내담자에게 내담자의 미술 작품에 대한 심리적 해석을 제공하는 것은 위험할 수 있고, 내담자에 대한 학대가 될 수 있다.
>
> ④ 미술 작품에 대한 해석은 '이미지를 죽이는 것'이 되거나 이미지의 의미를 하나로 축소시키거나 내담자에게 의미가 없을지도 모르는 결과를 낳을 수 있다.
>
> ⑤ 해석이 내담자의 기분을 더 좋게 만들 필요는 없다.
>
> ⑥ 내담자와 그 내용을 나누든 나누지 않든 간에 내담자의 미술 작품을 해

석하는 것에 대해서는 일반적인 망설임이 있다.

⑦ 미술 작품은 의미를 가지고 만들어졌기 때문에 내담자와 함께 작품을 탐색하며 그 의미에 대해 알아 가는 것을 도울 수 있다.

실제 작품을 만드는 것이 의미를 가지게 될 수도 있으나 항상 '의미가 담겨 있다'고는 확신하지 않는다. 매체를 가지고 활발히 참여하면서 의미를 생성할 수 있다(Hogan & Pink, 2010). 그러나 많은 미술치료 활동에서 작품에 항상 의미가 담겨 있는 것은 아니다.

3. 문화적 이슈와 해석

미술치료에서 좀 더 넓게 '문화적 이슈'에 대한 인식의 중요성이 강조되어 왔다(Talwar, Iyer, & Doby-Copeland, 2004). 해석에 대한 문제는 항상 중요했고, 일부 문화적 이슈에 대한 인식이 지금까지 미술치료 문헌에서 등장해왔다. 특히 Hogan(1997, 2003, 2012), Hiscox와 Calisch(1998), Dokter(1998), Campbell 등(1999)이 있다.

Hogan(1997)은 그녀의 저서에서 여성의 문제와 미술치료에 대해 폭넓게 다루었다. 특히 페미니즘의 정의와 여성의 불안정성에 대한 주장을 둘러싼 부정적인 담론, 특히 정신의학적 담론에서 여성의 부정적인 위치에 대한 언급이 있었다(Hogan, Burt, Joyce). 정신의학에서 생물학적 결정론은 주목받았고, 비판받았다. 문화적인 여성혐오와 여성에 대한 폭력 또한 강조되었고, 레즈비언에 대한 문제 역시 강조되었다(Jones & Martin). 이 저서에는 미술치료적인 만남에서 검다는 것(blackness)에 대한 탐색과 내부화된 인종 차별에 대한 획기적인 에세이도 포함되었다(Campbell & Gaga). 특히 임신과 출산을 경험하는 여성의 신체 또한 주목을 받았다(Hogan, Lewin, Malchiodi, Skaife).

이 저서는 다시 화제가 되었고(2012), 『페미니스트 접근의 재발견(Revisiting Feminist Approaches)』이라는 새로운 편집본으로 출간되었다. 여기에는 가정 폭력에 관한 문제(Jones)가 좀 더 기술되었고, 다른 새로운 목소리도 포함되었다.

임신과 출산으로 인한 여성의 자아 정체성과 성 정체성 변화에 대한 연구를 포함하여 여성의 이슈에 대한 논문과 '너무 좋은' 엄마와 관련한 노골적인 여성혐오에 대한 비판적인 평가뿐만 아니라 대상관계 이론의 환원주의적인 적용에 대해 정곡을 찌르는 비판 또한 포함되었다. 양육 죄책감과 우울, 분노는 어머니에 대한 부정적인 이론을 재조명하게 한다(Hogan, 2012).

Hiscox, Calisch와 Campbell의 저서에서는 "눈에 띄는 소수자"의 일원이 되는 경험과 미술치료사가 되는 경험(Annoual, 1998: 14)뿐만 아니라 문화적인 다양성을 조사하고 일상화된 인종차별주의에 대한 문제를 강조했다. 실제 임상 활동에서 치료사와 '인종 정체성'과의 관계는 고려되는 부분이다. 편집자들(Hiscox & Calisch)은 다음과 같이 문화적 맥락의 인식을 강조했다.

> 모든 인간의 행동은 그들이 자란 문화적 맥락에 의해 영향을 받고, 그 행동은 문화적 맥락의 반영이다. 문화는 태도, 감정 표현의 형태, 다른 사람과 관계를 맺는 패턴, 생각하는 방법 같은 특징을 포함한다. 짜인 옷감이나 태피스트리같이 패턴화되고 조직화되고 통합된 특성과 특징의 혼합체이다. 문화의 구성원들은 일부 개인성을 유지하면서 전체로서 집단의 특성을 공유한다.
>
> (1998: 9)

Skaife(2007)는 Blackwell(1994)이 제언한 고려사항을 요약하며 백인 집단에 한 명의 '다른' 사람이 있을 때 집단에서 인종 차별 이슈가 있지만, 드러나지 않을 수 있다고 설명한다. "흑인 한 명은 그들의 차이점을 부정하면서 집단에 흡수될 것이다."(2007: 146) 그리고 차이점을 부정하는 것은 주목할 만하다. 그녀가 제안한, 이런 '색맹'은 개인의 특성을 보기 어렵게 만들 수 있다. Dokter(1998)는 집단미술치료 활동에서 서로 다른 차이를 인식하는 것에 주저하는 모습을 발견했으나, "낙인에 대한 뿌리 깊은 두려움"이 발생하는 것도 보았다(1998: 148).

Kalmanowitz와 Lloyd(1998)는 남아프리카의 치유와 서구의 전통적인 치료 형태의 상호작용에 대해 논의한다. 여기 매우 유용한 하나의 사례가 있다. 두 명의 치료사가 동시에 한 명의 흑인 여성을 만나 왔다. 한 명은 흑인이고, 다른 한 명은 백인이다. "무당을 통해 해소될 수 있는 소녀의 분노가 조상들에게 표현되어야 할 필요가 있다고 믿는" 흑인 치료사가 샤머니즘을 추천했다(1998: 122). 이 과정을 거친 후에야 내담자는 치료가 효과적일 수도 있겠다고 생각했다. 백인 치료사는 이것을 기꺼이 고려했다. 그러고 나서 "[이 치료팀의] 세 번째 (흑인) 멤버가 토론에 참여해서 분노가 표현될 때까지 치료를 계속 받아야 한다는 것을 확고하게 했다. 여기서는 흑인-백인의 문제가 좀 더 미묘하게 드러난 것으로 보인다."(1998: 122) Kalmanowitz와 Lloyd의 초점은 피부색이 문제를 분리하는 것이 아니라는 것이다. '토박이'와 '서구'의 치료 모델 사이에 있는 긴장뿐만 아니라 오히려 치료의 효과성에 대한 다른 생각이 특정한 문화적 맥락에서 더 우선시된다는 것이다.

Lala(2011)는 복잡한 문제로 인해 자신을 흑인이라고 생각하는 백인 여성과의 작업을 언급하고, 우리 내담자가 '그들 인생의 전문가'라는 것을 상기시킨다. 우리는 "스스로 결정해 나가는 독특한 존재로서 그들의 정체성을 끊임없이 구성하고 변경하며, 경험하고 투쟁하는" 사람들과 작업하고 있다(2011: 33).

최근 여러 집단을 운영할 때, 나는 다양성을 매우 우선시한다. 흑인 여성이라고 해도 서로 다른 경험을 하고 산다. 영국의 캐리비안 여성들도 서로 다른 경험을 해 왔고, 지역사회의 기대와 통제 아래 살아가는 영국의 예멘 무슬림 여성들의 삶은 다른 이들과 매우 다르다. 다른 문화적 관점에 대한 설명이 집단 과정의 본질적인 부분이었다.

McNiff(1984: 104)는 미술치료의 "문화를 넘나드는" 치료적인 관계에서 차이점을 인식하는 경향이 점점 더 커지는 것이 분명하다고 지적했다.

> 상호 주관적인 과정이 모든 인간관계를 특징짓는다. 문화를 넘나드는 의사소통은 차이점에 대한 개념을 좀 더 명쾌하게 단순화한다. 문화를 넘나드는 치료적인 관계와 미술치료 훈련 집단의 차이점들에 관한 호기심과 관심이 증가하고 있다.

Lala(2011)는 또한 이질성에 대한 인식을 강조하고, '민족적 다양성'에 대한 용어를 일부 다른 나라에서 온 여성들과의 작업을 묘사하기 위해 사용한다. 그녀는 이렇게 기록했다. "같은 민족이라고 해서 그들이 항상 같은 인종이 아니고, 문화나 종교도 다른 개인이라는 것을 인식하는 것은 중요했다."(2011: 32) 게다가 그녀의 관심은 고정관념이 형성되는 것을 피하려는 시도 중 여성들의 "복잡한 자아 정체성"을 인식하는 것에 있다(2011: 33).

Rosal, Turner-Schikler와 Yurt(1998)는 분리주의에 반대하며 10대 비만 청소년들과의 작업에서 '구성원의 다양성이 집단을 풍부하게 한다.'는 주장과 논쟁하고, 보통 다른 사람과 잘 어울리지 않는 청년들을 불러와 "공통점을 찾고 서로를 존중"하도록 하는 것에 대해 언급한다(1998: 131).

정반대로 Farris-Dufrene과 Garrett은 (북미 원주민과 작업한 기록에서) 다른 문화를 넘나드는 미술치료의 효과성에 대해 의문을 제기한다. Farris-Dufrene과 Garrett은 북미 원주민 문화의 샤머니즘 전통에서는 병이 개인에게 '있는' 것으로 보지 않는다는 것을 강조하고, 의미 있는 개입을 위해서는 문화적 민감성과 통찰이 필요하다고 강조했다.

> 치유에서 미술의 사용은 질병 그 자체를 넘어서 개인과 지역사회의 다양한 수준의 웰빙에 대한 관심을 포함한다. 치유는 심리적이고 사회적이며 영적인 어려

움을 다룬다. 전통적인 치유는 예방에 강조를 두고, 넓은 범위에서 물리적이고 사회적인 질병을 효과적으로 다룬다.

(1998: 244)

Dokter의 편집된 저서는 미술치료와 더불어 난민과 이민자와의 치료적인 작업을 다루었다. 그녀는 복잡한 특징을 강조하며 민족 집단은 다양한 기반을 가진 다수의 문화적 집단으로 구성되는 경향이 있다는 것을 지적한다. 그녀의 논쟁은 사람들(겉으로 보기에 같아 보이는 사람들을 포함해서) 사이의 '문화적 차이점'은 항상 자아 정체성에 중요한 영향을 미친다는 것이다.

Dokter의 의견은 미국에서 집단으로서의 '흑인'에 대해 쓴 Annoual에 의해 다소 당황스러울 정도로 지지되었으나, 곧 이렇게 주장했다.

정체성으로서 흑인이라는 단어는 매우 동의하기 어려운 개념이며 결코 고정된 개념이 아니다. 사실 정체성을 형성하는 과정은 매우 개인적이라는 것을 이해해야 한다. 자아정체성을 구성하는 여러 요소로서 누군가가 흑인이라는 것은 상황과 문맥에 따라 달라질 수 있는 점이다.

(1998: 20)

게다가 문화적인 소속이 핵심이다. Dokter는 눈에 보이는 비슷한 점이 이질성을 보기 어렵게 만들 수 있다고 경고한다. 그녀는 다른 문화 집단 간의 결혼으로 인해 상황은 좀 더 복잡하다고 설명한다.

그러나 Dokter(1998)는 문화적인 변화 및 가치와 관련된 갈등이 일어날 수 있는 이주와 관련된 특정한 스트레스를 지적한다. Lala(2011: 35)는 이민자 및 난민 여성들과 일하는 중에 발생한 여러 문제를 요약했다.

이민자로 살아가는 동안 추방의 위협과 관련된 내담자의 과거에 있는 트라우마를 지속적으로 불러일으키는 것이 회복과 치유에 있어서 해를 입히는 것이 아니냐는 문제가 제기된다. 예를 들어, 불법 체류 중인 여성은 각종 서비스와 자원에 연결되는 것이 어려운 동시에 정착에 관한 문제들로 인한 스트레스를 받고 있다. 언어, 문화 충격, 경제적인 제약, 주거 보장, 고립 같은 문제들은 모두 내담자에게 직접적인 영향을 주고, 치료적인 과정에서 고려되어야 할 필요가 있다.

Chebaro(Hiscox와 Calisch의 편집된 저서에서) 또한 이주에 대해 언급했다. 그녀는 이렇게 기록했다.

> 미술은 내가 떠나온 삶과 새로 적응할 삶 간의 문을 여는 것을 도와주었다. 이 시간 여행(지난 삶과 현재)은 본국을 잃은 것을 슬퍼하고 새로운 나라에서 나의 삶을 받아들이기 위해 직면할 필요가 있었던 치유 과정의 일부였다.
>
> (1998: 232)

Chebaro는 오해의 가능성과 상징적인 내용에 대한 지나친 일반화에 대해 경고한다. 그녀는 영국이나 호주보다는 미국에 좀 더 널리 퍼져 있는 그림진단검사에 대해 특히 비판적이다. 그녀는 학교에서 맞닥뜨렸던 아라비아인에 대한 문화적 고정관념에 대해 경멸한다.

Dokter의 책에서 Schaverien(1998)이 쓴 장은 유대인의 문화 정체성에 대한 언급과 함께 집단 기억을 통해 세대 간의 비통함과 트라우마의 전달에 대해 탐색한다. 이 글에서 그녀는 미술이 어떻게 '이전에 무서웠던' 이미지에 동화되어 가는지에 대해 논의한다. 또한 미술이 사용될 수 있는 "희생양 전이"(Schaverien, 1987, 1991)의 긍정적인 측면에 대해 탐색했다.

> …… 이미지가 구현되었기 때문에 만든 사람이 경험하게 될 것이다……. '살아 있는' 것으로서 잠깐이라도 경험된다면 그래서 만약 의식적으로 다루어진다

> 면 작품을 버리는 것이 정화의식의 효과가 있을 수도 있다.
>
> (1987: 167)

Case(1998)는 홍콩에서 자신이 억압되지 않고 유능하다고 여기며 집단 활동에 참여하고 싶어 하는 중국 사람들과 작업하면서 있었던 문화적 압력과 제약에 대해 기록했다. 하지만 그 집단 내에는 그녀가 전문적인 해석을 할 것이라는 큰 기대가 있었다(1998: 255).

나의 두 번째 편집본(Hogan, 2003)에서는 게이, 레즈비언, 트랜스젠더의 정체성과 이 커뮤니티 안에 있는 오해하기 쉬운 특정한 상징과 문화적인 이해에 대해 탐색했다. McNiff(1984)는 우리가 "모든 치료적인 관계를 문화 간의 만남으로 보아야 하는지"에 대해 질문을 했다(1984: 128). 이러한 맥락에 의해 만들어진 것들이 미술치료사에게 유용하다는 것이 내 의견이다.

이질성에 대해 앞에서 언급한 Dokter의 견해는 Modood(2005)의 생각과 일맥상통하는 것으로 매우 흥미롭다. "백인이 아닌 이민자가 분리된 사회경제적 집단에 속하지 않거나 구별된 하나의 집단을 형성하지 않는"(2005: 53) 것 같은, 오늘날 복잡한 문화적 정체성을 어떻게 다룰 것인가는 흥미로운 질문이다. 그러므로 좀 더 문화적인 정보를 고려하는 것은 유용해 보인다. '민족성'의 개념에 대한 비판은 '인종'에 대한 것과 비슷하다.

> …… 그들 스스로 집단이라는 생각을 하지 않는 사람들이 외부적으로 집단이라고 정해진다……. [결과적으로] 지배적인 집단의 범주화는 유사한 외모를 가진 사람들로부터 유사 집단을 창조할 수 있다. 그래서 민족 집단은 이미 형성되어 있는 집단의 문화적 특성을 구별하기 위해 민족 집단에 속하지 않은 외부의 시각에 기초하여 유사 집단이 된다.
>
> (2005: 55)

이러한 견해는 문제가 있다. 좀 더 나은 견해는 '민족성'이 집단을 이해하는 하나의 형태라는 시각이다. 이것은 이렇게 묘사된다. "민족 집단은 이론적으로 특정한 기원과 특별한 관습 모두를 가진 집단의 하나로 그들 스스로가 정체성을 공유하기 위해 이를 취한다."(Platt, 2007: 17)

그러나 Modood(2005: 58)는 이 개념의 사용에 대해 경고하고, 이런 흥미로운 글을 남겼다.

> 인종을 나누는 기준은 식민지 시기가 끝난 후 독립된 지역의 경계를 임의적으로 나눈 것과 비슷하다. 식민지 시기의 행정상의 경계선과 중요한 지정학적 요소를 반영해 서로 속하지 않은 것들을 함께 묶고 함께인 것을 나누도록 강요한다.

'민족성'이 의미하는 바가 있다고 보는 사람들조차도 이 단어를 사용하는 데 조심스럽다. 예를 들어, Platt(2007)은 Geertz(1993)의 논문에서 민족성의 본질인 '우연성과 가변성'에 대해 강조한다. 그녀는 '민족성'이 '유연한 문화적 결합'을 제안하는 데는 유용할 수 있다고 보았다. 그러나 그 용어를 사용하는 것이 본질주의자의 문화에 대한 융통성 없는 고정된 시각으로 변하지 않는 유전적인 차이를 주장하기 위해 남용될까 우려한다. "'문화'는 지역적인 의미로 이해되기보다는 서로 관련되어지고 세상과 사회적인 관계에 의미를 주는 민족 집단의 '추가적인 특성'으로 보이며, 다른 민족도 문화를 향유하게 된다."(Platt, 2007: 18) '민족성'의 정확한 개념에 대해서는 의문을 제기하거나 적어도 신중하게 다루어야 한다.

북미 출신의 미술치료 저자인 Denise Lofgren(1981)은 그녀가 가지고 있던 기존의 고정관념에 기반을 둔 가정이 미국에서 나바호 인디언 내담자의 이미지를 이해하는 데 얼마나 도움이 되지 않았는지를 강조한다. 첫 번째 그림에서 수호자로서 그려진 나바호의 상징주의는 종이의 세 면을 에워싸고, 네 번째 면에는 영혼이 움직일 수 있는 공간이 있다([그림 9-1] 참조). Lofgren은 그

[그림 9-1] 나바호의 상징

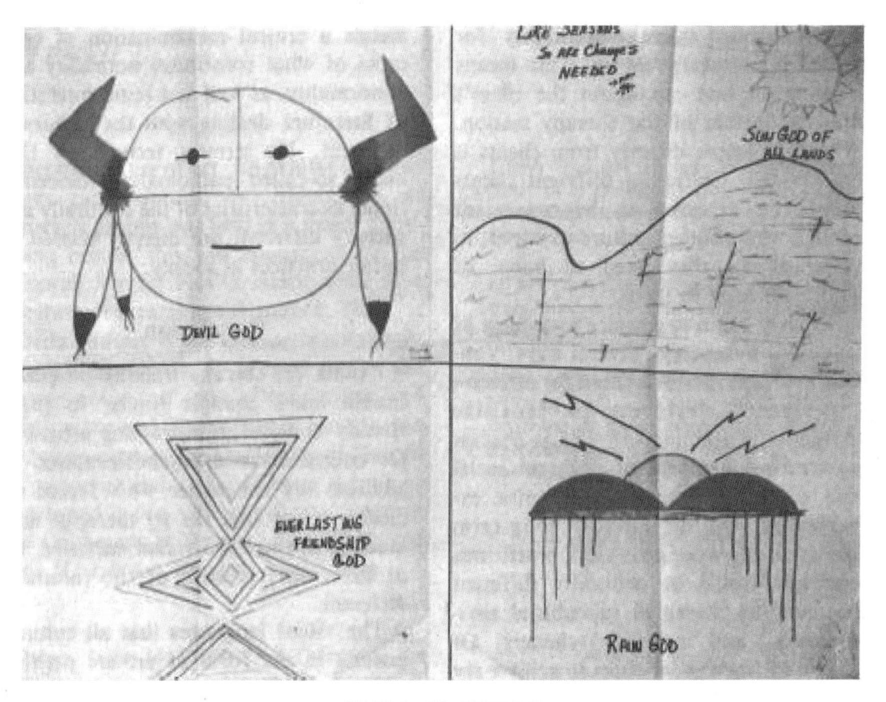

[그림 9-2] 생애주기

런 상징이 익숙하지 않았기 때문에 그 이미지를 보고 '경악'했고, 병리적이며 결핍되었다고 생각했다.

Lofgren이 개인의 생애주기를 소개하는 미술 작품에 대해 보인 반응에서 그녀가 가졌던 잘못된 문화적 가정은 또 있었다. 치료사는 작품이 왼쪽에서 시작해서 오른쪽으로 진행될 거라고 가정했고, 사건이 시간 순서대로 나열되었을 거라고 생각했다. 그러나 그것은 좀 더 포괄적이고 순차적이지 않은 접근이었다. 이미지는 네 개로 나누어졌다([그림 9-2] 참조). 이 접근은 시간에 대한 북미 원주민의 관점과 일치한다. 그러나 이것은 쉽게 오해받을 수 있다. Lofgren은 문화적 민감성에 대한 더 많은 훈련 없이 행동과 상징에 대한 분석을 하는 것은 미술치료사가 그들의 내담자를 자신도 모르게 학대하는 것일지도 모른다는 결론을 내렸다.

> 정신건강을 다루는 분야에서 모든 사람은 개인적으로 기술이 부족할 수도 있고 둔감할 수도 있다. 내가 강조하고자 하는 바는 **일상화된** 문화적 편견의 형태가 가장 성실한 치료사에게조차도 영향을 미친다는 것이다.
>
> (1982: 29: 오리지널 강조)

특히 미술치료사는 익숙하지 않은 상징 도식을 사용할 때 무엇인가를 조장하는 태도로 미술과 작업에 대해 해석하는 것을 반드시 피해야 한다. 다양한 문헌과 문화적 관점에 대한 깊이 있는 이해는 아마도 기본 미술치료 임상수련의 범위를 넘어서는 것이다. 그러나 문화적 다양성이라는 개념의 이해와 민감성은 반드시 필요하다. "어떻게 백인인 호주의 미술치료사가 여러 인종으로 이루어진 복잡한 사회에서 그녀가 양육받고 자라오면서 내재된 편견 없이 효과적으로 일할 수 있는가?"라고 Holloway가 과장해서 질문을 던진다(2009). 물론 미술치료 임상수련에서는 다양한 문화적 관점에 대한 훈련이 필수적인 것으로 느껴진다. 앞서 언급한 것처럼 미술치료사가 취하기에 가장 안전한 입장은 '모든 치료적인 관계를 문화 간의 만남으로 보는 것'일 것이다. McNiff가 그랬던 것처럼(1984: 128) 말이다. 이런 신중한 태도는 미술치료사가 받아들이기에 유용하다.

참고문헌

Annoual, P. (1998). Art therapy and the concept of blackness. In A. R. Hiscox & A. C. Calisch (Eds.), *Tapestry of Cultural Issues in Art Therapy* (pp. 13-23). London: Jessica Kingsley Publishers.

Banton, M. (1983). *Racial and Ethnic Competition*. Cambridge: Cambridge University Press.

Birtchnell, J. (2003). The visual and the verbal in art therapy. *International Arts Therapies Journal 2*. Available online at http://www2.derby.ac.uk/vart/vol-2-200203-international-arts-therapies-journal/42-refereed-articles-/58-the-visual-and-theverbal-in-art-therapy-by-dr-john-birtchnell

Blackwell, D. (1994). The emergence of racism in group analysis. *Group Analysis*, *27*(2), 197-210.

Campbell, J., Liebmann, M., Brooks, F., Jones, J., & Ward, C. (Eds.) (1999). *Art Therapy, Race and Culture*. London: Jessica Kingsley Publishers.

Case, C. (1998). Reaching for the peak: Art therapy in Hong Kong. In D. Dokter (Ed.), *Art Therapists, Refugees and Migrants: Reaching Across Borders* (pp. 236-62). London: Jessica Kingsley Publishers.

Case, C., & Dalley, T. (2006). *The Handbook of Art Therapy* (2nd ed.). London: Routledge.

Dokter D. (Ed.) (1998). *Art Therapists, Refugees and Migrants: Reaching Across Borders*. London: Jessica Kingsley Publishers.

Farris-Dufrene, P., & Garrett, M. (1998). Art therapy and native Americans. In A. R. Hiscox & A. C. Calisch (Eds.), *Tapestry of Cultural Issues in Art Therapy* (pp.

241-8). London: Jessica Kingsley Publishers.

Geertz, C. (1993). *The Interpretation of Cultures*. London: Fontana Press.

Hiscox, A. R., & Calisch, A. C. (Eds.) (1998). *Tapestry of Cultural Issues in Art Therapy*. London: Jessica Kingsley Publishers.

Hogan, S. (Ed.) (1997). *Feminist Approaches to Art Therapy*. London: Routledge.

Hogan, S. (Ed.) (2003). *Gender Issues in Art Therapy*. London: Jessica Kingsley Publishers.

Hogan, S. (2011). Postmodernist but not postfeminist! A feminist postmodernist approach to working with new mothers. In H. Burt (Ed.), *Art Therapy and Postmodernism: Creative Healing Through a Prism* (pp. 70-82). London: Jessica Kingsley Publishers.

Hogan, S. (Ed.) (2012). *Revisiting Feminist Approaches to Art Therapy*. London and New York: Berghahn.

Hogan, S., & Pink, S. (2010). Routes to interiorities: Art therapy, anthropology and knowing in anthropology. *Visual Anthropology*, *23*(2), 158-74.

Holloway, M. (2009). British Australian: Art therapy, white racial identity and racism in Australia. *Australian and New Zealand Journal of Art Therapy*, *4*(1), 62-7.

James, R. (2010). Discussions: Questions about interpretation and assessment in art therapy (online debate). International Art Therapy Organisation (IATO) Linkedin page.

Kalmanowitz, D., & Lloyd, B. (1998). A question of translation: Transporting art therapy to KwaZulu-Natal, South Africa. In D. Dokter (Ed.), *Art Therapists, Refugees and Migrants: Reaching Across Borders* (pp. 111-26). London: Jessica Kingsley Publishers.

Kuhn, T. (1962). *The Structure of Scientific Revolutions*. Chicago: University of Chicago Press.

Lala, A. (2011). Seeing the whole picture: A culturally sensitive art therapy approach to address depression amongst ethnically diverse women. In H. Burt (Ed.), *Art Therapy and Postmodernism: Creative Healing Through a Prism* (pp. 32-48). London: Jessica Kingsley Publishers.

Lewin, M. (1990). Transcultural issues in art therapy: Considerations on language, power and racism. *Inscape Summer*, 10-6.

Lofgren, D. (1981). Art therapy and cultural difference. *American Journal of Art Therapy*, *21*, 25-32.

McNiff, S. (1984). Cross-cultural psychotherapy and art. *Art Therapy: Journal of the American Art Therapy Association*, *1*(3), 125-31.

McNiff, S. (2004). *Art Heals: How Creativity Cures the Soul*. Boston: Shamhala.

Modood, T. (2005). *Multicultural Politics: Racism, Ethnicity and Muslims in Britain*. Edinburgh: Edinburgh University Press.

Platt, L. (2007). *Poverty and Ethnicity in the UK*. York: Joseph Rowntree Foundation.

Rosal, M. L., Turner-Schikler, L., & Yurt, D. (1998). Art therapy with obese teens: Racial, cultural and therapeutic implications. In A. R. Hiscox & A. C. Calisch (Eds.), *Tapestry of Cultural Issues* (pp. 109-33). London: Jessica Kingsley Publishers.

Rowe, D. (1993). Foreword. In J. Masson (Ed.), *Against Therapy*. London: Harper Collins.

Schaverien, J. (1987). The scapegoat and the talisman: Transference in art therapy. In T. Dalley, C. Case, J. Schaverien, F. Weir, D. Halliday, P. N. Hall, & D. Waller (Eds.), *Images of Art Therapy: New Developments in Theory and Practice* (pp. 74-108). London: Tavistock.

Schaverien, J. (1991). *The Revealing Image: Analytical Art Psychotherapy in Theory and Practice*. London: Routledge.

Schaverien, J. (1998). Inheritance: Jewish identity, art psychotherapy workshops and the legacy of the holocaust. In D. Dokter (Ed.), *Art Therapists, Refugees and Migrants: Reaching Across Borders* (pp. 155-75). London: Jessica Kingsley Publishers.

Schaverien, J., & Case, C. (Eds.) (2007). *Supervision of Art Psychotherapy: A Theoretical and Practical Handbook*. London: Routledge.

Skaife, S. (2007). Working in black and white: An art therapy supervision group. In J. Schaverien & C. Case (Eds.), *Supervision of Art Psychotherapy: A Theoretical and Practical Handbook* (pp. 139-52). London: Routledge.

Talwar, S., Iyer, J., & Doby-Copeland, C. (2004). The invisible veil: Changing paradigms in the art therapy profession. *Art Therapy: Journal of the American Art Therapy Association*, *21*(1), 44-8.

제 10 장

미술치료사로서 아동과 작업하기

Annette M. Coulter

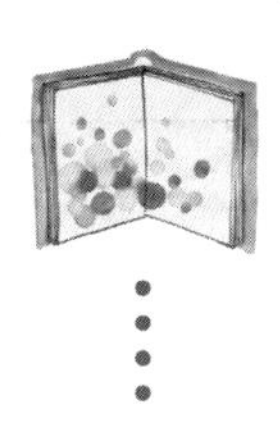

1. 입문

아동과 함께 작업하는 것은 미술치료사가 자연스럽게 접하게 되는 치료 형태 중 하나이다. 자신을 둘러싼 환경에 무언가를 표현하는 것은 아동발달단계의 선천적인 욕구라고 볼 수 있다. 진흙이나 모래에 손바닥이나 발바닥을 찍는 즐거움, 모래로 만든 성이나 눈사람처럼 자연의 재료를 사용해서 모양을 만드는 것, 서리가 낀 창문에 손가락으로 그린 그림이라든지 부엌 벽에 마커펜으로 만든 표시들이 그 예이다. 아동은 외부 환경에서 스스로를 시험하고 싶어 하는 선천적인 욕구를 가지고 태어난다. 그들은 내적이고 주관적인 환상, 꿈의 세계와 현실 및 사실로 구성된 외부의 객관적인 세계와의 관계를 경험해 나간다(Winnicott, 1971; Case & Dalley, 1990). 최근 발표된 신경과학 연구에 따르면, 미술치료를 통한 감정의 표현이 뇌의 비언어적인 부분과 연결되어 있다고 보고되었다(Hass-Cohen & Carr, 2008; Siegel, 2007; Lusebrink, 2004). 미술치료가 의학적인 영역에서 과학적인 입지를 마련하기 위해서는 미술, 외상, 신경과학 간에 더 많은 연구가 필요하다(Coulter, 2009). 정서 지능은 뇌의 비언어적인 부분이 인지적으로 처리되는 과정과 시각적으로 처리되는 과정들이 연결되어 있다고 보는데, 이것은 교육 환경 및 아동미술치료에 잠재적인 영향을 미친다.

미술치료는 아동의 뇌에 존재하는 내면의 욕구, 바람, 환상과 상대적으로 통제가 덜되는 외부 세계의 제약에서 생기는 갈등 및 편도체의 본능적이고 정서적인 부분에 대해 이해할 수 있게 한다. 이것은 뇌에서 더 논리적인 기능을 담당하는 해마를 통해 좀 더 이성적인 인지 처리 과정을 거쳐 해결된다. 우리는 아동이 정서적으로 온전히 기능하는 상태로 태어나고, 인지적인 기능은 후천적으로 습득한다는 것을 안다(Siegel, 2007). 아동기 경험은 양육의 질과 안정성, 유아기 초기 주 양육자와의 애착관계, 아동의 "정서적이고 정치적이며 사회적인 세상"과의 첫 만남이 어떠했느냐에 따라 다양해진다(Case & Dalley, 1990: 1).

아동치료에서 집단 활동은 비용적인 측면에서 개인치료보다 더 효율적이다. 더 많은 아동이 한번에 참여하게 되고, 다른 치료가 이루어지고 있는 중에 함께 진행될 수 있기 때문이다. 예를 들어, 미술치료는 공포증이나 전환장애, 식이장애, 해결되지 않은 외상, 우울 등의 정신질환으로 의심되는 증상뿐 아니라 외과적인 치료나 발달상의 문제로 고통받는 아동에게 효과적으로 사용될 수 있다. 많은 미술치료사는 진단에 대한 전문적인 훈련을 받지 않는다. 그러나 임상가가 진단을 공식화하는 과정에 참여하기를 바라는 기관에서 일할 수도 있다. 아동에게 정신질환을 진단할 때, 현재 보이는 증상이 명확히 확정될 때까지는 좀 더 유연한 진단 코드(American Psychiatric Association, 2013)를 사용하는 것이 더 안전하다.

아동 미술치료를 위한 기금을 지원받는 것이 항상 가능한 것은 아니며, 이러한 치료적인 서비스 제공은 의료 제도에 의해 결정된다. 미술치료사가 아동이나 청소년과 활동하는 내용이 치료적인 역할로서 결정적인 요인이 된다. 주 정부가 후원하는 의료 기관에서 정서적으로 어려움을 겪는 아동 및 청소년을 대상으로 하는 미술치료는 매년 성과지표나 통계, 기금 여부에 의해 치료의 지속성이 결정되는 특수학교나 지역사회 기반의 비정부 기관에서 하는 치료와는 사뭇 다르다.

2. 아동과 함께하는 미술 활동 과정

아동과 함께 활동하는 데 있어 미술이 효과적인 이유는 감정에 대해 표현할 수 있는 대안을 제공하기 때문이다. 보통 아동은 자신이 왜 이것을 만들었는지, 왜 특정한 방법으로 이것을 그리는지에 대해 알지 못한다. 이를 알기 위해 개인이나 집단 혹은 가족적인 맥락에서 탐색하는 다양한 방법이 있다.

1) 치료적인 미술 교육

아동과 함께 작업하는 것을 고려하는 미술치료사에게 가장 좋은 장소는 아마 교육 환경 내일 것이다. '치료적인 미술 교육'이라는 용어는 Henley가 미술 교육현장에서 미술 활동 과정의 장점에 관해 묘사하면서 처음 사용되었다(Henley, 2002: 16). Henley의 아이디어는 미술 활동이 아동의 정서적인 학습에 치료적이라고 믿는 Victor Lowenfeld의 연구에서 발전했다(Lowenfeld & Brittain, 1987). Lowenfeld의 연구는 미술 활동이 미적인 의식을 갖게 하고 기술을 습득하는 것뿐만 아니라 창의적인 생각, 자기표현, 대인관계의 성장을 촉진하는 치료적인 경험을 제공한다는 견해를 지지한다. 미술치료사는 교육 환경에서 역할이나 직책에 상관없이 특별한 서비스를 제공한다. 미술교사로서 치료적인 관점으로 수업을 계획할 수도 있고, 학교 상담사로서 개인적 · 양육적인 조언을 하고 집단치료를 제공할 수도 있다. '전문 자문 위원'으로 계약을 맺었다면, 미술치료사는 문제가 발생한 곳에서 문제행동이 더 공고해지기 전에 즉시 예방적인 서비스를 제공할 수 있다.

Edith Kramer는 미술교사가 교실에서 나타나는 비언어적 표현을 통해 잠재적으로 드러날 수 있는 문제를 다루기 위한 임상적인 훈련을 받는 것은 유익할 수 있다고 보았다(Kramer, 1971). 이는 타당한 견해이기 때문에 장차 교육당국에서 받아들여질 것이라고 본다. 교내에서 숙련된 임상가로 고용되는 미술치료사의 역할에는 논란의 여지가 있다. 미술치료 기법이 필수 교과 과정에 통합되면 아동의 신경회로를 자극하게 되는데, 현재의 뇌 연구는 비언어적 시각 표현이 뇌 발달에 중요한 영향을 미치는 것에 대해 거론한다.

창의적인 활동 과정이 교실 내에서 이루어지면 미술치료는 학업성취도를 증진시킬 수 있다(Rosal, 1993; Stepney, 2001). Rosal의 연구는 교내 환경에 미술치료 프로그램이 적용되었을 때 유익하다는 것을 뒷받침했다. 그녀의 독창적인 박사학위 연구는 호주의 초등학교에서 실시되었는데, 집단미술치료 프로그램이 교실 내에서의 행동에 얼마나 영향을 주는지 알아보는 것이었다(Rosal, 1985). 영국의 교육 과정과 미술치료 프로그램을 적용한 이 연구에서 '학교 중퇴율을 낮추고, 실패를 줄이며, 학생들의 학교·가족·자신에 대한 태도가 개선'된 것이 검증되었다(Rosal, McCulloch-Vislisel, & Neece, 1997: 30).

3. 아동 집단미술치료 진행

1) 집단 주제

미술 작업을 할 때, 과제보다는 집단 역동에 집중하라. 과제는 집단 역동을 촉진한다. 치료사는 집단의 주제를 결정하여 활동 목록을 제공할 수 있다. 그러나 진행 중인 집단 활동 과정을 촉진하는 데 관련된 주제들이 도전을 야기할 수 있다. 개별이나 특정 집단과 관련성이 있는 여러 집단 주제를 준비하는 것은 유용하다. 앞으로 나올 집단 활동의 목록은 집단미술치료 프로그램의 기반이 될 수 있다. 이와 더불어 대안에 대한 논의도 포함되어 있다.

(1) 첫 번째 회기: 자유화

구조화된 집단에서 자유롭게 표현하는 것을 경험하기 가장 좋은 시간은 시작할 때이다. 관계가 더 조심스러울 때, 피해를 일으킬 가능성은 더 적다. 또한 이때는 미술 매체를 탐색하기 좋은 시기이다. 우연히 흔적을 남기면서 작업하고, 어떤 매체를 쓸 수 있는지 탐색하며, 의식적인 생각과 통제를 느슨하게 한다. 아동은 덜 구조화된 과제에 반응하는데, 이것이 자연스럽게 뇌의 정서적인 부분을 활성화하기 때문이다.

이 과제는 일부 미술치료 평가 절차에서 사용되고 있는데(Kramer, 1971; Ulman, 1975; Kwiatkowska, 1978; Cohen, Mills, & Kijak, 1994), 마음에 떠오르는 것은 무엇이든지 그리게 하고, 무의식적으로 손을 움직이게 두거나 미술 매체와 놀 수 있게 해 주는 것이다. 이후 치료사는 덜 능숙한 손을 사용하도록 제안할 수 있다. 여기에는 맞고 틀리는 것이 없다. 외적 통제 소재를 허용하고(Rosal, 1985), 아동이 미술 과제에 얼마나 적응하는지를 그대로 허용한다(Rosal, 1996).

(2) 두 번째 회기: 집단에 자신을 소개하는 것

이것은 자신의 이름을 그리는 것([그림 10-1] 참조)과 자신에 대해 이야기할 수 있는 무엇인가를 그리는 것을 포함한다([그림 10-2] 참조).

[그림 10-1]은 자신의 다른 부분들을 묘사하기 위해 패턴과 상징을 사용한 병동 환아들의 집단미술치료 시간에 완성된 이름 그림의 한 예이다. [그림 10-2]에서 아동은 집에 대해서 이야기한다. 이 아동은 가정 폭력을 목격하고 잠을 잘 못 자고, 다른 아동에게 물리적인 공격성을 보이며, 공포와 엄마의 안전에 대한 걱정 때문에 학교에 가는 것을 거부하고, 과제에 집중할 수 없는

[그림 10-1] 나의 이름

[그림 10-2] 당신에 대해 말해 주는 그림

등의 트라우마와 관련된 고통을 호소했다.

(3) 세 번째 회기: 자기 자신에 집중하기

자기-이미지와 관련된 활동에는 여러 가지가 있다(Liebmann, 2004). 몇몇 유용한 주제는 자신을 나무, 동물, 건물, 식물, 장난감 등으로 그리는 것이다. 치료사는 전체 집단에게 같은 아이템을 주거나 아동에게 선택권을 줄 수 있다.

자기 자신을 어떻게 인식하고 있는지를 탐색하기 위한 활동으로 좀 더 나이가 있는 아동들은 자신을 위한 배지를 만들거나(Liebmann, 2004: 228) 자신이 어디에서 왔고 어디로 갈 것인지를 그리는 인생 지도 그리기(Liebmann, 2004: 230)를 즐긴다.

[그림 10-3]은 당뇨병 치료에 응하지 않는 반항적인 행동을 보이는 한 소녀가 만든 배지이다. 이 소녀는 집단미술치료 활동에 참여하여 자신의 신체적 상태에 대한 분노를 다른 방법으로 표현하는 것을 발견하면서 치료에 응하게 되었다.

[그림 10-4]는 당뇨병 치료에 응하지 않고, 발모벽으로 고통받는 한 소녀가 만든 배지이다. 중앙에 있는 배지 또는 방패는 '만다라 같은' 모양으로 가운데 위치한다. 배지의 바깥쪽은 다른 방식의 매체를 활용하여 분리되어 있다. 그 소녀는 가운데 지점을 가리키며 "이게 나예요." 그리고 "바깥쪽은 내 삶의 엉망진창인 상태예요."라고 묘사했다. 그녀의 부모는 최근 별거를 했고, 그녀는 자신의 대머리를 가리기 위해 머릿수건을 써야만 했다.

또한 나 자신과 나(Me, Myself, and I)를 그리는 미술 과제는 가족 안에서, 다른 외부적인 삶의 관점들로부터 자신이 어떻게 보이는지에 대한 개념을 떠올리게 할 수 있다.

[그림 10-3] 나의 배지(Vicky, 11세)

[그림 10-4] 나의 배지(Sarah, 12세)

(4) 네 번째 회기: 가족 주제

개별적인 자기개념 과제는 동물, 건물, 과일, 자동차 또는 어떤 다른 물건을 사용하여 가족이나 집단 구성원을 상징적으로 묘사하는 것이다. 가족이나 집단이 무엇으로 표현되었든지 간에 이것은 아동의 인지적인 능력과 사고능력을 자극한다.

[그림 10-5]는 유아기부터 서로를 알고 지내며 치료를 받을 때마다 만나온 낭포성 섬유증을 가진 아동들의 집단 자화상이다. 이 집단은 집을 떠나온 가족 같았다. 치료사는 이들에게 상당히 중요한 위치를 차지하게 되었다.

Kwiatkowska는 누가 가족 안에 있는지를 확인하는 것이 중요하다는 것을 지적하면서(Kwiatkowska, 1978) 문화에 따라 확장된 가족이 포함되는 것이 더 중요할 수도 있다고 보았다.

가족화는 현실적이거나 추상적인 가족화이거나 가족 구성원이 함께한 작업일 수 있다(Coulter, 2007: 219; Kwiatkowska, 1978: 95-106). 그림이 어떻게

[그림 10-5] 나무로 표현한 집단 자화상(Michelle, 13세)

배치되었는지가 중요할 수 있고, 아동은 추상적인 개념에 대해서 도움을 받을 수 있다(Coulter, 2007).

(5) 다섯 번째 회기: 꿈 이미지

꿈 작업은 덜 의식적으로 상징을 탐색하게 하고, 뇌의 비언어적인 영역의 활성화를 돕는다. 일부 미술치료사는 꿈이라는 것을 표현하기 위해 말풍선을 그려 놓거나 종이의 귀퉁이에 침대에서 자고 있는 사람의 그림을 미리 그려 놓기도 한다. 만약 아동이 어떤 꿈도 기억해 낼 수 없다고 하면 백일몽이라도 생각해 보라고 권한다.

[그림 10-6]은 자살 충동으로 병동에 입원한 소년이 그린 그림이다. 그는 그림에 대해 "절벽에서 사람이 떨어지는 꿈을 반복적으로 꿔요……. 그 사람이 바위에 부딪히기 전에 깨요. 그 사람이 바위에 부딪혔으면 좋겠는데. 그가 죽길 원해요."라고 설명했다. 그 회기가 끝나기 전에 소년은 "그 사람은 나예

[그림 10-6] 반복되는 악몽(Nathan, 14세)

[그림 10-7] 지루함(Nathan, 14세)

요."라고 밝혔다.

[그림 10-7]은 Nathan이 첫 집단미술치료 시간에 완성한 그림이며, 가만히 있지 못하고 수동 공격적으로 집단에 참여하는 것에 대해 저항하고 있는 내용이다. 이 두 그림에서 소년은 병원에 입원한 것과 집단 활동에 참여하도록 강요당한 것에 대한 자신의 숨겨진 분노를 다른 감정으로 표현하고 있다.

(6) 여섯 번째 회기: 괴물 끄집어내기

아동이 인식하고 있지만 말로 표현하는 것이 어려운 감정—특히 분노, 두려움, 불안, 죄책감 같은 부정적이고 파괴적인 감정들—이 집단 미술 활동을 통해서 표현될 수 있다. 이것은 아동에게 그리 좋지 않은 감정들을 느끼는 것이 괜찮다는 메시지를 주고, 다른 아동과 사람들 또한 이러한 감정을 가지고 있다는 것을 배우게 한다. 미술 작업은 사회적으로 받아들여지기 어려운 감정들을 함께 확인할 수 있는 상징적인 공간을 제공한다. 괴물을 표현하는 것

[그림 10-8] 화산(Darren, 7세)

은 아동이 자신의 그림자 혹은 어두운 면을 다루는 작업이다. 긍정적인 것에만 집중하기 위해서 장점을 기반으로 한 접근을 늘리는 것은 부정적인 생각과 감정을 부정하는 것과 결탁되어 있다. 이것은 더 큰 어려움을 호소하는 아동을 도와주지 못한다. Cox는 분노의 상징으로서 화산 그림을 제안했다(Cox, 1985). 이 작업에서는 언제, 어떻게 분노를 발산할 것인지에 대한 토론이 이루어질 수 있다. 부정적인 감정의 상징적인 표현은 자기파괴나 자살 사고가 내면적으로 심화되는 것을 막는다.

[그림 10-8]에서 아동 성학대 피해자인 소년은 법정 소송 사건에 대한 자신의 분노를 넘쳐흐르는 화산을 통해 상징적으로 표현했다.

(7) 일곱 번째 회기: 기적이나 소원 그리기

이 과제는 치료 중에 희망의 개념을 형성하고, 치료적인 목표를 세우게 한다. 다양한 관점에 대해 숙고하는 것은 어떤 아동에게는 도전이 된다. 아동이 자신의 문제해결을 위해 무엇인가를 결정할 수 있는 권한이 자신에게 있다는 것을 알게 되면(Coulter, 2011) 자존감이 향상된다. 집단은 이제 반 정도 진행되었고, 내부적인 힘이 형성되었을 수 있다. 이전 과제에서 내면의 파괴적인 자신이 표현되었고, 집단에서 그것이 받아들여졌다. 이제 치료사는 소원이 성취되고 변화의 가능성을 인식하는 과정을 촉진한다. Liebmann은 이런 질문들—지금 어디로 가고 싶은가? 백만 달러가 있으면 무엇을 하고 싶은가? 보물 상자를 찾으면 무엇을 하고 싶은가? 어떤 선물을 받거나 주고 싶은가? 강의 건너편에는 무엇이 있을까?—을 포함한 아동의 집단에 적합한 주제를 제안한다(Liebmann, 2004: 239).

(8) 여덟 번째 회기: 자유 콜라주

이 활동은 미술 작품 활동에 자신이 없고 좀 더 연령이 높은 아동에게 특히 효과적이다. 사진을 이용한 콜라주는 이미지 선택을 자유롭게 하고 만족감을 제공하는데, 이는 이미지를 통해 어려운 개념을 상징적으로 설명하기 때문이다. Landgarten은 사람과 이것저것 다양한 아이템으로 나누어 미리 잘라 놓은 이미지가 담긴 두 개의 상자—내담자 집단과 '문화적으로 동질'한—를 준비하는 것을 추천한다(Landgarten, 1993: 5-7). Landgarten은 또한 집단 상황에도 적용할 수 있는 네 개의 과제 평가 프로토콜을 제공한다(1993: 9-12; 이 책의 제12장 pp. 272-4 참조). Liebmann 역시 집단에서의 탐색을 위해 콜라주 작업을 제공한다(Liebmann, 2004: 231).

(9) 아홉 번째 회기: 집단 미술 과제

집단 미술 과제는 집단미술치료를 진행하는 내내 효과적으로 기능한다(Liebmann, 2004: 262-71). 그러나 집단이 종결 시기에 접어들면 집단 미술 과제는 집단 역동을 상징적으로 다룰 수 있는 기회를 제공할 뿐만 아니라 잠재적으로 형성된 집단 응집력 또한 드러낸다. 집단은 작별 인사를 하기 시작하고, 집단 벽화 과제는 특별히 종결과 관련된 이슈에 초점을 둔다. 집단 만다라는 집단 미술 과제로서 효과적으로 사용된다. Liebmann은 집단 만다라 활동을 제안했고, Stepney는 Liebmann의 '손의 만다라'를 활용했다(Stepney, 2001: 81-2). 하나의 원이 여러 부분으로 나누어지고, 구성원들은 자신의 부분에 자신의 손의 윤곽선을 그린다. 그들의 손은 자신의 개성을 전달하기 위해 확장되고, 그림의 나머지 부분들을 포함해서 집단 만다라를 창조하게 된다. 아동은 이 작업에서 기쁨을 경험하게 되는데, 그들의 현상적 장의 일부가 드러나면서 다른 아동들과 연합되기 때문이다.

(10) 열 번째 회기: 작별 경험

열 번째 회기에서는 좀 더 심화된 집단 종결 과정이 진행된다. 집단 구성원의 피드백을 들을 수 있는 기회가 제공된다. 예를 들어, 집단을 표현하는 어떤 것을 그리기라는 과제는 각각의 구성원들에게 서로를 생각하게 하고, 서로에게 이야기하게 한다. 미술치료사는 특정한 작별 과제를 지시하거나 개개인 집단 구성원들에게 마지막이라는 의미가 무엇인지를 생각해 보게 하는 시간을 줄 수 있다. 이 구성은 두 개의 그림—해소된 것과 아직 남아 있는 것—을 그리는 것을 포함할 수 있다. 무엇이 해소되었는지 이야기하는 것은 집단 활동에서 자신이 해소한 것을 확인하도록 도와준다. 무엇이 남아 있는 것인가를 명확히 하는 것은 집단 경험에서 무엇이 버려지게 될 것인지를 고려한다. 이것은 집단 활동의 과정을 반영하며, 무엇을 얻었고 무엇을 포기할 것인지를 생각하고 스스로 배우는 의식적인 검증이다. 상실이나 큰 슬픔으로 인해 해결되지 않은 이슈는 집단이 종결될 때 나타난다. 가족이 키우는 반려동물의 죽음, 가족 구성원의 질병이나 죽음, 사고를 목격했을 때, 텔레비전이나 컴퓨터에서 무엇인가를 보았을 때와 같은 종결 주제들이 나타날 수 있다.

(11) 열한 번째 회기: 선물 주기

집단 종결 경험에서는 무엇을 받는 기회가 있어야 한다. 효과적인 마지막 집단 과제는 상징적인 것으로 '선물 주기'이다. 집단의 활동 내용이 이 과제에 상당한 영향을 준다. 예를 들면, 식이장애로 고통받는 여자 청소년 집단은 서로에게 초콜릿이나 다른 몸에 좋지 않은 음식을 줄 수 있다. 일반적으로 '선물'은 앞에서 예를 든 것 같이 만질 수 있는 구체적인 것이 될 수도 있고, 생각이나 감정이 될 수도 있다. 이 선물은 종이 위에 그려질 수도 있고, 형체가 있는 것으로서 만들어진 물건이 될 수도 있으며, 추상적인 개념이 될 수도 있다. 그러나 '선물'은 눈에 보이고 형체가 있는 것으로 분명히 표현되었다. 이 과제에서는 누구에게 줄 것이고, 누가 준 것인지를 의도적으로 적도록 하였다. 또한 포장할 수도 있고 접을 수도 있다. 연령이 높은 집단은 설명을 쓰기도 한다. 예를 들어, "나는 너에게 자신감을 줄게. 그래서 다음번에는 골을 차 넣을 수 있을 거야." 또는 "나는 네가 용감하다고 생각해서 심장을 만들었어." 같은 것이 될 수 있다.

4. 말이 없는 세상

Blake는 모든 아동이 처음으로 치료를 받으러 왔을 때 놀 수 있는 능력이 없다고 했다(Blake, 2008: 121). 치료사의 역할은 아동과 관계를 맺고 비언어적인 1차 과정(욕구 충족과 본능 충동의 발산을 꾀하는 심리적 활동)과 원초적인 마음 상태로 편안하게 작업하는 것이다(Case & Dalley, 1990: 143). 아동은 우뇌의 직관적인 능력이 매우 발달되어 있어서 성인이 진심으로 자신과 있지 않을 때 본능적으로 알아차리기 때문에 치료사가 아동과 작업하는 것을 진정으로 즐길 것을 요구한다. 성인인 치료사는 종종 놀이하는 능력을 잃어버리기도 한다. 성인은 '알지 못한 채'로 앉아 있는 것이 불편할 수 있다. 그러나 특히 아동 미술치료의 초기에는 이것이 반드시 필요한 과정이다.

1) 관계 맺기

아동은 어떤 방법으로든 관계를 맺고, 대부분은 성인인 치료사에게 공평한 기회를 준다. 치료에 저항하고 문제가 있는 아동은 쉽게 관계를 맺지 않으려 하지만 미묘하게 어떤 방법으로든 치료사를 가늠하려 한다. 이런 상황에서 치료사는 아동에게 진실성을 유지하지만 아동에게 특별히 집중하거나 그들의 신뢰를 얻으려고 노력하지 않는다. 왜냐하면 관계 맺기에 저항하는 아동은 성인이 아동과 관계를 맺으려고 노력하는 것에 익숙해져 있기 때문이다. 아동은 스스로를 지키는 방법을 터득해 왔다. 치료사가 아동에게 진심으로 반응할 수 있을 때, 아동은 본능적으로 치료사에게 관심을 보인다. 그렇게 되면 점차적으로 관계 안에서 신뢰가 생기기 시작한다. 그러나 이 신뢰는 치료사의 진실성과 일관성을 유지하는 능력에 달려 있다. 미술치료사는 이야기를 잘 하지 않으려는 아동에게 행동에 영향을 주는 감정과의 연관성을 찾으면서 대상으로서의 이미지를 통해 표현하는 기회를 제공해 준다. Withers는 미술의 치료적인 적용에서 한 단계 더 나아가 아동이 이미지와 감정에 연관되는 핵심 단어를 찾도록 격려한다(Withers, 2009: 74-5).

첫 번째 만남은 아동에게 매우 중요하고, 치료사는 첫 만남을 의미 있게 만드는 것을 목적으로 한다. 아동은 그들의 삶에서 중요한 성인을 믿고 싶어 한다. 만약 성인이 신뢰를 저버린 경험을 했던 아동이라면, 치료사와의 첫 만남에서 더 방어적일 것이다. 첫 번째 만남이 이후의 관계가 어떨 것인지를 결정한다. 만약 첫 번째 만남이 어려웠다면, 아마 이후의 치료 작업은 어려울 것이다. 만약 첫 번째 만남에서 관계를 맺고 호기심을 자극했다면, 치료적 관계는 순조롭게 출발할 것이다.

상처받은 청소년들은 치료적인 과정을 시작하기 전에 치료사를 철저히 시험할 것이다. 더 어린 아동의 경우에는 청소년들만큼 치료사를 시험하지 않는다. 아주 능숙한 치료사라도 10대와 작업할 때는 허를 찔릴 수 있고(Coulter, 2011), 수년간의 임상 경험도 이후에 만나게 될 비행 청소년을 위해 치료사를 충분히 준비시키지 못한다. 젊은 세대의 하위 문화는 계속 변화하고 있고, 치료사는 그 흐름을 따라갈 수가 없다. 청소년은 그들의 하위 문화에 대해 치료사가 얼마나 알고 있는지를 계속 시험하고 싶어 하고, 치료사는 그 시험에 실패할 가능성이 높다. 그러나 청소년은 그들의 어려움에 대한 치료사의 진실성 있는 관심에 놀랄 수 있다. 상처받은 청소년과 작업할 때 첫 번째 만남에서 관계를 맺지 못하면 내담자가 더 이상 회기에 오지 않을 가능성이 크다. 첫 번째 만남에서는 해결중심의 접근 방법을 추천하는데(Coulter, 2011), 이때는 그들의 현재 문제를 목표로 삼을 뿐 개인적인 과거사나 가족체계나 다른 외부적인 것에 관심을 두지 않는다.

5. 아동과의 치료적 관계

복잡한 아동의 세계는 확실하게 정의되거나 완전히 이해될 수 없다. 아동의 치료 과정에 대해 긍정적인 관심을 유지하는 것이 반드시 필요하다(Axline, 1969; Kramer, 1971; Rubin, 2005). 너무 많이 구조화된 활동은 아동이 치료적 관계에 가져오는 창조성을 발휘하지 못하게 해 치료가 효율적으로 진행되는 것을 방해할 수 있다. 아동은 덜 의식적인 마음 상태와 의식적인 사고 간에 잃어버렸던 창조적 전환 과정을 치료사에게 상기시켜 주고, 가르쳐 줄 수 있다.

아동의 작업 과정에 긍정적인 관심을 유지하는 것이 항상 쉽지는 않다. 만약 아동이 자기 스스로나 치료사, 혹은 물품이나 치료 장소를 물리적으로 파괴하려고 한다면, 치료사는 한계를 설정할 수 있는 능력이 필요하다. 한계를 명확하게 설정하는 것은 긍정적인 치료관계를 위한 안전한 환경을 제공한다. 치료사의 존재는 외부 세계의 일부이다. 치료사는 현실 세계에 치료가 닻을 내리기 위해, 아동이 이 관계에서 자신의 책임이 있다는 것을 인식할 수 있도록 꼭 필요한 한계만 설정한다(Axline, 1969: 73-4).

1) 미술놀이치료

아동이 미술 매체를 사용하면서 보인 반응을 보면 놀이 과정에서 관계를 맺는 아동의 능력을 볼 수 있다. Blake는 "주관적인 내면세계와 객관적인 외부 세계를 연결시켜 주는 놀이를 …… 지켜보는 것은 대단히 매혹적인 일이다……. 시간이 너무 빠르게 지나가는 것 같다. 그렇지 않고 감정적으로 연결되지 않은 놀이는 지루하고 싫증난다."라고 하며 '감정적으로 살아 있는 놀이'를 묘사했다(Blake, 2008: 121). 아동과 작업하는 것은 치료사에게 아동의 놀이에 직관적인 반응을 하도록 요구한다. 그 과정이 성인의 관점으로는 논리적인 과정이 아닐 수 있다. 따라서 치료 과정에 믿음을 가질 수 있어야 한다. "장난감을 주변으로 옮기고, 그림을 그리거나 이야기를 하는 것"이 반드시 아동이 놀이 과정에서 관계를 맺는다는 것을 의미하는 것은 아니다(Blake, 2008: 121).

아동이 미술 작품을 만드는 과정에 빠져들었을 때, 다양한 종류의 미술 매체를 광범위하게 탐색한다. 미술치료사는 아동이 미술 매체와 어떤 관계를 맺고, 그것을 통해 표현하는 감정이 무엇인지에 초점을 맞춘다. 치료사는 매체를 향한 아동의 태도를 관찰하고, 무엇을 창조하는지와 어떻게 재료를 다루는지 또한 관찰한다. 치료사의 존재는 아동의 미술놀이 과정의 증인이 되고, 아동이 무엇과 관계를 맺었는지 입증하는 역할을 한다.

다음은 Blake의 즉흥놀이의 기록이다.

> 당신은 아동이 치료가 진행되면서 만들어 내는 것을 느낀다. 예행연습을 하지 않는다……. 이것은 생각을 통해 상대를 찾게 하고, 새로운 아이디어를 제공하는 새로운 조합을 만들며, 다음 놀이에 무엇을 할지 생각하게 한다……. 진정한 놀이는 우울불안(depressive anxiety)을 이겨 내게 한다. 왜냐하면 그것은 상상이기 때문에 실제로는 아무 일도 일어나지 않는다. 정말로 벌어진 일은 아무것도 없다. 안전한 놀이 안에서는 어떤 것도 파괴되거나 해를 입지 않는다.
>
> (2008: 122-3)

아동 미술치료에서 창조적인 도전이 성취될 때 인지적 도약이 활발하게 이루어진다. 다양한 미술 매체의 놀이적인 접근은 아동이 그들의 안락한 구역(comfort zone)을 넘어서는 것을 가능하게 한다. 치료사가 아동의 세계를 인정하고 그 세계에 들어가면 아동의 자신감과 자존감이 향상된다.

아동의 미술 작업 과정은 궁극적으로 소통을 의미하는 상징적 언어의 형태를 제공한다. 상징적이고 비유적인 미술놀이 과정을 통해 아동은 더 이상 존재하지 않는 과거 지각에 대한 이미지를 만들어 낼 수 있다. 그 이미지들은 자신의 내적 경험의 중심인 감정, 욕구, 두려움 및 생각을 표현하게 하는데, 그것들은 대개 기억 속에 묻혀 있다.

2) 발달단계의 인식

아동은 성장하며 미술 발달단계를 거치는데, 이 단계들을 파악하는 치료사의 능력에 따라 아동의 발달단계가 지연되었는지 아닌지를 알아챌 수 있다. Evans와 Dubowski의 연구(2001)는 미술 활동이 가치 있는 교육의 도구일 뿐 아니라 아동의 감정과 사회적인 적응을 표현하는 수단이라고 보는 Viktor Lowenfeld의 연구를 지지한다(Lowenfeld & Brittain, 1987).

미술치료사는 아동의 미술 발달단계가 얼마만큼 진행되었는지를 알아야 한다. 모든 아동이 시각적으로 높은 수준의 단계에 도달할 수는 없으며, 가끔은 치료적인 도움에 의지할 수 있다(Levick, 1983). 예를 들어, 지적인 발달 지연을 보이는 아동이 미술 발달단계에 고착되어 반복적인 나선형 모양만 그릴 수도 있다. 미술치료사는 손 가는 대로 휘갈겨 그리는 낙서에서 동그라미 모양으로, 조금 더 둥글어진 모양으로 향상시키기 위해 그림 그리는 순서를 통해 아동의 세상에 대한 인식을 돕는다. 지적장애가 있는 아동의 행동 반응은 미술치료가 진행되면 향상될 수 있는데, 이는 시각적인 지각의 발달단계가 이루어졌기 때문이다. 그러나 이것은 치료사에게도 오랜 시간과 많은 인내를 요구할 수 있다(Kellogg, 1970; Lowenfeld & Brittain, 1987; Rubin, 2005).

6. 청소년 미술치료

청소년기는 신체, 미술, 음악, 패션을 통한 자기표현이 심리사회적 하위문화에 받아들여지는 열정적이고 창조적인 시기이다. 표현 활동에 개입하는 것은 가족사를 넘어서는 외부 세계와의 더 싶은 수준의 투쟁, 걱정과 연결된 내면 과정에서 개인적인 이야기를 할 수 있는 기회를 제공한다(Coulter, 2011). 미술치료사는 이 시기에 혼란스러운 감정을 표현할 수 있는 통로를 제공한다. 그러나 다른 예술치료도 청소년 뇌의 심리사회적 발달단계에서 도움이 되는데, 비언어적이고 표현되지 않았던 부분들이 이제는 표현할 수 있는 언어를 찾기 때문이다. 인지적인 뇌 발달은 그들의 사고 능력과 매우 연관되어 있다. 집단미술치료가 특히 도움이 되는데, 이는 자기에 대한 평가가 또래의 지지를 통해 얻어지기 때문이다. 가족으로부터 분리되는 과정은 가족의 외부에 존재하고 자율적인 세계를 향상시키는 또래관계가 어떤지에 달려 있다. 미술 과제는 자기도취적인 관점에서 더 넓은 상징적인 내용의 의사결정 과정으로 옮겨진다. 미술 작품은 보관될 수 있다. 치료사는 청소년이 그들의 작품에 대해 아직 이야기할 준비가 되어있지 않은 것을 수용한다. 어떤 형태의 해석도 취약한 자의식과 자기부정에 잠재적으로 파괴적일 수 있으며, 낮은 자존감 형성에도 영향을 미친다.

사진 콜라주 작업은 청소년들과 사용하기에 특히 유용한 표현 수단이다. 사진 이미지는 현재 인기 있는 문화를 표현하며, 작품 형성에 있어 예술적인 능력이 부족한 것에 대해 염려하지 않게 해 준다. Landgarten이 미리 잘라 놓은 이미지가 효과적이기 때문에 이미지가 담긴 두 개의 상자를 제안했지만(Landgarten, 1993: 20), 청소년은 이미지를 스스로 자르면서 자기 자신을 위해 무엇인가를 할 수 있게 되고, 그것은 아이같이 취급되지 않기를 원하는 소원을 이룬 것이 된다.

7. 미술과 어린 시절의 트라우마

엄청난 충격으로 트라우마를 입은 아동은 실제로 정확히 파악하기 어렵고, 혼자서는 표현하기 힘든 다양한 감정을 경험한다. 불안, 무력감, 두려움, 공포, 전환장애, 우울, 식이장애 같은 정신적인 문제들은 어린 시절에 해결되지 않은 트라우마의 증상일 수 있다. 아동은 가정 폭력 때문에 집을 떠나 양부모에게 맡겨지거나 가정보육시설에 가게 되거나 납치를 당했을 수도 있고, 자연재해나 신체적인 질병 때문에 병원에 입원하면서 외상을 입었을 수도 있다. 트라우마는 언어적 · 감정적 · 성적 · 신체적 학대의 희생자인 아동이 겪는 결과이다. 아동은 자연재해나 다른 사고 또는 재난의 목격자일 수도 있다. 그들은 이런 일들을 TV에서 볼 수도 있고(Stern, 2003), 정신적 장애가 있는 부모로부터 받은 이전의 학대가 드러나 간접적인 트라우마를 경험할 수도 있다.

트라우마에 대한 경험을 상징적으로 표현하는 그림은 이미지를 통합해서 인식하고 상상을 가능하게 한다. 이 이미지들은 슬픔이나 상실의 감정을 내적으로 짧어지는 대신 외상과 관련된 감정을 표현하고 해결하며 소화시키는 미술 작업을 통해 드러나게 된다.

미술 표현은 아동에게 먼저 시각적인 형태를 사용해서 의사소통을 하게 한다. 이것은 트라우마를 경험한 아동에게 적합하다. 특히 스스로 자유롭게 표현하는 것이 어려운 심각한 트라우마를 입은 아동에게 적용된다. 아동은 적응할 시간과 치료사와 치료적 환경에 신뢰감을 형성할 시간이 필요하다. 치료사는 짧은 회기 때문에 한계가 있다고 느낄 수 있다. 그러나 아동과 함께 작업할 때, 치료사는 아동의 속도에 맞출 수 있어야 한다. 이것은 뇌종양으로 고통받는 아동과 작업한 영국의 실습 비디오에 잘 기록되어 있다. 미술치료 수련생은 몇 달 동안 "자동적인 그리기" 과정을 진행한다(Rubin, 2004). 치료사는 치료적인 과정을 서두르려는 시도를 하지 않으며, 점진적인 과정을 인식하고 아동의 행동이나 대화에 대해 어떤 방법으로든 지시하지 않는다. 아동이 이끌고 치료사가 따라간다.

치료사는 그 과정에 함께 있을 수 있어야 하고, 논리적인 진행이 도움이 되지 않을 수 있다. 단지 치료사에게 어떤 특정한 문제를 다루어 달라는 요청이 있다고 해서 그것이 아동의 가장 큰 관심을 의미하는 것은 아니다. 치료사는 자신이 계획한 치료 일정대로 진행하려는 마음을 내려놓고 아동의 감정 처리 과정과 함께할 수 있어야 한다. 이것은 이후에 반영될 수도 있고 즉시 반영될 수도 있는데, 치료사는 그와 함께 머물러야 할 필요가 있다. 이 과정은 치료사가 어떤 목적을 가지고 의도한다면 발생하기 어렵다. 아동은 온전히 기능하는 우뇌를 가지고 있고, 치료사는 아동의 타고난 표현 능력이 그들의 창조적 과정과 관계 맺도록 하기 위해 주도자의 역할을 내어 주어야 한다. 이 과정은 이후 슈퍼비전을 통해 이해될 수 있다(제15장과 제16장 참조). 치료사는 아동이 자신감을 가질 수 있도록 지지하고, 관계를 신뢰할 수 있도록 하고, 더 잘 대처하도록 하며, 외부 세계와 통합하는 것을 지속할 수 있도록 힘을 주어야 한다.

참고문헌

American Psychiatric Association. (2013). *Diagnostic and Statistical Manual of Mental Disorders (DSM-5)* (5th ed.). Arlington, VA: American Psychiatric Association.

Axline, V. (1969). *Play Therapy* (revised ed.). New York: Ballantine Books.

Blake, P. (2008). *Child and Adolescent Psychotherapy*. Melbourne: IP Communications.

Case, C., & Dalley, T. (Eds.) (1990). *Working with Children in Art Therapy*. London: Routledge.

Cohen, B. M., Mills, S., & Kijak, A. K. (1994). An introduction to the diagnostic drawing series: A standardised tool for diagnostic and clinical use. *Art Therapy*, *11*(2), 105-10.

Coulter, A. (2007). Couple art therapy: 'Seeing' difference makes a difference. In E. Shaw & J. Crawley (Eds.), *Couple Therapy in Australia: Issues Emerging from Practice* (pp. 215-27). Kew, Victoria: PsychOz Publications.

Coulter, A. (2009). Mind landscapes: The creative adolescent brain. Presented at the Australia and New Zealand Art Therapy Association Conference. *A Creative Landscape: Art Therapies by the Bay* at Waterfront Campus, Deakin University, Geelong, Victoria 31 October-1 November.

Coulter, A. (2011). Contemporary art therapy: Working with transient youth. In H. Burt (Ed.), *Art Therapy and Postmodernism: Creative Healing Through a Prism* (pp. 83-93). London: Jessica Kingsley Publishers.

Cox, C. T. (1985). Themes of self-destruction: Indicators of suicidal ideation in art therapy. Paper presented at the American Art Therapy Association Sixteenth Annual Conference, New Orleans, LA.

Evans, K., & Dubowski, J. (2001). *Art Therapy with Children on the Autistic Spectrum: Beyond Words*. London: Jessica Kingsley Publishers.

Hass-Cohen, N., & Carr, R. (2008). *Art Therapy and Clinical Neuroscience*. London: Jessica Kingsley Publishers.

Henley, D. (2002). *Clayworks in Art Therapy: Plying the Sacred Circle*. London: Jessica Kingsley Publishers.

Kellogg, R. (1970). *Analyzing Children's Art*. Mountain View, CA: Mayfield Publishing Company.

Kramer, E. (1971). *Art as Therapy with Children*. New York: Schocken Books.

Kwiatkowska, H. Y. (1978). *Family Therapy and Evaluation through Art*. Springfield, IL: Charles C. Thomas.

Landgarten, H. B. (1993). *Magazine Photo Collage: A Multicultural Assessment and Treatment Tool*. New York: Brunner Mazel, Inc.

Levick, M. F. (1983). *They Could Not Talk So They Drew*. Springfield, IL: Charles C. Thomas.

Liebmann, M. (2004). *Art Therapy for Groups: A Handbook of Themes and Exercises* (2nd ed.). London: Jessica Kingsley Publishers.

Lowenfeld, V., & Brittain, W. (1987). *Creative and Mental Growth* (8th ed.). New York: Macmillan Publishing.

Lusebrink, V. B. (2004). Art therapy and the brain: An attempt to understand the underlying processes of art expression in therapy. *Art Therapy: Journal of the American Art Therapy Association*, *21*(3), 125-35.

Rosal, M. (1985). The use of art therapy to modify the locus of control and adaptive behavior of behaviour disordered students. Unpublished doctoral dissertation, University of Queensland, Brisbane, Australia.

Rosal, M. L. (1993). Comparative group art therapy research to evaluate changes in locus of control in behavior disordered children. *The Arts in Psychotherapy*, *20*, 231-41.

Rosal, M. (1996). *Approaches to Art Therapy with Children*. Burlingame, CA: Abbeygate Press.

Rosal, M., McCulloch-Vislisel, S., & Neece, S. (1997). Keeping students in school: An art therapy program to benefit ninth-grade students. *Art Therapy: Journal of the American Art Therapy Association*, *14*(1), 30-6.

Rubin, J. A. (2004). *Art Therapy Has Many Faces*. VHS/ DVD. Pittsburgh, PA: Expressive Media, Inc.

Rubin, J. A. (2005). *Child Art Therapy* (2nd ed.). Somerset, NJ: Wiley.

Siegel, D. J. (2007). *The Mindful Brain: Reflection and Attunement in the Cultivation of Well-Being*. New York: W.W. Norton and Company.

Stepney, S. A. (2001). *Art Therapy with Students at Risk: Introducing Art Therapy into an Alternate Learning Environment for Adolescents*. Springfield, IL: Charles C. Thomas.

Stern, P. (2003). *Standing Tall: Helping Children Cope with 9/11*. VHS film: Fanlight Productions.

Ulman, E. (1975). A new use of art in psychiatric analysis. In E. Ulman & P. Dachinger (Eds.), *Art Therapy in Theory and Practice* (pp. 361-86). New York: Schocken Books.

Winnicott, D. W. (1971). *Playing and Reality*. London: Tavistock.

Withers, R. (2009). The therapeutic process of interactive drawing therapy. *New Zealand Journal of Counselling*, *29*(2), 73-90.

제**11**장

미술치료사로서 가해자와 작업하기

Annette M. Coulter

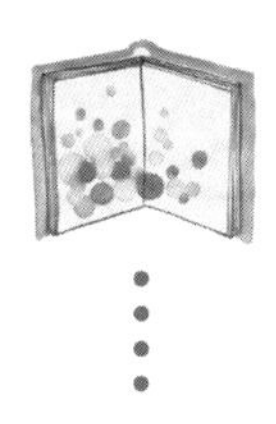

지금까지 가해자를 대상으로 한 미술의 치료적인 개입은 1994년에 출간된 Liebmann의 『가해자와의 미술치료(Art Therapy with Offenders)』와 1997년에 출간된 Gussak과 Virshup의 『그림 그리는 시간: 교도소와 다른 교정 시설에서 이루어진 미술치료(Drawing Time: Art Therapy in Prisons and Other Correctional Settings)』 이전까지는 매우 드물었다. 이 저서들은 미술이 재소자의 치료에 어떻게 효과적인지에 대해 소개한다. 비단 미술치료 개입 이전에도 재소자 및 외부와 차단된 생활을 하는 사람들에게 사용 가능한 매체가 있다면 그것이 무엇이든 간에 그들에게 미술 활동을 하려는 자연적인 욕구가 있다는 것이 관찰되었다(Prinzhorn, 1972; Cardinal, 1972, 1979). 미술 작업을 통한 자가 치료의 자연적인 욕구는 통제하고 억제하는 환경의 시설에서 때때로 역효과를 낳는다. 이러한 점에 있어서 "교도소는 장기 입원하는 정신 병원과 다르며"(Goffman, 1968), "특히 고립된 환경에서 타인과의 관계를 깊이 있게 맺지 못하는 사람들에게 미술치료는 필수적인 표현 수단이고, 언어적인 소통의 실패를 성공으로 이끌어 주는 의사소통의 방법"이다(Nowell-Hall, 1978:

39). 그러나 규율을 따라야 하고, 순응하는 것과 눈에 띄지 않는 생활을 유지해야 하는 환경에서 자기표현과 개별화를 촉진하는 치료의 형태가 얼마나 적합한지에 대한 의문이 생긴다(Coulter, 1986). 미술치료사는 관리자뿐 아니라 재소자에게도 유익한 치료 프로그램을 어떻게 제공할 것인지에 대한 고민을 해야 한다. 흥미로운 자기표현 프로그램이 수감 중인 개인에게 수감 시설 내에서 독립적인 태도를 취하게 한다면, 그래서 그들이 지내고 있는 곳의 체계와 권위에 도전하게 한다면, 그것은 도움이 되지 않는다. Goffman은 "어떤 집단의 사람이라도…… 당신과 친밀해지면 의미 있고 타당하며, 정상적인 삶을 영위해 나간다는 것을 알게 된다."라고 기록했다(Goffman, 1968: 11). 교정 시설에서 활동하는 미술치료사는 자신의 기술과 지식을 외부의 어떤 영향도 받기 어려운 독특한 환경에 맞춘다. 교정 시설이라는 환경에서 변화는 권장되지 않고, 규율에 따른 행동이 수감생활의 기준이 된다.

1. 문헌조사

Gussak과 Virshup은 교정 시설 내의 불가능한 경제 활동과 비인간적인 대우에 대한 우려와 관련하여 논의한다(Gussak & Virshup, 1997: xv-xx). 최근에는 정신질환과 범죄를 연결 지으려는 사람들이 늘어나고 있는 추세이다. Gussak과 Virshup은 미술치료가 문자 그대로 치료적이거나 의식적으로 다루어지지 않아도 덜 의식적인 수준에서 자기반영과 통찰을 위한 기회를 제공한다고 주장한다. 그들은 "의도하지 않은 이슈나 통찰의 노출이 얼마나 위협적일 수 있는지"에 대해 경고한다(Gussak & Virshup, 1997: 2). 그러나 미술은 언어적으로 표현하지 않아도 전달되는 수단을 제공한다. 재소자는 매 회기 후 다시 감금되는 환경으로 돌아가야 하기 때문에, 취약한 상태로 돌아가지 않아야 한다. "내담자가 회기를 떠날 때…… 그는 일반적인 재소자 집단으로 돌아간다……. 치료는 내담자가 온전히 자신에게 필요한 방어와 가면을 허용하며 자신에 대한 이해를 높이는 것에 초점을 맞춰야 한다."(Gussak & Virshup, 1997: 2) 미술치료 회기가 끝난 후에, 수감자 개개인은 치료사가 전혀 이해하지 못하는 세계로 돌아가야만 한다. 어떠한 시설도 그들만의 문화와 관례가 있다. Gussak과 Virshup(1997) 및 나의 경험(Coulter, 1986)이 상기시켜 주는 것처럼 교도소나 정신병원 같은 환경에서 개인이 살아남으려면 창조적인 활동을 통해 개별화를 하는 것이 아니라 얼마나 튀지 않고 눈에 띄지 않는 생활을 유지할 수 있는지가 중요하다는 것을 알게 되었다. Liang(1984)과 Boyle(1977)의 연구는 이 과정이 매우 이례적인 것이라고 보고한다(Gussak & Virshup, 1997; Teasdale, 1997; Liebmann, 1994).

2. 분노와 중독 다루기

재소자는 중독 성향이 있을 수 있다. 이는 알코올, 마약, 도박, 폭력적인 행동이나 범죄 자체에 대한 중독일 수 있는데, 이러한 행동과 연결되는 반복적인 충동이 사회적으로는 통제 불능으로 여겨지나 그 개인에게는 정상적인 삶으로 받아들여진다. 부정의 기제는 문제가 있다는 것을 받아들이기 어렵게 만든다. 너무 고통스러운 지각은 부정된다. 미술치료의 목적은 이러한 인지적 왜곡을 자극하는 데 있고, 중독을 통한 자기기만의 기제를 내담자가 좀 더 잘 이해하도록 돕는 것에 있다.

재소자는 결혼이나 가족 붕괴, 마약 중독, 알코올 중독, 도박이나 빈곤 같은 때때로 정상참작이 가능한 문제를 가지고 있다. 치료사의 역할은 재소자의 자기기만과 영구화된 부정의 기제를 수용하고 지지하는 것이 아니다. 중독은 대개 고통스러운 감정에서 벗어나고 싶은 욕구로 인해 동기화된다. 초보 미술치료사는 내담자를 이해하는 것과 따뜻하게 보살피는 지지적인 관계 형성에 집중할 수 있다. 그러나 이것이 재소자에게 가장 중요하지 않을 수 있다. 미술을 통해서 개인적인 자료들이 무심코 떠오를 수 있다. 내담자의 안전을 위해 언어적으로 표현하는 것이 그들에게 도움이 되지 않을 수 있다(Gussak & Virshup, 1997). 재소자와 함께 작업하는 과정에서 그들은 억눌린 감정을 풀어내며 해방감을 느끼고, 언어적으로 표현하기 힘든 것을 표현하게 된다. "왜냐하면 '분노'에 관한 미술 작업이 일반적으로 위협적이라고 여겨지지 않기 때문에, 재소자는 처벌에 대한 두려움을 느끼지 않고 적개심과 격렬한 분노를 종이 위에 그려 낼 수 있다."(Gussak & Virshup, 1997: 2) Liebmann이 지적한 것과 같이 "실제 범죄는 빙산의 일각이고, 수년 동안 방치된 문제를 볼 수 있게 해 준다."(Liebmann, 1990: 134) Teasdale은 "미술치료가 단지 분노를 다루는 것만 도와주는 것은 아니다……. 이미지를 만드는 시간을 주고, 그들이 분노하는 이유에 대한 생각을 나눌 수 있는 토론의 시간을 제공한다."(Teasdale, 1997: 34) 재소자는 진심으로 자신의 문제를 해결하기 원하고, 알코올 중독, 도박 중독, 분노 조절을 다루기 위해 미술치료 집단에 참여하는 것, 다른 문제해결 집단에 참여하는 것에 동의한다.

3. 해결중심 이야기식 접근법

미술 매체를 활용한 치료적인 과정에 여러 이론적 접근이 있다. Liebmann은 범죄에까지 이르는 사건들을 스토리보드를 이용해 표현하는 이야기치료 접근법을 개발했다(Liebmann, 1990: 135; Liebmann, 1994: 152-261). 이 접근법은 그들의 역경을 이야기 지도로 만들기 위해 내담자를 격려하는 Fisher의 접근과 다르지 않다(Fisher, 2005). Liebmann은 내담자가 실제로 저지른 범죄나 판결과 상관없이 자신의 주관적인 시각에서 표현된 만화 형식의 작품을 만들도록 격려한다. 여기에는 몇 가지 방법이 있는데, 인지적 왜곡을 재평가하도록 활용할 수 있다. 예를 들어, 스토리보드는 그 사건에 영향을 받은 타인의 관점에서 그려질 수 있다. 범죄 사건에 대한 이미지의 시각적인 기억이 정서적인 기억의 표현을 더 생생하게 만든다.

이야기식 접근법은 문제를 해결하기 위한 해결책과 행동계획을 결합시키는(Coulter, 2011) 해결중심 접근법과 연결된다(Cade, 1995). 이 해결책은 미래에 초점이 맞추어지는데, 수감 후의 삶은 자신의 통제 안에 있다는 것이다. Cade는 치료사에게 내담자가 "연관된 행동, 생각, 느낌, 상호작용에서 예외적인 요소"를 찾는 것을 도와주도록 제안한다(Cade, 1995: 1). 많은 경우, 범죄에 대한 기억이 다루어진다. Liebmann의 스토리보드에서 개인적인 이야기의 창조를 통해 "그 특정한 시간에 무엇이 달랐고 그것이 어떻게 나왔는지에 따라 예외적인 것들이 끌어내어지고, 조명받게 되며, 탐색된다."(Cade, 1995: 1) 사건을 탐색하는 스토리보드를 통해 그 사건을 간접적으로 촉발시킨 알코올이나 가족 갈등이 분명해질 수 있다. Cade가 제안한 것처럼 "개입은 그것이 아주 미미하고 간헐적일지라도, 지금까지 작업해 온 것이나 현재 내담자가 작업하고 있는 것에 기반을 둔다."(Cade, 1995: 1)

해결중심 접근법에서 재소자들이 자신의 처한 상황을 다르게 볼 수 있도록 도와주는 세 가지 질문이 있다. ① "기적의 질문"(de Shazer, 1994: 95)이란, 밤새 기적이 일어나서 아침에 일어났을 때 그들의 상황이 완전히 바뀌어 있다고 상상하는 것이다. 내담자에게 가능한 한 많은 세부사항을 포함해 상황이 얼마나 달라졌는지를 묘사하게 하고, 치료사는 그 변화에 영향을 받은 가족과 친구들에 대해 그들이 누구이고, 얼마나 영향을 받았으며, 정확하게 무엇이 달라졌는지에 대해 질문을 끌어낸다. 무엇이 일어났는지보다 무엇이 더 이상 일어나지 않는지를 이야기하는 것이 내담자에게는 더 쉽다. 예를 들어, 만약 알코올과 관련된 범죄라면 그들은 더 이상 술을 마시지 않는다고 말하면서 치료사를 곤란하게 할 수 있다. 만약 치료사가 이렇게 반응한다면 더 도전적일 것이다. "그래서 당신이 더 이상 술을 마시지 않는다면, 대신 무엇을 하나요?" 치료사는 내담자에게 술을 마시는 대신에 지금 하고 있는 것이 어떻게 다른 활동인지를 묘사하도록 은연중에 암시를 준다. ② 수치화된 질문을 통해 그들의 상황에 대해 숫자로 점수화할 수 있도록 내담자를 격려하는 것이다. 예를 들어, 0이 '전혀 아니다'이고, 10이 '매우 그렇다'를 의미한다면, 그들의 현재 상황에서 변화를 위한 가능성이 수치로 얼마나 될지를 묻는다. 만약 그들이 2라고 대답한다면, 다음 질문은 좀 더 미래에 초점을 맞춰 생각하도록 격려한다. "2점에서 3점이 되기 위해서는 무엇이 필요할까요?" ③ 내담자가 지금껏 마주한 역경을 대처해 온 능력을 강조하는 것이다. 내담자는 그들의 많은 자원과 전문 기술에 대해 나눈다. 치료사가 아닌 내담자가 해결책을 알고 있다. 해결중심 접근법에서는 창의적인 질문이 내담자가 그들이 현재 가지고 있는 딜레마에서 실제적인 해결책을 묘사하도록 격려한다(Berg & Steiner, 2003).

또 다른 기법은 상호작용 그리기 치료에서 "변호하기"로 언급되는데(Withers, 2006, 2009), 치료사가 내담자를 위해 그림을 그린다. 내담자가 표현하는 것만 정확하게 묘사하는 것이 중요하고, 치료사 자신의 병리적인 측면에서 나온 어떤 것도 더해지면 안 된다. 그러나 내담자를 위한 '변호하기' 그림을 그릴 때, 치료사는 일련의 사건이 설명된 순서대로 내담자를 위한 스토리보드를 창조할 수 있다. '변호하기'는 주로 내담자가 그림 그리는 것을 주저하는 상황에서 추천된다. 이 방법은 어떤 방법으로 이미지가 창조되든 간에 재소자의 사건으로부터 정서적인 거리를 제공할 가능성이 있다. 그림은 가능한 한 빨리 내담자에게 넘어가게 된다. 한번 그림을 그리기 시작하게 되면, 내담자는 계속해서 그림을 그리게 된다(Withers, 2006).

알코올 중독 집단을 위해 Liebmann이 개발한 또 다른 기법은 재소자를 위한 미술치료 활동에 적용된다. 한 장이 네 개의 프레임으로 나누어진다. Liebmann은 첫 번째와 마지막 프레임의 내용—첫 번째는 술을 마시는 것이고, 네 번째는 체포되는 것—을 지시한다. 집단 구성원은 어떻게 처음에서 마지막으로 가게 되는지 알 수 있도록 그 중간의 빈칸을 채우도록 요청받는다(Liebmann, 1990: 146). 같은 과제가 재소자에게도 적용될 수 있다. 첫 번째 프레임에는 범죄가 발생하기 전, 그리고 마지막 프레임에는 범죄가 일어난 것을 지시하고, 그 사이의 사건들을 시각적으로 묘사해 달라고 요청할 수 있다.

Liebmann의 스토리보드에서 마지막으로 확장된 기법은 대체 가능한 이야기를 찾아내도록 고안된 "기적의 질문"(de Shezer, 1994: 95)과 비슷한 이야기 개입을 활용하는 것이다. 이 대체된 이야기에서만 "무엇이 다른지"에 초점을 맞춘다(White & Epston, 1990). 이것이 해결중심 접근법에서 예외를 찾는 것과 다르지 않은 점이다(Cade, 1995).

미술치료는 재소자에게 거리를 두고 고통스러운 감정을 직면할 수 있는 기회를 제공한다. Wilson은 도박 중독자들과 작업할 때, '수치심'이라는 감정을 다루기 위해 미술을 사용한다. 이들에게는 고통스러운 느낌에서 멀어지기 위해 중독적인 행동을 하게 하는 충동이 있다. 중독되었다는 생각이나 중독이라는 '질병'으로 인한 통제 불능이 '수치심'을 느낄 가능성을 감소시킨다(Wilson, 2003). 재소자의 중독으로 인한 무력감과 부적절한 느낌이 범죄를 정당화한다. 미술 활동을 통한 창조적인 작업은 '수치심'을 감소시키는 부정을 직면하게 하고, 교정하는 활동을 시작하게 한다. 미술 작업의 결과물은 내담자의 외부에 객관적으로 존재하나 내면의 자신과 연결되어 있다. 재소자의 내부와 외부의 세계를 이어 주는 이 창조물을 통해 자기표현이 증진된다. 미술 작품은 치료에서 내담자의 시각적인 변화를 보여 주는 영구적이고 확실한 기록이다. 상징이나 비유를 통해서 표현하는 것이 더 쉽고, 미술 활동을 하는 것 자체가 편안함을 주기 때문에 마음챙김을 활성화하는 과정에 개입하고, 창조성과 놀이를 하는 기회, 즉 명상을 하는 과정이 권장된다. 창조적인 과정은 범죄나 중독이 주지 못하는 회복하는 과정에서 선택과 해결책을 제안한다.

Wilson은 미술치료가 재소자와 작업할 때와 마찬가지로 중독과 관련된 문제로 고통받는 사람들과 작업할 때, 다섯 가지 주된 고려사항이 있다고 믿는다. 안전과 신뢰를 확립하고, 중독이라는 질병의 본질을 이해하며, 부인을 깨뜨리고, 회복을 받아들이며, 수치심의 기원을 이해하는 것이다(Wilson, 2003). 이 각각의 개입은 다음에서 검토될 것이고, 실제적인 치료 과제의 실례가 주어질 것이다.

1) 안전과 신뢰 확립

이 과정의 치료적인 목표는 자기노출의 위험을 감수할 수 있는 것인가이다. 만약 안전과 신뢰가 확립되지 않을 경우, 중독이라고 진단받은 사람들은 자신이 '통제할 수 없다'는 꼬리표를 받지 않을까 두려워한다. 미술은 생각과 느낌이 변형되어 나타나 아직 처리되지 않은 수치심을 줄이는 개인적이고 시각적인 언어를 발달시킬 기회를 제공한다. "만약 [재소자가] 언어적으로 분노를 표현한다면, 그 사람 주위에 있는 사람들이 역으로 반응을 하는데, 왜냐하면 분노를 모욕으로 받아들이기 때문이다……. 그러나 …… 그들은 응징을 당할 걱정을 하지 않고, 공격성이나 분노를 종이 위에 그림으로 그릴 수 있다."(Gussak & Virshup, 1997: 2) 이 단계에서 내담자는 그들이 표현하기로 선택한 것이 무엇이든 간에 주인이 되어 위험을 감수하고, 치료적인 과정을 신뢰하기 위해 자신의 능력을 믿고 자기회복력을 배워 간다.

- 집단에 당신 소개하기(pp. 127, 147-9 참조)
- 당신을 여기로 데려온 상황 그리기(Liebmann, 1990: 140-3)
- 여기에 있는 것에 대한 느낌이 어떤가?(Wilson, 2003: 285)
- 집단이 알지 못하는 당신에 대한 어떤 것 그리기(pp. 146-7 참조)
- 당신의 이름을 그림으로 그리기(pp. 146-7, 219-21 참조)
- 마음속에 떠오르는 것은 무엇이든 그리기(pp. 113-5, 146-7, 270-1 참조)

- 당신을 묘사하는 콜라주 만들기(pp. 148-9, 234-5, 271-4 참조)

2) 중독이라는 질병의 본질 이해

중독으로부터 벗어나기 위해서는 자신에게 문제가 있다는 것을 반드시 인정해야 한다(Wilson, 2003; Coulter, 2011). 이 과정에서 내담자는 자신의 경험을 묘사할 때 개인적인 관점에서 진술하게 되는데, 이를 통해 그들의 행동에 더 책임을 질 수 있게 된다. 앞에서 논의한 바와 같이 연속적인 사건들과 그들이 한 행동의 부정적인 결과를 고려하는 것은 책임감을 발달시킬 수 있도록 도와준다. 중독은 '질병'이라고 불린다.

- 당신의 중독 그리기(Wilson, 2003: 285). 만약 그것이 말을 할 수 있다면, 무엇을 말하는가?(Wither, 2006: 2)
- 당신의 중독 또는 충동적인 행동의 "영향 아래에 있는" 것을 그리기(Coulter, 2011: 88-9; Wilson, 2003: 285)
- 당신이 중독의 유혹에 넘어간 후에 일어난 사건(혹은 일련의 사건) 그리기(Liebmann, 1990: 137-43)
- '무력한 존재'의 느낌 그리기(Wilson, 2003: 286)
- 중독과 연관된 다른 느낌 그리기
- 당신의 중독이 가족에게 끼친 영향 그리기
- 내가 누구인지/누구였는지/누가 되고 싶은지 그리기
- 당신 집의 테두리를 그리고, 그 집의 안과 밖에 당신의 중독이 미친 영향을 그리기(Wilson, 2003: 291)
- 두 장의 그림 그리기: 중독된 자신, 중독되지 않은 자신

3) 부인을 깨뜨리기

치료적인 개입으로서의 미술 기법은 비언어적인 것에 기반을 둔다. 그러므로 수치심을 가리고 부인을 영구화하는 방어를 깨뜨리기에 더 효과적인 방법이다. 창조적인 과정을 통해 주지화 · 합리화 · 축소화 같은 방어 기제(Moore, 1983)가 최소화된다. 내담자가 자신의 문제와 더 친숙해지면서 무슨 일이 발생했는지에 대한 이해가 형성된다.

- 당신과 당신 가족, 당신과 당신 가족 외에 존재하는 사회체계에 중독이 미친 영향 그리기(하나 혹은 전부 그리기)
- 자기상자/가방: '바깥은 당신이 다른 사람들에게 보여 주는 자신의 모습, 안쪽은 그들에게 보여 주기 두려운 당신의 모습'(Wilson, 2003: 287; 또한 이 책의 pp. 148-9 참조)
- 환상 vs 현실: 중독이 당신에게 무엇을 약속하는지 vs 당신이 징말 경험하는 것은 무엇인지(Wilson, 2003: 286-7)
- 당신이 사용하는 부정의 세 가지 형태를 그림으로 그리기(Wilson, 2003: 287)
- 중독을 촉발하는 체크리스트 그리기(Wilson, 2003: 288)
- 그리기: 당신이 탓하는 사람은?
- 중독의 과거사와 이것이 당신을 어디로 이끄는지에 대한 지도 그리기(Coulter, 2007: 223)
- 당신이 중독에 가장 취약할 때를 그리기: 상황을 설명하는 것이 필요(Wilson, 2003: 288; Withers, 2006)
- 중독을 촉발하는 것을 다루도록 도와주는 회복의 도구 그리기(Wilson, 2003: 288)

4) 회복을 받아들이는 것

이 단계에서 중독이 줄어들기 위해서는 중독에 대한 신념체계의 변화가 요구된다. Wilson은 이 단계에서 치료 동료 집단, 더 큰 커뮤니티, 가족, 친구의 지지를 강조한다(Wilson, 2003). 또한 상황에 따라 멘토로부터의 지원을 포함할 수 있다. Wilson은 신념체계를 구조화하고, 예를 들어 이전의 신념체계로 돌아가는, 그들의 선택에 대한 더 상위의 외부적 힘과의 관계를 발전시키는 것이 필요하다고 언급한다. 인간으로서 중독에 굴복했다는 것을 받아들이는 것이 수치심을 줄일 수 있도록 도와준다. 외부로부터 오는 영적체계의 지지는 거리를 좀 두었을 때 보일 수 있으나, 그들의 회복이 이루어질 때 더 가까워진다. '상위의 힘'의 개념에 부합하는 대체 가능한 과제들이 있다. 그 목록은 다음과 같다.

- 당신의 "상위의 힘"과의 관계 그리기(Wilson, 2003: 290)
- 영적인 상징 만들기: 당신의 새로운 신념을 표현하는 어떤 것으로
- 힘의 상징을 찾고 그림 그리기
- 당신이 "상위의 힘"에게 말을 하는 이야기 그리기(Wilson, 2003: 290)
- 당신과 반대되는 부분에 초점을 맞춘 개인의 만다라 만들기
- 기회의 문과 도전의 문 그리기
- 당신이 좋아하는 것과 싫어하는 것 그리기
- 당신에게 용서는 어떤 모습일지 그리기(Wilson, 2003: 290)

5) 수치심의 기원 이해하기

마지막 단계는 지금껏 이야기할 수 없었던 현실을 마주하여 이야기하는 것을 포함한다. 이것은 중독의 문제가 시작되는 초기 아동기 경험과 관련된 가

족사를 살펴본다는 것을 의미한다. 또는 이것은 조절하려는 욕구나 변화에 대한 두려움으로 수년 동안 유지되어 온 패턴을 견고하게 만든 신화나 규칙에서 벗어나거나 트라우마에 대한 기억으로부터 자기규제가 필요하다는 것을 의미하기도 한다. 이것은 자기실현, 자율권과 자기 가치 확인의 단계이다.

- 자신을 포함해서 가족화 그리기(pp. 270-1 참조)
- 자신의 신체에 외곽선을 그리고, 그 안을 긍정적인 말과 이미지로 채우기(Wilson, 2003: 291) (이것은 중독에 대한 신체적인 영향을 그리는 집단 과제로 사용될 수 있다; Wilson, 2003: 286; Feen-Calligan, 1999)
- 함께 회복을 향한 지도나 길 만들기(Wilson, 2003: 291; Coulter, 2007: 223)
- 성인인 자신이 돌보는 내면아이 이미지 창조하기(Wilson, 2003: 291; Withers, 2006: 10-11)
- 내면아이의 이미지를 인형이나 꼭두각시 인형으로 만들고, 안전한 장소 창조하기(Wilson, 2003: 291)
- 당신이 감사함을 느끼는 것과 잃어버린 것을 표현한 집단 나무와 나뭇잎 만들기
- 가면 만들기: 사람들이 보는 것으로 외부를 칠하고, 당신에게 다르게 느껴지는 감정이 무엇인지를 안쪽에 칠하기

4. 중독 워크숍 실습

동종보건전문가들에게 중독에 관한 실습을 주관할 때, 다음의 세 가지 워크숍이 효과적이고 경험적인 학습 과제가 된다. 시각 일기 쓰기는 모든 실습 워크숍의 일부이다. 시각 일기 지시 과제에는 구성원들의 비밀보장과 자기 스스로를 돌보는 경험을 통합할 수 있는 과제가 포함되어 있다. 중독을 다루

는 작업은 때때로 직면을 요구한다. 미술치료사는 미술 작품을 통해 어떻게 스스로 그 과정을 감당해 나갈 것인지에 대한 기술을 제공할 책임을 진다. 그들은 그 실습 집단에 짧은 시간 동안만 함께하기 때문이다.

1) 미술 과제 1: 당신의 중독 그리기

(1) 시각 일기 쓰기: 일기 쓰기 과제

당신의 중독 그림에서 보고된 것 중에 골라서 그림을 그린다. 이것은 아마도 그 과정에 대해 반영적인 것일 수 있는데, 이 그림을 그린 후 어떻게 느끼는지 또는 미술 작업을 하면서 마음에 어떤 생각이 들었는지 같은 것이다. 관련 있는 어떤 글이라도 적는다. 일기는 비밀이 보장되며, 당신이 보여 주고 싶은 사람에게만 보여 준다.

2) 미술 과제 2: 가족사

중독과 관련된 작업에서 내담자의 가족에 대한 것을 포함하는 것은 항상 유용하다. 가족사일 수도 있고, 중독이 그들의 어린 시절 경험과 어떻게 연관되어 있는지, 또는 현재의 가족일 수도 있고, 중독이 그들의 삶에 있는 중요한 사람들에게 어떤 영향을 미치고 있는지 일 수도 있다. 이 과제는 Kwiatkowska의 가족 미술 평가(Family Art Evaluation Technique)에서 차용되었으나(Kwiatkowska, 1978), 다른 형태의 미술 매체를 사용해 만들어졌다.

(1) 첫 번째 활동

플라스티신으로 당신의 가족과 가족 간의 관계를 묘사하는 (대략 손바닥만 한) 작은 추상 조각을 만든다. 각각의 가족 구성원을 표상하는 색, 모양, 당신과 관련 있는 어떤 다른 추상을 사용해서 표현하라. 추상적인 미술에서 고려할 것들의 목록이 138~139페이지에 기초 미술 매체로 나와 있다. 이 목록은 내담자와 치료사가 추상적인 개념에 대해 생각하는 것을 도와준다. 치료사는 몇 가지에 초점을 맞출 수 있고, 내담자나 집단의 능력에 따라 전체 목록을 제공할 수도 있다. 만약 점토가 너무 어려운 매체라면, 색이 있는 종이를 대신 사용할 수 있고, 혹은 앞으로 나오는 과제들 중 하나를 대안으로 사용할 수도 있다.

(2) 두 번째 활동

만약 첫 번째 활동이 너무 어려웠다면 각각의 가족 구성원을 묘사하는 추상적인 형용사에 대해 생각해 보고, 그 형용사들을 색, 모양, 크기, 질감으로 전달하라고 해 보자. 예를 들어, 한 가족 구성원을 묘사하는 세 가지 형용사가 발랄한, 활동적인, 믿을 만한이고, 또 다른 구성원은 무책임한, 해를 끼치는, 영리한이라고 하자. 또 다른 가족은 내성적인, 야망이 있는, 부정직한 구성원을 가지고 있을 수 있고, 또 다른 구성원은 우울하고, 불안하고, 우유부단할 수 있다. 당신이 각각의 가족 구성원의 성향을 묘사한 세 가지 추상적인 개념을 합쳐서 색, 형태, 질감 등을 통해 어떤 모양을 만들 수 있는지 살펴보자.

만약 시간이 있다면 미술치료사는 이런 예를 여러 개로 브레인스토밍할 수 있다.

(3) 세 번째 활동

이 과제를 좀 더 확장하면 가족 지도 만들기를 포함한다. 이것은 가족의 심리학적 가계도(genogram)나 공간적인 형태의 시각적 미술치료 개념으로 볼 수 있다(Coulter, 2007: 223). 작은 조각들은 서로의 관계에 따라 배치되고, 가족 구성원을 포함해서 그 조각들이 놓이는 환경도 그리고 색칠해서 만든다.

서로의 관계를 반영해서 가족의 위치를 잡아 가족 지도를 창조한다. 이 과제에 더 첨가하고 싶으면 종이에 그림을 그리거나 색을 칠할 수 있다. 현재의 가족체계를 강조하기 위해 다양한 관계와 선, 색, 공간의 활용에서 보이는 것을 생각해 보자.

이 확장된 과제는 추상적 가족화에 대한 내용을 더하고, 서너 명으로 이루어진 작은 집단에서 가족사에 대한 이야기를 나눌 수 있는 기회를 제공한다.

(4) 네 번째 활동

더 확장된 과제는 현재의 상황에서 가능한 변화를 생각하게 하는 해결중심 과제를 소개하는 것이다. 이것은 지도에서 어떤 변화를 원하거나 추상적 가족화에 대한 내용을 바꾸고 싶어 하는 사람들에게만 관련이 있다.

밤새 기적이 일어나서 다음날 당신이 일어났을 때, 당신의 가족화의 모든 것이 더 좋게 변했다. 기적이 일어났을 때 당신의 가족 조각이 어떻게 되었을지 다시 재배치해 보자. 그렇지 않으면, 해결중심 접근 모델처럼 단순하게 당신의 가족화를 당신이 원하는 방식으로 재배치하라고 할 수 있다.

집단 토론 후에 다른 집단 구성원의 시각 일기에 대한 보고를 할 기회를 제공한다.

3) 미술 과제 3: 회복 지도 그리기

시각 지도 만들기 과제는 이야기 스토리보드 구조의 확장으로서 회복을 향한 여정에 대한 상위의 혹은 대략의 개념을 보는 시각을 제공한다. 가족 작업에서 시각 지도 만들기는 심리학적 가계도나 가족계획(house plan)에 대한 확장이라 할 수 있다(Coulter, 2007: 223). 또한 그것들은 인생 여정을 시각적으로 상징하는 표현일 수 있다(Liebmann, 2004: 212). 대화 지도를 다시 작성하기 위해 White가 사용한 차트는 좀 더 시각적 미술치료 과제에 적용할 수 있는 이야기식 접근을 제공한다(White, 2007: 83-98).

5. 감금으로 인한 트라우마

재판에 출석하고 결국 교도소에 가게 되는 현실은 트라우마가 될 수 있다. Liebmann은 보호관찰 중인 내담자와 범죄의 기억을 포함하여 트라우마의 기억을 다루는 이야기식 기술을 사용한 스토리보드 작업을 했다(Liebmann, 1990: 135-7). 시간이 지나면서 조각조각 나누어져 있던 기억들이 그 사건을 설명하는 만화로 표현되면서 일관성 있는 이야기로 변하기 시작했다. 시각적인 설명을 창조해 나가면서 그 사건이 더 이상 현재가 아닌 과거의 개인적인 경험으로 받아들여지기 시작했다. 이 주관적인 의식 상태는 조각난 트라우마의 기억 이미지에 대한 비언어적인 의사소통의 시각적 텍스트로 변환된다. 미술치료 과정을 통해 트라우마의 경험과 반응 같은 모든 면이 드러난다. 내담자와 그의 분열된 상태 간의 대화가 표현되면서 트라우마의 의식적인 탐색이 이루어진다. 이미지는 신체의 기억을 불러일으킬 수 있고, 트라우마의 플래시백(flashback)을 초래할 수 있다. 이렇게 분열된 자신의 상태가 구체화한 이미지를 통해 의식화된다.

미술치료는 분열을 해결하는 것뿐만 아니라 피해자의 신화(victim mythology)에도 주의를 기울인다. 미술, 창조성, 놀이라는 의식을 통해 안전과 신뢰가 형성되면 모르는 것에 대한 두려움과 트라우마로 인한 손상이 제거된다. 이미지와 저항 사이에는 상호 연관성이 있다. 이미지와 정서의 상호작용을 통해 위험한 세상에서 생존을 위한 문제들이 해결되기 때문이다.

감정 표현 불능증은 감정을 표현하는 언어가 부족하고 감정의 인식이 결핍되는 증상이 나타난다. 그들은 자신의 감정을 인식하지 못하거나 자신에게 중요한 것이 무엇인지 이해하지 못하기 때문에 자신의 느낌이나 감정에 대해 거의 표현하지 않는다. 그들은 실제적으로 기능적인 측면을 중시하고, 욕구나 동기에 초점을 맞추는 상상력을 거의 사용하지 않는다.

미국정신의학회(American Psychiatric Association)에서는 외상후 스트레스장애(PTSD)의 본질적인 특징을 다음과 같이 설명했다.

> 실제적인 죽음 혹은 죽음의 위협 또는 심각한 부상, 또는 물리적인 온전함을 위협하는 사건들 같은 직접적이고 개인적인 경험 또는 다른 사람의 죽음, 부상 또는 물리적인 온전함을 위협하는 사건을 목격하는 것을 포함하는 극단적인 트라우마를 유발하는 스트레스 요인들에 노출되어 성격적인 증상들이 발달하는 것이다.
>
> (American Psychiatric Association, 2000: 424)

이것은 가까운 동료에게 일어난 사건에 대해 알아 가는 것 또한 포함할 수 있다.

PTSD를 다루는 과정에서 미술을 사용하는 것은 트라우마가 상징적인 이미지로 바뀐다는 구체적인 참고문헌이 있기 때문이다. 다양한 단계의 우뇌 처리 과정이 있다. 정서 경험은 생각과 행동을 재구성하기 위해 필수적이다. 미술치료는 우뇌와 좌뇌 사이의 상호작용을 제공한다. 이미지와 정서 간에는 밀접한 연관이 있다. 미술은 트라우마를 다루고, 생각과 감정을 연결하는 도구로서 사용되기 시작했으며, 이를 통해 정서의 조절이 향상되었다(Coulter, 2008).

비록 미술치료가 재소자에게 자기표현을 위한 기회를 제공하지만 이 작업의 유용성은 치료사가 일하는 환경에 따라 조심스럽게 고려되어야 한다. 만약 어떤 개인이 자기표현과 자기권리주장에 있어 격려받지 못하는 환경에 있다면, 깨달음과 자아실현이 가장 중요한 목표는 아니다. 미술치료가 재소자들이 중독 문제를 다룰 수 있도록 돕는다는 것에는 의심의 여지가 없다. 미술치료가 갇혀 있는 환경에 미치는 영향은 내담자에게 자신의 중독을 받아들이는 방법을 배우도록 돕고, 두려움 및 해결되지 않은 어린 시절의 문제들과 직면하도록 하며, 새로운 힘과 신념을 깨닫고 변화에 대한 준비를 하도록 돕는 것이다.

참고문헌

American Psychiatric Association. (2000). *Diagnostic and Statistical Manual of Mental Disorders (DSM-IVR)* (4th ed revised.). Arlington, VA: American Psychiatric Association.

Berg, I. K., & Steiner, T. (2003). *Children's Solution Work*. New York: W.W. Norton and Company.

Boyle, J. (1977). *A Sense of Freedom*. Edinburgh: Canongate.

Cade, B. (1995). The future focus. Unpublished training handout, Brief Interactional Approaches to Therapy, Epping, NSW, Australia.

Cardinal, R. (1972). *Outsider Art*. London: Studio Vista.

Cardinal, R. (1979). *Outsiders*. Arts Council of Great Britain.

Coulter, A. (1986). The social implications of creativity with reference to art as a form of therapy promoting individuation. Unpublished Master's thesis. College of Art, Birmingham Polytechnic (now Birmingham City University).

Coulter, A. (2007). Couple art therapy: 'Seeing' difference makes a difference. In E. Shaw & J. Crawley (Eds.), *Couple Therapy in Australia: Issues Emerging from Practice* (pp. 215-27). Kew, Victoria: PsychOz Publications.

Coulter, A. (2008). 'Came back-didn't come home': Returning from a war zone. In M. Liebmann (Ed.), *Art Therapy and Anger* (pp. 238-56). London: Jessica Kingsley Publishers.

Coulter, A. (2011). Contemporary art therapy: Working with transient youth. In H. Burt (Ed.), *Art Therapy and Postmodernism: Creative Healing Through a Prism* (pp. 83-93). London: Jessica Kingsley Publishers.

Feen-Calligan, H. (1999). Enlightenment in chemical dependency treatment programs: A grounded theory. In C. A. Malchiodi (Ed.), *Medical Art Therapy with*

Adults (pp. 137-61). London: Jessica Kingsley Publishers.

Fisher, A. (2005). Co-creating visual maps using a narrative approach around the themes of romance and violence with art fisher. Unpublished notes from workshop held on 18 July at Coogee Surf Life Saving Club, Charing Cross Narrative Therapy, Sydney, Australia.

Goffman, E. (1968). *Asylums: Essays on the Social Situation of Mental Patients and Other Inmates*. London: Penguin.

Gussak, D., & Virshup, E. (Eds.) (1997). *Drawing Time: Art Therapy in Prisons and Other Correctional Settings*. Chicago, IL: Magnolia Street Publishers.

Hagood, M. M. (2000). *The Use of Art in Counselling Child and Adult Survivors of Sexual Abuse*. London: Jessica Kingsley Publishers.

Kwiatkowska, H. Y. (1978). *Family Therapy and Evaluation Through Art*. Springfield, IL: C.C. Thomas.

Laing, J. (1984). Art therapy in prisons. In T. Dalley (Ed.), *Art as Therapy: An Introduction to the Use of Art as a Therapeutic Technique* (pp. 115-28). London: Tavistock Publications.

Liebmann, M. (1990). 'It just happened': Looking at crime events. In M. Liebmann (Ed.), *Art Therapy in Practice* (pp. 133-55). London: Jessica Kingsley Publishers.

Liebmann, M. (Ed.) (1994). *Art Therapy with Offenders*. London: Jessica Kingsley Publishers.

Liebmann, M. (2004). *Art Therapy for Groups: A Handbook of Themes and Exercises* (2nd ed.). London: Jessica Kingsley Publishers.

Moore, R. (1983). Art therapy with substance abusers: A review of the literature. *The Arts in Psychotherapy*, *10*, 251-60.

Nowell-Hall, P. (1978). Marlborough hospital, London, in *Inner Eye: An Exhibition of Work Made in Psychiatric Hospitals* (p. 39). Oxford: Museum of Modern Art.

Prinzhorn, H. (1972). *Bildnerei der Geisteskranken: Ein Beitrag zur Psychologie und Psychopathologie der Gestaltung [Artistry of the Mentally Ill]*. Translated by E. von Brockendorff. Berlin: Springer Verlag.

de Shazer, S. (1994). *Words Were Originally Magic*. New York: W.W. Norton and

Company.

Teasdale, C. (1997). Art therapy as a shared forensic investigation. *Inscape*, *2*(2), 32-40.

White, M. (2007). *Maps of Narrative Practice*. New York: W.W. Norton and Company.

White, M., & Epston, D. (1990). *Narrative Means to Therapeutic Ends*. New York: W.W. Norton and Company.

Wilson, M. (2003). Art therapy in addictions treatment: Creativity and shame reduction. In C. A. Malchiodi (Ed.), *Handbook of Art Therapy* (pp. 281-93). New York: The Guilford Press.

Withers, R. (2006). Interactive drawing therapy: Working with therapeutic imagery. *New Zealand Journal of Counselling*, *26*(4), 1-14.

Withers, R. (2009). The therapeutic process of interactive drawing therapy. *New Zealand Journal of Counselling*, *29*(2), 73-90.

제12장

커플 및 가족과 함께하는 미술치료

Annette M. Coulter

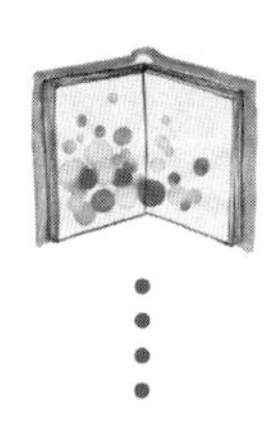

가족미술치료 작업에서 미술은 모든 가족 구성원에게 쉽게 이해되는 시각적 언어의 비유나 이미지를 사용해서 의사소통이 가능하게 한다. 가족 의사소통이 시각적으로 이루어지기 시작하면 어린 가족 구성원이 기존의 가족체계에서 자신의 목소리를 내고, 다른 가족 구성원의 시각을 더 쉽게 이해하고, 문제해결에 참여하기 더 쉬워지며, 그 문제를 이해할 수 있게 된다. 어떤 가족 구성원에게는 현재 관계에서 어떠한 영향을 받았는지에 대해 미술 과제로 이야기하는 것이 더 쉽다. 가족치료에서 미술을 활용하는 것은 가족 문제에 대한 서로 다른 관점을 명확히 하기 위해 부모와 자녀가 같이 작업하면서 세대 간의 장벽을 연결하도록 도와준다. 미술치료사는 모든 가족 구성원에게 적합한 기법을 적용하는 것과 커플관계 같은 가족 하위체계 안에서 서로 다른 생각을 수용할 수 있도록 하는 것이 중요하다. 미술치료사는 파트너가 갖는 관점을 보고, 가족체계의 어느 한쪽만을 지지하지 않기 위해 선입견 없이 접근해야 하는데, 이는 한쪽이 다른 쪽보다 더 타당할 수 있기 때문이다.

가족과 커플상담은 미술치료에서 매우 특화된 분야이다. 심화된 집단 작업과 비슷하지만 대개 더 위험할 수 있다. 가족 내에서 상호작용하는 역동은 단단히 뿌리를 내리고 있으며 도전적이다. 미술치료사는 종합적인 가족의 과거사를 수집하는 것보다 현재의 상호작용 패턴에 초점을 맞춘다. 의사소통 과정과 상호작용 패턴은 지속적으로 가족체계와 커플관계를 유지하게 한다. 이 체계를 방해하기 위해 고안된 전략적 개입을 실행하는 것이 치료의 목표이다. 미술 활동은 망설이거나 저항하는 가족 구성원이나 파트너에게 말하기 힘든 것을 비유나 상징을 통해 표현할 수 있는 기회를 줄 뿐만 아니라 심각할 수 있는 치료에서 즐거움이나 유머 감각을 표현할 수 있게 한다.

1. 커플미술치료

치료를 찾는 커플들은 많은 경우 복잡한 관계 경험이 있다. 그들의 문제가 해결하기 쉬웠다면 아마도 치료를 받으려고 하지 않고 그들 스스로 어려움을 해결했을 것이다. 관계 내에는 수년에 걸쳐 형성된 서로 간의 오해와 교착 상태로 뿌리내린 의사소통 패턴이 있다. 비록 커플이 새로운 관계를 맺었다고 해도 한 명 혹은 양쪽 모두 이전에 관계에 실패했었던 경험이 있고, 그것이 그들의 현재 새로운 관계에 영향을 미칠 수 있다. 또한 치료사와의 좋지 않은 기억이나 관계적인 어려움에 대한 개인적 반응이 커플에게 영향을 미칠 수 있다. Crago는 "커플인 성인의 관계가 깨질 가능성은 정서적인 '삶' 혹은 '죽음'의 문제인 것 같다……. **그들의 불안은 쉽게 우리의 불안이 된다**."라고 기록했다(Crago, 2006: 54; 오리지널 강조).

Riley는 커플 작업에서 시각적인 개입의 활용을 격려한다. 확장된 개념, 즉 "본다는 것은 언어만으로는 불가능하다."라는 것을 소개하는 것이기 때문이다(Riley, 2003: 388). 시각 지도 만들기와 추상 및 다른 기술의 사용과 함께 커플의 언어적인 과정은 미술이라는 다른 언어 안에서 그들의 관계를 탐색하면서 향상된다(Coulter, 2007: 215-9).

IDT의 기본 원칙(pp. 152-3 참조)은 커플이 내용을 담당하고 미술치료사는 과정을 관리하는 것이 효과적이라고 설명한다. 만약 치료사가 내용에 너무 사로잡혀 있다면 그들은 자신들이 옆으로 밀려났다고 느끼거나 한쪽으로 치우친 해결중심 접근이라고 느낄 것이다. 커플 작업에서, 치료사가 중요한 요점을 놓친다면, 그것은 치료사가 그 문제를 다룰 때까지 표면으로 다시 떠오를 것이다. 표면적인 문제는 관계에서 작용하는 더 깊고 덜 의식적인 문제나 역동의 상징을 표현하는 경향이 있다. 미술치료사는 과정을 관리하면서 반복되는 내용을 언급하고 커플에게 반복되는 점에 대해 그려 보게 한다. 그들은 반복되는 것에 대한 그들의 관계를 반영하기 위해 매 시간 같은 과제를 그릴 수 있다(Coulter, 2007; Riley, 2003). 커플의 작업에 초점을 맞추면서 미술치료사는 차이점을 시각화하는 것을 목표로 설정한다. 시각화된 구체적인 내용은 다른 사람이 그것을 듣고 본다는 것을 의미한다. 무의식적인 감정의 모멘텀(momentum)이 외현화되고, 시각적으로 창조된 것에 함께 집중되고, 상징 · 비유나 문자 그대로의 진술을 통해 시각적으로 표현된 상대방의 관점을 이해하는 기회가 제공된다. 이미지를 만들어 내는 것은 커플관계를 반영하거나 변화 혹은 발전을 강조하고, 치료사에게 그들이 겪는 감정의 딜레마에 대한 생각과 느낌을 들을 수 있도록 격려한다.

특히 파트너가 있는 남성 내담자들에게는 치료 과정에서 물리적 차원을 제공하는 것이 특별히 효과적이다. 미술 과제같이 무엇을 같이한다는 개념은 생산적으로 보이고, 체계가 운영되는 것에 대한 이해를 돕는다(Coulter, 2007). 현재 순환되는 인과관계의 시각적인 패턴은 관계적인 어려움을 바라보는 대안적인 시각의 인식을 돕는다. 커플미술치료의 목적은 "서로를 이해하지 못하게 만드는 잘못된 정보로 인한 악순환의 고리를 깨는 것이다." (Riley, 2003: 389)

2. 가족미술치료

가족미술치료사는 문제가 발생한 일련의 사건보다는 가족 구성원 간의 상호작용에 초점을 맞춘다. 현재 보이는 문제를 역기능적이거나 취약점이라고 여기지 않고, 오히려 반복되는 의사소통 패턴체계가 상호작용하는 연속적인 사건을 만들어 낸다고 보는 것이 중요하다(Bross & Benjamin, 1982). 가족미술치료사는 다양한 미술 과제의 내용과 과정을 통해 가족체계가 운영되고 또 어떻게 이 체계가 유지되는지를 이해하게 된다. 가족은 외적 사건이나 출산, 죽음, 발달단계 같은 내부적인 사건들이 있음에도 불구하고 그 자체를 유지하려는 조직이라고 할 수 있다. Landgarten은 이 과정을 이렇게 묘사했다.

> 이 체계는 미술 작품을 함께 만드는 동안 가족이 하나로 기능하는 방식을 통해 관찰된다. 미술 과제의 가치는 세 가지이다. 진단, 상호작용, 리허설의 도구로서의 **과정**, 무의식적이고 의식적인 의사소통을 보여 주는 수단으로서의 **내용**, 집단 역동의 증거로서 남아 있는 **생산물**……. **지시적인 미술 작업은 적절한 매체를 포함하고 임상적으로 적절하다.**
>
> (Landgarten, 1987: 5; 오리지널 강조)

가족 개입에 저항하는 아동이나 청소년은 심각한 문제를 해결하기 위해 가족미술치료 중재가 사용될 때보다 쉽게 참여하게 된다. 피드백의 인공 두뇌 개념에 기반을 둔 인과관계는 순환 과정이다. 가족체계에서 상호작용이 어디에서 시작되었든지 간에 같은 결과가 나타날 것이다. 예를 들어, 한 가족 구성원이 희생양이 된 곳에서 무엇이 혹은 누가 문제나 위기를 촉발했든지 간에 역동 내에서는 그 한 명을 탓하게 될 것이다. 왜냐하면 그것이 역기능적인 가족체계에서 그들의 역할이기 때문이다. 이 패턴은 깊게 뿌리박혀 있고 순환적이다. 미술의 사용은 체계적인 도구로서 효과적이고 분명하며, 가족을 포함한다.

미술치료는 손에 잡히는 형태로 만들어 재구성하도록 하는데, 그 본질 자체가 가진 특성에 의해 미술 작품은 어떠한 '틀 안에' 넣어진다. 미술치료에서 불필요한 부분을 다듬는다든지(가장자리를 잘라 낸다든지) 이동시킨다든지 없앤다든지 위치를 바꾼다든지 하는 물리적인 재구성은 현재의 가족 문제를 인식하도록 돕고, 변화된 시각에서 바라보는 것을 가능하게 한다. Riley(1994)가 상기시켰던 것처럼 틀을 만드는 것은 가족 외부 세계에 대한 시각을 같이 만들어 가며 변화시킬 수 있다.

> 재구성이라는 것은 …… 경험한 상황과 관련된 개념적이고 감정적인 환경이나 관점을 변화시키고 구체적인 상황에 대한 '사실'을 낫거나 더 나은 또 다른 틀 안에 넣어 전체적인 의미를 바꿔 버린다. 여기서 포함된 기제는 즉각적으로 명확하지 않다. 특히 우리가 상황이 변하지 않은 채로 있고, 실제로 변할 수 없는 상황에서도 변화가 있다고 믿는다면 변화는 있다. 재구성의 결과로 변화되었다고 나타난 것은 상황에 따른 의미이고, 그것의 결과이지 그것의 구체적인 사실이 아니다…….
>
> (Watzlawick, Weakland, & Fisch, 1974: 95)

물리적인 틀이라는 변화에 대한 비유는 가족체계 안에서 변화라는 평행적인 비유를 이끌어 낼 수 있고, 역기능적인 항상성이 어떻게 유지되어 왔는지에 대한 반영을 가져올 수 있다. 치료사와 내담자는 비유와 유사한 것의 상징을 통해 위협적이지 않은 의사소통을 하는 관계를 맺는다. 미술치료사는 시각적이고 언어적인 비유를 둘 다 사용한다. 비유를 통한 개입이 이루어져도 내담자는 알아차리지 못할 수도 있다(Haley, 1976). 비유가 언어적이기보다는 시각적일 때, 가족 구성원 모두가 그 새로운 개념을 이해하기가 더 쉽다.

손에 잡히는 가족 상징이나 비유의 창조는 치료적인 과정을 촉진한다. 가족 이미지는 치료의 내용을 공급한다. 미술치료사는 나타난 문제들이 처리되는 과정을 제공한다.

가족미술치료는 체계적 개입이거나 전략적 개입뿐만 아니라 간단한 해결중심 접근 및 이야기식 접근과도 통합될 수 있다. 미술치료사는 가족과 함께 작업할 때 가족 집단 안에서 다른 성격들에 적응해 나간다. 통합적인 접근은 서로 다른 성격에 적합한 것을 포함해 다양한 이론적인 접근을 제공한다. 논리적이고 구조적인 사고를 하는 개인을 위한 간단한 해결중심 접근은 회의적이거나 참여하기 주저하는 가족 구성원조차도 참여시킨다. 이야기식 접근은 이전에는 들어보지 못한 것을 듣게 하는 또 다른 시각을 제공한다(Riley, 1993). 이 "차이점에 대한 소식"(White & Epston, 1990: 61)은 체계적인 개입을 창조하는 해결중심 개입에 의해 비로소 시작될 수 있다(Coulter, 2011). 미술에 기반을 둔 활동의 본질 그 자체가 전략적이다. 미술은 갈등관계에 있는 가족에게 제안할 수 있는 것들을 가지고 있다.

예를 들어, 가정 폭력의 피해자로 여성 쉼터에 있는 어머니들과 작업할 때, 가정 폭력에 노출되어 간접적인 트라우마로 고통받는 아동과 청소년을 포함하여 가족미술치료를 적용할 수 있다. 가족 안에는 더 어린 형제자매나 성인 부모에게 폭력을 행사하며 문제행동을 일으키는 청소년이 있을 수 있다. 체계적인 목표는 가정 폭력이 다세대에 걸쳐 내려오는 패턴을 깨는 것이다. 가족 구성원은 미술을 통해 현재는 존재하지 않는 가해자와 현재의 가족 구성원인 청소년에 의해 발생한 가정 폭력에 대한 그들의 경험을 나눈다. 이야기식 미술 과제 개입은 '당신의 가족 안에 있는 것이 어떤 것인지 그려 보기'나 '당신의 가족에서 바꾸고 싶은 것은 무엇인가' 같은 것일 수 있다. 학교에 가는 것을 거부하는 어린 아동이 그들이 집을 떠나 있는 동안 부모에게 어떤 일이 생길지도 모른다는 두려움에 싸여 있다는 것을 알게 될 것이다. 이것은 전에는 들어 보지 못한 이야기일 것이다. 개인미술치료는 가족치료 내에서 분노 조절이나 분리 문제가 직접적으로 드러났을 때 요구될 수 있다. 성인 정신의학에서 정신질환으로 고통받는 내담자에게는 체계적인 치료가 필요한 가족 구성원이 있을 수 있다. 미술치료는 그 체계와 역동을 관찰하고 반영하는 방법을 제안한다.

가족들이 가족치료팀의 구성원으로 작업을 할 때 가족을 위해 무엇이 의논되었는지에 관해 묘사하는 그림을 그릴 수 있다. 가족 구성원들은 그 내용을 기억하지 못한다고 이야기할 때가 있지만, 자신들이 그린 그림과 비유적인 설명을 회상할 수 있다. 예를 들어, 그들이 어려움에 대해 이야기할 때, "우리가 물살을 거슬러서 상류로 노를 젓는데, 어디에도 도착하지 못할 것 같은 느낌이에요."라고 비유적으로 이야기할 수 있다. 가족치료팀은 강과 상류를 향해 노 젓는 배와 대조되는 양쪽의 강한 물살에 대한 강조 같은 세부사항을 포함한 그림을 그린다. 그림을 그리는 동안 가족 구성원은 상담 시간에 나오는 내용에서 다루는 비유를 더 자세히 진술한다. 이 이미지가 가족과 공유될 때 치료사는 가족에게 팀으로 작업한 이미지를 보여 주며 "이 그림에서 보이는 팀이 조금이라도 우리가 보는 것처럼 여길까요?"라고 질문한다. 그들이 왜 이것을 하는지, 어떻게 거기까지 갔는지, 그들이 가고 있는 방향이 어디인지, 그들의 여정을 더 힘들게 만드는 장애물이 무엇인지에 대한 토론이 뒤따른다. 변호하는 차원에서 IDT에서는 치료사가 내담자가 말하는 것을 묘사하기 위해 그림을 그리는 것을 촉진한다. 치료사는 내담자의 치료 과정을 위한 대변자로서 일한다(Withers, 2006). 상담 회기 중에 내담자의 비유를 정확히 포착하는 것은 전략적 개입이다. 치료사는 내담자에 의해 다루어진 내용 외에 다른 작업은 더 하게 하지 않는다. 다만 그들은 작업 과정에서 속도를 줄이고, 가족 이야기 탐색을 격려하는 과정을 돕는다. 그러면 토론의 세부사항들이 나타난다. 가족은 이미지를 바꾸고 수정할 수 있으며, 혹은 치료사가 내담자에게 이미지를 건네주고 설명하라고 하거나 어떻게 달라질 수 있을지를 그려보라고 할 수 있다.

3. 인지적인 접근의 장점

장기간 진행되는 미술심리치료가 효과적이고 만족스럽기 위해서는 재정적으로 지원되는 공중보건체계가 있어야 하지만 대부분의 경우에는 그렇지 못하다. 정신분석에 기반을 둔 미술치료사는 유연성이 필요하며, 좀 더 인지적인 접근에 대한 통합을 고려할 수 있어야 한다. 이러한 유연성 없이 치료가 진행되면 내담자의 치료적인 참여가 줄어들게 될 것이고, 정부 지원을 받지 않는 부유한 사람들로만 한정될 것이다.

4. 미술치료 개입 설계하기

미술치료에서 미술은 어떤 순간과 관련된 미술적인 개입을 계획할 수 있는 능력이 있고, 내담자의 치료적인 과정과 상황에 대체적으로 독특하게 나타나곤 한다.

미술 개입을 설계하는 가장 단순한 방법은 내담자의 내용을 따르는 것이다. 예를 들어, 만약 내담자가 우울하고 동기가 없고 그들의 삶이 정체되었으며 더 이상 즐거운 것이 없다고 이야기한다면, "지금 당신이 느끼는 것과 반대되는 느낌을 그려 보세요."라고 개입할 수 있다. 이 활동이 내담자에게 흥미롭게 느껴지고, 내담자가 가진 강점에 기반을 둔 상황에서 도움이 된다고 여겨지면, 그것은 '내담자를 격려하기 위한' 치료 활동으로 필요에 따라 제공할 수 있다. 그래서 내담자는 상담이 끝나고 나갈 때 더 밝고 행복한 상태로 떠난다. 다른 개입은 내담자가 원래 말했던 것이 무엇인지에 따라서 좀 더 지시적일 수 있다. 예를 들어, "우울하다는 느낌은 어떨지 그려 보세요." 또는 "동기가 없는 사람이나 동기가 없는 것을 그려 보세요." 같은 것이다. 다음 진술은 "내 인생이 정체되어 있다는 것 같다는 느낌이에요."라는 것인데, 이것은 비유적이고 시각적이다. 만약 내담자가 비유에 관해 이야기한다면, 치료사의 개입은 가능한 한 적합한 내용을 제공하며 그 비유를 구체화하는 것이 좋다. "정체되어 있는 것이나 사람을 그려 보세요." 또는 예를 들어, "'정체된다'는 것은 어떻게 보입니까?" 미술치료에서 비유나 도표, 상징적인 내용이 어떻든지 간에 내담자가 그리는 것은 어느 정도 그들과 관련되어 있다는 가정을 할 수 있다. '어떤 것'이 정체되었다고 제시하는 것으로 과제에 대한 안전한 느낌을 제공한다. 그렇기 때문에 만들어진 이미지가 내담자와 필연적으로 관계가 있는 것은 아니다. 그들이 만들어 낸 것이 그들과 관계가 있다고 해도 주저하는 내담자를 돕는 과제에 대한 설명이 정서적인 거리를 만들어 낸다(IDT Foundation Course, 2010).

5. 동종보건전문가를 위한 가족미술치료 실습

만약 동종보건전문가가 가족 내에 뿌리 깊이 박힌 패턴과 순환되는 인과관계를 다룰 때 그들 스스로 해결책이 없이 '갇혔다'는 것을 발견한다면 시각적 개입이 도움이 될 수 있다. 여기 쉽게 레퍼토리로 통합될 수 있는 두 개의 가족미술치료 개입이 있다. 이것들은 미국 미술치료의 선구자인 Hanna Kwiatkowska와 Helen Landgarten의 작업에 기반을 둔다(Kwiatkowska, 1978; Landgarten, 1993).

1) 미술 과제 과정

가족 미술 평가에는 항상 두 명의 치료사가 있다. 동종보건전문가에게 공동치료사로서 치료 과정에 함께하기를 요청하는 것은 치료팀에 있는 다른 구성원의 지지를 얻는 효과적인 방법이다. 미술치료사는 미술 작업을 지도하고, 다른 치료사는 가족의 상호작용과 과제에 대한 그들의 반응을 관찰한다. 공동 치료사의 역할은 집단 작업에서 공동운영자의 역할과 같다(제14장 참조).

가족 구성원은 검은색과 흰색을 포함한 다양한 색이 담긴 각자의 파스텔과 1부터 6까지 번호가 매겨진 6장의 종이를 가진다. 각각의 가족 구성원은 같은 공간에서 작업하지만 다른 가족 구성원의 시야에서는 벗어나 있다. 이를 위해 Kwiatkowska는 이젤에 놓고 작업하는 것을 추천한다. 이는 가족 구성원이 미술 과제로 방해받는 것을 최소화하고, 그들이 자신의 작업에 좀 더 쉽게 집중할 수 있도록 한다. 가족 구성원은 과정에 대해 밝히고 싶은 만큼 서로 이야기할 수 있다.

이 여섯 개의 미술 과제는 점진적으로 복잡해지고, 평가 과정의 일부이기도 하지만 독립된 과제로도 사용될 수 있다(pp. 113-5 참조).

① '자유'화: '마음에 떠오르는 것을 그리기'(p. 113 참조). 이 과제는 제한이 없는 형태로 가족 회기의 시작에서 그 사람이 어디에 있든지 그리도록 한다.
② 가족 그림: 당신에게 가족이 무엇인지 그리기. 만약 내담자가 그림에 누구를 포함시켜야 하는지 물으면 그들이 원하는 대로 그리라고 안내한다. 한 가족 안에서도 서로 다른 그림이 나올 수 있다(Landgarten, 1987).
③ 가족 추상화: ②번과 같지만 상징적이다(pp. 223-4 참조). 이 작업은 시간이 걸릴 수 있지만 흥미로울 수 있고, 고조된 감정을 불러일으킬 수 있다.
④ 낙서로 시작되는 그림(pp. 189-93과 146-7 참조): 이것은 신체적인 워밍업으로 시작되어 눈을 완전히 혹은 일부만 감고 낙서를 시작하기 전까지 먼저 긴장을 푼다. 한번 이미지를 알아차리기 시작하면, 선, 색, 모양을 더해서 이미지를 풍부하게 만든다.
⑤ 공동 가족 낙서: 이 과제는 가족이 함께 완성하는 집단 의사결정 과정이

다. ④번과 같은 신체적 워밍업으로 시작한다. 낙서가 완성된 후 가족 구성원은 서로의 작업을 들여다보고, 그들이 본 것이 무엇인지를 나눈다. 그러고 나서 하나의 낙서를 골라 공동 가족 낙서 그림을 완성한다. 이것은 대개 성공적인 가족 집단 과제가 되지만 가족 역동에 따라 다르기 때문에 어떤 가족에게는 어려울 수 있다.

⑥ '자유'화: '마음에 있는 것이 무엇이든 간에 그리기'. 마지막 자유화와 처음 그린 자유화를 비교하는 것은 흥미롭다. 작품에 제목을 붙이는 것은 중요한데, 이는 작업의 나머지 부분과 관련되기 때문이다.

2) 가족화

두 번째 그림은 현실적인 가족화(막대 그림이어도 괜찮다)일 가능성이 높고, 종이의 어느 위치에 그려졌는지, 가족 구성원이 그림에서 무엇을 하고 있는지가 중요해진다(Kwiatkowska, 1978; Burns & Kaufman, 1972). 만약 아동이 추상이라는 개념에 대해 이해할 수 있으면 추상적 가족화는 상당히 중요할 수 있다(Coulter, 2007; Kwiatkowska, 1978). 처음과 마지막 두 개의 '자유'화는 비교된다. 만약 그 과정에서 긴장된 가족 역동이 있었다면, 두 번째 자유화와 첫 번째 자유화가 얼마나 다른지 비교했을 때 차이점이 나타날 것이다. 예를 들어, 만약 첫 번째 자유화가 차분한 수평적인 풍경이고, 마지막 자유화가 수직적인 화산 폭발이거나 용이 불을 뿜는 그림이라면 그 가족 구성원의 감정이 고조되었다고 볼 수 있다.

3) 콜라주 가족 진단평가 기법

Landgarten에 의해 개발된 위협적이지 않은 과제는 그림을 그리기 주저하는 내담자, 가족 구성원 혹은 동종보건전문가에게도 유용하다(Landgarten,

1993). 콜라주 매체와 함께 찾아 놓은 이미지를 활용하는 것은 효과적인 기법이다. Landgarten은 미리 잘라 놓은 이미지들이 담긴 두 개의 상자를 추천하는데, 하나는 사람이고 다른 하나는 여러 종류의 다양한 물건이다. 이는 내담자가 이미지를 찾는 동안 잡지에 있는 글을 읽느라 방해받지 않도록 한다. Landgarten은 첫 번째 상자에 다른 문화의 사람들, 내담자/가족의 문화가 반영된 다수의 이미지가 포함되는 것을 제안한다. 현실적인(오직 일부만 전형적이고 화려한 이미지) 남자와 여자, 전 연령대의 사람과 다른 얼굴 표정, 움직이거나 정지 상태의 신체 자세, 다른 경제적인 위치의 사람들과 각계각층의 사람들, 혼자이거나 둘이거나 집단이거나 가족인 다양한 환경에 있는 사람들(Landgarten, 1993)이 포함된다.

여러 종류의 다양한 물건의 목록은 시계, 트럭, 자동차, 옷, 컴퓨터, 접시, 가구, 도구, 약, 집, 동물, 술병, 불, (건물의) 배관, 음식, 보석, 자연 경관, 쓰레기, 무너진 집, 깨진 유리, 총, 알약, 망가지고 부서지고 깨지기 쉬운 아이템을 포함한 모래 놀이 피겨들과 다르지 않다. 신문, 색이 있는 종이, 반짝이, 천 조각 같은 부가적인 매체들을 포함한다.

Landgarten은 가족미술치료사에게 다음과 같은 것들을 고려하도록 한다. 그림이 어떻게 다루어졌는가? 붙이기 전에 찢어지거나 잘라 내거나 다듬어졌는가? 풀은 어떻게－엉망진창으로, 깔끔하게, 강박적으로－다루어졌는가? 내담자가 선택한 이미지들은 조심스럽게, 되는대로, 합리적으로 놓였는가? 사진의 내용은 무엇인가? 특정한 주제나 반복되는 것이 있는가?

(1) 진단평가 과정 1

각각의 가족 구성원에게 이미지를 보게 하고, 그들의 관심을 사로잡는 것을 하나 고르게 한 후 종이 위에 붙이고, 각각의 그림을 보고 종이 위에 직접 쓰거나 마음에 떠오르는 것을 이야기하게 한다.

근거: 이것은 평가 과정을 소개한다. 지시가 적을수록 과제를 끝내기 쉬워

진다. 사진은 몇 개를 골라도 상관이 없고, 선택의 자유가 주어진다.

(2) 진단평가 과정 2

각각의 가족 구성원을 초대해서 네 개에서 여섯 개의 사람 사진을 고르고 종이에 붙이게 한 후, 한 사람 한 사람이 무엇을 생각하는지 상상하고, 그/그녀가 무엇을 말하는지 적거나 말하게 한다.

근거: 이것은 자기 자신, 다른 사람 또는 치료사를 신뢰하는지를 드러낸다. 여기에는 특정한 숫자가 있다. 각각의 가족 구성원은 제한된 환경이나 권위자와 어떻게 타협하는가? 사람들이 생각하는 것과 말하는 것이 일치하는지 차이가 있는지를 볼 수 있다. 가끔은 그림과 그들이 알고 있는 어떤 사람 사이에 유사한 부분이 있다.

(3) 진단평가 과정 3

각각의 가족 구성원을 초대해서 네 개에서 여섯 개의 사람이나 사물 사진을 고르고 좋은 것과 나쁜 것을 선택해 붙이게 한 후, 그 사진이 무엇을 의미하는지 적거나 이야기하게 한다.

근거: 이것은 의도적으로 좋은 것과 나쁜 것에 관해 애매모호한 것이 목적이다.

이미지를 선택하는 것에 있어서 자유가 주어진다. 사람(좀 더 감정적인 내용)과 사물(거리가 있는) 사이에서 선택할 수 있다. 유머러스한 사진은 감정을 회피하거나 치료사를 시험하는 것일 수 있다. 만약 이러한 경우라면, 치료를 진행하면서 나중에 이야기할 수 있다.

(4) 진단평가 과정 4

각각의 가족 구성원을 초대해서 단 한 개의 사람 사진을 고르고 붙이게 한 후, 이 사람에게 어떤 일이 일어났는지를 적거나 이야기하게 한다. 그러고 나서 "상황이 바뀌었을 거라고 생각하나요?"라고 묻는다. 만약 그렇다면, 바뀐 상황을 설명하는 사진을 찾거나 어떤 변화가 일어났는지 말하게 한다.

근거: 부정적/긍정적인 겉모습을 평가하고, 태도와 문제해결이 삶의 일부이든 아니든 간에 협력하는 능력을 드러낸다.

Landgarten은 (앞의) 네 가지 과제 모두를 자유연상과 개인적인 투사에서 고안했다. 각각의 과제는 가족미술치료사가 시도하기에 거의 제약이 없으며, 개인의 성향을 반영하기 위해 유연성을 가진다. 이러한 과정들은 지나치게 단순하거나 너무 지시적으로 보일 수 있어서 이것을 활용하는 것이 일부 미술치료사들에게는 불편감을 유발할 수 있다. 그러나 동종보건전문가에게는 유용하며, 대부분의 치료사에게도 효과적이고 안전한 기법이다.

6. 동종보건전문가를 위한 커플미술치료 실습

안전하고 명확한 과제는 치료사와 동종보건전문가 모두에게 긍정적인 경험을 제공한다. 선으로 대화하기(line conversation; Coulter, 2007: 218)는 현재 커플 대화에서 사용된다. 실습 워크숍에 참여한 두 명의 구성원에게 가급적이면 커플로서 종이 한 장에 작업을 하도록 한다. 그들 마음속에 특정한 내담자가 있어 선으로 대화하기에서 역할극을 하는 것처럼 보인다. 두 번째 선으로 대화하기는 갈등을 다루는 것인데, 이것 역시 당신이 함께 작업하고 있는 내담자나 당신이 알고 있는 특정한 누군가가 역할극을 가능하게 한다.

1) 공동 낙서 그림

구성원은 커플—그들은 가상의 시나리오를 논의하거나 그들 자신이 될 수 있다—로서 역할에서 짝을 나눈다.

그들은 각자 종이 위에 낙서를 한다. 함께 각각의 낙서를 보고 하나를 선택해 공동 낙서를 만든다. 이 공동의 이미지에 색을 더하고 눈, 질감, 어떠한 부가적인 특징이나 성질 같은 세부사항을 추가한다.

2) 관계의 추상적인 묘사

관계를 묘사하기 위해 플라스티신이나 클레이로 추상적인 조각을 만든다(이것은 개인적인 관계일 수도 있고, 이미 친밀감이 형성된 좀 더 어려운 내담자의 관계일 수도 있다).

표현치료 연속선 또한 논의될 수 있다(제6장 참조).

3) 치료사를 위해

커플과 가족치료사를 위해 신속하고 기본적인 최상의 가이드라인을 설계했다.

(1) 공유하기 전에 가이드라인 세우기

비밀보장 문제와 미술 작품의 소유권 문제는 상담을 하는 다른 가족 구성원이나 파트너와 함께 의논하고 공유해서 미술 작품을 만들기 전에 항상 명시되어야 한다. 이러한 가이드라인은 심리적인 안전을 제공한다.

- 사용된 언어에 귀 기울이기: 치료사의 것이 아니라 내담자가 사용하는 단어의 상징

내담자의 미술 작품이 존중될 필요가 있다는 사실은 언제나 중요하다. 단어로 상징되는 언어에 대한 중요성을 강조하는 것은 다른 가족치료사에게도

공명이 잘된다. 왜냐하면 내담자의 언어 사용은 이해의 핵심으로서 가족치료의 실제이기 때문이다. 이 관점은 가족 혹은 커플치료에서 미술 작품을 상징하는 다른 체계로서 단어의 개념을 확장한다. 상호작용 그리기 치료(IDT)는 단어-이미지-행동의 상호작용에 초점을 맞춘 그리기 도구이다(Withers, 2006). 미술치료 실습 과정을 끝내는 것을 원하지 않는 치료사들에게 IDT에서 제공하는 심화된 과정은 바람직한 치료의 실제를 다루기 위한 기본적인 방법론을 제공한다.

- 가정하지 않기

이것은 치료사가 내담자의 미술 작품에 자신을 드러내는 것이 얼마나 쉬운지를 상기시켜 준다. 가족 구성원이 다른 구성원의 그림에 자신의 관점을 대입하는 것이 똑같이 적용된다.

- 미술 작품을 만드는 동안 이야기하지 않기: 내면의 대화 허용하기

이것은 또 다른 미술치료 기본 원칙을 상기시킨다. 가족과 함께 작업할 때 이 가이드라인을 도입하는 것이 항상 적설하거나 가능한 것은 아니다. 왜냐하면 가족 구성원이 서로에게 너무 익숙하고 어린 구성원이 미술 과제에 대한 불안을 다루기 위해 부모님이나 나이 많은 형제와 자연스럽게 상호작용하는 것을 원할 것이기 때문이다. 동시에 아동에게 미술 작업을 하는 시간이 있고 이야기하는 시간이 있다는 것을 이해시키는 것은 가능하다(제10장 참조). 가족 상담 중에 이 가이드라인을 얼마나 적절하게 시행하느냐는 치료사의 재량에 달려 있다.

- '치료사' 자신이 계획한 치료 일정을 고집하지 않기

이것은 치료사가 계획해서 가족에게 주어지는 활동보다는 치료사가 가족의 치료 일정을 따르는 것의 중요성에 대해 강조하는 것이다. 미술치료사는

자신의 정신병리에 대해 이해하고 내담자의 이미지의 의미를 탐색할 때 역전이를 피하는 것을 훈련받는다. 그러나 동종보건전문가는 그렇게 교육받지 않았기 때문에 이러한 차이점은 가족 역동에서 그들의 개입이 미치는 영향이 무엇인지에 대해 고려하게 한다. 병리적인 가족 운영체계의 영향을 받는 것은 쉬우나 예상외의 반응이 있을 수 있고, 내담자의 미술 작품에 반응하는 것은 쉽다. 이 점에 있어서 치료사가 가족의 치료 과정에 머무르는 것을 상기시키고, 개인적인 욕구와 필요에 반응할 때 기존의 가족 상호작용 패턴이 지배하지 않도록 하는 것이 중요하다.

• 명백한 반응에 만족하지 않기

내담자가 예상되는 반응을 할 때 치료사는 그것에 만족하고 이미지의 다른 측면으로 너무 빨리 넘어갈 수도 있다. 예상되는 반응에서 놓치는 것이 없는지 분명히 하기 위해 재확인하는 것은 중요하다. 그림을 그리는 과정에서는 그 순간을 의식적으로 다루기 때문에, 동종보건전문가는 미술 작업의 내용을 다루는 데 있어서 중요한 것을 놓치지 않을 것이다.

• 미술 작품을 만질 때는 허락받기

미술 작품은 만든 사람의 신체적 확장으로 간주된다. 가족의 상황을 다루는 과정에서 가족 구성원 간에 개인적 침범이 있을 수 있다. 그러나 치료사가 이를 유념하여 미술 작품을 존중하도록 한다면 가족치료 과정에서 작품을 전시하는 것과 만지는 것에 대한 경계가 형성될 것이다.

• 적합한 작업 공간 제공하기

가족 미술 평가(Kwiatkowska, 1978) 같은 일부 기법들은 미술 매체와 과제에 있어 개인적인 관계로 인한 오염을 피하기 위해 다른 가족 구성원과 분리되어 개인적인 시각에서 완성된 협동 미술 작업을 하도록 요구한다. 이때 이젤이 도움이 될 수 있지만, 항상 가족치료 공간에 비치되어 있지는 않다. 가족치료는 작은 집단치료실이나 일반 상담실보다 큰 곳에서 이루어진다. 그러나 다른 용품 때문에 공간 사용에 제약이 있다. 동종보건전문가에게 공간을 고려해야 한다는 것을 알려 주어 제한된 물리적 자원으로 계획하고 준비하는 것을 도울 수 있다.

• 문서 기록과 미술 작품 보관하기

이것은 치료사의 책임에 대해 상기시킨다. 미술 작품을 기록하는 것(뒤에 이름, 날짜, 제목과 함께)은 매우 중요하다. 가족은 미술 작품과 관련되어 이야기한 전부를 기억하지는 않는다. 치료사가 기록한, 언급되었던 이야기들은 가족들이 상담 시간에 어려워했던 순간들을 회상하는 것을 돕는다. 미술 작품의 제목은 모든 가족 구성원이 반응할 수 있는 가족 비유와 상징을 나타낼 수 있기 때문에 특히 중요하다. 기록하지 않으면 커플이나 가족치료에서의 성공적인 순간들을 쉽게 잃어버릴 수 있다.

• 사전에 미리 시험해 보기(과제를 주기 전에 먼저 한번 해 보기)

동종보건전문가는 과제가 어떻게 받아들여지고 과제에 어떻게 반응하는지 이해하기 위해, 내담자의 치료 과정에 대해 익숙함을 얻기 위해서 먼저 과제를 경험해 볼 필요가 있다. 만약 미술치료 중 가족에게 그 순간에 즉흥적으로 반응하는 개입이라면 미리 경험해 보는 것은 어려울 수 있다. 그러나 커플이나 가족 회기를 준비하기 위해 미술 작업이나 일련의 작업을 고려하는 경우에는 사전에 이러한 작업을 시험해 보고 사용하는 것이 좋다. 개인적으로 몇몇 아이디어를 살펴보는 것은 항상 가능하지만, 다른 스태프에게 이를 시도해 보게 하고 피드백을 받는 것도 유용하다.

(2) 임상 슈퍼비전과 윤리적 실행

다른 동종보건전문가와 미술치료 기법을 공유할 때, 미술치료사는 가족 또는 커플미술상담치료에 대한 슈퍼비전을 제공한다. 슈퍼비전은 가족 혹은 커플치료사인 임상 슈퍼바이저에 의해 제공될 수 있다. 슈퍼비전은 미술치료에서 어떻게 개입하는지와 관련해 전이와 역전이를 다루도록 돕는다. 임상 슈퍼비전은 미술치료에 있어서 필수적인 요소이고, 커플과 가족에게 단순히 재미있게 주위를 환기시키는 것이 목적이 아니라는 것은 동종보건전문가가 알아야 하는 부분이다. 그들은 작업에서 미술을 더 자주 사용하게 되는데, 치료사는 미술치료에서 주어지는 지시 그 자체로 치료적인 개입일 수 있다는 것을 깨닫고 지시적인 미술치료 기법이 언어적인 가족치료에 나타난 특정한 임상적인 문제와 욕구를 다루기 위해 추가적으로 활용 가능하다는 것을 알아차리게 된다.

미술은 세대와 성별을 넘어서 가족 구성원을 연결하고, 새로운 가족의 이야기를 함께 만든다. 해결중심 접근은 여러 회기 동안 참석하지 않은 저항적인 가족에게 간단한 목표중심의 미술 개입을 위한 기회를 제공한다. 그들의 경험은 긍정적이고 생산적이기 때문에 이후 치료에 다시 참여하도록 하고, 치료의 동기 부여가 되기도 한다.

참고문헌

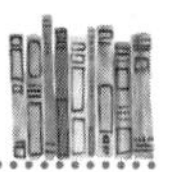

Bross, A., & Benjamin, M. (1982). Family therapy: A recursive model of strategic practice. In A. Bross (Ed.), *Family Therapy: A Recursive Model of Strategic Practice*. New York: Guilford.

Burns, R. C., & Kaufman, S. H. (1972). *Actions, Styles and Symbols in Kinetic Family Drawings(K-F-D): An Interpretative Manual*. New York: Brunner/Mazel.

Coulter, A. (2007). Couple art therapy: 'Seeing' difference makes a difference. In

E. Shaw & J. Crawley (Eds.), *Couple Therapy in Australia: Issues Emerging from Practice* (pp. 215-27). Kew, Victoria: PsychOz Publications

Coulter, A. (2011). Contemporary art therapy: Working with transient youth. In H. Burt (Ed.), *Art Therapy and Postmodernism: Creative Healing Through a Prism* (pp. 83-93). London: Jessica Kingsley Publishers.

Crago, H. (2006). *Couple, Family and Group Work: First Steps in Interpersonal Intervention*. New York: Open University Press.

Haley, J. (1976). *Problem-Solving Therapy*. New York: Harper and Row.

IDT(Interactive Drawing Therapy). (2010). *Foundation Course: Unit One and Unit Two, Version 9*. Auckland, NZ: IDT Ltd.

Kwiatkowska, H. Y. (1978). *Family Therapy and Evaluation Through Art*. Springfield, IL: Charles C. Thomas.

Landgarten, H. B. (1987). *Family Art Psychotherapy: A Clinical Guide and Casebook*. New York: Brunner/Mazel.

Landgarten, H. B. (1993). *Magazine Photo Collage: A Multicultural Assessment and Treatment Tool*. New York: Brunner Mazel, Inc.

Riley, S. (1993). Illustrating the family story: Art therapy, a lens for viewing the family's reality. *The Arts in Psychotherapy*, *20*, 253-64.

Riley, S. (1994). *Integrative Approaches to Family Art Therapy*. Springfield, IL: Magnolia Street Publishers.

Riley, S. (2003). Art therapy with couples. In C. A. Malchiodi (Ed.), *Handbook of Art Therapy* (pp. 387-98). New York: Guilford Press.

Watzlawick, P., Weakland, J., & Fisch, R. (1974). *Change: Principles of Problem Formation and Problem Resolution*. New York: Norton.

White, M., & Epston, D. (1990). *Narrative Means to Therapeutic Ends*. New York: Norton.

Withers, R. (2006). Interactive drawing therapy: Working with therapeutic imagery. *New Zealand Journal of Counselling*, *26*(4), 1-14.

제 13 장

성인 집단 활동 및 집단 상호작용 미술치료 모델

Susan Hogan

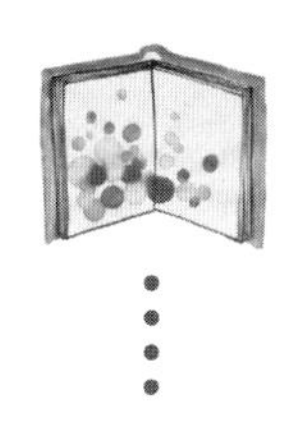

1. 집단미술치료

제8장과 제9장에서 이 접근을 간략하게 소개했는데, 이 장에서는 더 자세한 세부사항들을 다룰 것이다. 이전 장에서는 이 모델에서 서로 다른 방식이나 강조점이 있을 수 있다는 사실을 강조했다. 상호작용에서 한 가지 접근 방법은 전이 반응의 탐색이나 집단 상호작용에 대한 분석과 이와 관련된 대화를 강조하는 것에 더 초점을 맞추는 것이다. 또 다른 접근 방법은 집단 안에서 한 개인으로서 각 사람에게 초점을 맞춰 집단 역동(훨씬 더 가깝게 작업하는 방식으로 앞에서 미술치료 지지 집단이라고 언급해 온 집단)에 최소한의 관심을 가지고 자신이 만든 미술 작품과 관계에 더 집중하는 것이다. 일부 미술치료사들은 상호작용 모델의 중심에 자신을 두려고 하고, 모든 요소를 동원하여 작업하려고 시도한다. 그러나 이미 언급된 것처럼 어떤 측면에 집중할 것인가에 대한 선택은 불가피하다. "가끔 풍부한 매체가 압도되는 느낌을 가져올 수 있고, 집단이 작업하거나 치료 과정에 집중하는 것을 어렵게 만들기도 한다."

(Skaife, 1990: 237)

집단은 매우 다양하고 다른 성격으로 발달할 수 있다. 어떤 집단은 유난히 갈등이 들끓을 수 있고, 어떤 집단은 양육적이며 숨이 막힐 듯이 답답할 정도로 예민하고, 어떤 집단은 구성원의 성격적인 특성으로 인해 너무 말을 안할 수도 있다. 집단은 그들의 삶의 여정을 바꿀 독특한 정체성을 만들어 나간다. 나는 1990년도부터 경험적인 집단미술치료를 운영해 왔고, 나의 집단을 좋아하게 되었다. 그들은 친한 친구와도 같은데, 간혹 까칠하고 열심히 활동하며 때때로 관대하고 가늠할 수 없을 만큼 용감하기도 하다. 그 유사한 점이 잘 작용하여 집단 내 개인은 독립체로서의 집단을 경험하고 '집단 활동'에 감정을 가질 수 있다.

2. 집단 상호작용 이론

오늘날 미술치료에서 집단 상호작용 모델이 가지는 독특한 측면은 대인관계 학습에 대한 관점과 함께 사람들이 집단 안에서 어떻게 상호작용하는가를 관찰하는 것에 중점을 둔다.

> [상호작용 미술치료가 파생되어 나온] 집단 상호작용 심리치료는 사람들이 일상적으로는 하지 못하고 집단에서 추구하는 변화를 돕는 활동, 반응, 상호작용의 특징적인 패턴에 중점을 둔다……. 이 접근의 기본 원칙은 각각의 개인은 지속적으로 다른 사람들과의 상호작용을 통해 여러 변화 과정을 거쳐 개인의 내면세계를 만든다는 것이다. 이것은 자기 자신과 다른 사람들에 대한 개인의 관점을 결정하고, 다른 사람들에 대한 기대에 영향을 미친다.
>
> (Waller, 1993: 22)

이것은 우리의 성격적인 특성이나 신경증이 초기 아동기에 발달한다고 주장하는 좀 더 전통적인 정신분석적 견해와 비교했을 때 사람의 성격이 무엇으로 구성되고 어떻게 형성되는지 개념화하는 다소 특정한 방식이라는 것이 명백해진다. 이 사고 모델은 우리가 지속적으로 형성되고 재형성되는 대신에 우리의 정체성은 어느 정도까지 지속적이고 끊임없는 변화와 재구성이 이루어지는 상태에 있다는 대조를 제공한다. 비록 일부 상호작용 미술치료사들(Waller를 포함하여)이 특히 '전이'와 '투사적 정체성'(그들의 지금-여기 경험에서 나온 것이 아닌, 자극받은 습관적인 반응에 의해 유발된 다른 사람에 대한 느낌 또는 전체로서의 집단에 대한 느낌) 과정에 대해 작업할 때 작업에 분석적인 특성을 포함하려고 노력하지만 전통적인 정신분석학 모델에서 보면 이것은 다소 이상하게 보일 수 있다. 그러므로 아동기 경험은 간과되지는 않지만 집단의 관심에 대한 주된 초점은 아니다.

행동에 관한 이해는 또한 이렇게 설명될 수 있다.

> 집단치료에서 개인은 점진적으로 어떻게 내면의 가정(이럴 것이라는 생각)이 상호작용 패턴의 발달을 결정하는지 깨닫게 된다. 집단에서 이러한 패턴을 안전하게 탐색하고 그것을 기꺼이 수정하려는 마음이 '외부 세계'와 관련된 새로운 방법을 시도할 수 있게 만든다. 그 모델은 분명하게 **집단 구성원 간의 상호작용에서 변화의 주요 원천**이 되고, 서로를 통해 배우는 구성원들에게 의지하게 된다.
>
> (Waller, 1993: 23; 나의 강조)

이 모델은 변화할 수 있는 능력을 강조하고, 인간의 행동은 미리 정해져 있지 않으며 선택과 책임이 우리에게 있다는 생각을 지지한다. 이것은 또한 우리가 실질적으로 삶의 의미를 찾으려 한다는 것을 가정한다(Ratigan & Aveline, 1988: 45). 그러나 이미 익숙해진 우리의 삶의 방식은 우리에게 그다지 그런 생각이 들지 않게 할 수 있다. 인류학자인 Pierre Bourdieu는 이러한 경향을 **습관**이라

부르며 강조했다. "역사의 구현(embodied history)은 두 번째 본성으로 내면화되어 역사로서는 잊힌, 전체에 대한 살아 있는 현재이다."(Bourdieu, 1990: 56) 집단 활동에서 가장 중요한 측면은 이러한 습관에 대해 개인적인 자기인식을 증가시키는 것이다. 이것은 집단 과정에서 적극적인 참여를 통해 이루어진다.

> 구성원들은 단순히 집단에서 그들의 어려움에 대해 이야기하는 것이 아니고, 실제로 **그들의 지금-여기 행동을 통해 자신을 드러내고 있다.** 이 모델에서 '지금-여기'는 치료가 이루어지고 있는 장소이고, 과거 경험에 대한 '이야기'는 의욕을 꺾는다. 그러나 사실은 드러나게 되어 있다. '비밀'이나 과거의 중요한 사건들이 집단에 드러나는 것은 집단에서 개인이 하는 행동을 이해하는 데 중요한 요인이 될 수 있다.
>
> (Waller, 1993: 23; 나의 강조)

'의욕을 꺾다'라는 단어를 사용했지만 의구심이 든다. 과거의 트라우마를 드러내는 데 내면의 충동이 있을 수 있기 때문에 나는 트라우마를 드러내는 것과 집단에 의해 받아들여지는 것에 잠재적인 치유력이 있다고 생각한다. 트라우마를 입은 개인들은 거절당할 것이라든지, 만약 그들이 이야기하면 사람들이 접근하지 못하게 될 것이라는 등의 비합리적인 신념을 가지고 있다. 깊게 내면화된 죄책감과 수치심 같은 감정들을 몰아내는 것은 도움이 된다. 그러나 Waller가 앞에서 언급한 것처럼 집단의 지금-여기와 어떻게 현재에 과거를 이야기할 것인가가 중요하다. 구성원들은 집단 내에서 사건에 관련된 그들의 영향력에 대한 감각을 얻게끔 격려받는다. 이것의 목적은 집단 구성원이 그들의 증상과 어려움을 포함해서 비생산적인 삶의 방식으로부터 벗어나고, 그들의 삶에 좀 더 책임감을 가질 수 있도록 하는 것이다(Ratigan & Aveline, 1988: 45). 이것은 구성원에게 지속적인 피드백을 주면서 가능해진다(그러므로 집단 작업은 분석적이다).

> 미술치료에서 개인은 자신의 가정(의식적, 무의식적)이 어떻게 상호작용의 패턴을 결정하는지 배우고, 관련된 문제로 연결할 수도 있다……. 집단 경험에 참여하는 사람으로서 책임감을 가지고 사건들에 영향력을 가진다는 것을 알고, 피드백을 주는 법을 배우는 것이 전제조건이다.
>
> (Waller, 2003: 314)

간단한 예를 하나 들자면, Jonathan(필명)은 소년이었을 때 학대를 받았는데, 이를 통해 자신을 보호하기 위해서는 거칠어야 한다는 것을 배웠고, 칼을 사용한 폭행에 연루되었다. 현재 큰 체구의 성인이 된 그는 다른 집단 구성원들에게 언어적으로 공격적이고 적대적인 반응을 불러일으키고는 집단 전체가 자신을 거부한다며 비난한다(나타나는 것 그 자체가 행동의 패턴이다). 그러나 언제든 그런 일이 생겼을 때 다른 사람이 거리를 두게 만들고, 그가 그토록 원하는 다른 집단 구성원과 친밀하게 지내는 것을 막는 것이 그의 공격적인 의사소통 방법이라는 사실을 좀 더 인식하게 하기 위해 위협적인 말과 처신에 대해 지적할 수 있다. 비록 집단은 그렇게 하고 싶겠지만 집단적으로 그를 거절(희생양)할 수 없다. 그의 공격적인 매너는 위협당하는 것에 대해 어떻게 느끼는지 남성의 폭력에 대해 어떻게 느끼는지를 탐색하기 위한 다른 집단 구성원의 촉매로서 역할을 한다. 그래서 전체적인 집단 과정에서 유용하게 활용된다. 이와 관련하여 Waller는 다음과 같이 서술했다.

> 만약 우리가 행동의 패턴이 학습된 것이라는 것을 받아들인다면 배운 것을 없애거나 좀 더 효과적이거나 보상이 있는 삶의 방식으로 다시 배우는 것이 가능하다. 그 이후 집단이라는 경계 안에서 대인관계와 관련된 상호작용에 관해서 배울 것이 많다.
>
> (Waller, 1993: 25)

삶의 패턴은 면밀히 탐색될 것이다. 이것은 또한 집단에서 좀 더 의식적이고 타인의 시선을 의식하는 수준에서 일어날 수 있다. Waller는 이를 다음의 예처럼 발전시켰다.

> 구성원은 비이성적인 신념체계를 탐색하는 것을 격려받는다(만약 내가 결혼을 안 한다면, 시험을 통과하지 못한다면, 30세가 될 때까지 승진하지 못한다면, 그렇다면 나는 완전히 실패한 것이다).
>
> (Waller, 2003: 314)

이 모델은 또한 '차별과 인종 차별을 포함한 사회적 · 정치적 · 경제적 현실과 이러한 현실이 어떻게 내면화되어 절망과 무기력이라는 감정을 이끌어 낼 수 있는지'에 대한 반응을 알아보는 것을 시도한다(Waller, 2003: 314).

Waller(1993)는 '대인관계를 통한 학습' 혹은 '대인관계에 관련된 행동으로부터의 학습'이라고 부르는 상호작용을 통해 중요한 치료적 요인이 창조된다는 것을 제안한 Bloch와 Crouch(1985)를 지지한다. Yalom(1985: 77)에 의한 상호작용 집단은 두 가지 중요한 면을 제안하는데, 첫 번째는 '사회의 축소판'으로서의 집단의 기능이고, 두 번째는 '감정의 재경험'을 위한 기회를 제공한다는 것이다. Waller(1993: 26)는 이 개념을 다음과 같이 확장했다.

> '사회의 축소판'은 환자가 으레 부적응적인 방법으로 행동하는 경향을 의미하는 반복적인 매일의 습관과 비슷한 집단 과정을 말한다. 집단에서 이러한 행동 패턴은 관찰되고 관심을 끌게 되어 치료사와 다른 집단 구성원들은 '감정의 재경험'을 가질 수 있기에 서로의 변화를 돕는다.

즉, 집단은 구성원이 그들에게 스트레스를 유발하고 대인관계에서 방해가 되었던 행동 패턴에 대해 배울 수 있는 장소가 된다. 집단 구성원은 이것들이 최초로 드러나는 방식을 보거나 희미하게 지각된 측면에 점점 초점이 맞춰지는 것을 경험할 수도 있다. 자기인식이 증가하면 변화의 가능성이 생기고, 관련된 것들이 변화하는 방법은 집단에서 예행연습되거나 '시도될' 수 있다. Waller가 강조한 것처럼 치료사와 다른 구성원들의 피드백과 더불어 자기관찰은 자기인식을 확장시킨다.

> 집단 구성원과 치료사로부터의 피드백은 자기 자신에게는 인식되지 않지만 다른 사람에게 분명한 자신의 측면을 보여 주기에 필수적이다. 이 과정이 효과적이기 위해서는 타이밍이 적절해야 하고, 민감하게 다루어져야 한다. 이러한 측면에서 치료사는 중요한 역할을 수행한다. 부정적으로 판단하는 사람들과는 대조되게 긍정적인 임상적 접근을 보여 주고 행동과 이미지를 관찰하며 의견을 말한다. 그것은 집단 과정에 영향을 미친다.
>
> (Waller, 2003: 314-5)

집단에게 그들의 삶이 어떻게 바뀌었는지 '이야기'할 수 있는 구성원에 의해 집단 과정의 한계를 넘어선 새로운 방법이 나타났다. Bloch와 Crouch(1985: 78)는 "적응적 연속순환(adaptive spiral)"이 발달된다고 제안한다. Waller (1993: 35-7)는 대개 "치유적 기능"이라고 여겨지는 집단 작업과 밀접한 관계가 있는 기능에 번호를 매겨 구체화했다. 이것을 요약하면 다음과 같다.

① 정보를 주고 공유하기
② 참여의 과정에 관한 '희망 심어 주기(the installation of hope)'
③ 서로 돕기
④ 다른 구성원들이 같은 종류의 불안, 문제나 두려움을 가지고 있다는 것을 발견하고 이런 문제를 가진 사람이 혼자가 아니라는 것을 알기(혹은 이런 특정한 이슈를 극복하고 영감을 줄 수 있는 누군가가 있다는 것을 알기)

⑤ 집단은 재구성된 가족으로 작업할 수 있기 때문에 잠재되어 있는 가족 역동을 알아차리고 그에 대해 작업하는 것을 허용하기
⑥ 사람이 감정과 생각(대개 깊이 수치스러워하는)을 인정하거나 집단과 트라우마를 재경험하고 나서 강한 안도감 혹은 해방되는 경험인 카타르시스를 느끼는데, 이는 중요한 측면임. 이런 친밀함을 드러내는 것은 다른 구성원으로부터 비슷한 '자기개방'을 촉발하고, 결국 집단은 좀 더 친밀해짐. 이러한 감정들을 잘 관리하면 집단이 더 안전하다고 느끼게 됨
⑦ 구성원들은 자신이 다른 사람들과 어떻게 상호작용하는지에 대해 더 많이 배우고, 그들이 다른 방식으로 살기 위해 시도하는 것에 대해 피드백을 받음
⑧ 보복에 대한 두려움 없이 깊이 있는 감정을 공유할 수 있는 장소로서 집단의 안전은 집단 응집력을 발달시킴
⑨ 대인관계와 관련된 학습을 통해 관련되어 있는 과거의 방식은 점검되고 변화될 수 있음

상호작용 미술치료에는 시각적이고 언어적인 표현이 모두 있다. 앞에서 언급한 것처럼 자유롭게 움직이는 방식으로 초점이 미술에서 상호작용으로 옮겨 갈 수 있다. 이에 대해 Maclagan은 이렇게 서술했다.

> 미술치료는 비이성적인 것과 억제할 수 없는 것의 잠재적으로 위험한 만남이다. 이것은 또한 기능의 이동과 연관되어 있다. 어느 정도 합리주의적이고 조절이 가능한 언어적인 영역으로부터 익숙하지 않은 비언어적(혹은 아주 미미하게 언어적)인 영역까지…… [그 자체를 드러내는 것] 대개는 문자적이고 일화적인 주제의 베일 뒤에 가려진 채로 있는 다양한 경험의 영역(꿈, 환상, 상상)에 이르기까지 한다.
>
> (1985: 7)

미술 작업이 개인의 '비이성적인' 자료에 더 쉽게 접근하게 된다는 것에 동의하든 그렇지 않든 간에 확실히 비언어적이고 결과를 예측할 수는 없지만, 자기 자신과 다른 사람들 간의 풍부한 의사소통을 가능하게 한다. 앞에서 이미 강조되었던 음성 언어와는 다른 미술 작업의 한 측면은 이렇다. 미술 작업은 해소할 수 없는 생각이나 충동의 예가 되는 다양하고 모순되는 담론을 동시에 담을 수 있다. Waller가 지적했던 것처럼 이미지를 만드는 것은 '자유연상'이나 '종이에 꿈을 그리는 것'과 유사할 수 있다. Skaife는 미술 활동이 집단 상호작용을 위한 작업에 무엇을 더하는지에 대해 다음과 같이 논의했다.

> …… 구체적으로 집단에 머물기 위한 대안적인 방법으로서 비유적이고 상징적 언어로 감정이 표현된다. 그뿐만 아니라 언어로 쉽게 표현되지 않는 감정은, 예를 들면 색이나 형태 같은 상징적인 형태로 다루어질 수 있다. 이 방법을 통해 언어에 좀 더 가깝게 접근할 수 있고, 그것은 의식화된다. 다른 미술치료 환경과 마찬가지로 집단 구성원들은 미술 매체를 사용하여 그들 자신을 자유롭게 표현하도록 격려받는다. 이 작업을 들여다보면 개인의 역사에 속해 있는 동시에 [잠재적으로] 집단의 역동도 표현되어 있다.
>
> (1990: 237)

미술 작업은 집단 활동에서 관심의 초점이 될 수 있으며, 그래서 구성원들 간의 대화는 직접적으로나 간접적으로 미술 작품에 관한 것이 될 수 있다. 또한 미술 작품에는 내면의 투사가 중점적으로 나타날 수 있어 파괴되거나 수정될 수 있다. 구성원들은 비슷한 그림 방식이나 특정한 상징이나 디자인을 받아들임으로써 서로에게 공감을 보일 수 있다. Gerry McNeilly(1984)는 이것을 "집단 공명"이라고 부른다. 이것은 이미지가 겉으로 드러나는 것이 서로에게 영향을 미쳐서 함께 '공명'하거나 반향을 불러일으키는 방법을 묘사하기 위한 아이디어(물리적인 것으로부터 선택해 비유적으로 사용하는)이다. 어떤 주제들은 미술에 의해 지속적으로 표현될 수 있는데, 미술 작품이 반복적으로 나타나고, 재작업의 과정을 거칠 수 있다. 이 과정은 몇 주나 몇 달이 걸릴 수 있다. 일부 구성원들에게는 그림을 그리는 것이 집단 안에서 이야기하는 것보다 덜 위협적으로 느껴질 수 있는데, 이는 미술 활동이 가지고 있는 재미있는 측면이 먼저 드러날 수 있기 때문에 더 그렇다. 많은 영국인이 학교에서 '미술 활동을 한다.' 그래서 특히 첫 시간에 간혹 미술 매체를 사용하는 것이 퇴행적인 차원으로 나타날 수 있다. 실제 물리적인 미술 작품은 어떤 의미에서는 무슨 일이 일어났는지에 대한 과거의 기록이나 반영이 되기도 하고, 이후의 삶을 자극하기도 한다. 비록 이미지는 그림의 형식으로 나타나고, 이미지를 만든 사람은 그 내용을 집단과 언제 공유할지 결정하지만 이미지의 본질에 따라(이미지로 좀 더 혹은 조금 덜 드러나기 때문에) 구성원에 의해 드러내는 것의 속도가 결정될 수 있다. 언제 집단에게 사실을 이야기할 것인가에 대한 결정권을 가지고 있다는 것은 구성원에게 힘을 준다. 집단 과정은 집단 물감 작업을 통해 심화될 수 있고, 집단 갈등은 언어적으로 표현될 수 있으며 탐색될 수 있다. 마침내 이전 장에서 언급된 것처럼 이미지를 표현하기 위한 투쟁 그 자체(엉망으로 나타나든 개념을 설명하기 위한 노력으로 나타나든)가 엄청난 노출이 될 수 있다.

3. 집단의 형태

Waller는 상호작용 집단이 미술 활동을 활용하면서 활성화된다는 근본적인 과정에 대해 다음과 같이 논의했다.

> 이것은 투사, 미러링(mirroring), 책임 전가, 병렬왜곡, 투사적 동일시를 포함한다. 투사는 집단 구성원이 그들의 지금-여기 경험에 기반을 두지 않은 다른 구

> 성원에 대한 감정이나 추측을 포함한다. 예를 들어, 한 구성원이 다른 사람을 그의 비판적인 어머니 같다고 느끼고 그 사람에 대해 어떤 감정을 경험하는지 추측할 수 있다. 미러링은 한 구성원이 다른 구성원이 실제로 한 행동에 대해 강한 감정을 느끼는 것을 수반한다. 투사와 미러링은 때때로 분리와 함께 집단 구성원, 치료사 또는 전체 집단이 전부 좋거나 나쁘게 경험됨으로써 나타난다. 책임 전가는 집단이 한 구성원에게 모든 어려움을 지게 하고, 그것을 제거하려고 할 때 발생한다. 다른 사람들에 대한 그들의 인식을 왜곡하는(병렬왜곡) 그 구성원의 경향은 집단이 고려할 만한 가치 있는 자료를 제공한다. 중요하면서도 방해되는 현상은 투사적 동일시인데, 이것은 한 구성원이 그 혹은 그녀 자신의(그러나 사실은 의절한) 속성을 그들이 '묘한 끌림-반발'을 느끼는 다른 사람을 향해 투사하는 결과로 볼 수 있다(Yalom, 1985: 354). 이러한 속성은 너무 강하게 투사되어 다른 사람의 행동의 변화를 가져오기도 한다.
>
> (Waller, 2003: 315)

투사적 동일시에 의하면, 우리의 정서적인 안테나는 섬세하게 조정되어 왜인지 그 이유를 분명하게 알지는 못해도 우리 자신의 반응을 알아낼 수 있다. 결과적으로, 집단에서 받은 장기간의 경험적 훈련은 미술치료 실습 과정의 필수적인 부분이다. 미술치료사들은 자신의 방식에 따라 다르겠지만 이러한 요소들을 어느 정도 가지고 작업한다.

비록 Waller가 집단 상호작용 접근에 대조를 이루는 어떤 방법도 주제로 사용한 것을 볼 수는 없지만(Waller, 1993: 29), 이 장에서는 비지시적 접근에 집중할 것이다. 비지시적 입장에서 다소 다른 두 가지 접근 방법에 대해 알아볼 것이다. 제9장에서 언급된 것처럼 두 가지의 주된 활동 모델이 있다. 하나는 '규정된'(또는 시간-제한이 있는) 것이고, 다른 하나는 규정되지 않는 것으로 '집단이 이끄는(group-led)' 혹은 '열린(open)'으로 명명할 것이다. 두 가지 방법 모두 치료사가 주제나 과제를 제공하지 않는다는 점에 있어서 비지시적이다. 두 가지 방법 모두 매주 같은 시간으로 스케줄을 잡을 수 있다. 집단의 길이는 달라지지 않는다. '시간-제한이 있는' 모델에서 미술치료사는 이야기하는 시간과 미술 작업하는 시간을 구분한다. 공통적인 과정으로 집단이 시작될 때 짧은 시간 동안 이야기(대개 집단에 다시 돌아오는 것에 대해 느낌이 어떤지, 끝나는 시간을 '지켜야' 하는 부담 때문에 느꼈던 지난 시간에 해결되지 않은 느낌에 대한 공유 또는 구성원들이 오해할 수 있겠다고 느끼는 것에 대한 설명)를 하고, 이어서 20~60분은 미술 작업하는 시간이 뒤따르며(보통 두 시간이지만 회기의 길이에 따라 다를 수 있다), 만들어진 이미지를 분석하는 것에 대해 상기시키는 시간이 있다. 보통 미술 작업하는 시간과 마지막 토론 부분 사이에는 최소한의 쉬는 시간이 있다. 두 시간 반 정도 되는 집단 활동 시간에는 짧은 쉬는 시간이 있다. 이것은 안정적인 모델(왜냐하면 구성원이 확실한 시간적 틀을 가지고 있기 때문에)이지만 이야기하고 그리는 동안 즉흥적인 움직임을 허용하지 않기 때문에 집단 구성원은 이미지에 대해 이야기하는 시간에 원을 만들기 위해 그들이 하고 있는 것을 멈추어야만 할 수도 있다.

이와는 대조적으로 집단이 이끄는('열린') 비지시적 상호작용 모델은 회기의 '형태'가 앞의 모델에 비해 다양할 수 있다. Skaife와 Huet(1998)은 이 모델을 이렇게 관찰했다.

> …… 집단이 그들만의 미술 작업하는 문화를 매 회기 발달시키는 것을 허용하자 항상 그런 것은 아니지만 비슷한 패턴이 나타난다. 집단은 대개 즉흥적인 언어적 상호작용으로 시작해서 미술 작업으로 넘어간 후 분석을 하고, 앞의 두 개와 관련된 …… 치료사가 구조를 짜고 진행하는 집단에서 비슷한 패턴이 논의되었다.
>
> (1998: 21)

그리고 이렇게 서술했다.

> ⋯⋯ 우리 집단은 그들이 얼마 동안 미술 작업을 하는지 정하려는 문화를 형성하는 경향이 있는데, 이것은 대개 20분에서 40분가량 된다. 협의되는 동안 집단이 잠시 중단될 수 있다. 한 사람이 치우기 시작하면 이것은 다른 사람에게 보내는 신호가 될 수 있는데, 끝내는 것에 반응하거나 반응하지 않을 수도 있다.
>
> (1998: 26-7)

우리는 앞의 인용문을 통해 어떤 집단은 다른 집단보다 좀 더 불규칙할 수도 있지만 집단이 작업을 하는 특정한 방법에 적응하려는 경향이 있다는 것을 볼 수 있다.

집단이 이끄는 접근은 집단에게 더 많은 책임감과 힘을 직접적으로 준다. 나는 미술치료 수련생에게 발전된 집단 활동 기술을 가르치는 것에 참여해 왔다. 이것은 내가 사용한 좀 더 복잡하고 도전이 되며 '엉망'이 될 가능성이 있는, 좀 더 집중되고 직접적인 배움의 기회를 주는 모델이다. 그러나 내담자와 함께하는 치료적인 작업을 위해 나는 좀 더 침착하고 보유하며 시간-제한이 있는 모델을 좋아한다. 내가 앞서 설명한 모든 문제는 시간-제한이 있는 모델에서도 일어날 수 있다. 그러나 가끔 덜 즉각적인 방법으로 발생한다. 그 문제들은 집단이 이끄는 '열린' 접근에서 더 강렬하게 느껴진다. 왜냐하면 이런 문제들은 반드시 해결되어야 하기 때문이다. 그 문제들은 긴급하고 당면한 것이다.

앞 장에서 나는 집단이 이끄는 접근에 의해 운영되는 생산적이고 치료적인 기회가 있다는 것을 제시했다. 이야기하는 것, 그리고 미술 작품을 만드는 것에 시간을 얼마나 할애할 것인가에 대해 협의하는 순간이 왔을 때 긴장이 생길 수 있다. 집단 구성원들은 이것을 협의하는 데 있어서 다양한 문제에 관련된 습관적인 생각과 행동을 보인다. 치료적인 자료는 타협에 대한 구성원의 느낌을 포함해 집단 과정에서의 적합성 대 개성에 대한 탐색으로부터 생성될 수 있다. 또는 혼자 있는 것에 대한 두려움과 외로움에 대해 탐색할 수 있다. 빠져드는 것이나 거절에 대한 비이성적인 두려움에 대해 탐색하거나 이야기하는 것을 포함해 의존에 대한 욕구나 두려움은 깊이 생각해 보기에 유용하다.

Skaife(1990)는 이러한 과정 동안 생성될 수 있는 긍정적인 측면에 대해 다음과 같이 설명했다.

> …… 집단이 의사결정을 하는 과정에서 구성원이 의사결정 과정에 기여했다는 것을 반영할 수 있기 때문에 의미가 있다. 그러므로 사회적인 관계에서 협상하는 그들만의 특정한 방법에 대한 이해를 돕는다. 그뿐만 아니라 '창의적인 활동'과 관련된 문제, 특히 '보내 주는' 능력, 혼란을 견디는 것 등은 활동의 책임이 집단 구성원에게 있기 때문에 자주 논의된다.
>
> (1990: 238)

권위 모델에 대한 태도와 그들이 기대하거나 기대하지 않는 것들이 빈드시 나타난다. 실망이라는 느낌('무엇을 하라'고 말하지 않는)과 구성원의 삶에 있는 특정한 누군가와 관련된 전이는 미술 작품에서 탐색되고 언어적으로 표현될 수 있다. 결론적으로, "집단은 활동에서 변화를 둘러싼 긴장을 사용하여 힘과 권위에 대한 문제를 유발한다." 그리고 이것은 살아 있는 집단(the life of the group)을 통해 발생할 수 있다(Skaife & Huet, 1998: 25). 그래서 Waller는 이것을 집단을 시작할 때 참고 자료로 사용했다.

> 집단에서 처음으로 구성원들이 어떻게 진행할지 결정하려고 할 때 때때로 긴장이 야기된다. 구성원들은 치료사가 어떻게 해야 할지를 이야기해 주기를 원한다. …… 개인들은 빠르게 습관적인 패턴으로 돌아갈 것이다. 집단 활동을 제시하거나 뒤로 빠지거나 집단에서 벗어나서 혼자 구석에 고립되거나 제안된 것에 반대하거나 조용히 혹은 조용하지 않게 작업하는 것을 거부하거나 중재자가 될

> 것이다. 치료사가 기록한 이 모든 것은 이후 집단에 반영할 수 있는 유용한 자료가 된다.
>
> (Waller, 2003: 316)

Skaife와 Huet(1998)은 한 활동에서 다른 활동으로의 '전환'이 때때로 어렵다는 것에 대해 다음과 같이 기록했다.

> 우리는 미술치료와 집단 상호작용 치료에서 '밀고 당기는' 역동이 각 단계 사이에 있는 전환의 시기에 가장 강렬해진다는 것을 관찰했다. 집단으로부터 둥글게 모아 놓은 의자와 언어의 친근함으로부터 그 자신의 재료로 만든 작업의 물질적인 것에 이르기까지 떨어져 나오는 것은 쉽지 않다. 언제 미술 작업을 멈추는 것이 적당한지를 알아내는 것은 인위적일 수 있고, 미술 작품에 대한 대화를 이끌어 내는 것은 어려울 수 있다. …… 진행을 할 때인지 미술 작품을 만들 때인지에 관해 어느 정도 의견일치를 보기까지 집단이 오랜 시간을 보내야 할 수도 있다. 이 시기에 미술치료사에게 명확한 역할이 없다면 치료사는 불편한 긴장을 느낄 수 있다. 집단 과정에서 해설자로서 치료사의 일반적인 역할은 이야기하는 시간을 늘리거나 미술 작품을 직접 수정하기보다는 뒤에서 언어적으로 보조하는 것이다…….
>
> (1998: 22-6)

Skaife와 Huet(1998: 27), 그리고 나 역시 관찰했는데, 그것은 구성원들이 무엇을 느끼는지에 대해 이야기하려는 일반적인 욕구가 있다는 것이다. 구성원들은 그들의 작품이 다른 사람들에게 인정받기를 원한다. 때때로 작품을 보여 주고 단순히 "아직은 그것에 대해 이야기할 기분이 아니에요."라고 말할 수도 있지만, 많은 경우 작품과 자신의 경험이 어떻게 연관되어 있는지에 대해 설명하고 싶어 한다. 내담자들은 섬세한 질문이나 발언을 반가워하고 이를 통해 작품에 대해 인정받았다고 여긴다. 그들은 이렇게 말한다. "네, 나는 정말로 이 작품에 대해 이해하고 있고, 내가 하는 말을 들으면 당신도 내가 이해하고 있다는 것을 알 거예요." 또는 "네, 나는 정말 신경을 쓰고 있었고, 당신은 정말로 들어 주었어요." 드러난 사실에 대해 반응을 얻지 못하는 것은 매우 당황스러운 감정을 불러일으킬 수 있다. 우리는 알지 못한다는 불안에 대해 약간은 다르게 반응한다. 집단에서 자기반영 중 일부는 이러한 불편함에 대한 분석일 수 있다. 집단은 또한 집단에서 말수가 적어지는 시간을 탐색할 수도 있다. 예를 들어, 가끔 침묵은 강력한 드러냄에 대한 '존중'의 반응으로 여겨진다. 그러나 침묵은 감추었던 사실을 드러내고, 기다리고 있는 구성원에게 신경 쓰지 않거나 유리되었다는 반응으로 오해받을 수 있다(여기에 문화적인 차이가 작용할 수 있고, 기대나 추정이 탐색될 수 있다)!

대체적으로 공감은 다른 구성원이 사실을 드러내는 것을 통해 좀 더 직접적으로 표현될 수 있다. "네, 그런 일이 나에게도 일어났어요." 또는 "나도 그렇게 느껴요."(비록 잠재적으로 집단의 초점이 첫 번째 말한 사람에게서 다음 사람으로 이동할 수 있지만) 수련생은 다른 수준에서 촉진적 기술을 연습해야 한다. 따라서 자기개방에 대한 반응을 연습하는 것은 적절하다. 때때로 구성원들은 관심을 불러일으키는 미술 작품에 허세를 부리거나 숨기거나 접어 버릴 것이다. 이 사람은 집단 구성원들에게 괜찮다는 확신을 갖게 하고 싶은 욕구가 있거나 호기심에서 벗어나고 싶거나 부족했던 자기개방에 대해 짜증이 나기 때문이다(후자는 특히 보이지 않는 행동 패턴의 일부일 수 있다). 이 모든 탐색은 미술 작업 과정으로부터 시작해서 계속된다.

상호작용 집단의 두 가지 모델 모두에서 치료사의 우선적인 역할은 집단 과정에서 구성원의 피드백을 받는 것이다. 구성원의 피드백을 받으려는 목적은 다음과 같다. 미술 작품에 대한 그림의 내용을 분석하기 위해, 집단의 경계를 유지하고 강화하여 안전을 보장하기 위해, 집단이 '막혀서' 큰 곤경에 처했을 때 개입하기 위해(거의 필요하지 않다 하더라도 대부분의 집단은 그들 스스로 문제를 해결할 수 있다), 구성원이나 하위 집단에게 손상이 되지만 알아채지 못하고 넘어가거나 무시된 자료를 인정받도록 도우면서 구성원의 안전을 보장하기 위해, 집단 과정에서 반영하는 중에 알아차리지 못했다면 책임 전가를 시도하는 부분을 지적하기 위해(이상적으로 치료사가 아닌 집단이 이것을 할 수 있다)서이다. 두 개의 비지시적 접근 방법에 좀 더 규칙을 더하면 치료사는 단순히 집단의 시작과 끝에 관심을 두기보다는 시간을 관리하는 역할을 하게 된다. 성숙한 집단은 거의 미술치료사의 개입 없이 그들 스스로 운영할 수 있다.

이 장에서 나는 집단 상호작용 미술치료를 바탕으로 기본 이론의 개요를 서술했다. 비지시적인 집단 활동방식, 즉 '시간-제한'이 있고, '집단이 이끄는' 두 가지 작업방식에는 장단점이 존재한다. 이 장에서는 좀 더 세부사항으로 들어가서 어떻게 미술 활동이 작업 모델에서 기능하는지 살펴보았다.

참고문헌

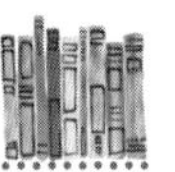

Bloch, S., & Crouch, E. (1985). *Therapeutic Factors in Group Psychotherapy*. Oxford: Oxford University Press.

Bourdieu, P. (1990). *The Logic of Practice*. Cambridge: Polity Press.

Maclagan, D. (1985). Art therapy in a therapeutic community. *Inscape: Journal of Art Therapy*, *1*, 7-8.

McNeilly, G. (1984). Directive and non-directive approaches in art therapy. *Inscape: Journal of Art Therapy*, Winter, 7-12.

Ratigan, B., & Aveline, M. (1988). Interpersonal group therapy. In M. Averline & W. Dryden (Eds.), *Group Art Therapy in Britain* (pp. 43-64). Milton Keynes: Open University Press.

Skaife, S. (1990). Self determination in group analytic art therapy. *Group Analysis*, *23*(3), 237-44.

Skaife, S., & Huet, V. (1998). *Art Psychotherapy Groups: Between Pictures and Words*. London: Routledge.

Waller, D. (1993). *Group Interactive Art Therapy: Its Use in Training and Treatment*. London: Routledge.

Waller, D. (2003). Group art therapy: An interactive approach. In C. A. Malchiodi (Ed.), *Handbook of Art Therapy* (pp. 313-24). New York: Guilford Press.

Yalom, I. D. (1995). *The Theory and Practice of Group Psychotherapy* (4th ed.). New York: Basic Books.

제 14 장

미술치료와 공동치료

Annette M. Coulter

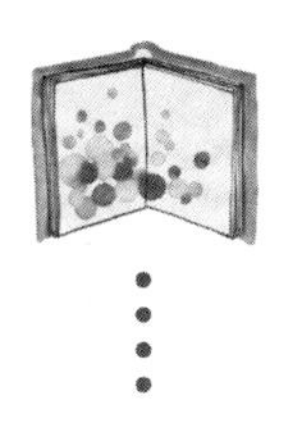

미술치료를 실제로 운영하는 데 있어서 논란이 되는 측면 중 하나는 집단 미술치료의 공동운영자(co-facilitator)에 관련된 문제이다. 재정적인 지원에 한계가 있거나 공동운영자 또한 미술치료사여야 한다는 이유로 미술치료사 혼자 집단을 운영하게 한다. 그러나 공동치료사와 함께 작업하는 일은 실습이 진행되는 집단과 미술치료 집단 모두에게 교육적인 측면에서뿐만 아니라 재정 지원을 받는 일과 사례관리에 대한 논의를 할 때도 유익하다. 대부분의 치료 상황에서, 예를 들어 집단 구성원이 치료 장소를 떠나야 하는 경우와 같은 실제적인 이유 때문에라도 공동치료사와 함께 집단을 운영하지 않는 것은 무책임한 일이 될 수 있다. 또한 공동치료사는 어떤 예상치 못한 집단 상황에서도 주 치료사를 보조할 수 있는 여력이 있어야 한다. 그런 상황에서 최상의 치료 상황을 위한 공동치료사의 개입 가능 여부는 매우 중요하다.

1. 공동치료사 계약

공동치료가 이루어지는 상황에서 집단 구성원에게만 규칙이 있는 것은 아니다. 집단과 관련된 또 하나의 계약은 집단에 대한 공동운영자의 약속이다. 대부분의 책임감 있는 공동운영자는 집단미술치료를 위한 공동치료사가 된다는 것이 정해진 몇 주 동안 지속되는 약속이라는 것을 이미 이해하고 있다. 그러나 미술치료사가 시간적인 약속을 포함해서 어느 정도 참여할 것인지에 대해 명확한 설명이 있는 공동치료사와의 서면 계약을 하는 것은 중요하다.

지속적으로 치료가 이루어지는 집단은 시간적인 틀이 없다. 미술치료 집단은 여성 쉼터나 난민 보호소 같은 거주형 치료 시설에서 트라우마와 관련된 문제를 다루기 위한 프로그램을 매주 진행할 수 있다. 미술치료사 혼자 이런 일을 하는 것은 버거울 수 있다. 미술치료 집단은 언어적인 표현의 어려움 혹은 지역적인 언어의 한계에 대한 생각과 느낌을 표현하는 것을 촉진한다. 이러한 환경에서 미술치료는 지속적인 치료체계의 일부이고, 집단은 그 시기에 거주하는 사람 누구나에게 열려 있다. 집단의 구성원은 입원한 내담자부터 퇴원한 내담자까지 다양하다. 계속 진행 중인 집단의 운영 자체가 실제 참여하는 집단 구성원보다 집단을 지속하는 주요한 요인이 된다. 두 명의 공동운영자는 이러한 거주형 치료에서 지속성을 가지는 요소의 일부가 되고, 공동치료사의 참여에 대한 계약은 명확한 이해를 돕는다.

서면으로 된 계약 형식이 있다면 더 좋다. 장문의 서류일 필요는 없고, 공동치료사의 책임에 대한 개요가 서술되어 있으면 된다. 공동치료사들은 또한 집단에서 그들의 부재가 미치는 영향과 집단의 '틀'을 '유지'하는 데 그들의 역할이 얼마나 중요한지에 대해 반드시 이해해야만 한다(Schaverien, 1989; Bull, 1985; Vinogradov & Yalom, 1989).

2. 성공적인 미술공동치료

가장 성공적인 공동치료는 미술공동치료사가 비슷하게 실습을 받았거나 미술치료 실행 모델이 유사한 작업에 바탕을 두고 있을 때이다. 공동치료사들이 서로의 미술심리치료 개입에 대해 직관적으로 이해하게 되면, 다른 비언어적 의사소통이 이해되고 공동치료사들이 서로의 개입에 대해 보완하는 것이 가능해진다. 가급적이면 좀 더 경험이 많은 미술치료사나 경험이 있는 집단치료사, 가족치료사 혹은 정신역동에 대한 실습을 받은 슈퍼바이저로부터 도움을 받는 것이 좋다. 좋은 슈퍼바이저는 공동치료사 간에 생긴 갈등적인 역동에 대해 생산적인 조언을 제공할 수 있다.

거주형 치료 시설에서 공동치료사는 개인과 집단이 아닌 곳에서 일어나는 대인관계 역동에 대해 더 잘 알고 있을 수 있고, 미술치료사들은 집단 활동을 이끌어 나가는 데 있어 미술치료사의 기술을 알려 주면서 서로를 보완할 수 있다. 결국 서로의 기술에 대한 상호 존중이 성공적인 공동치료를 가능하게 할 것이다.

3. 치료 집단을 위한 공동치료

일반적으로, 한 명의 치료사가 집단의 리더이고, 다른 한 명이 공동운영자이다. 대개 더 많은 경험이 있는 치료사가 집단을 이끌고, 미술치료 집단의 경우라면 미술치료사는 주 집단 리더이거나 조력자가 된다. 한 명의 치료사가 집단의 구조를 유지하는 데 집중하며 나타나는 이슈를 함께 다루는 것은 도움이 된다. 여기에는 폭력뿐만 아니라 비밀보장, 시간 운영, 집단 경계의 유지 같은 집단 규칙과 집단 구성원에 관련된 이슈 및 집단의 핵심 구조에 영향을 미치는 것, 집단 신뢰를 유지하는 측면이 포함된다. 한 명의 치료사가 집단의 의식적인 부분을 다루는 동안 다른 한 명의 치료사는 집단의 덜 의식적인 과정에 집중한다. 이것은 집단의 어떤 구성원의 특정 이슈를 다루고 있는, 집단의 리더가 집중하지 않고 있는 다른 집단 구성원에게 특별히 주의를 기울이면서 이루어지게 된다. 집단이 함께 혹은 개인별로 미술 작업을 하는 동안 공동치료사와 집단 구성원은 가급적이면 대화를 하지 않는다. 그들은 비언어적으로 다른 사람의 관심을 끌지도 모른다. 그러나 집단 구성원의 미술 작업 과정은 방해받거나 타협되어서는 안 된다. 그들은 자신이 만든 미술 작품과 내면의 대화를 하고 있다.

공동치료사는 집단 구성원들이 어떠한 이슈 때문에 분열된 상황에서 대안을 제공할 수 있다. 공동치료사는 다른 시각으로 사건을 바라보고 갈등에 대한 해결책을 제시할 수 있다. 예를 들어, "나는 당신이 말하는 것을 듣고 있어요 (당신이 하는 말을 들었다는 것을 알려 주기 위해 다른 관점을 반복해서 말할 수 있다). 그러나 이것과 관련해 내게 문제가 되는 것은……." 그리고 대안이 제시될 수 있다. 공동치료사들은 또한 집단 구성원들의 생각에 대한 역할극을 할 수도 있다(예: "나는 Scott과 Johnny가 왜 그랬는지 이해할 수 있어요. …… 그러나 그는 동의하지 않아요.").

4. 성비 고려하기: 남성과 여성 공동치료사

반대되는 성의 공동치료사와 작업한다는 것은 미술치료사에게 기본적인 부모상을 재창조하는 기회를 제공한다. 이것은 집단 구성원에게 협동적이고 존중하는 방식으로 함께 일하는 남성과 여성의 역할 모델을 관찰하는 것뿐만 아니라 집단 상황에서 부모에 대한 투사를 가능하게 한다. 집단 구성원은 남성과 여성 공동치료사의 관계에 대한 환상이 있을 것이다. 이 배치는 해결되지 않은 부모에 관한 이슈가 있거나 그 이슈에 접근하기 어려운 집단 구성원에게 매우 효과적이고, 그들을 안심시킬 수 있다. 예를 들어, 정신병원의 남자 병동에서, 두 명의 여성 미술치료사와 두 명의 남성 간호사가 함께 공동집단을 운영하는 것은 어머니와 아버지에 대한 투사를 형성하는 데 매우 도움이 된다. 이러한 성비의 균형과 공동운영의 연속성은 외부로부터 이 집단에 무엇인가를 가져와 독특하게 만든다. 두 명의 여성 미술치료사가 함께 작업하는 것은 남/여 치료사가 함께 작업하는 것보다 덜 성공적일 수 있다. 더불어 치료적 커뮤니티에서 온 공동치료사가 개입한다면 집단의 연속성은 유지된다.

또한 잘 구성된 남성 집단에서 여성 동료가 함께 일하는 것은 모든 사람이 관련된 다양하고 유익한 이슈를 만든다. 이러한 협력적인 작업을 관찰하는 것은 집단 구성원에게 여러 가지 의미가 있다. 남성과 여성 공동치료사 연합이 협력을 이루며 함께 일하는 것은 치료적인 것들을 제공한다. 더욱이 그렇지 않았으면 나타나지 않았을 집단의 개인적인 이슈가 드러난다.

5. 기관 협력 공동치료

또 다른 공동운영 시나리오는 두 명의 치료사가 그들의 내담자들이 가장 관심 있어 하는 것을 중심으로 하나의 큰 집단을 구성하려고 할 때 생긴다. 두 개의 기관이 협력적으로 집단을 운영할 두 명의 스태프를 참여시킨다. 성비 균형을 맞출 수도 있고, 동성이 될 수도 있다. 예를 들어, 전문적인 가족치료 기관이 문제가 있는 청소년에게 정신건강 서비스를 제공하는 또 다른 기관과 업무 협약을 맺는다. 이 청소년의 부모 집단은 행동 조절 문제에 대해 이야기하고, 10대인 자녀와 문제가 있는 사람들이 그들만이 아니라는 것을 알게 되며, 서로를 지지하기 위해 만들어진다.

또 다른 협력 공동치료 집단의 예는 소아 병동에서 처음으로 부모가 된 사람들과 작업하는 간호치료사(nurse therapist)가 부부 활동에 특화된 미술치료사와 협력하는 것이다. 이 집단은 첫아이가 태어나는 것을 준비하고, 부모라는 그들의 새로운 역할을 준비하는 것을 부부에게 닥친 이슈로 본다. 특히 미술의 사용은 부모가 되는 것에 대해 떠오르는 일련의 느낌을 자신의 파트너만큼 표현할 능력이 없는 젊은 아버지에게 그것을 표현할 수 있게 해 준다. 젊은 어머니들은 다양한 소아과 서비스와 임신을 통해 만난 사람들과 지지적인 관계를 형성하고, 서로 더 많은 연락을 하지만 이제 곧 아버지가 되는 그들은 좀 더 고립되어 있다. 간호 전문가(nurse specialist)는 이 공동운영에서 집단 구성원이 가지고 있을지 모르는 질문에 답을 줄 수 있는 의학적인 지식을 제공하고, 미술은 아버지가 된다는 책임감을 지는 것과 이것이 가져오는 어려운 감정을 표현하는 방법을 제공한다. 집단은 공동치료사의 다양한 기술을 사용해 실제로 영향을 미치는 문제에 관해 심리교육적으로 운영되어 간다.

청소년 쉼터(youth refuge)의 미술치료 집단은 집단의 역동에 대해 더 잘 이해하는 상주 직원과 미술에 특화된 전문가로서의 미술치료사가 공동으로 운영한다. 만약 청소년이 감정적으로 격양되어서 괴로워하는 상태에서 치료실을 나갔다면, 공동치료사는 그들의 안전을 보장하기 위해 동행하여 혼란스러운 감정을 진정시키고 집단으로 돌아가도록 격려할 수 있어야 한다. 이것은 많은 내적인 노력을 요구한다. 그들이 즉각적으로 돌아오는 것을 추천하지 않는다. 활동 후의 또래 집단 보고 시간에 공동치료사는 미술치료사에게 집단치료실에 남아 있기 힘들어했던 청소년을 건드린 이슈에 대해서 알릴 수 있고, 그들은 앞으로의 집단 시간에 취할 후속 조치에 대해 토론할 수 있다.

6. 공동운영자로서 미술치료사

만약 미술치료사가 집단의 공동운영자라면 주된 역할은 집단 운영자를 지원하는 것이다.

집단은 미술치료 집단이 아닐 수도 있다. 공동운영자로서 미술치료사는 집단 과정을 지속적으로 운영하기 위한 상황에서 부가적인 치료적 개입을 위해 초대되었을 수 있다(Kerr, 2008: 159). 이러한 변수들은 미술치료사가 공동 운영자이든 집단 리더이든 간에 존재하기 마련이다. 미술치료는 집단 과정 안에서 특정한 시점에 그 자체로 개입하는 유용한 도구이다. 예를 들어, 심리치료사와 미술치료사에 의해 공동운영되는 남성 집단에서 주된 양식은 언어적인 심리치료이다. 미술치료는 매주 사용되지는 않지만 시작할 때와 때때로 집단의 중간이나 끝에 시각 일기를 사용하도록 활용될 수 있다. 시각 일기는 집단의 시작에서 첫 10분 동안 자기 내부에 초점을 맞추도록 해 외적 세계에서 벗어나 치료적인 공간으로 들어오게 한다. 미술은 집단 시간 동안 혼란스러운 생각과 느낌을 야기하는 특정한 이슈가 있을 때 생각을 명확히 하기 위한 창의적 개입을 제공한다. 이것은 그 원인을 명확하게 알 수 없는 강한 감정을 드러내도록 돕는다. 집단 리더가 미술치료사에게 요청하거나 미술치료사가 개입을 제안하거나 방금 일어났던 것을 반영해서 일기에 쓰도록 할 수 있다. 각각의 집단 구성원이 경험하는 것은 다 다르고, 미술 과제에 몰입하는 것은 특정한 이슈를 끌어낸다. 때때로 이것은 줄어드는 언어적 직면이 미술로 표현되도록 돕고, 분노 같은 변덕스러운 감정의 건설적인 표현을 조장한다. 예를 들어, 여행을 떠나는 것에 대한 안내된 상호작용 그리기 치료(IDT; Withers, 2006) 회기는 최근 남성들의 수련회에서 강한 비유를 촉진했다(Coulter, 2012). 미술치료는 생각과 감정을 표현하는 기회를 제공하지만 치료의 주된 양식은 아니다. 그것은 때때로 사용되고 집단 과정에 의해 요구된다.

일부 미술치료 집단에는 '집단 리더'가 없을 수 있지만 같은 책임감을 가지고 동등하게 참여하는 두 명의 집단 운영자가 있을 수 있다. 이러한 상황에서 한 명의 운영자는 집단에 역동의 문제에 관해 알리고, 다른 한 명의 운영자는 특정 이슈나 주제를 관찰하는 것을 돕는다. 한 명의 집단 구성원이 집단 토론에 참여하는 것을 조심스러워한다고 예를 들어 보자. 그들이 왜 참여하지 않는지에는 여러 가지 이유가 있을 수 있는데, 주제가 관련이 없을 수도 있고, 주제와 아주 밀접한 관련이 있지만 토론에서 관계에 대한 그들의 딜레마를 드러내길 원치 않을 수도 있다. 참여는 하고 싶지만 어떻게 참여하는지 단순히 방법을 모르는 것일 수도 있다. 표현할 단어들이 존재하지 않는 것이다. 집단 참여를 위해 열심히 일하는 것은 집단 운영자의 역할이 아니며, 개입하지 않는 것이 그들의 역할이라는 것을 알아차리고 무슨 일이 일어나고 있는지 고려하는 것이 그들의 역할이다. 한 운영자가 사람들이 참여하지 않는 것을 알아차리고 다른 운영자가 그들이 전에 이야기했던 것과 현재 그들이 말을 하지 않는 것을 연결시킬 수 있다. 공동치료를 운영한다는 것은 치료사들에게 집단 안에서 집단의 주제, 역동 문제에 대한 탐색 또는 집단행동을 관찰하는 것을 시작해 함께 운영하고 상호작용하는 기회를 허용하는 것이다.

7. 동종보건전문가 공동치료사

앞에서 묘사한 다양한 상황에서 언급한 것처럼 치료 집단을 위한 공동치료사가 반드시 자격증이 있는 미술치료사일 필요는 없다. 집단미술치료를 위한 공동치료사는 간호사일 수도 있고, 정신과 의사이거나 심리학 인턴이거나 사회복지사이거나 작업치료를 배우는 학생이거나 심리치료사나 다른 동종보건전문가일 수 있다. 가족미술치료 진단 절차에는 공동운영자로서 아동정신과 전문의나 가족치료사인 팀 리더가 좀 더 상위 임상의학자로 있을 수 있다.

공동치료사로서 동종보건전문가가 있다는 것은 임상실습에서 그들에게 미술치료에 대해 교육할 수 있는 기회가 된다. 비록 이것은 경험적인 미술치료 교육이지만 미술치료사는 집단미술치료를 공동운영하기 전에 미리 공동치료사를 위해 준비한 유인물을 제공할 수 있다. 동종보건전문가는 대개 관심 가는 것에 대해 책무를 다하고, 그들의 기술을 확장하려는 열정을 가지고 있다. 그들은 지식 얻기를 열망하고, 그들의 공동치료가 생산적이기 위해 요구되는 것은 무엇이든 하려고 한다. 일부 공동치료사에게는 집단미술치료 리더의 잠재적인 기대와 그들의 역할에 대해 더 아는 것이 도움이 된다. 미술치료사는 공동치료 역할에서 집단을 운영하기 전에 읽을 자료가 동종보건전문가에게 도움이 될지 아닐지를 결정해야만 한다. 공동운영자가 미술치료사가 아닌 경우, 그들이 집단미술치료를 먼저 경험하는 것이 더 좋다. 그렇게 되면 나중에 읽는 것들이 경험적인 맥락으로 다가오기 때문이다. 드문 경우지만 집단미술치료를 위한 공동치료사가 되는 것에 관심이 있는 스태프가 한 명 이상이 되는 상황에서 누가 가장 적합한지 명확할 것 같더라도 바람직한 결정을 하기 위해서는 (각 동종보건전문가를 개별적으로 만나서) 같은 내용의 질문을 해야 한다. 최소한의 제한된 집단 회기는 다른 스태프에게 나중에 참여할 수 있는 기회를 허용한다. 지속적으로 집단 활동 운영을 보조하는 것은 효과적인 미술치료에 있어서 다양한 접근 방법과 기술에 대한 이해를 높일 수 있다.

8. 집단미술치료에서 공동치료사의 역할

공동치료사의 주된 역할 중 하나는 미술치료사를 지원하는 것이다. 비록 다른 치료사를 지원한다는 것이 단순한 역할처럼 보이지만 이 과업은 각각의 공동치료사들이 집단 역동에 휘말리게 되면서 점점 더 복잡해진다. 만약 한 명의 치료사가 다른 한 치료사부터 지원받지 못한다고 여긴다면 이것은 집단상담 후 즉시 논의될 필요가 있다. 만약 이것이 해결되지 않으면 가능한 한 빨리 함께 슈퍼비전을 받는다. 지원이 부족하다고 인식되면 즉시 명확히 하는 것이 중요하다. 이 부분을 확인하지 않으면 이것이 집단의 힘을 손상시킬 수 있기 때문이다. 집단 구성원들은 집단을 운영하는 공동치료사들 간에 있는 인간관계 역동의 틈에 무의식적으로 맞춰 간다.

지원한다는 것의 의미는 많은 책임감을 지고 간다는 것을 의미한다. 가장 중요한 것은 만약 한 명의 치료사가 토론을 주도하고 한 방향에 집중하고 있다면 다른 공동치료사가 다른 방향에서 무슨 일이 일어나고 있는지를 관찰하는 것이다. 공동치료사들은 절대로 나란히 앉으면 안 된다. 서로 다른 사람의 시야에 쉽게 들어올 수 있는 자리여야 한다. 공동치료사들은 비언어적 의사소통 기술을 발달시켜 서로에 대해 알아 가는 것이 필요하고, 이것이 집단 구성원들에게 덜 명확하다면 더 효과적이다. 공동운영자가 집단의 주된 관심에서 벗어나 있는 좀 더 미묘한 상호작용을 관찰할 수도 있다. 이러한 관찰이 그들의 역할에서 중요하게 여겨지는 부분은 아니지만 언급되어야 한다. 이후에 집단에서 관찰한 것을 언급하는 것이 적절할 수 있다. 그러나 이후 집단 활동을 준비할 때 관찰된 미묘한 역동에 대해 다른 치료사에게 조언을 하는 것이 더 중요하다. 공동치료사는 또한 시간 조절을 도울 수 있다. 공동치료사는 앉는 자리를 정할 때 치료실에 있는 시계를 별도로 볼 수 있게 한다. 중요한 것들이 집단이 끝날 때쯤에 자주 나타나게 되는데, 이는 복잡한 것을 다루기에 충분한 시간이 없는 더 안전한 시간대이기 때문이다. 만약 논쟁을 초래할 만한 문제가 떠오른다면 공동치료사는 집단에게 시간 제약에 대해 상기시키고, 이렇게 말하면서 개입할 수 있다. "집단 활동이 끝날 때까지 8분이 남았다는 것을 알려드립니다." 상담 시간을 넘겨서 작업하는 것은 효과적인 집단 시간 운영에 비생산적이고, 공동치료사는 이런 것이 지켜지는지를 확인하는 것을 돕는다.

또 다른 관련된 문제는 집단 구성원이다. 공동치료사는 집단의 사전 인터뷰를 돕고, 내담자가 집단미술치료에 적합한지 평가한다. 앞에서 언급했던 것처럼 치료사 또한 두 개의 기관에서 협력 공동치료와 같은 집단에 다수의 내담자를 데려올 수도 있다. 두 명의 치료사가 함께하는 것은 가치가 있다. 예를 들어, 집단 구성원으로 받아들이지 않는 것에 대해 결정을 할 때 공동치료사와의 협의를 통해 결정을 한다. 집단의 사전 인터뷰 또한 집단 시작 전에 집단 구성원에게 두 명의 공동치료사를 만날 기회를 제공한다. 이것은 예비 집단 구성원에게 집단에 참여하는 것이 좀 더 쉬울 수 있도록 도와준다. 예를 들어, 만약 이것이 주거 시설(residential setting) 같이 회기의 끝이 정해져 있지 않은 집단이라면 관련이 없다. 그러나 만약 집단이 정해진 회기만 운영된다면, 집단 사전 인터뷰 준비를 위한 실행계획에 공동치료사가 참여하는 것이 유용하다.

공동치료사의 또 다른 역할은 다른 직원들의 피드백을 받는 것이다. 집단 환경이 어떤가에 따라서 이것은 집단 운영자의 역할이 된다. 주거 시설에서, 예를 들어 간호사인 공동치료사나 입원 보호 시설에서 일하는 사람으로부터 받는 피드백은 입원한 사람들이 집단 후에 느끼는 기분이나 행동에 대한 이해를 돕는다. 또한 합동 피드백은 공동치료사가 동일한 내담자의 사례관리 회의에 참석했을 때도 발생한다. 공동치료사들이 다른 직원들과 협조적으로 피드백을 나눈다면, 다른 방법으로 같은 지점에 도달하게 될 것이다. 하나의 접근 방법은 다른 것보다 조금 더 쉽게 받아들일 수 있다는 것이다. 예를 들어, 만약 공동치료사가 정신과 전문의라면 그들의 의견은 치료팀에 있는 다른 의사들에게 더 존중받을 수 있다. 간혹 두 명의 치료사가 같은 의견을 나눈다면 좀 더 확신을 줄 수 있다. 내담자의 문제에 대해 설명할 때 공동치료사의 지지는 어려운 치료 결정을 내리는 것을 도울 수 있다.

또한 공동치료사는 내담자가 집단치료 공간을 떠나야 할 필요가 있을 때 도움이 된다. 비록 집단 안내서에서는 집단이 진행되는 동안 구성원이 항상 그 공간에 함께 머무르도록 안내되어 있으나 그것이 가능하지 않은 예외적인 상황이 있다. 청소년의 경우에는 때때로 집단 상호작용 시간에 자해가 발생할 위험이 있다. 공동치료사는 그/그녀가 집단에서 나왔을 때 다치지 않게 하는데, 이것은 집단 운영자 의무에 속한다. 내담자가 집단치료현장을 떠나지 않고 자기파괴적인 느낌에 대해 드러낼 수 있으면 훨씬 좋겠지만 이것이 항상 가능하지는 않다. 갑자기 치료실에서 걸어 나가 버린다거나 눈물을 흘리는 것은 종종 압도된 상태에서 나타나는데, 만약 그/그녀가 집단에서 몇 분 정도 떨어져서 어느 정도 조용한 시간을 가질 수 있다면 그 상태는 오래가지 않는다. 위험이 높은 집단을 운영한다면, 특히 집단 응집력이 형성된 경우에 집단 역동은 꽤 변덕스러울 수 있다. 치료실을 떠나는 것은 자기 검열의 일부로서 치료사에 의한 개인적인 분노 조절 관리의 일부일 수 있고, 단순히 무언가가 촉발되어 자기 자신을 가다듬기 위해 타임아웃을 요청한 것일 수도 있다. 집단 구성원이 치료 시간을 떠나는 것은 권장되지 않는다. 그러나 예외적인 상황에서 집단 공동치료사의 존재는 도움이 될 수 있다. 만약 내담자가 스트레스를 받았다면 공동치료사는 집단 밖에서 내담자에게 최소한의 개입을 한다. 그 간단한 개입은 내담자에게 그들이 안전하다는 확신을 주고, 괜찮다고 느껴지면 가능한 한 빨리 집단으로 돌아오도록 돕는 것이다.

공동치료사는 또한 집단치료실의 준비와 정리를 돕는다. 미술치료 집단은 때때로 매우 지저분해질 수 있다. 내담자가 미술 매체를 정리하도록 하는 것이 집단 후 자신의 문제에 대한 자기반영을 방해한다면 이것은 비생산적인 것이 된다. 내담자는 방해받지 않고 집단 매체와 함께 머물 수 있는 시간이 필요하다. 예를 들어, 아동의 치료 목표 중에 치료실을 정리하는 것이 포함되어 있지 않다면 집단 후에 즉시 자기반영 시간을 위해 집단치료실을 떠나는 것이 더 좋다. 집단상담 후에 치료실을 정리하는 것은 공동치료사들이 공식적으로 함께 기록하기 전에 비공식적으로 그들의 집단 작업에 대해 논의할 수 있는 시간을 준다. 또 다른 선택으로는 먼저 기록하고 나중에 미술 매체를 정리하는 방법이 있다.

9. 기록과 문서 작성

집단 활동에 대한 문서 작성은 공동치료사의 또 다른 역할이다. 이것은 특히 다른 치료사가 주된 집단 문제에 집중하고 그것을 다루고 있는 동안 좀 더 미묘한 집단 역동을 관찰할 때 유용하다. 공동치료사는 이전의 집단 문서 작성에 대해 언급할 수 있고, 구조화된 과제나 특정한 집단의 문제를 탐색하기 위해 만들어진 집단의 지시사항에 대해 공동으로 결정할 수 있다. 함께 기록하는 과정을 통해 공동치료사는 서로에게 그들의 집단 운영에 대한 보고를 들을 수 있는 기회를 제공한다. 그들은 또한 돌아가며 집단을 이끌 수 있다. 이것은 폐쇄된 집단의 연속성에 영향을 미칠 수 있지만 공동치료사가 서로의 작업하는 방식에 대해 배우기 때문에 몇몇 개방형 집단 상황에서는 효과가 좋다.

10. 집단 공동운영에서 미술의 사용

미술치료 공동운영의 일반적인 원칙은 공동치료사가 미술 작품을 만들지 않는 것이다. 그들의 역할은 미술 작품을 만드는 과정을 관찰하고 필요한 기술적인 도움을 제공하는 것이다. 그러나 여기에는 예외가 있다. 예를 들어, 공동치료사가 미술 작품을 만드는 것이 아동이 집단에 적응하는 것을 도울 수 있는 경우이다. Prokofiev는 교실 상황에서 교사가 공동치료사와 함께 작업하는 것을 허용한다. "그녀가 원하면 미술 활동에 참여할 수 있다. 그러나 …… 나는 집단을 전문적으로 운영하기 위해 책임감 있는 '참여적 관찰자'이길 바란다."(Prokofiev, 1998: 63) 이러한 결정은 조심스럽게 고려될 필요가 있고, 항상 집단 구성원의 가장 큰 관심이 무엇인지를 염두에 두어야 한다.

일반적으로 공동치료사가 집단 활동 중에 미술 작품을 만들면 집단 활동 후의 보고와 공동반영의 일부로 미술 작품을 사용할 수 있다. 공동치료 경험에 대한 생각과 느낌을 회상하기 위한 이미지의 사용은 집단 과정에 대한 시각적 문서 작성의 형태로 집단 활동에 대해 기록하는 것을 돕는다. 이것은 매주 좌석의 변화를 도형으로 기록하고, 갈등의 방향을 표시하기 위해 화살표를 사용하거나 관심의 초점이 된 이야기나 집단 내의 연합을 표현하거나 집단 역동의 일부로 지형적인 힘의 군락을 나타낼 수 있다. 또한 시각적 문서 작성은 공동치료사에게 집단 운영자로서 그들의 인상이나 경험을 표현할 수 있는 기회를 제공한다. 이것은 문자적 · 상징적이거나 혹은 비유적인 표현일 수 있다. 만약 집단이 새롭게 형성되었거나 짧은 실습 과정으로 운영된다면 시각적 문서 작성에 집단 구성원의 간단한 초상화나 캐리커처를 포함하여 운영자가 구성원에 대해 시각적으로 기억하노록 도울 수 있다. 공동치료사로서 집단 활동을 함께 운영하는 맥락에서, 공동치료사 간의 인간관계를 형성하기 위해 미술 작업을 집단 활동 문서 작성에 정기적으로 포함할 수 있다. 이러한 미술치료 과정은 공동치료사 서로에 대한 이해를 높이고 스스로 배우며, 경험적인 임상 활동에 대한 맥락에서 치료사 개인의 성장을 도모한다. 미술 과제를 통한 동료 보고는 또한 가장 좋은 공동치료 실습을 지원한다. 공동치료의 과제는 다음과 같은 것들을 포함할 수 있다.

① 오늘의 집단이 끝난 후 우리의 기분이 어떤지 그리기
② 오늘 좋았던 순간과 좋지 않았던 순간에 대해 그리기
③ 오늘 있었던 특정한 집단 상호작용에 관해 이것이 집단에 어떤 영향을

미쳤는지 당신이 받은 인상을 그리기

④ 이 사건이 당신이나 우리에게 어떤 영향을 미쳤는지 그리기

⑤ 그 순간에 우리의 공동치료관계를 우리가 어떻게 봤는지 그리기

⑥ 우리의 관계가 어떻게 바뀌었는지 그리기

⑦ 공동치료관계가 어떻게 향상될 수 있는가? 이것을 어떤 방법으로든 표현하기

⑧ 당신의 공동치료사가 집단을 운영하는 당신의 능력에 어떤 영향을 미치는가? 긍정적인가? 그다지 긍정적이지 않은가? 이것을 상징적으로 표현할 수 있는 방법이 있는가?

이 제안들은 슈퍼비전 시간이나 공동치료 동료 슈퍼비전 시간에 일부 논의될 수 있다.

11. 공동치료사로서 미술치료 학생

미술치료사를 고용하는 것에 대해 고려하는 기관에서 미술치료를 배우는 학생은 임상현장실습을 하거나 인턴으로 일할 수 있다. 공동치료가 가능한 상황에서 미술치료 수련생이 다른 직원에게 미술치료의 효과성을 드러내는 것에는 세 가지 방법이 있다.

① 미술치료 수련생은 그들의 공동치료사인 다른 팀원과 함께 집단을 운영한다. 이 학생은 임상수련 기관으로부터 지원과 도움을 받고, 또한 임상현장실습에서 집단 활동 기술을 개발하는 기회를 갖는다. 다른 직원은 이 기회를 통해 학생의 집단 활동 기술을 관찰하고, 실습 프로그램에 문서화된 피드백을 제공한다.

② 미술치료 수련생은 기관에서 지속적으로 진행되는 집단의 공동치료사이고, 다른 공동치료사인 집단의 리더에 의해 요청된 자발적인 미술 활동 개입을 제공한다. 다른 직원은 영구적인 팀의 일원이고, 다른 사람들에게 미술치료사 채용이 주는 유익에 대한 피드백을 제공한다.

③ 만약 기관이 디지털 미디어 장비를 제공할 수 있고 집단 구성원이 녹화하는 것에 동의한다면, 미술치료 수련생은 미술치료 집단을 기록할 수 있다. 이것은 실습의 자료로서 슈퍼바이저에게 보일 수 있다.

기관들은 때때로 미술치료사를 채용하기 원하지만 이것을 위해 재정적인 지원을 신청하는 것에 대해서는 충분히 알지 못한다. 미술치료를 배우는 학생은 기관의 치료체계에 미술치료가 주는 치료적인 유익에 대해 홍보하는 것을 돕고, 동종보건전문가들을 교육할 수 있다.

12. 공동운영자 인터뷰하기

미술치료사는 단기간과 장기간의 집단미술치료를 위한 인터뷰를 진행한다. 공동치료사가 요청되고, 미술치료사에게 적합한 자격이 있어야 한다는 내용이 홍보물에 제시된다. 앞으로 나오는 질문들은 집단미술치료 공동운영자를 채용할 때 도움이 될 것이다.

1) 집단미술치료에 대한 당신의 경험은 무엇인가?

일부 국가에서는 정해진 임상수련 과정의 필수 요소로서 집단 활동 경험이 포함되기도 한다. 공동운영자에게 집단 활동에 대한 경험이 있고, 임상수련 프로그램의 일부로 집단 활동을 경험했다면 더 좋다.

2) 이전에 공동치료를 경험해 본 적이 있는가?

이전에 공동치료에 대한 경험이 반드시 필요한 것은 아니다. 만약 두 명의 미술치료사가 같은 접근 방법으로 일한다면 도움이 된다. 그러나 만약 한 명의 치료사가 다른 한 사람보다 경험이 적다면 공동치료사로서 집단 활동 기술을 연마하는 기회가 될 것이다.

3) 집단미술치료에서 공동치료에 대해 어떻게 이해하고 있는가?

지원자가 다른 집단 운영자를 지원하는 것이 중요하다고 보는가, 아니면 공동리더 중의 한 명이 그들의 역할이라고 보는가? 간혹 공동운영자와 공동리더에 대한 오해가 있다. 두 명의 치료사가 집단 리더의 역할을 맡은 경우, 가장 좋은 공동운영자는 비록 그 순간에는 동의하지 않더라도 다른 사람의 리더십을 인정하고 집단 활동 개입을 대비할 수 있어야 한다. 집단 공동운영에 대한 기본적인 이해는 성공적인 집단미술치료 활동을 하는 데 핵심적인 것이다.

4) 다른 미술치료사와 함께 일하는 것에 대해 어떻게 느끼는가?

이 질문은 만약 인터뷰하는 공동치료사가 미술치료사가 아니라면 관련이 없을 수 있다. 이것은 미술치료사가 동료 전문가와 어떻게 일할 것인지를 탐색하는 질문이다. 더 많은 집단에 대한 경험을 한 미술치료사가 있는 반면, 내담자 집단에 대한 이해가 있거나 특정한 집단 구성원들을 알고 있는 다른 치료사가 있을 수 있다. 이런 조합은 대개 성공적이다. 왜냐하면 각각의 치료사가 집단에 독특한 요소를 제공하기 때문이다. 거기에는 경쟁이나 잠재적으로 집단을 소유하려는 이슈가 나타나지 않는다.

5) 만약 공동치료사가 집단 역동에 좋지 않은 영향을 미쳤다는 생각이 든다면 어떻게 하겠는가?

이것은 드물게 일어나는 집단 역동 관련 사건이 아니다. 이 질문은 이 관점에 대한 집단 운영자의 의견을 알 수 있도록 도와준다. 공동치료사는 집단이 끝날 때까지 희망을 가지고 기다려 운영자 보고 시간에 그 문제를 꺼내 다루어야 한다는 것을 알고 있다. 만약 그들이 동의할 수 없다면 그 문제는 슈퍼비전 시간에 다루어질 수 있다. 오랜 시간 동안 같이 일하게 되면 서로의 관계에 아주 유사한 일들이 일어나는데, 이것은 결혼한 커플에게서 보이는 것과 크게 다르지 않다. 이것은 명심해 두면 좋은 개념이고, 치료사의 삶에 있는 다른 관계에서도 유사하게 일어날 수 있다.

6) 만약 집단이 운영자를 따라 분리되었다는 것을 알게 된다면 어떻게 하겠는가?

공동치료사로서 집단 과정의 일부로 이것을 예상하는 것은 도움이 된다. 공동운영자에 의한 분리 기제는 공동치료의 문제점이지만 만약 치료사가 이 기제에 대해 이해하고 이런 일이 발생했을 때 역동을 다룰 수 있다면, 집단 구성원과 운영자 모두에게 배움의 시간이 될 것이다.

7) 공동치료사와 함께 슈퍼비전에 참여할 준비가 되었는가?

만약 공동치료사가 집단 활동의 가장 도움이 되는 실습의 일부로 슈퍼비전의 진가를 인정하지 않는다면 문제가 생길 수 있다. 슈퍼비전은 무엇이 집단이 가지고 있는 이슈이고, 무엇이 공동운영자의 개인적인 이슈 때문에 공동치료관계를 방해하는 것인지 알아내도록 해 주기 때문에 중요하다.

8) 살아 있는 집단이라는 용어에 집중할 수 있는가?

책임감 있는 치료사는 치료 계약이 살아 있는 집단 혹은 집단 구성원과의 상호 계약이라는 용어에 대한 약속이라는 것을 이해한다.

9) 근무지에 개인적인 지원체계를 가지고 있는가?

비록 슈퍼비전이 제공되더라도 치료사에게 개인적인 이슈들이 떠올랐을 때 가끔 배우자나 가족 혹은 가까운 동료나 친구와 이슈에 대해 토론할 수 있다면 도움이 된다. 이것은 공동치료사가 근무지에 개인적인 지지 기반을 가지고 있지 않은 것과는 차이가 있다. 그러나 추측하기보다는 물어보는 것이 중요하다. 사회적으로 고립되어 있는 치료사가 외롭기 때문에 집단 공동운영을 원할 수도 있다는 시나리오가 있을 수 있다.

10) 질문이 있는가?

예비 공동치료사에게 그들 자신의 질문이 무엇인지 묻는 것은 중요하다. 그들은 치료 과정의 구성이나 치료 집단에 대해 이해할 필요가 있고, 집단 공동운영 실습 구성에 대한 내용이나 치료에서 무엇이 공급되길 바라는지 알고 있어야 한다.

미술치료사가 가능한 한 공동치료사와 일하는 것을 고려하길 강력하게 추천한다. 또 다른 미술치료사나 지지적인 동종보건전문가와 함께 공동치료사로서 일하는 것의 이익이 불이익보다 훨씬 더 크기 때문이다.

참고문헌

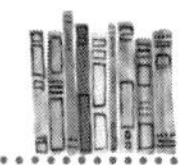

Bull, A. S. (1985). The psychotherapeutic frame. *Australian and New Zealand Journal of Psychiatry*, *19*, 172-5.

Coulter, A. (2012). The use of IDT on a men's retreat. Unpublished presentation for InSight IDT Conference, New Zealand.

Kerr, C. (2008). Experiential family therapy and art therapy. In C. Kerr (Ed.), *Family Art Therapy: Foundations of Theory and Practice* (pp. 151-66). New York: Routledge.

Prokofiev, F. (1998). Adapting the art therapy group for children. In S. Skaife & V. Huet (Eds.), *Art Psychotherapy Groups: Between Pictures and Words* (pp. 44-68). London: Routledge.

Schaverien, J. (1989). The picture within the frame. In A. Gilroy & T. Dalley (Eds.), *Pictures at an Exhibition: Selected Essays on Art and Art Therapy* (pp. 147-55). London: Tavistock/Routedge.

Vinogradov, S., & Yalom, I. D. (1989). *A Concise Guide to Group Psychotherapy*. Washington, DC: American Psychiatric Press.

Withers, R. (2006). Interactive drawing therapy: Working with therapeutic imagery. *New Zealand Journal of Counselling*, *26*(4), 1-14.

제15장

슈퍼비전의 시작-슈퍼비전의 취약성

슈퍼비전 초기에 발생하는 절망, 부족함, 불안에 관한 측면

Susan Hogan

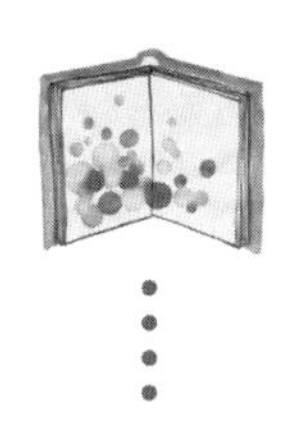

이 장에서는 집단 슈퍼비전 초기단계에서 일어나는 좋은 슈퍼비전과 나쁜 슈퍼비전의 중요한 측면들에 대해 초점을 맞출 것이다. 졸업 후 미술치료 임상실습 기관에서 진행된 학생이 리드하는 두 개의 정신역동적 집단미술치료 슈퍼비전에서 발췌한 노트이다(여담이지만 현재 내가 일하는 곳은 아니다). 이 장에서는 미술치료 수련생들이 첫 주에 표현한 도전, 두려움, 의심과 성공에 대해 언급할 것이다. 또한 슈퍼비전의 첫 번째 단계에서 미술치료 진행 과정에 대한 이해가 어떻게 발달하는지 기술했다.

미술치료 임상실습은 복잡하다. 학생들은 집단 상호작용 미술치료 회기를 경험하며 미술 작품을 만들고 그것에 대해 이야기한다. 이 집단은 아주 강렬할 수 있다. 그들은 임상현장에 있는 슈퍼바이저에게 슈퍼비전을 받는다. 학생들은 동료들과 함께 그들의 현장실습 활동을 더 세심히 살피는 대학교 기반의 교내 슈퍼비전에도 참석한다. 더불어 그들이 실습하는 동안 개인치료를 받는 것이 요구된다. 일반적으로 개인치료는 필수로 요청되는데, 이는 전문의와 개인적인 계약을 맺은 학생의 책임이다. 어떤 것이 '잘 들어맞는지'—

집단 활동이든 개인치료이든 슈퍼비전이든—는 항상 즉각적으로 명확해지는 것은 아니다.

1. 슈퍼비전의 역할

모든 경우의 슈퍼비전에서 명확한 계약은 항상 권장된다. 이미 슈퍼비전 계약에 대한 조항이 실습 기관에 있겠지만 다른 직업을 가진 사람들이 받는 슈퍼비전이라면 첫 회기 시간 중 일부를 무엇을 다룰 것인지 명확히 하는 것에 사용할 수 있다.

대학에서 이루어지는 슈퍼비전의 주된 초점은 슈퍼비전을 받는 학생들이 내담자 작업에 대한 발표를 하고, 내담자에게 어떻게 하면 더 좋은 서비스를 제공할 것인지에 대해 임상적으로 능숙하게 되기까지 학생들에게 학습 경험을 제공하는 것이다. 학생들의 사례연구 발표는 그들이 무엇을 했고, 개입을 어떻게 했는지, 왜 그렇게 했는지에 대한 타당한 이유로 구성된다. 여기에는 진행 중인 과정에 대한 설명이 들어가야 한다. '타당한 이유'는 방어적인 것이 아닌 특정한 개입으로 연결되는 학생들의 정서적이고 인지적인 반응에 대한 반영을 의미한다. 여기에는 자기비판적 요소—너무 성급하게 개입했는가? 너무 어설펐는가? 너무 독단적이어서 다른 형태의 해석으로 치료실을 떠나진 않았는가? 그 순간 내 결정에 영향을 준 개인적인 정서적 불편함이 있었는가?—가 있다. 미술치료 회기 내용에 대한 정서적인 반응에 대한 분석은 슈퍼비전에서 중요한 자기반영 과정의 핵심적인 요소이다.

여기에는 다양한 활동 모델이 있으나, 나는 학생들이 치료적인 작업에 대한 개인적인 반응을 더 잘 나눌 수 있다고 느끼는 정신역동 모델을 선호한다. 나는 Edwards(1997)같이 감정을 누르고 학생들에게 "개인치료를 받아라."라고 이야기하는 것이 적절하다고 느끼지 않는다.

집단은 시작할 때 현장실습과 미래의 내담자에 대한 불안을 완화시키는 것을 돕고, 슈퍼비전의 관계적인 측면을 면밀히 살펴 대략적으로 무엇을 할 것인지의 윤곽을 그린다. 이때 추측과 두려움이 생겨날 수 있으며, 학생들은 부끄럽고 고통스러울 수 있는 질문을 하는 것을 배운다.

슈퍼바이지들이 현장실습 경험을 개방하기 위해서 비밀보장의 경계를 명확히 하고, 그들이 슈퍼비전 관계에서 매우 안전하다는 것을 분명하게 느낄 수 있어야만 한다.

Malchiodi와 Riley(1996: 60)가 언급한 것처럼, 이 과정은 그들의 임상 작업을 분석하는 과정의 일부로 그들의 태도나 편견을 찾아내는 경력이 있는 전문가(혹은 수련생)를 포함한다. 다시 한번 말하지만, 슈퍼비전에서 가장 좋은 것을 얻기 위해 어느 정도 취약한 상태가 되는 것은 필수적이다. 치료사(혹은 수련생)는 자신이 불쾌해질까 봐 걱정하는 자신을 드러내려는 생각이 있어야만 한다.

좀 더 단도직입적으로, 슈퍼비전은 수련생(혹은 사실 수련생이 아닌 미술치료사라도)이 "제 생각에 제가 실수한 것 같아요."라고 말할 수 있는 자리이다. 그러고 나서 그 순간 잘못하게 한 원인을 유발한 그 집단이나 개인에게 어떤 일이 생겼는지를 분석한다. 자기중심성이 치료 과정에서 발생한 것들을 돌아보는 유용한 탐색을 불가능하게 하지 않도록 해야 한다. 슈퍼바이저는 치료실에서 내담자에게 반응하는 것과 같은 수준의 민감성과 요령으로 수련생이 드러낸 사실에 반응해야 한다.

솔직함은 깨달음을 가져오고, 이것은 보상을 위한 기회를 준다. 수련생이 치료 회기에서 그들이 놓쳤다고 느꼈던 부분으로 돌아갈 수 있다는 것을 인식하는 것은 그들을 자유롭게 한다. 문자 그대로 "X가 Y에게 이렇게 말한 것에 대해 계속 생각해 봤는데……."와 어떤 중요한 것(혹은 엉망인 실수)이 다시 논의될 수 있다.

Mollon(1989: 113)은 이에 대해 다음과 같이 언급했다.

> 수련생은 그들이 허둥댄다는 것을 발견할 때, 자존감과 자아상에 난 상처로 인해 불가피하게 고통받는다. 아마도 슈퍼비전의 도움을 받아 이러한 자기도취가 산산조각 나는 것을 견디는 능력은 수련생이 효과적인 심리치료 실습을 배울 수 있든 그렇지 않든 간에 중요한 요인이다.

슈퍼바이저는 슈퍼비전을 받는 학생의 반영 과정을 도와주는 지식과 이론뿐 아니라 그들 자신의 감정을 끌어낼 수 있다. "그것은 나에게 …… 느낌이다." 같은 반응은 도움이 된다.

만약 '집단 상호작용' 접근이 미리 합의된 치료적인 활동에서 사용된다면, 슈퍼비전을 받는 학생은 집단 역동에 대해 설명하고 슈퍼바이저의 반응을 얻을 수 있다. 특히 집단 과정이 매우 복합적일 때, 이런 방식으로 '두 번째 의견'을 얻는 것은 유용하다. 또는 슈퍼바이저나 다른 집단 구성원이 단순히 상황을 다르게 '읽어' 줄 수도 있고, 수련생이나 슈퍼비전을 받는 학생이 놓친 것에 대해 알려 줄 수 있다.

집단 환경에서 슈퍼비전을 받는 것은 유익하다. 왜냐하면 구성원이 서로에게 배울 수 있기 때문이다. Case와 Dalley(2006: 208)가 이야기한 것처럼 가성비가 좋다. "슈퍼바이저와 슈퍼비전을 받는 학생이 맹점을 공유하거나 권위주의적이거나 의존적인 관계를 맺을 가능성은 거의 없다."

Edwards(1993: 33)는 슈퍼비전을 받는 학생이 슈퍼비전에서 불안을 억누르기 위해 사용하는 흔한 전략을 언급한다. 이것은 슈퍼바이저를 칭찬하는 것("나한테 잘해 주세요. 왜냐하면 제가 당신에게 잘하니까요.")을 포함한다. 이들은 부정적인 평가를 받을 가능성을 피하기 위한 사회적 관계처럼 관계를 재정립하려는 시도를 한다. 슈퍼바이저를 포함해서 다른 슈퍼비전을 받는 학생들로부터 비판적인 평가를 받을 기회를 최소화하고, 동정심을 일으킬 목적으로 심한 자기비판을 실컷 하기도 한다.

특히 수련생으로서 슈퍼비전에서 다소 두렵고 취약하다고 느끼는 것은 너무나 당연한 일이다. 나는 슈퍼비전을 받는 학생이 슈퍼비전을 효율적으로 받기 위해 슈퍼바이저에게 정서적으로 다 드러낼 의향이 있어야 한다는 것에 대한 논쟁을 벌여 왔다. 슈퍼비전을 받는 학생에게 그들의 두려움이나 환상에 대해 이야기하게 하는 것은 슈퍼비전 과정의 일부일 수 있다. 이 장에서는 이 주제에 관해 좀 더 논의할 것이다.

이 장은 미술치료 슈퍼바이저가 되고 싶은 사람에게 훌륭한 자료를 제공한다. 또한 미술치료 임상현장실습의 중요한 부분인 임상 초기에 맞닥뜨릴 가능성이 큰 유용한 통찰을 제공한다. 나는 슈퍼비전 집단의 초기에 내재되어 있는 어려움과 불안을 보면서 미술치료 수련생이 자신감을 얻고, 예비 슈퍼바이저에게 무엇이 기대되는지에 대해 더 좋은 아이디어를 가지길 바란다. 물론 회기의 정확한 내용은 다양하고, 이것은 정의된 요약이라기보다는 '맛보기'에 가깝다. 게다가 집단은 무엇을 다루느냐에 따라 다양하고, 불안과 불확실성이 있을 수밖에 없다. 이 장은 예비 슈퍼바이저에게 슈퍼비전의 초기 몇 주에 어떤 이슈가 떠오르는지에 대한 통찰을 준다. 학생들이 걱정하는 것은 앞 페이지에 나와 있다.

슈퍼비전에서 다루는 것의 일부는 가상이고, 미술치료 실습으로서의 슈퍼비전은 학생들이 실제로 현장실습을 나가기 전에 시작된다. 여기에서는 다양한 '만약 이렇다면' 형식의 시나리오가 서술될 수 있다.

2. 슈퍼비전 도구와 구조화된 노트 적기

아주 단순한 것부터 복잡한 것까지 학생들의 임상 활동의 반영을 돕는 다양한 가이드가 있다. 어떤 슈퍼바이저는 슈퍼비전을 시작할 때 학생들에게 그들이 원하는 모델을 선택할 수 있게 하고, 이들 중 몇 개를 사용하길 원하기도 한다. 어떤 슈퍼바이저는 학생들이 임상 활동에 대한 그들의 생각을 구조화하는 데 도움이 되도록 표준화된 형식의 슈퍼비전 용지를 제공한다. 학생이 임상 활동을 시작하면, 슈퍼비전이 시작되기 전에 학생이 표준화된 슈퍼비전 용지를 작성하고 슈퍼비전 시간에 참고 자료로 쓴다. 나는 이러한 구조들이 학생들에게 도움이 된다고 느낀다. 학생들의 생각을 제한하기보다는 주어진 형태가 무엇이든 간에 그들이 그 이상을 생각하려고 한다는 것은 명확하다.

초기에는 복잡한 도구가 소개되지는 않을 것이다. 아마 슈퍼비전 집단이 몇 주 운영되고 나면 좀 더 복잡한 관련 도구가 나올 것이다. 반영 주기(the reflective cycle)는 좋은 시작점이 될 수 있다([그림 15-1] 참조).

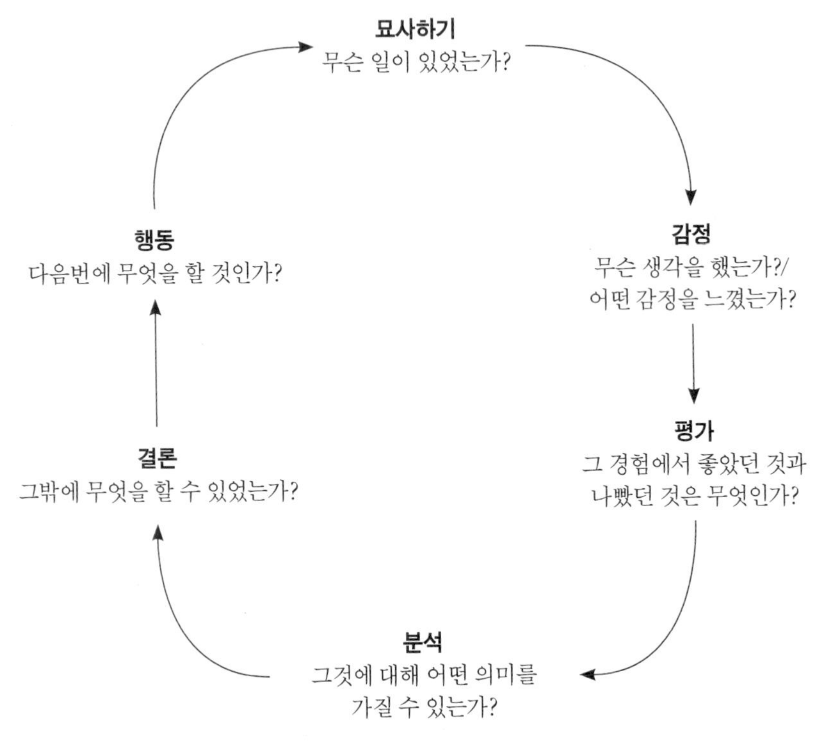

[그림 15-1] 반영 주기[Gibbs(1988)의 승인을 얻어 사용함]

3. 슈퍼비전에서 미술 작업의 역할

미술은 슈퍼비전에서 분석을 돕는 데 쓰일 수 있다. 예를 들어, 플라스티신이나 점토를 사용할 때 상호작용 집단에 있는 모든 구성원을 묘사하고 어디에 위치시키는지 서로 분석하는 것은 유용할 수 있다. 플라스티신 같은 매체를 사용하면 집단 구성원들이 어떻게 묘사되었는지가 분명해질 수 있고, 그들이 서로 어디에 위치하는지가 매우 쉽게 탐색된다. 이 만들어진 모형들은 움직일 수 있고, 회기에 어떤 일이 벌어졌는지 탐색할 때도 도움이 된다. 플라스티신같이 변형이 쉬운 매체를 사용하면 그들의 위치가 바뀔 때 작품의 모양이 변하기도 한다. 예를 들어, 다소 잘 부러지고 뾰족한 모양을 가진 '창조물'은 특별하게 자신을 지지하는 사람이 옆에 있다고 느낄 때 변형될 수 있다. 부가적으로 내담자의 미술 작품을 가져오고 그것을 분석한다.

학생들은 집단 슈퍼비전의 첫 번째 회기에서 그들의 기분을 묘사하는 간단한 미술 작업을 요청받거나 내담자-치료사 역할극 회기를 가질 수 있다. 이것을 진행하는 다른 방법들이 있는데, 내담자/치료사/관찰자가 교육적 기법으로 잘 활용될 수 있다. 학생들은 3명으로 구성된 집단에서 함께 활동하고 돌아가며 다른 역할을 맡는다. 서로 '내담자'(방금 만든 미술 작품에 대해서 이야기하는)와 '치료사'('내담자'를 이끄는 연습을 하는), '관찰자'(치료사가 어떻게 질문하고 이미지에서 무엇을 놓쳤는지 그들의 처신에 관해 피드백을 주는)가 되는 것이다.

관찰자는 역할극 회기가 끝날 때 주인공의 신체 언어를 포함한 치료사의 대처에 대해 이야기하는 것을 요청받는다. 예를 들어, "당신이 정말 민감한 질문을 했는데, 팔짱을 끼고 벽에 기댄 다소 방어적인 포즈를 취했어요." 또는 "당신은 아랫입술을 계속 깨물고 있었고, 다소 심각해 보였어요."라고 이야기할 수 있다. 내담자가 하는 말에 집중하고 있는 학생은 그들의 자세가 보여 주는 의미에 대해 생각하지 못할 수 있다.

관찰자는 '치료사' 개입의 종류에 대해 이야기할 수도 있다. "당신은 '내담자'를 두 번이나 방해한 것을 알고 있나요?" 이때는 신중하게 언어를 사용해야 한다. "당신은 개방형 질문을 하기보다는 X에 대한 사실을 진술했어요." 질문의 톤이나 질문의 속도가 관련성이 있을 수 있다. 아마 '치료사'는 '내담자'를 지나치게 다그쳤을 것이다. 또한 여기에서는 놓친 내용에 대해 적어 놓는("당신은 바다에 대해 전혀 언급하지 않았어요.") 등 여러 가지 방법을 사용할 수 있다. 이것은 수련생이 실제 내담자를 만나서 치료를 시작하기 전에 자신감을 심어 주는 데 도움이 되는 매우 유용한 실습이다.

이후에 학생들은 (기관의 슈퍼바이저의 허락하에) 내담자의 작품을 집단으로 가져와 토론할 수 있다. 미술 작품은 학생이 그 순간을 기억할 수 있도록 돕고, 그림의 일부에 집중해 그것에 대해 했던 말을 반복할 수 있다. 그러나 회기에 미술 작품을 가져오는 것은 단지 집단 구성원에게 기억하도록 도와주는 것뿐만 아니라 슈퍼바이저가 아주 적절한 질문을 할 수 있게 한다. 예를 들어, "내담자에게 새가 어디로 날아갔는지 물었나요?" 같은 질문이다. 그러면 학생은 "아니요. 사실 그것에 대해 생각하지 못했습니다."라고 인정할 수 있다. 결론적으로, 학생들의 분석 기술은 이 과정에서 성장할 수 있다. 물체의 상대적인 크기나 그들이 어떻게 나란히 놓여 있는지 같은 많은 구성적인 요소를 고려할 수 있다. 비유와 유추를 보지 못하고 넘어갔을 수도 있다. 또한 면밀히 조사하여 놓친 기회들을 살필 수 있다. 물론 이것은 내담자와 어떤 관계인지를 항상 생각하며 이루어진다. 내담자의 기분에 따라 잠재적으로 위협이 될 수 있는 질문은 많이 하지 않는 것이 적절할 수 있다. 그래서 이것은 더 깊이 있게 이미지에 대해 질문하는 과정을 배우는 것일 뿐만 아니라 그때 무엇이 적절했을지에 대한 이중의 분석이다. 단지 많은 미술치료 수련생이 미술을 기반으로 한 배경(최소한 영국에서는 그들의 첫 번째 학위가 무엇이건 간에 지원서에 포트폴리오가 반드시 포함되어 있다)을 가지고 있기 때문에 이미지에 대한 분석이 모든 수련생에게 필요 없는 연습이라고 할 수는 없다.

우리는 학생의 분석 기술을 연마하는 것이지 내담자의 미술 작품에 대한 해석(비록 논리적이고, 불가피하고, 의미 있는 개방형 질문을 해 작품에 대한 생각을 표현하는 것이라 할지라도)을 권하는 것이 아닌 것처럼 분석과 해석의 차이를 구별하기를 원한다. 여러 의미가 하나의 상징에 함축될 수 있고, 감질나게 하는 애매모호함이 표현된 것의 일부일 수 있다. 많은 미술치료사가 지적하는 것처럼 미술 작품은 꽤 대조적인 다양한 의미를 내포할 수 있고(Malchiodi, 2006: 12), 수련생은 특정한 작품에 가장 적절한 반응이 무엇인지 알지 못한다는 것을 이해하기 어려워한다.

이처럼 수련생이 사용하는 언어의 종류가 고려될 수 있다. "당신은 그 시점에 더 많은 개방형 질문을 할 수도 있었어요."가 가능한 피드백일 수 있다. 미술치료 임상실습을 처음 시작한 학생들은 명백하지 않기 때문에 오히려 배제되지 않고 포함되는 의미에 대해 생각할 필요가 있다. 수련생들이 언급하는 다른 것들도 예상해 볼 수 있다. 예를 들어, "만약 당신이 이 보라색인 공간에 있다고 상상한다면, 기분이 어떨 것 같아요?" 또는 "이 동물의 기분은 어떨까요?" 같은 기법에 집중하는 것을 탐색해 볼 수 있다.

실제로 만들어지고 있는 작품에 대해 생각해 볼 수 있다. 그것은 어떻게 만들어졌는가? 가려진 것은 무엇이고, 지워진 것은 무엇인가? 이 회기에서 이것을 어떻게 인정하고 탐색할 것인가?

전체로서 치료적인 공간의 사용에 대해 생각해 볼 수 있다. 작품을 만드는 동안 내담자 또는 내담자의 위치가 수련생과의 관계에서 어떻게 나타나는가? 수련생 쪽으로 등을 돌리고 구석에 앉아 있는가, 아니면 작업을 하고 있는가? (한 내담자가 회기 내내 내 얼굴을 조각하고 있었고, 집단에서 돌아가며 이야기하는 중에 그녀의 '차례'일 때, 집단 앞에서 조각한 머리를 가루로 만들었다. 내가 그녀에게 상기시킨 어떤 사람에 대한 분노를 표현한 것이었다. 이것은 치료사에게 보이는 '전이 반응'의 강한 예이다.) 이미지가 어떻게 바뀌고, 어디에 위치하고,

파괴되는지가 항상 중요한 요소로 고려된다.

4. 임상현장 슈퍼비전과 교내 슈퍼비전의 접점

대학을 기반으로 교내에서 이루어지는 집단 슈퍼비전은 학생들이 현장실습에서 배우는 것을 돕는 데 목적이 있다. 어떤 학생들은 내담자를 만나기 전에 관찰하는 것으로 임상현장실습을 시작하기도 한다. 그런 경우 학생들은 회기가 진행되는 동안 치료사로서의 역할을 수행하지 않고 앉아서 지켜본다. 다른 학생들은 내담자를 담당하기 전에 '보조 치료사'로 시작해 미술치료사 역할 연습을 한다. 이것은 슈퍼바이저가 선호하는 것뿐만 아니라 사용하는 미술치료 모델과 내담자 집단의 성격이 어떤지에 달려 있다. 만약 가능하다면, 관찰하는 기간은 학생의 자신감을 기르는 데 많은 도움이 될 수 있다.

미술치료 실습 기간 동안에는 현장실습 기관에서 공인 미술치료사나 미술치료에 대한 이해가 있고 흥미가 있는 다른 전문가에 의해 슈퍼비전이 제공된다. 학생들은 기관에서의 슈퍼비전(또는 '멘토십'이라고 불리기도 한다)뿐만 아니라 대개 공인 미술치료사가 진행하는 대학에서의 집단미술치료 슈퍼비전에 매주 참석한다. 후자 집단에서 학생들은 현장실습 상황이나 그들의 내담자에 대한 걱정이나 반응을 이야기하도록 격려받는다. 가끔 학생과 현장 슈퍼바이저 사이의 관계가 껄끄러워질 수도 있다.

> 만약 슈퍼바이저가 이미지와 작업하는 것에 익숙하지 않으면 미술치료사들은 문제를 경험할 수 있다. 서로의 접근방식에 대해 양측 모두가 혼란스럽고 평가 절하되고 방어적이라는 느낌을 받을 수 있다. 이런 어려움들이 슈퍼비전 관계에서 '지금-여기'라는 관점으로 다루어져 해결된다면 도움이 될 것이다.
>
> (Case & Dalley, 2006: 208)

이것은 집단이 얼마나 방어적인지에 달려 있는데, 실제로 그렇게 하는 것보다 말하는 것이 더 쉬울 수 있다. 가끔 집단 활동에 비밀보장이라는 차원에서 적절한 '경계'에 관한 긴장과 개인적인 견해차가 만들어 내는 부딪힘이 있을 수 있다. 임상현장 슈퍼바이저가 동의는 했지만 행동은 다르게 할 수도 있다. 때때로 현장실습 슈퍼바이저가 학생들의 활동을 고의적으로 방해하기도 한다. 임상현장 슈퍼바이저와의 관계에 관한 문제는 교내에서 이루어지는 슈퍼비전에서 논의될 수 있다. 교내의 슈퍼바이저는 개입하기 전에 학생들에게 문제를 해결할 기회를 줄 수 있다. 집단에서 논의된 전략은 학생들에게 계속되는 상황을 '다시 보고'하는 기회를 준다.

현장실습 기관을 방문했을 때 학생과 임상현장 슈퍼바이저를 따로 만나서 각각의 입장에서 다른(아마 갈등일) '이야기'를 듣는 것이 교내 슈퍼바이저(혹은 같은 사람이 아니라면 현장실습현장을 방문하는 사람)에게 유용할 수 있다. 이러한 입장 차이는 서로 기대가 다르거나 오해에서 비롯되었을 가능성이 있다. 그런 후에 같이 만나 교내 슈퍼바이저가 두 사람의 갈등을 다룬다. 이러한 문제들은 즉각적으로 표면에 드러나지 않는 경향이 있고, 새 슈퍼비전 집단이 시작되는 초기 몇 주 동안에는 나타나지 않을 가능성이 크다.

미술치료 수련생이 갈 수 있는 현장실습 기관의 범위는 넓고, 여기에는 잘 자리 잡힌 미술치료 부서가 있는 곳도 포함된다. 다양한 내담자 집단이 있는 지역사회 기반의 현장실습 기관도 광범위하게 존재한다. 병원에서 자원봉사 기관이 운영하는, 수술 전과 수술 후에 이루어지는 미술치료 같은 아주 흥미로운 활동도 있다.

1) 계약과 형식적인 평가

기관에 있는 현장 슈퍼바이저와 현장실습과 관련한 계약에 관해 협상하는 실질적인 과제를 담당하는 사람은 대학에서 이루어지는 교내 집단 슈퍼비전을 운영하는 사람과 동일인일 수도 있고, 아닐 수도 있다. 그러나 학생의 현장실습을 위해 체결된 계약은 어떤 경우라도 초기 슈퍼비전 회기에서 다루어질 수 있고, 면밀히 관찰되어 계약의 모든 측면을 이해할 수 있다. 학생들은 문서 작업에 대해 이해하고, 그것에 대한 확신이 있어야만 한다. 이런 실질적인 작업을 하는 것은 학생들이 가지고 있는 모르는 것에 대한 두려움을 가라앉히는 것을 도와준다. 반면에 평가는 첫눈에 보기에도 벅차서 주눅이 들게 한다. 영국을 기반으로 일하는 미술치료사의 기준은 보건전문위원회(Health Professions Council: HPC)에서 확인 가능하고, 모든 교육 과정은 이 능숙함의 기준(standards of proficiency)을 맞추기 위해 그들의 평가를 조절한다. 이후에 바뀔 수도 있겠지만 여기서 그것을 다시 언급하기보다는 보건전문위원회 웹사이트에 있는 미술치료사를 위해 작성된 '능숙함의 기준'을 참조하는 것이 좋겠다.

많은 기관이 다양한 영역으로 평가를 나누어 놓는다. 내가 소속된 기관을 예로 들면, '개인 기술(personal skill)'이라고 이름 붙여진 항목은 그들이 의존적이든 그렇지 않든 간에 피드백, 비판적인 자기반영에 대해 반응하는 학생들의 능력에 관한 것이다. 그들의 직업적인 대도 역시 평가되는데, 스트레스를 받는 상황에서 일하는 능력이 얼마나 있는지를 본다.

평가가 매우 어렵기 때문에 슈퍼바이저와 학생들이 그 과정을 좀 더 쉽게 처리하기 위해 평가의 항목이 조심스럽게 묘사되어 왔다. 의미하는 바를 표현하기 위해 현장실습 평가 문서에는 다양한 항목이 있는데, 학생들이 그들의 활동에 대해 생각하는 능력과 건설적인 비판에 반응하는 능력에 대한 항목을 예로 들어 보자. '학생이 솔직하게 자기반영을 할 능력이 없고, 특별한 지도가 없으면 건설적인 비판에 적절하게 반응하지 못한다.'는 항목이 가장 왼쪽 열(세로단)에 있고, 이것은 아주 낮은 '점수'(실패)를 의미한다. '학생이 가끔 솔직하게 자기반영을 할 능력이 있고, 지도하면 건설적인 비판에 적절하게 반응한다.' (이것 역시 만족스럽지 않으며, 실패를 의미한다. 왜냐하면 '가끔' 할 수 있다는 것은 학생들이 실습을 받는 데 적합하지 않기 때문이다.) 다음에는 '학생이 솔직하게 자기반영을 할 능력이 있고, 지도하면 건설적인 비판에 적절하게 반응한다.'(통과) 등이 나오고, '학생이 솔직하게 자기반영을 하는 능력이 뛰어나고, 건설적인 비판에 적절하게 반응한다.'(A학점)까지 항목이 있다. 모든 HPC 능숙함의 기준에는 임상 활동의 평가를 돕기 위해 이러한 방식의 기준점이 있다.

학생들은 자신이 어떻게 평가받는지 정확하게 의식하는 것이 필요하고, 그들에게 어떤 것이 기대되는지 가능한 한 명확하게 알아야 하기 때문에 평가의 모든 측면에 대한 논의는 중요하다. 평가에 대한 생각은 학생들의 불안을 높인다. 그래서 평가를 위해 면밀히 살피기 전에 덜 버거운 과제로 시작하는 것은 그럴 만한 가치가 있다. 윤리적인 규칙과 관련된 서류를 보고 토론하는 단순한 역할극 실습을 하는 것은 앞서 언급한 것처럼 슈퍼비전 그 자체의 역할에 대해 토론하는 것인데, 집단 슈퍼비전의 초기에 하면 더 좋을 수 있다(비록 이 시점은 학생들이 임상 활동을 하기 위해 짠 시간표에 의해 결정되어야 하지만 평가 과정을 적절한 방법으로 면밀히 살피기 전에 임상 활동을 시작하도록 허용하는 것은 매우 부적절하다).

초기 슈퍼비전의 또 다른 중요한 측면은 다양한 분석 모델에 대한 토론과 기록 도구에 대한 논의이다. 그러나 집단 슈퍼비전의 초기 몇 주 동안 논의하고 싶은 이야기들을 편하게 할 수 있는 시간을 주는 것이 도움이 될 수 있다.

5. 학생이 주도하는 치료 시간 초기에 발생하는 문제들

여기에서는 슈퍼비전 집단 초기에 발생하는 몇 가지 문제와 고려할 점에 대해 강조하려고 한다. 학생이 주도하는 회기처럼 즉각적으로 생겨나 드러나는 문제들이 논의된다.

1) 불안

임상현장실습을 시작하기 전에 어떻게 될 것인지를 예상하며 느끼는 불안은 집단 슈퍼비전을 시작할 때 학생들의 마음에서 가장 큰 부분을 차지한다. 그들 스스로를 설명하는 능력에 관한 문제가 미술치료 회기를 어떻게 협력해서 시작할지에 대한 불안과 함께 떠오른다.

현장실습에 적응할 시간을 주고, 그곳의 철학이 어떤지를 발견하고, 연습할 활동에 대해 심사숙고하는 것은 중요하다. 학생들은 곧 시작할 것에 대한 압박감을 표현한다. 그들은 기관이 어떻게 운영되는지를 먼저 알면 좀 더 잘할 수 있을 것이라고 생각한다.

어떤 현장실습 장소에서 학생들은 함께 작업할 특정한 집단이 있는 것이 아니라 포스터나 브로슈어를 활용하거나 다른 방법으로 기관 내에서 홍보를 해 내담자를 모집해야 하는 경우가 있다. 홍보는 다른 구성원의 조언을 얻고 토론을 하기 위해 집단에 가져올 수 있는 주제라는 것에 동의한다. 홍보에 사용되는 언어는 광고 같은 문구—'문제가 있으신가요?' 또는 '우울하세요? 미술치료를 경험해 보세요!'—를 사용하기보다는 우리 스스로도 소외감을 느끼지 않도록 전략적으로 심사숙고해야 한다.

슈퍼비전은 떠오르는 걱정들에 대해 직접적으로 반응해 줄 수 있다. 예를 들어, '당신 자신과 미술치료의 개념에 대해 소개하시오.'라는 10분짜리 역할극은 각각의 집단 구성원의 불안을 자신감으로 바꾸도록 도와준다.

2) 도덕적인 문제와 '치료적 경계'

내담자와 어떤 작업을 시작하기 전에 미술치료를 미술 수업이나 다른 창작 활동으로 속여 슬그머니 시작하는 것이 아니라 미술치료가 무엇인지 설명하고 시작하는 것의 중요성에 대해 상당한 분량의 토론이 있었다. 집단은 윤리와 전문가다운 행동에 대해 나와 있는 영국미술치료사협회의 가이드라인을 읽고 토론한다. 윤리 강령은 치료의 시작단계에서 치료적인 관계에 대한 경계를 존중하는 것에 관해 동의하는 내담자 혹은 내담자의 대리인과 미술치료사 간의 명확한 계약이고, 다른 종류의 계약도 논의된다.

몇몇 학생이 내담자와 직원이 함께 어울리고 같이 식사하며 다양한 활동을 함께하는 치료적 커뮤니티가 조성되어 있는 환경에 가게 되었을 때, '치료적 경계'에 어떤 것들이 포함되어 있는지 면밀한 조사를 한다. 그런 환경에서는 미술치료 회기가 아니면 어떤 맥락에서든지 미술치료 회기의 내용에 대해 토론하지 않는 것을 제안한다. 학생들이 표현했던 불안 중 하나는 만약 내담자가 미술치료 회기에서 있었던 문제를 회기 밖에서 언급하면 어떤 일이 벌어질지에 관한 것이었다. 슈퍼비전 집단은 그럴 가능성이 있다고 느끼고, 언급된 문제를 다음 집단미술치료 시간에 다루어 볼 것을 조심스럽게 제안했다. 이 문제에 대해 솔직한 생각을 나누었다. 예를 들어, 이런 반응이 나올 수 있다. "그렇다면, 그것은 미술치료 문제예요. 그래서 우리가 다음 회기에서 후속 조치를 취할 수 있어요." 집단 활동에서는 보유의 중요성에 대해 논의했다. 여기에서는 치료적 커뮤니티 환경에서 하는 일이 복잡하다는 것이 인정되었다. 만약 계속되는 집단미술치료 활동에서만 만난다면, 미술치료 수련생과 내담자 사이의 관계는 분명히 훨씬 더 단순하다.

길거리에서 내담자와 마주치는 것에 대한 논의가 있었다. 큰 도시에서는 일어날 가능성이 낮지만 더 이상의 대화 없이 정중한 '안녕하세요.'라는 인사가 가장 좋은 반응으로 여겨졌다. 내담자를 '무시하는 것'은 역효과를 낳을 수 있다. 굉장히 작은 마을에서 일하는 내 동료 중 하나는 지역의 치료사로 알려져 있고, 그녀가 가는 곳마다 그녀의 내담자를 자주 마주친다. 그녀는 첫 번째 회기에서 내담자에게 만약 상담 시간 외에 밖에서 우연히 마주치게 되면 아는 척을 하는 것이 좋은지 아닌지를 묻는다.

3) 작품 사진 찍기

치료를 시작할 때 작품 사진을 찍어도 되는지 물어보는 것에 대해 집단에서 논의되었다. 미술치료 학생들이 2년의 임상실습 기간 내내 그들의 내담자 중 하나에 대한 사례연구를 해야만 하는 만큼 이는 중요한 문제로 대두되었다. 내담자에게 다소 이상한 느낌을 줄 수 있지만 첫 시간에 그들이 수련생이라는 신분과 작품 사진을 찍어 두는 것이 수업에 필수적이라는 것을 설명하는 것이 합리적이라고 보인다. 내담자가 서명할 수 있는 간단한 허가서를 제공하는 것을 추천한다(윤리적인 협약은 허락한 것을 취소할 수 있는 내담자의 권리에 대한 안내를 포함하고, 내담자가 복사본을 가지고 있을 것을 제안한다). 회기 후에 작품 사진을 찍어도 되냐고 물으면 내담자가 거절할 수 있는데, 그것은 미술치료 수련생에게 실망감을 안겨 준다. 그러나 회기가 끝날 때가 아닌 회기의 초반에 사진을 찍어도 되냐고 묻는다면 실행 가능한 대안을 생각해 볼 수 있다. 초기 몇 주 동안 어떤 내담자에 대한 사례연구를 할지 결정하기 전에 몇 명의 내담자에 대해 아주 자세한 노트를 기록하는 것이 가능하다. 이것은 학생들이 매우 흥미롭게 써 내려갈 수 있는 사례연구를 선택할 수 있는 시간을 준다는 유익이 있다.

4) 일지 작성하기

과제에 대비해 회기 사이에 한 시간을 비워 두는 것을 추천한다. 수련생으로서 회기에 대한 자세한 정보를 가능한 한 많이 기록하는 것이 유용한데, 기관에서 작성하도록 요청되고, 집단 슈퍼비전에서 깊이 있게 분석받을 수 있다.

5) 다른 문서 작업

내담자와 함께하는 치료적인 작업은 기관의 허가가 날 때까지는 시작되어서는 안 된다. 대부분의 실습 기관은 학생들이 할 수 있고, 기관의 슈퍼바이저가 신속하게 허가를 내 줄 수 있는 프로토콜(표준화된 형식과 과정)을 가지고 있다. 학생들은 임상 활동을 시작하기 전에 모든 문서를 작성하고 사인을 받는다. 만약 다른 곳에서 자세히 다루어지지 않았다면 수련생을 위한 첫 번째 슈퍼비전 회기에 이런 문서들을 찾는 것을 포함시킬 수 있다.

6) 장소

미술치료 회기가 이루어지는 장소는 항상 문제를 불러일으킨다. 왜냐하면 모든 미술치료사가 미술치료를 위해 지정된 스튜디오에서 작업을 하는 것은 아니기 때문이다. 한 학생은 놀이실에서 내담자를 만났는데, 이 공간은 특정한 종류의 활동을 하는 방이라고 연상하는 아동에게 혼란을 줄 가능성이 있다고 느꼈다.

7) 방해하지 않기

직원들은 다양한 이유로 회기를 방해한다. 여기에는 실질적인 이유가 포함되는데, 치료실이 특정한 용품을 저장하는 공간일 경우에 특히 그렇다. 또는 미술치료가 어떻게 진행되는지 알고 싶어 할 수 있는데, 이것은 의미는 좋지만 회기를 방해하는 결과를 가져온다. 기관에서 회기가 방해받지 않는 것에 관하여, 비밀보장에 대한 경계를 확립하는 것이 꽤 어렵다고 느낄 수 있다. 미술치료 회기를 방해하는 또 다른 요인은 다른 내담자로부터 나올 수 있다. 일부 학생은 직원들과 함께 작업하기 위해 현장실습 기관에서 강한 감정을 표현함으로써 비밀보장과 '안전한 공간'을 만드는 것의 중요성을 강조하는 것으로 문제를 해결했다. 대화를 나누거나 직원을 위한 워크숍을 하는 것에 대해서도 논의했다. 다른 학생들은 '방해하지 마세요.'라고 쓴 팻말을 그들이 일하는 동안 붙여 놓기로 결정했다!

8) 내담자가 문제를 가지고 있는가?

내담자를 '타인'으로 바라보는 것에 대한 학생들의 양가감정에 관해 회기에서는 여러 가지 문제가 나타난다. 한 집단 구성원은 내담자와 함께 작업하고 싶은 그녀의 욕구를 표현했는데, 내담자들은 전적으로 '정상적인' 인간이고, 그들을 존중하려는 긍정적인 욕구에 의해 생겨난 마음이며, 그 과정에서 자존감을 불러일으켰다. 그러나 그녀는 그녀의 태도가 내담자의 진짜 어려움에 대해 간과할까 봐 걱정했다. 이것은 정상의 본질이라는 흥미로운 철학적 논의로 이어졌다. 만약 정신의학적인 진단을 받은 사람과 작업을 하게 되거나 그들이 진짜로 악하게 느끼는 재소자와 작업한다고 상상했을 때 어떤 느낌일지에 관해 반영해 보라고 집단에 요청했다!

그러고 나서 집단은 내담자를 만나기 전에 그녀의 예비 내담자가 '문제 있는 내담자'로 여겨진다는 것을 들은 한 학생의 경험에 집중했다. 그 학생이 '어려운' 사례를 맡았기 때문에 미술치료를 시작하기 전에 이것은 실패의 공포뿐만 아니라 기대와 불안도 가져왔다. 재소자들과 일하는 학생들은 작업 중에 그들이 저지른 범죄가 드러나게 되므로 그것에 관해 알고 있는 것이 좋다. 미술치료를 배우는 학생들은 내담자에 대한 그들의 인식이 오염될 수 있고, 차후의 관계에 영향을 미칠 수 있으니 모르는 것이 낫겠다고, 적어도 처음에는 그렇게 말했다.

9) 미술치료사는 무엇을 제안할 수 있고, 그것이 효과가 있는가?

한 학생이 다양한 전문가가 모인 정신과 병동에서 진행된 사례 회의에 참석했다. 논의되고 있는 내담자는 아주 다루기 힘든 문제를 가지고 있는 것처럼 보였고, 겉보기에는 치료될 수 없을 것 같았다. 이것은 그 학생에게 그가 과연 무엇을 할 수 있을지를 생각하게 했고, 앞으로 있을 미술치료 회기에 큰 두려움을 느끼게 했다.

어떻게 하면 미술치료에 대해 거들먹거리지 않고 설명할 수 있을지에 대한 이야기가 이 질문의 일부로 떠올랐다. 내담자에게 미술치료가 이런 것이라고 설명하기 위해 어떤 종류의 언어가 사용되어야 하는가? 특정한 종류의 언어가 특정한 사람들에게 소외감을 느끼게 하는가? 우리가 쓰는 자연스러운 언어를 사용하는 것에 대해 토론이 있었다. 왜냐하면 내담자가 우리가 사용하는 표현 방법을 좋아하지 않는다면, 우리와 함께 작업하는 것을 좋아하지 않을지도 모르기 때문이다. 전문가의 태도에 대한 주제에서 미술치료 회기에서의 '우리 자신'의 대해 이야기를 나누었고, 우리가 평상시에 쓰지 않는 언어를 사용하거나 가식적이지 않은 것이 중요하다고 입을 모았다.

10) 비밀보장

비밀보장에 관한 문제들이 다시 떠올랐다. 예를 들어, 미술치료사가 교도소에서 일하는 경우, 미술치료실에 다른 사람이 있는 것은 어떤가? 미술 작품은 어떻게 될 것인가? 교도소장의 책상 위에 올려질 것인가? 교도소에 있는 정신의학자가 보아야 하는가? 기관의 기준은 다양하다. 각각의 기관에 있는 현장 슈퍼바이저는 학생들이 내담자와의 작업을 시작하기 전에 윤리 강령에 대해 필수적으로 인식하도록 한다.

가끔 비밀보장이 문제가 된다. 슈퍼바이저에게 특정 정보를 알리고 싶지 않은 것이 한 학생의 문제였다. 그 학생은 "슈퍼바이저는 내담자들에 대해 너무 잘 알아서 내가 그 사람 이름을 얘기할지에 대해 생각 중이다. 왜냐하면 내가 언급하는 사람이 누구인지 그가 알고 있기 때문이다."라고 말했다. 그 학생은 만약 슈퍼바이저가 그가 언급하는 사람이 누구인지 안다면 미술치료 시간에 나왔던 이야기가 다른 상황에서 언급될지도 모른다는 자신의 두려움에 대해 탐색할 수 있었다. 나는 학생이 슈퍼바이저와 직접적으로 이 두려움에 대해 탐색하는 것과 슈퍼비전에서 비밀보장의 한계에 대해 다시 이야기하기를 제안했다. 분명한 것은, 현장 슈퍼비전 시간에 슈퍼바이저와 개인적인 것에 대해 편하게 이야기할 수 있는 것은 학생에게 유익하다는 것이다. 슈퍼바이저가 개인이 관련된 것에 대해 많은 통찰을 하고 있기 때문이다. 여기서의 문제는 신뢰의 부족이었다.

또 다른 학생은 노인성 치매가 있어서 누가 그녀의 미술치료사인지 회기 중간에 잊어버리는 여성에게 동의서를 받는 것에 대해 윤리적인 문제가 있다는 확신이 없었다. 회기가 진행되는 장소가 부엌이어서 추가적인 혼란을 야기했다. 다시 말하지만, 기관의 슈퍼바이저는 학생에게 치료가 시작되기 전에 받아야 하는 허가가 무엇인지에 대해 조언을 할 수 있다(가장 가까운 것으로부터일 것이다). 적절하게 리퍼하는 것이 어떤 것인가에 관해 더 중요한 질문들이 있을 수 있다.

내담자에게 누가 그들의 미술 작품에 접근할 수 있고, 어떻게 미술치료가 진행될 것인지에 대해서 시작할 때 명확한 계약을 하는 것이 중요하다고 강조했다. 치료 활동에 대한 정보를 공개하는 것을 포함해서 슈퍼비전과 다른 협의에 대해 명확하게 협상하고 동의한 후 예비 미술치료 내담자에게 설명했다.

내담자들은 회기에서 누구의 정보가 공개된 것인지 인식하고 공유할 것이다. 치료를 시작할 때는 치료사와 내담자 모두에게 비밀보장의 한계가 명확해야 한다. 경계 설정을 할 때 사전조사나 타협이 필요할 수 있다. 기관에 적용되는 기준이 무엇인지 현장실습 슈퍼바이저를 통해 알아내는 것이 필요하다. 예를 들어, 어떤 기관은 여러 학문 분야가 관련된 사례 회의를 하는데, 그 회의에서 미술치료 작업을 보고 싶어 하고, 치료에서 어떤 변화가 있었는지 논의하길 원한다. 기관의 기준이 미술치료가 옹호될 수 없는 상황에서 만약 필요하다면, 대학의 교내 슈퍼바이저는 항상 그들을 대신해 협상할 수 있다.

11) 속도 조절하기

미술치료 집단의 속도를 어떻게 조절하는지에 대한 불안이 표현되었다. 미술치료사가 어떻게 집단의 속도에 영향을 미칠 것인가? 집단에 있는 다른 사람들 간의 '강한 끌림'은 어떤가? 내담자에 의해서 어디까지 드러나야 하는가? 만약 그렇다면 얼마만큼 알아차리고 다루어야 하는가? 미술치료에 저항하는 내담자를 미술치료사가 어떻게 다루는가? 학생들은 내담자가 "그녀가 나를 꿰뚫어 보려고 해요." 또는 "미술치료는 이상한 사람들이 하는 거잖아요. 아닌가요?"라고 말할 것 같다는 환상을 가지고 있었다. 이것은 대답하기 꽤 어려운 질문들이다. 왜냐하면 집단은 엄청나게 다양하기 때문이다. 비록 내담자가 그들이 만들어 낸 것의 의미가 무엇인지 스스로 알아차릴 필요가 있지만 감추어진 것이 드러났을 때 그것을 알아차리는 것은 매우 중요하다. 내담자가 무엇을 했는지 완전히 이해할 시간을 주기 위해 치료사에게는 민감성이 요구된다. 내담자로부터 직접 초대를 받을 때까지 혹은 그녀/그가 이야기할 준비가 되었다는 것을 표시할 때까지 기다릴 수도 있다. 이런 미묘함에 대한 훈련은 초보 수련생에게는 버겁다. 그래서 슈퍼비전에서 '만약 이렇다면' 형식의 시나리오를 연속적으로 사용해서 탐색할 수 있다.

환경은 매우 다양하다. 어떤 학생들은 이미 서로 알고 있고, 신뢰가 쌓여 있는 내담자들이 있는 치료적 커뮤니티 환경에 기반을 두고 실습을 받았다. 그런 환경에서 미술치료사는 시작부터 매우 빠르게 아주 개인적인 본질을 드러내는 '도약적인' 경험을 한다. 어떤 학생들은 작업의 속도를 '조절'할 수 있을 것인지와 강하게 표현되는 감정들에 대처할 수 있을 것인지에 대해 불안함을 느낀다.

거의 정반대의 경우가 다른 학생들에게 일어났는데, 그들은 신체적인 질병이 있는 환자이거나 재소자 같은 아주 다른 내담자 집단과 작업을 했다. 미술치료 집단에 있는 내담자가 떠나거나 내보내지는데, 이것은 가능한 일이고 이미 그렇게 되어 왔다. 특히 교도소와 같은 환경에서 재소자는 이동되거나 다른 사람과 약속이 잡혀 있거나 업무가 배정되어 있어 그 또는 그녀가 미술치료 회기에 참석하는 것을 막을 수 있다. 이러한 문제들은 비단 교도소라는 환경에만 국한되는 것은 아니다.

학생들은 재소자가 '속마음을 털어놓는 것'과 그 이후 다른 곳으로 일정이 배정되어 지속적으로 지지를 받지 못하는 것이 걱정된다고 표현했다. 내담자가 회기에 나타나지 않았을 때, 기관에 있는 그 누구도 그들에게 내담자가 참여할 수 없다는 것을 알려 주지 않아 좌절감을 느꼈다. 집단 활동을 할 때 참여하지 않는 사람을 미리 알려 주는 것이 중요하다고 느껴졌다. 한 기관에서 내담자가 집단미술치료(그가 무척 좋아하는)에서 배제되었는데, 그 이유는 문제행동에 대한 처벌 때문이었다.

12) 신뢰

당신은 많은 것을 약속하고 거의 지키지 않는 내담자와 작업하거나 그런 내담자를 신뢰하는가? 내담자의 기대는 미술치료가 그들에게 어떻게 '다가왔는지'와 명백하게 관련되어 있다.

미술치료 회기에 대한 다른 직원들과의 의사소통이 유용한 것인지에 대해 언급되었다. 예를 들어, 한 학생이 아동이 그린 그림의 내용을 이해하기 위해 그녀에게 필수적이고 중요한 정보를 주는 아동의 배경에 대해 담임선생님과 대화를 했다. 기관의 현장실습 슈퍼바이저와 업무적으로 솔직하고 좋은 관계를 맺는 것의 중요성은 그 유용성을 생각했을 때 과장된 것이 아니다.
신뢰를 형성하는 것은 성공적인 치료 활동의 중심축이 된다.

13) 우리, 그리고 그들

어떤 현장실습 장소에서는 문화적인 충돌이 일어나는데, '우리와 그들'로 가르는 태도가 한 특정 교도소 환경에 단단히 자리 잡고 있었다. 전문가들 사이의 편가르기가 일부 기관에서 보고되었다. 기관에 있는 임상심리학자가 한 미술치료 수련생을 아주 차갑게 맞이했다. 다른 전문가들과 좋은 관계를 맺어 가는 동안 미술치료에 대한 인식을 높이는 발표를 하고, 여러 학문 분야의 사례평가 회의에 참석하는 것이 미술치료 현장실습의 일부분이다. 만약 기관의 환영이 싸늘하다면 초보 수련생에게는 아주 벅찰 수 있다.

14) 경계와 치료실 안에 다른 사람이 있는 것

경험 있는 미술치료사와 함께 일하는 것에 대한 유익이 언급되었다. 엄청난 불안을 느꼈던 한 학생은 치료사와 함께 일하면서 크게 안도했다.
다른 학생은 정신과 환자의 병실에서 전문임상간호사의 존재가 그녀의 불안을 누그러뜨리는 것을 도왔다고 묘사했다. 간호사 또는 치료 과정을 지원하는 직원을 초대해서 그림을 그리고, 집단 토론 시간을 함께하는 것의 장점과 단점에 대해 논의했다. 이러한 경우에는 가능하면 드러나지 않게 구석에 앉아 있는 것이 좋겠다는 결론이 났다.
조용한 관찰자가 집단 역동에 얼마나 영향을 줄 수 있는지에 대해 논의했다. 수화 통역사가 있는 귀가 들리지 않는 여성과 작업을 했는데, 그의 행동—그가 어떻게 앉고, 그의 몸짓이 어떻고, 그가 힐끗 시계를 보는 것(명백하게 쉬는 시간이나 끝나기를 원하는)까지—이 얼마나 집단 역동에 영향을 미쳤는지에 대한 나의 경험을 이야기했다. 두 번째로 집단에 대해 그가 어떻게 생각할 지에 대한 환상이 만들어지기 시작했다.

실패에 대한 두려움이나 개인적으로 위험을 감지하는 것에 관한 또 다른 반응으로 미술치료사나 다른 전문가가 회기에 앉아 있으면 안도감을 느낀다는 이야기가 나왔다. 교도소에서는 교도관이 치료실 밖에서 대기하곤 한다. 비록 가끔 그런 일이 생기기도 하지만 모든 학생은 고립된 환경에서 일하지 않도록 권고받는다. 공식적으로는 간병인으로 일했던 한 학생이 정신병동에 얼마나 많은 비상 버튼이 있는지와 직원이 그 버튼을 눌렀을 때 항상 즉각적으로 도움이 오는 것은 아니라고 이야기했다. 안전 예방 조치는 현장실습 계약에서 반드시 언급되어야 하고, 기관의 현장 슈퍼바이저와 수련생 모두에게 서명받아야 하지만 항상 약속이 지켜지는 것은 아니라서 간혹 가끔 현장실습에서 제외되기도 한다.

15) 허술한 임상현장 슈퍼바이저에 의해 위기에 놓이게 되면

몇몇 요인이 내담자와의 계약을 이행하는 학생들에게 영향을 준다. 한 교도소 회기에서 '감금(가두는 것)'은 교도관들이 회의하기 위해 함께 모이는 것을 가능하게 했다. 교도소에서 미술치료 임상실습 중인 학생은 미술치료 집단과 함께 치료 공간에 머물게 되었는데, 재소자 한 명이 미술실을 떠나 주변을 돌아다닐 때 불안을 경험했다. 이것은 수련생에게 매우 '책임감'을 느끼게 했으나 그녀는 '개입'하고 싶지 않았다. 분명한 것은, 도움을 얻을 수 있는 기관의 슈퍼바이저가 없으면 학생은 보호받을 수 없는 위치에 놓이게 된다는 것이다.

16) 미술치료사는 무엇을 하는가?

어떤 학생들은 현장실습 기관에 있는 직원에게 그들의 역할에 대해 공공연하거나 미묘한 오해를 받는다. 예를 들어, 어떤 학생은 미술 기법에 관한 수업을 할 것이라는 기대, 다른 학생은 아름다운 물건들을 만들 것이라는 기대가 있다는 것을 느낀다. 또 다른 학생은 건물 모형 만드는 책을 건네받기도 한다(그녀의 남성 내담자에게 이것이 적합하다는 강한 힌트로). 미술치료를 어떻게 묘사할 것인지에 대한 예행연습이 수련생이 할 준비의 일부가 될 수 있다.

17) 슈퍼바이저의 부재

한 학생은 그녀의 슈퍼바이지와 규칙적으로 만나도록 약속이 되어 있었지만 그는 자주 자리에 없었고, 병동에서 바빴고, 그녀가 매우 안전하지 않다는 느낌을 받도록 내버려 두었고, 매우 지지적이지 않았으며, 그녀를 혼자 두었다(슈퍼바이저는 수련생에게 일정 시간의 슈퍼비전 시간을 주도록 하는 계약에 사인을 한다. 이것은 대학에서 공식적으로 추진해야 하는 문제이다. 그러나 수련생이 슈퍼바이저와의 관계에서의 불만족에 대해 그들의 느낌을 공유할 수 있는 것은 유용하다).

18) 계약과 '기본 규칙'

문제행동을 하는 아동과 작업하는 학생들은 미술치료실에서 허용되지 않는 행동이 무엇인지 결정하는 명확한 계약이 필요하다고 느낀다. '내담자와 치료사는 서로에게 무례하게 굴지 않는다.' 또는 '내담자와 치료사는 서로를 다치게 하지 않는다.' 같은 주제를 포함한 계약의 초안은 토론을 위해 슈퍼비전 회기에서 다루어진다.

19) 어려운 내담자

학생들은 어떤 사람들과 작업하게 될 것인지 혹은 어떤 사람과 일할 수 없을 것인지에 대해 상상하는 것이 유용하다는 것을 발견할 수 있다. 안전하지 않다는 느낌은 초기 슈퍼비전 작업에서 되풀이되어 나오는 주제이다. 내담자의 신체적인 겉모습이 수련생에게 안전하지 않다는 느낌을 줄 수도 있다. 내담자의 환경에 대한 정보가 불안을 조장할 수도 있다. 무는 것으로 유명한 어린 아동과 작업하는 것부터 이전에 폭력적이었던 재소자와 작업하는 것까지 그 범위는 다양하다. 내담자의 이력을 아는 것에 대한 이익과 불이익에 관한 토론이 있었다. 상당수의 학생이 치료 초기에 내담자의 과거에 대해 알지 않는 것이 더 낫다고 결정했다. 그들은 '지금-여기'에서 관계를 시작하는 것이 더 낫다고 보고했다.

20) 보관

미술 작품의 폐기와 보관에 관한 것은 치료의 초기에 해결되어야 하는 중요한 문제이다. 예를 들어, 만약 내담자 집단이 큰 집단 작품을 만들었다면, 그 후에 어떻게 할 것인가? 만약 단순히 저장할 장소가 마땅치 않아서 회기의 끝에 분해되어야 한다면, 내담자들은 그것에 대해 어떤 느낌을 가질 것이다. 이것은 단순히 실질적인 질문 이상을 의미한다. 어떤 외래병동에서는 회기가 끝날 때 내담자에게 작품을 보관할 것인지 집에 가져갈 것인지를 선택하게 한다. 폐기할 것인지 보관할 것인지에 관해 제안을 내담자가 이해했는지 확인하는 것은 항상 명확히 해야 하는 부분이다.

21) 종결 회기

시작한지 얼마 안 되었을지라도, 학생들은 미술치료를 어떻게 마무리할 것인지에 대해 생각하기 시작한다. 이 장이 슈퍼비전의 시작에 대한 것이라 할지라도 이 문제는 나오게 되어 있다. 집단의 마지막이 가까워지면 상실에 대한 문제가 돌연히 나타날 수 있다. 집단이 끝날 때가 가까워지면 배신, 사별(가족의 사망)과 피할 수 없는 죽음에 대한 감정이 집단의 주제로 나타날 수 있다.

6. 요약과 결론

이처럼 학생들은 초기에 토론을 위해 회기에서 다룰 내담자와의 계약 초안과 홍보물을 가져올 필요가 있다는 것을 느낀다. 그들은 미술치료가 무엇인가에 대해 묘사하는 예행연습도 했다. 모든 과정을 더 쉽게 만들기 위해, 학생들이 필요하면 수정이 가능한 표준화된 내담자 연락처가 현장실습 안내서에 포함될 수 있다. 또한 현장실습 연락처가 포함될 수 있고, 전문적인 실습 강령과 직업 윤리 강령이 완전히 이해되어야 한다.

이 장에서는 전문가이든 수련생이든 간에 슈퍼비전을 받는 사람이라면 슈퍼비전에서 최대한의 유익을 얻기 위해서는 슈퍼바이저에게 그들의 취약성을 공유할 수 있다고 느끼는 것이 필수적이라고 제안했다.

수련생의 임상 시간이 시작되기 전에 많은 두려움과 환상이 표현될 수 있고 탐색될 수 있다. 학생들에게 그들의 취약성에 대해 표현할 수 있다는 느낌을 주도록 명확하게 허용하는 것은 슈퍼비전을 효과적으로 활용하는 것에 있어 매우 중요하다. 현장실습 장소에서는 중요하지만, 슈퍼비전에 참여할 때는 전문적으로 보이는 것이 의미가 없다. 이 장의 처음에서 언급한 것처럼 학생들은 슈퍼비전에서 그들이 임상 활동에서 실수했을지도 모른다는 느낌에 대해 공유할 수 있어야 한다. 슈퍼비전을 받는 사람은 사실을 밝히기 위해 그들의 창피함, 부끄러움, 수치심을 다루는 것이 필요하고, 그것이 슈퍼바이저에 의해 민감하게 다루어질 때 이렇게 밝혀진 사실들이 긍정적인 학습 경험으로 변화된다. 안전한 전문가가 되어 간다는 것은 슈퍼비전을 효과적으로 활용할 수 있다는 것을 의미한다.

미술치료 수련생을 위한 슈퍼비전 초기단계에서 그들의 의심과 두려움을 솔직하게 표현하는 것은 도움이 된다. 학생들은 현장실습을 막 받기 시작했고, 설명한 바와 같이 넓은 범위의 문제와 고려사항을 경험한다. 모든 실습생이 잘 갖춰진 미술치료 서비스가 있는 호화로운 현장실습장에 가는 것은 아니다. 이동하면서 일할 수도 있다. 따라서 제공하는 서비스에 대한 타협, 미술치료 서비스에 대한 홍보와 치료적인 경계를 형성하는 것이 학습 경험의 중요한 부분이 된다.

집단 슈퍼비전의 초기에 학생들에게 전문가 행동 강령과 윤리 강령에 대해 익숙해지도록 하는 것과 현장실습에서 사용하는 서류를 찾아보는 것, 그들의 임상 활동이 어떻게 평가되는지 알려 주는 깃이 필요하다. 더불어 미술치료를 어떻게 정의하고 설명할 것인지에 대한 예행연습, 내담자-치료사 역할극 연습뿐 아니라 전단과 홍보 자료 공유 모두 학생들이 처음 느끼는 낙담, 좌절감, 불안에 대응하도록 도와주는 활동으로 유용하다. 이후 슈퍼비전이 좀 더 발전하면 집단 슈퍼비전의 작업은 좀 더 치료적인 상호작용과 개입에 집중될 수 있다. 그러나 앞서 설명한 것처럼 초기에는 많은 시간이 수련생의 예정된 임상 활동과 내담자에 대한 절망감, 부적절함, 불안을 표현하는 것에 사용되고, 어떻게 집단 슈퍼비전을 사용할 것인지에 대한 예행연습이 된다.

참고문헌

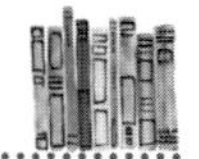

Carrigan, J. (1993). Ethical considerations in a supervisory relationship. *Art Therapy: Journal of the American Art Therapy Association*, *10*, 130-5.

Case, C., & Dalley, T. (2006). *The Handbook of Art Therapy* (2nd ed.). London: Routledge.

Edwards, D. (1993). Learning about feelings: The role of supervision in art therapy training. *The Arts in Psychotherapy*, *20*, 213-22.

Edwards, D. (1997). Supervision today: The psychoanalytic legacy. In G. Shipton (Ed.), *Supervision of Psychotherapy and Counselling* (pp. 11-23). Buckingham: Open University Press.

Fish, D. (Ed.) (1998). *Turning Teaching into Learning*. London: West London Press.

Gibbs, G. (1988). *Learning by Doing: A Guide to Teaching and Learning Methods*. Oxford: Oxford Further Education Unit, Oxford Polytechnic.

Gilroy, A. (2006). *Art Therapy, Research and Evidence-based Practice*. London: Sage.

Hawkins, P., & Shohet, R. (1992). *Supervision in the Helping Professions*. Buckingham: Open University Press.

Hogan, S. (Ed.) (1997). *Feminist Approaches to Art Therapy*. London: Routledge.

Ishiyama, F. I. (1988). A model of visual case processing using metaphors and drawings. *Counsellor Education and Supervision*, *28*, 153-61.

Malchiodi, C. (2006). *Art Therapy Source Book*. New York: McGraw-Hill.

Malchiodi, C. A., & Riley, S. (1996). *Supervision and Related Issues: A Handbook for Professionals*. Chicago, IL: Magnolia Street Publishers.

Mollon, P. (1989). Anxiety, supervision and a space for thinking: Some narcissistic perils for clinical psychologists in learning psychotherapy. *British Journal of Medical Psychology*, *62*, 113-22.

Schaverien, J. (2007). *Supervision of Art Psychotherapy: A Theoretical and Practical Handbook*. London: Routledge.

Smith, H., Hogan, S., Newell-Walker, U., & Stein, N. (2008). *Art Therapy Clinical Placement One: Assessment Form*. Derby: University of Derby.

Wilson, L., Riley, S., & Wadeson, H. (1984). Art therapy supervision. *Art Therapy: Journal of the American Art Therapy Association*, *1*(3), 100-5.

제**16**장

슈퍼비전 및 개인치료 모델

Annette M. Coulter

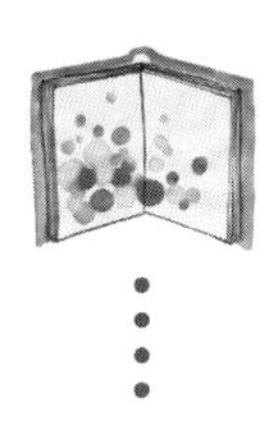

1. 입문

이제 막 전문가로 일하기 시작한 미술치료사는 동료 슈퍼비전과 심리치료 슈퍼비전의 효용성을 잘 알고 있다. 임상현장에는 미술치료 수련생을 위해 임상 슈퍼비전을 제공하는 것을 포함해서 경험적 학습과 수련생을 지원하는 문화가 있다. 그러나 좀 더 직업적으로 고립된 곳에서 일하게 되면, 임상 슈퍼비전 시간을 잡는 것과 그 필요성에 대한 생각이 꽤 달라질 수 있다. 직업적으로 고립된 상황 때문에 미술치료사가 슈퍼비전을 요청한다면 미술치료사를 고용한 사람은 의외라는 반응을 보일 수 있다. 예를 들면, "왜죠? 당신이 무엇을 하는지 모르나요?"라고 할 수 있는데, 이것은 슈퍼비전의 필요성에 대한 이해가 다르다는 것을 보여 준다. 이런 반응은 임상 슈퍼비전이라는 개념이 상대적으로 최근에 생긴 것이고, 다른 나라에서 새롭게 미술치료가 정착되는 시기에 슈퍼비전의 효용성에 대해 의구심을 갖는 것을 상기시킨다. 미술치료사를 고용한 사람이 경제적 편의성과 비용 절감을 중시해 적합성이나 능력보다 지역사회에서 정한 임상 슈퍼바이저를 원할 수도 있다. 슈퍼바이저는 반드시 슈퍼바이지보다 전문성을 갖추고 있어야 하지만 미술치료사를 고용한 사람이 미술치료사가 보기에 경험이 적고 덜 전문적인 사람을 슈퍼바이저로 결정했을 때, 치료사는 어떻게 하는 것이 좋은가?

2. 슈퍼비전의 정의

Hogan이 앞 장에서 이미 묘사한 것처럼 미술치료 슈퍼비전은 지속되는 임상 활동을 면밀히 관찰할 수 있는 기회를 주고, 안전한 임상실습을 보장하며, 임상실습의 수준을 높여 준다. 학습 경험에서 슈퍼바이지와 슈퍼바이저와의 좋은 관계에 대한 Pedder의 비유적인 묘사는 다음과 같다.

> 그들은 우리가 무언가를 쏟아 부어서 채워 줘야 하는 비어 있는 그릇이 아니다. 우리 자신의 이미지를 따라 만들기 위한 기력 없는 찰흙 덩어리가 아니다. 우리는 식물이 우리의 정원에서 싹을 틔우는 것을 받아들이는 관리자이고, 정원사이다. 우리가 할 수 있는 것은 가지치기 정도이다.
>
> (Pedder, 1986: 2)

슈퍼바이저의 역할은 슈퍼바이지의 기술에 슈퍼바이저의 것을 부과하는 것이라기보다는 그들이 가져오는 것을 가지고 작업하는 것이다. 따라서 슈퍼바이지가 선택하는 부분이 크다. 이러한 시각은 Carroll의 의견과 부합한다. 슈퍼바이지는 그들의 필요에 따라 슈퍼비전에 대해 무엇인가를 결정할 때 적극적이다. Carroll은 슈퍼바이지의 권리와 책임에 대한 목록을 만들었다. 권리는 "내용에 대한 조언과 함께 당신의 슈퍼바이저가 쓴 당신에 대한 보고서를 보는 것" "당신의 슈퍼바이저에게 명확하고 집중된 피드백을 주는 것” “당신이 가지고 있는 문제에 관해서 슈퍼비전에서 내린 결정에 대해 항의하는 것”을 포함한다(Carroll & Gilbert, 2006: v). 책임은 “슈퍼비전을 준비하는 것” “슈퍼비전을 준비하면서 다른 이해당사자들에 대해 인식하는 것”(예: 내담자와 그들의 가족, 납세자와 기관) “당신과 다른 사람들이 문화, 종교, 인종, 나이, 성별, 성적인 성향에서 다르다는 것을 인식하는 것”을 포함한다.

3. 슈퍼바이저 찾기

좀 더 배울 수 있고, 기술을 확장하며 치료사의 활동에 대해 반영해 줄 수 있는 능력이 있고, 신뢰관계를 형성하고 정직하며 상호 존중할 수 있는 적합한 슈퍼바이저를 찾는 것은 슈퍼바이지의 몫이다. 만약 미술치료사를 고용한 사람이 슈퍼바이지가 보기에 적합하지 않은 슈퍼바이저를 고집한다면 슈퍼바이지는 전문성이 요구된다는 점과 필요한 요건이 있다는 점에 대해 알려 줄 책임이 있다. 가장 분명한 방법은 전문적인 임상실습 기준을 인용해 공인 전문가 자격에 필요한 요건을 충족하기 위해서 미술치료 슈퍼바이저로서 좀 더 경험이 있는 사람을 추천하는 것이다.

그러나 직책이 ‘미술치료사’가 아니면, 미술치료 슈퍼바이저가 필요하다고 요구하는 것이 항상 가능하지 않을 수 있다. 예를 들어, 미술치료사는 ‘상담사’나 ‘임상 코디네이터’ ‘팀 리더’ ‘가족상담사’라는 직책으로 고용될 수 있다. 이런 상황에서 고용주는 미술치료사가 ‘미술치료사’라는 직책으로 고용된 것이 아니기 때문에 미술치료 슈퍼바이저는 필요하지 않다고 주장할 수 있다. 이 경우, 미술치료사에게는 몇 가지 선택권이 있다. 그들의 고용주를 교육하는 것의 일환으로 미술치료가 가지는 특성에 대해 설명할 수 있다(제5장 참조). 임상수련 후 공인 미술치료사 자격에 필요한 미술치료 슈퍼비전 요건을 충족하기 위해 미술치료사 개인이 슈퍼비전 비용을 지불한다(슈퍼비전이 고용주에 의해 제공되든 그렇지 않든 간에). 또는 미술치료사가 임상 슈퍼비전의 장점에 대해 서류를 작성해서 슈퍼비전을 위해 먼 거리를 이동할 필요가 있다고 주장할 수 있다. 교외나 외곽 지역에는 적합한 전문가가 없기 때문에 도시에 있는 슈퍼비전에 참석하기 위해 먼 거리를 이동해야 하는데, 이때 필요한 시간에 대해 타협하는 것이 필요할 수 있다. '미술치료사'라는 역할을 넘어서는 임상적인 역할을 할 때, 인지적인 목표 설정의 한계와 무의식적인 내용을 풀어내는 것에 대해 조언할 수 있는 전문성을 가진 슈퍼바이저를 찾는 것이 때때로 필요하다. 근무하는 현장에서 일어나는 만일의 사태에 모두 대비할 수 있을 때 임상 슈퍼비전은 가장 효과적이다.

4. 동종보건전문가에게 슈퍼비전 주기

경험 있는 미술치료사는 사례를 다룰 때 자신의 영역에서 미술을 부분적으로 사용하기로 선택한 특정 동종보건전문가들에게 슈퍼비전을 줄 수 있나. 미술치료 슈퍼바이지는 치료 과정의 일부이고 때때로 치료적인 개입이기도 한 이미지를 만드는 과정에 있어서 전문성을 가지고 있다.

임상현장실습과 인턴십 과정 동안 미술치료 슈퍼비전을 받는 사람들은 미술치료에 관해 기관의 동종보건전문가들을 교육해 달라는 요청을 자주 받는다. 기관에 있는 다른 사람들에게도 미술치료에 대해 소개하는 형태나 사례발표 또는 임상수련 과정에 대해 이야기해 달라고 요청받기도 한다(제5장 참조). 기관에 있는 슈퍼바이저에게 직접적으로 이야기하는 것과 더 큰 집단이나 임상팀 앞에서 발표하는 것은 많이 다르다. 슈퍼바이저가 미술치료사든 동종보건전문가든 간에 상관없이 미술치료는 슈퍼비전 관계를 더 단단하게 만들 수 있다(Durkin et al., 1989).

5. 슈퍼비전 계약

슈퍼바이지는 슈퍼비전 계약을 맺을 때 용어와 조건에 관해 협상할 권리를 가진다. 문서화된 동의서는 권리를 제공할 뿐 아니라 "계약에서 무엇이 협상 가능하지 않은지"(Carroll & Gilbert, 2006: 27) 그 시작점을 명확하게 해 준다. Carroll에 의하면, 다음과 같은 네 가지 종류의 슈퍼비전 계약이 있다.

① 시간과 반영할 작품을 가져올 공간을 포함한 슈퍼바이저와 슈퍼바이지 간의 양방향 계약을 체결한다.
② 슈퍼바이저를 고용하고 관련 보고를 받을 기관을 포함한 삼자 계약이다. 여기서는 비밀보장의 한계가 명확하고, 슈퍼비전 관계의 경계가 중요해진다.
③ 계약서는 계약의 행정적인 측면이다.
④ 심리적 계약은 슈퍼바이지와 슈퍼바이저가 어떤 기대를 가지고 있는지를 보여 준다.

(Carroll & Gilbert, 2006: 27-8)

하나의 계약은 서로 배타적이지 않은 이 네 가지 종류의 계약의 여러 측면을 포함할 수 있다.

6. 슈퍼비전에서의 미술치료 과제

미술치료 과제는 시작부터 슈퍼비전 관계를 더 돈독히 하는 데 사용될 수 있다. 슈퍼비전 계약에 대해 협상할 때, 슈퍼바이지는 나중에 그들에게 불리

할지도 모르는 것에 서명하는 것이 두렵고, 그것이 무엇인지 이해하지 못할 수도 있다. 그들은 계약의 목적이나 의도에 대해 양가적인 감정을 가질 수도 있다. 미술은 슈퍼비전 계약 동의서를 구체화하기 전에 두려움과 양가감정을 탐색하는 데 사용될 수 있고, 원하는 학습관계를 시각적으로 개념화할 수 있게 한다. '효과적인 슈퍼비전 계약 그리기' 같은 과제는 슈퍼바이지에게 그들이 슈퍼비전 관계에서 무엇을 중요하게 여기는지를 시각적으로 묘사할 수 있도록 돕는다.

미술은 집단 슈퍼비전의 응집력을 높이는 데도 사용될 수 있다. 미술 과제는 '나는 이 집단의 목적을 어떻게 보는지' '슈퍼바이저/다른 슈퍼바이지는 나에게 무엇을 기대하는지' '이 집단에서 안전하다는 느낌' '나는 이 집단을 어떻게 구조화하고 싶은지' '이 집단이 어떻게 운영될 것인가에 대한 나의 이해'에 대해 그리는 것이 포함될 수 있다. 이런 과제들은 집단 구성원들이 집단 슈퍼비전을 시작할 때 그들의 욕구와 원하는 바를 협상하도록 도와준다. 미술치료는 서로를 알아 가는 과정에서 사용될 수 있고, 집단 슈퍼비전의 목표를 결정하며, 희망, 기대, 양가감정뿐만 아니라 집단이 어떻게 운영되고 구조화되는지도 탐색한다.

활동, 반영, 학습, 적용이라는 경험적인 학습의 주기(Kolb, 1984)에 기반을 둔, 슈퍼비전을 받는 사람의 학습 과정을 촉진하는 경험적 미술 과제가 다수 있다. 이들은 일대일로 얼굴을 맞대고 진행되는 슈퍼비전 관계에서 좀 더 사용되는 경향이 있으나 집단 슈퍼비전에서도 적용될 수 있다.

① Kolb의 학습 주기의 첫 번째 단계에서 슈퍼바이지는 '당신이 어떻게 일하는지 그리기' 또는 '일을 하는 당신의 모습 그리기' 같은 미술 과제를 포함해 어떻게 작업을 할 것인지를 슈퍼바이저와 함께 살펴본다. 슈퍼바이지가 미술치료사이거나 미술을 사용해 내담자와 함께 좀 더 효율적으로 작업하고 싶은 동종보건전문가이면, 과제는 '내담자와 함께 미

술을 어떻게 사용하는지 그리기'나 '일할 때 미술을 사용하는 자신의 모습 그리기' 같은 좀 더 특정한 치료나 상담의 활동을 묘사한다. 이러한 과제에 어떻게 접근할지에 대한 결정은 슈퍼바이지에게 달려 있으나, 도식이나 단어, 상징이 사용될 수 있다. 예를 들면, 도식은 묘사적이고 복잡한 이미지보다 그들이 무엇을 하는지 표현하기에 훨씬 더 쉬운 방법이다.

② 반영단계에서 미술 과제는 '당신이 내담자와 한 것에 대한 반영 그리기' 또는 '오늘 논의한 것에 대해 생각해 보고 이 내담자/집단과 당신의 관계에 대하여 그리기'를 포함할 수 있다. 반영하는 미술 과제는 임상 활동의 강렬함으로부터 한걸음 물러나는 능력을 발달시키거나 회기에서 있었던 사건이나 특정한 측면에 집중할 수 있는 능력을 발달시킨다. 이 학습의 단계에서 미술은 치료의 내용을 조사하고 객관적인 반영을 할 수 있는 기회를 제공한다. 슈퍼바이저는 이 반영 과정을 운영하기 위해 미술 작업을 사용한다. 구체적인 이미지를 창조하는 것, 그 이미지를 바라보는 것과 그 이미지로부터 받은 것은 반영하는 것이 무엇이든 간에 현상학적 지각과 다를 것이 없다(Betensky, 1995: 17-20). 미술 작업은 치료사와 내담자 관계에서 덜 의식적인 것들을 드러나게 한다. 이것은 이전에 나타나긴 했으나 명백하게 드러나지는 않았던 역전이 문제에 관해 다룰 수 있는 기회를 제공한다. 이 슈퍼비전 학습단계에서 미술 작업은 한걸음 떨어져서 사례를 좀 더 객관적으로 볼 수 있도록 슈퍼바이지의 능력을 강화시킨다.

③ 반영하는 동안 슈퍼바이지가 보거나 의식하게 되는 것은 세 번째 단계에서 핵심적인 자료가 되는데, 그것이 바로 학습이다. 미술 과제는 배운 것을 구체화할 수 있게 한다. 예를 들면, '당신의 반영 그림을 기반으로 이번 회기에서 무엇을 배웠는가? 지금 당신이 무엇을 알고 있는지 시각적으로 묘사하는 것이 가능한가? 이번 회기가 당신에게 무엇을 가르

쳤는지 그려 보자.' 또는 '당신 자신에게 주는 현명한 조언을 그려 보자.' (Withers, 2006) 이 과제는 슈퍼바이지가 회기에서의 이미지 창조를 통해 반영 과정에서 배운 것이 무엇인가에 기반을 둔다. 슈퍼바이저는 슈퍼바이지의 학습 과정과 함께하는데, 반영 과정 및 내용을 통해 스스로 인식하고 조언에 주의를 기울이며, 그들 자신과 내담자, 집단, 가족과의 관계에 대한 지식을 얻는 그들의 능력에 주목한다(Carroll, 1996). 미술 과제를 통해 슈퍼바이저와의 관계도 조사할 수 있다. '슈퍼비전 시간에 당신이 무엇을 배웠는지 그려 보자.' '오늘의 슈퍼비전 시간이 끝난 후에 나와의 관계를 어떻게 느끼는가?'

④ 적용단계는 전 단계에서 그들이 배운 것을 활동하면서 실제로 어떻게 적용할 것인지를 고려하는 것으로 슈퍼바이지에게 도전이 된다. 이것을 반영하는 미술 과제는 '당신이 배운 것을 어떻게 통합하려 하는지 그려 보자.' 또는 '이 새로운 정보를 가지고 내담자와의 관계 혹은 나(즉, 당신의 슈퍼바이저)와의 관계에서 당신의 모습을 그려 보자.'이다. 이 단계는 반영 과정과 학습단계를 통해 의식화된 것과 자기인식의 변화를 통합하려는 의도를 가지고 있다.

7. 직업적으로 고립된 상황에서 일하는 것

제5장에서 다른 미술치료사나 다른 상담사 또는 심리치료사와 멀리 떨어진 위치에서 일하는 것이 도전적이라는 이야기를 했다. 특히 거리가 멀리 떨어져 있는 시골에서 미술치료사는 직업적으로 완전하게 고립된 상태에서 일하거나 자연재해나 갈등 지역에서 적절한 슈퍼비전 없이 간접적으로 트라우마에 노출될 위험이 있는 구호팀의 일원으로 일할 수 있다. 그런 환경에서 슈퍼비전에 대한 유연한 자세와 동료 슈퍼비전이나 자기슈퍼비전 같은 가능한

다른 선택에 대해 창의적으로 생각하는 것은 중요하다. 그러나 일부 전문가 협회는 이런 시간을 자격증을 취득하기 위한 슈퍼비전 시간으로 인정하지 않는다. 불행하게도 고립된 지역사회에서 다른 동종보건전문가에게 받는 슈퍼비전은 미술치료사에게 하나밖에 없는 대안이지만 분명히 효과적이며 충분히 고려할 만하다. 좀 더 국제적인 관점에서 보면, 미래의 미술치료에 대한 관점은 통합적인 전문직으로서 전통적인 방법을 넘어서 자격증 임상수련 과정에 동료 슈퍼비전과 자기슈퍼비전을 허용하는 것을 고려해야 한다.

8. 동료 슈퍼비전

미술치료사들은 집단 슈퍼비전을 공유하는 것을 통해 서로를 지원할 수 있다. 동료 슈퍼비전은 임상 슈퍼비전을 받기에 수입이 넉넉하지 않은 경우에 효과적이다. 예를 들어, 막 자격을 취득한 미술치료사가 아직 일자리는 찾지 못했지만 최소한의 치료 활동을 하는 경우가 그렇다.

동료 슈퍼비전에서 "각각의 구성원은 공동 슈퍼바이저가 되고, 돌아가며 슈퍼비전을 받는다."(Carroll & Gilbert, 2006: 11) 구성원에는 미술치료사가 아닌 사람도 포함될 수 있다(Laine, 2007). 직업적으로 고립된 상태에서 일할 때, 미술치료사는 간호사, 의사, 성직자, 교사 같은 지역사회 전문가들로 구성된 동료 지지 집단의 일원이 될 수 있다(Crago & Crago, 2002: 83). Crago와 Crago는 치료사에게 "이 사람이 전문적으로 나와 같은 위치인가?"를 묻는 대신에 "이 사람이 상호 존중하는 분위기에서 안전하게 서로 주고받을 수 있는 사람인가?"를 물어야 한다고 제안한다(Crago & Crago, 2002: 83). 직업적으로 고립된 미술치료사에게 지역사회를 기반으로 한 동료 슈퍼비전은 "이 슈퍼비전이 우리 대부분이 인정하는 비슷한 실습을 받고 자격을 갖춘 동종의 전문가 네크워크를 벗어나게" 될지라도 지역사회에서 특정한 역할을 감당하고 있는 전문가 집단에게 미술치료에 대해 교육하고 홍보할 수 있는 기회를 제공한다 (Crago & Crago, 2002: 83).

동료 슈퍼비전을 포함해 슈퍼비전을 받은 시간이 대부분의 협회에서 슈퍼비전 필수 요건에 부합하는지 확인하는 것은 중요하다. 치료사가 Steiner 혹은 자아 초월적 접근(transpersonal orientation)이나 인지행동 또는 정신분석적 정신역동 접근 같은 다른 분야나 특정 모델로 실습을 받은 경우, 새로운 이론 모델에 노출되고, 도전적이고 진지한 토론을 하게 된다. 동료 슈퍼비전이 유익하기 위해서는 공식적인 전문가 역할이 상호 간의 존중, 자기노출과 누군가의 반응에 솔직한 자기표현을 나누는 것에 대한 열려 있는 마음으로 대체될 필요가 있다. 목표는 시간이 지나면서 신뢰와 안전을 쌓아 가는 것이다.

Hawken과 Worrall(2002)은 동료 슈퍼비전으로 상호 간의 멘토링 모델을 제안하는데(Hawken & Worrall, 2002: 43-53), 두세 명이 넘지 않는 작은 집단으로 구성되며, 구성원들은 돌아가면서 슈퍼비전을 주고받는다. 서로에게 책임이 있고, 위계질서에 의한 책임은 없다. 상호 간에 배우는 관계는 주기도 하고 받기도 하는 "각자의 지혜, 기술, 지식을 인정"하는 "상호관계와 동등함"에 기반을 두고 발전한다. "이러한 파트너 관계는 기관을 통해 확산되어 기하급수적인 가능성을 가진다."(Hawken & Worrall, 2002: 43-53)

동료 슈퍼비전은 동종보건 서비스가 미술치료를 받아들이고 다른 분야의 지식을 얻어 통합하는 기회를 준다. 이 관계는 "믿을 만하고 솔직한 개인적 피드백, 감정적 지지, 직업적 전략 짜기, 각 개인의 숙련도와 가능성에 대한 지속적인 확인"을 제공한다(Kram & Isobella, 1985: 121-4). 이것은 상호 간의 멘토링 합의에 의해 선택할 수 있는 구조이기 때문에 슈퍼비전을 줄 파트너를 고른다. 이것의 목적은 시간과 과정에 동등한 책임을 지면서 위계적이지 않고 평가적이지 않은 관계를 맺기 위한 것이다. 반영적인 학습이 일어나는 구조화된 회기를 통해 신뢰, 정직, 투명함이 형성되면 상호적으로 공식적인 계약관계가 만들어진다. Hawken과 Worrall(2002)은 만나는 장소와 누가 시작할 것인지를 격주로 번갈아 가며 진행하는 것에 대해 설명한다. 세 시간의 회기 중간에 쉬는 시간을 가지고, 슈퍼바이저와 슈퍼바이지의 역할을 바꾼다. 그들의 계약은 비밀보장과 관련된 경계를 포함하고 의도적으로 내담자와 기관에 대해 확인하지 않는다. 운영에 대한 책임은 어디에도 없다. 신뢰와 정직함을 바탕으로 시간이 지나면서 깊고 가까운 관계가 형성된다. 그들은 안전하고 정중한 방법으로 서로에게 도전할 수 있다. "우리는 전문가의 삶에 대해 훨씬 더 분명한 관점으로 이해되고 경청받았다는 느낌을 가지고 슈퍼비전 시간을 떠난다. …… 우리는 받고 싶은 것을 준다."(Hawken & Worrall, 2002: 50)

9. 인터넷 슈퍼비전

동료 슈퍼비전은 또한 Skype 같은 인터넷 연결을 통해서도 가능하다. 토론을 위해 복사된 이미지와 준비된 노트가 동료 미술치료 집단에 미리 보내질 수 있다. 이 집단에는 이 지역이 아닌 혹은 해외에 있는 미술치료사들도 포함될 수 있다. 이것은 서로 얼굴을 맞대고 만나는 것과 같지는 않지만 다른 선택의 여지가 없는 곳에서는 타협적인 대안이 될 수 있다. McNiff는 임상 슈퍼비전과 미술치료에 대한 기록과 이미지를 디지털로 저장하는 것을 포함해 미술치료사들에게 미래에 고려해 볼 만한 것으로 "원거리 미술치료"에 대해 언급했다(McNiff, 2000: 98). 원거리 슈퍼비전에서 이미지에 대한 토론을 하기 위해서는 내담자의 미술 작품과 슈퍼바이지의 준비를 위한 미술 작업(다음의 '시각 일기' 참조)이 슈퍼바이저에게 미리 보내질 필요가 있다. Skype에서 특정한 면을 보여 주거나 어떤 부분을 가리키기 위해 이미지를 들어 보여 줄 수도 있다. 현상학적 시각과 설명이 이것을 실행하는 데 도움이 될 수 있다 (Betensky, 1995).

10. 슈퍼비전의 단계

슈퍼비전 관계의 한 관점에서 보면, 슈퍼바이지는 무의식적인 무능에서 의식적인 무능으로, 의식적인 능숙함에서 무의식적인 능숙함으로 변화해 간다(Robinson, 1974). 이것을 또 다른 방법으로 설명하자면, 처음에는 당신 내면의 비평가에게 의지하다가 슈퍼바이저를 "내면화"하고, 마지막에는 당신 자신의 "내면의 슈퍼바이저"를 발달시킨다(Carroll & Gilbert, 2006: 45-7). 이 '내면의 슈퍼바이저'는 개인적인 스타일과 임상 경험을 슈퍼비전에서 배운 것과 통합할 수 있는 능력이 있다. 슈퍼바이지는 효과적으로 자신의 작업에 접근할 수 있고, 기존의 규칙과 체계를 반드시 따르는 것이 아닌 좀 더 본능적이고 직감적인 방법으로 작업하는 것을 신뢰할 수 있게 된다. '무의식적인 능숙함'은 기술과 지식이 충분히 통합되어 치료사가 의식적인 생각 없이 무엇을 말하고 어떻게 해야 하는지 알고 있다는 자신감이 내면에 있어 자신의 활동을 조절하는 것을 의미한다.

11. 슈퍼비전에서의 시각 일기

시각 일기는 내담자의 작업에 대한 개인적 관점의 보고이고, 좀 더 전통적인 수단으로서 슈퍼바이지의 발표 가능한 자료로 사용된다. 언어적인 보고, 상담 일지, 말 그대로 회기에서 있었던 일에 대한 설명, 음성 녹음이나 영상 녹화, 역할극, 내담자 평가 피드백이 포함된다. 시각 일기는 내담자와 미술치료사 사이에 언어적이고 물리적인 상호작용의 측면을 보여 주는 것으로 사용될 수 있다. 내담자가 마음속으로 무슨 생각을 하고 있는지 혹은 자신의 마음속에 어떤 생각이 있는지 슈퍼바이지의 시각에서 전이와 역전이에 대한 개인적 관점이 슈퍼바이저와 공유될 수 있다.

어려운 회기 후에 빠르고 즉흥적으로 완성된 이미지는 인지적인 안도감을 주고, 알아차린 후 즉각적으로 말로 표현하기 어려운 역전이에 대한 감정을 표현하는 기회를 제공한다. 치료사는 가끔 회기에 의해 촉발되거나 내담자의 작품에 대한 반응으로 나타나는 불분명한 감정 같은 개인적인 이슈를 경험한다. 가끔 치료사는 그것에 대해 알아차리고 자신의 이슈가 그들로 인해 표면화되었다는 것을 통찰하기도 하지만 그것은 인식되지 않을 수도 있고, 확실하지 않을 수도 있다. 미술 작품은 자기반영을 할 수 있는 기회를 제공하는데, 임상 슈퍼비전이 즉각적으로 가능한 상황이 아닐 때 특히 가치가 있다. 슈퍼비전이 한 달에 한 번이거나 격주로 진행되는 환경에서 시각 일기는 다음 임상 슈퍼비전을 위한 준비를 대체할 수 있는데, 즉흥적인 시각 일기나 내담자 문제에 대한 치료사의 반응을 탐색한 저널 과제가 포함될 수 있다(pp. 154-6 참조).

저널 과제를 계획할 때, 치료사의 의도는 그들이 인식한 역전이에 대한 탐색을 위한 것일 수 있다. 이 기록을 통해 슈퍼바이지는 그들의 사례 자료와 관련되어 계속 나타나는 것을 명시하여 슈퍼바이저를 도울 수 있지만 슈퍼바이지에게는 여전히 분명하지 않은 부분이 있다. 이 시각 일기는 슈퍼바이지에게 슈퍼비전을 받기 전에 한 단계 발전된 사례연구 준비를 하고 참여하게 한다. 이것은 Kagin과 Lusebrink(1978: 172)가 묘사한 '반영적 거리 두기'를 허용한다. "반영적 거리 두기는 몸의 감각이 지각 조직화를 처리할 때 의미를 부여하는 것으로 …… [그리고] 미술 경험과 그 경험에 대한 개인적 반영 사이의 인지적 거리를 통합하는 경험이다." 시각 일기 작업은 즉각적인 슈퍼비전이 가능하지 않을 때, 어려운 회기를 처리하는 방법으로서 셀프 슈퍼비전 회기의 워밍업으로 사용될 수 있다.

12. 자기슈퍼비전

정기적인 임상 슈퍼비전이 매주 있는 것은 미술치료사가 최상의 작업을 하기 위한 이상적인 요건이다(Case & Dalley, 2006: 203). 자기슈퍼비전은 미술치료사가 스스로 내담자, 가족, 집단과의 상호작용과 관련하여 토론하는 것이다. 치료사는 임상 슈퍼바이저에게 하는 것처럼 그들의 문제를 이야기하고, 자신이 마치 슈퍼바이저인 것처럼 질문하고 탐색한다. 자기진단의 시간을 따로 설정하면, 매일 간단한 보고의 기회가 주어진다. 자기슈퍼비전은 비용이나 지리적인 고립 때문에 슈퍼비전이 가능하지 않을 때 임시적인 수단이 되어 준다. 미술치료사는 미술 작업을 통해 자기반영과 전이 진단을 할 수 있다. 미술을 통한 자기보고 과정은 집에 있는 가족이나 친구, 다른 사회적 상황에 돌아가기 전에 임상 활동에서 있었던 어려움에 대해 성찰해 볼 수 있는 시간을 준다. 이것은 슈퍼비전을 받기 전에 '임시방편'을 제공한다. 가끔 이 과정을 통해 이슈가 저절로 해결되기도 하고, 슈퍼비전을 받기 전에 반드시 준비 작업이 있어야 할 때도 있다. 다음 슈퍼비전 시간에 논의하고 해결되기를 기다리는 것이 불가능한 비상/위기 상황이라면 회기 사이에 슈퍼바이저와 연락할 수 있도록 항상 약속이 되어 있어야 한다. 이는 전화로 논의할 수 있고, 자기슈퍼비전의 준비를 통해 위기 상황에서 슈퍼바이저와 취하는 연락이 긴밀해질 수 있다.

13. 문서 작업

모든 상담 및 심리치료와 마찬가지로 미술치료 상담 기록은 법적인 자료로 요청될 수 있다. 기록되는 일지에서는 매주 '검은 부분'(내담자의 미술 작품에 나타나는 그들의 분노/성향의 완곡한 표현인)에 대해 언급하는데, 이것은 복잡하고 주관적일 가능성이 있으며, 설명이 요구된다. 미술치료사는 이 서류가 작성된 의도와 더 넓은 의미 혹은 '해석'에 대해 반대심문을 받을 위험이 있다. 만약 치료사가 이것이 관련이 있고 중요하다고 생각한다면, 내담자가 '분노에 대한 작업'을 했다고 쓰고, 내담자가 미술 작품에 대해 언급한 말을 그대로 일지에 기록하는 것으로 공식적인 사례 파일을 작성하는 것이 훨씬 좋다. 소송 절차에서 주관성은 전해 들은 말이나 마찬가지이다. 따라서 오직 사실만 일지에 언급하는 것을 강력하게 추천한다. 일지와 기록된 다른 문서들은 법적인 문서이다. 예를 들어, 어떤 사람이 회기에서 화가 났다. '그는 공격적이 되었다.'라고 쓰기보다는 '그는 카운터로 와서 비서에게 "내 빌어먹을 상담사 어디 있어?"라고 말했다.' 그리고 비서가 차분한 어조로 '자리에 앉아 있으면 곧 누군가 당신을 데리러 올 거예요.'라고 이야기하자, 그가 '웃기지 마. 나는 내 빌어먹을 치료사를 지금 당장 만나야겠어.'라고 반응했다고 한 것을 기록하는 것이 더 좋다. 내담자가 '공격적이었다.'라고 말하는 것은 주관적인 진술이다. 이것은 단지 의견일 뿐이다. 목격자에 의해 확인되면 더 좋은, 중요한 사건에서 내담자가 말한 것, 실제적인 사실에 대한 기록을 통해 내담자가 공격적인지 아닌지를 판단하는 것은 판사의 몫이다.

미술치료 작업에 대한 문서 기록은 언제나 도움이 된다. 좀 더 자세한 설명이 미술 작품 뒤에 붙여질 수 있다. 회기 후 문서 기록 작업의 일환으로 내담자의 관점에서 나온 직접적인 내용이 포함된다. 미술치료사의 공식적인 사례 파일은 사실만을 언급한 최소한의 언어로 작성되는 것이 최상이다. 미술 작품의 크기가 커서 때때로 내담자의 작품이 사례 파일과 떨어져서 보관되지만 몇몇 미술치료사는 내담자의 작품을 디지털 이미지로 변환하여 보관한다. 미술치료사는 내담자 파일이 열람될 경우를 대비해 미술치료 활동을 기록한 문서를 보존하는 것에 대해 항상 고려해야만 한다.

어떤 내담자는 통찰력이 있어 자기 작품에 대해 자신의 설명이 있는 특정한 연습장이나 시각 일기를 작성할 수도 있다. 회기 사이의 시각 일기 작업은 대부분의 내담자에게 유용하다. 내담자는 회기 사이에 꾼 꿈이나 있었던 사건과 그들이 느낀 감정에 대해 기록하라고 격려받는다. 이 방법을 통해 내담자는 자신만의 개인치료 과정이 계속되도록 권한을 부여받고 지원받는다. 이것은 또한 내담자가 더 큰 자율성을 가지고 좀 더 독립적이 되는 종결 이후를 준비하게 한다. 시각 일기는 미술치료사로부터 떨어져서 이슈에 대해 자기반영을 할 수 있는 기회를 제공한다. 일지 내용은 사적인 것이므로 작업된 이미지들을 다음 회기에 가져와야 한다는 기대는 없다. 회기 사이에 하는 시각 일기 작업은 내담자에게 사적인 공간을 제공하는 역할을 한다(Coulter, 2008). 각 회기의 처음과 끝에 하는 지속적인 시각 일기 작업은 내담자에게 치료 경험에 대한 자기점검의 일환으로 사용될 수 있다. 내담자에 대한 기본 정보를 기록할 수 있는 초기 접수 면접지가 있어야 한다. 몇몇 미술치료 출판물과 다른 관련된 책은 초기 접수에 필요한 정보와 관련된 예시를 제공(Malchiodi & Riley, 1996; Edwards, 2004)하고, 그 예시를 특정한 업무현장 상황에 맞게 적용해서 사용하는 것이 가능하다.

모든 미술치료 회기에는 일반적인 내담자 사례 일지 파일 작성이 요구된다. 대부분의 나라에서 이것은 법적인 요청사항이다. 미술치료사는 얼마나 적을 것인지를 결정해야만 하지만 일반적으로 간단한 노트가 더 선호된다. 수기로 작성된 다섯에서 여덟 줄까지가 적당하다. 다른 직원들은 사례 일지를 읽을 때 장황한 설명을 좋아하지 않는다. 직원은 내담자가 미술치료 시간에 참석했고, 그것이 잘 진행되었는지 혹은 특정한 문제가 나타나서 그것을 다루었는지 또는 내담자가 어떤 것과 관련해 고민이 있거나 계획이 있는지를 알고 싶어 한다.

14. 개인치료, 자살 위험성과 슈퍼비전

내담자의 자리에서 치료에 대한 경험을 해 보는 것은 언제나 좋다. 모든 치료사는 개인치료를 받는 것으로부터 얻는 효과가 있다. 이것은 단순히 내담자가 되어 보는 경험을 하는 것뿐만 아니라 치료사가 그들 자신에 대해 더 잘 인식하게 되어 개인적인 것들이 내담자와의 관계를 오염시키지 않도록 해 주거나 내담자의 전이가 치료사에게 영향을 덜 끼치게 한다. 임상 슈퍼비전을 받는 과정에서 무엇이 슈퍼비전과 관련된 내용이고, 무엇이 개인적인 내용인지에 대한 명확한 경계는 중요하다. 비록 슈퍼바이저가 개인치료를 제공하기 위해 있는 것은 아니지만 슈퍼비전을 받는 동안에 내담자의 치료 과정과 관련해 겹치거나 유사하게 나타나는 부분은 슈퍼비전 회기의 일부로 다루어질 필요가 있다(Case & Dalley, 2006: 205). 치료사가 자신의 정신병리에 대해 이해를 더 잘하면 잘할수록, 그들의 사례를 더 효과적으로 다루게 된다.

영국 미술치료 임상실습 프로그램에서 개인치료는 의무적이고, 개인치료사가 실습 프로그램과는 별개로 독립적으로 진행한다. 이것은 Hogan이 제15장에서 언급한 대학에서 제공하는 교내 슈퍼비전이다. 무의식적 과정을 자극하는 치료를 받는 동안, 치료사나 임상 슈퍼바이저가 슈퍼바이지의 마음에서 일어나는 비이성적인 사고 과정에 대해 항상 알고 있거나 이해하고 있는 것은 아니기 때문에 어느 정도 위험 부담은 있다(Yorke, 2005). 이와 같이 슈퍼비전에서 슈퍼바이지의 책임에 대해 명확히 하는 것은 중요한데, 예를 들어 자살 위협 같은 문제와 관련해 감정적으로 능숙하게 대처하는 것에 대한 교육이 개인치료에서 배우는 것을 통해 강화될 수 있다(Carroll & Gilbert, 2006: 95-100).

개인치료는 수련생과 치료사 모두에게 권장된다. 왜냐하면 치료사와 내담자 모두에게 도움이 되기 때문이다. 치료사는 그들 자신의 정신병리에 대해 더 잘 인식하고, 내담자의 전이나 투사에 의해 자극되는 개인적인 문제가 무엇인지 알게 된다. 치료사의 능숙함은 몇 년에 걸친 개인치료의 결과로서 자신에 대한 지식을 가지고 자기인식이 생겨나면서 향상된다. 그들은 자신의 '내담자' 경험을 통해 내담자의 치료 과정을 존중하고 겸손해진다.

슈퍼바이지는 자신의 슈퍼비전을 구성하고 점검하며 운영할 책임을 진다. 이 장에서는 슈퍼비전의 자원으로 적합하지 않거나 슈퍼비전이 가능하지 않을 때 고려할 수 있는 다른 선택사항들에 대해 간략히 살펴보았다. 임상현장에서와 마찬가지로 슈퍼비전에서도 효과적인 치료를 위해서는 형식을 잘 갖춘 문서 작업이 포함된다. 표준화된 형식은 리더와 관련된 정보, 미술치료 슈퍼바이저와 미술 작품, 정보의 교환, 회기의 내용과 내담자 미술 작품 작업 과정에 대한 논의를 포함해 슈퍼비전에서 동의를 얻는 데 사용된다.

참고문헌

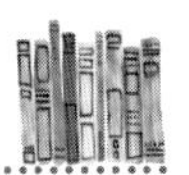

Betensky, M. (1995). *What Do You See? Phenomenology of Therapeutic Art Expression*. London: Jessica Kingsley Publishers.

Carroll, M. (1996). *Counselling Supervision: Theory, Skills and Practice*. London: Cassell.

Carroll, M., & Gilbert, M. C. (2006). *On Being a Supervisee: Creating Learning Partnerships*. Kew, Australia: PsychOz Publications.

Case, C., & Dalley, T. (2006). *The Handbook of Art Therapy* (2nd ed.). London: Routledge.

Coulter, A. (2008). 'Came back-didn't come home': Returning from a war zone. In M. Liebmann (Ed.), *Art Therapy and Anger* (pp. 238-56). London: Jessica Kingsley Publishers.

Crago, H., & Crago, M. (2002). But you can't get decent supervision in the country! In M. McMahon & W. Patton (Eds.), *Supervision in the Helping Professions: A*

Practical Approach (pp. 79-90). French's Forest, NSW: Pearson.

Durkin, J., Perach, D., Ramseyer, J., & Sontag, E. (1989). A model for art therapy supervision enhanced through art making and journal writing. In H. Wadeson, J. Durkin, & D. Perach (Eds.), *Advances in Art Therapy* (pp. 390-431). New York: Wiley.

Edwards, D. (2004). *Art Therapy*. London: Sage Publications.

Hawken, D., & Worrall, J. (2002). Reciprocal mentoring supervision: Partners in learning: A personal perspective. In M. McMahon & W. Patton (Eds.), *Supervision in the Helping Professions: A Practical Approach* (pp. 43-54). French's Forest, NSW: Pearson.

Kagin, S. L., & Lusebrink, V. B. (1978). The expressive therapies continuum. *Art Psychotherapy*, *5*, 171-80.

Kolb, D. (1984). *Experiential Learning*. Englewood Cliffs, NJ: Prentice Hall.

Kram, K., & Isobella, L. (1985). Mentoring alternatives: The role of peer relationships in career development. *Academy of Management Journal*, *28*(1), 101-32.

Laine, R. (2007). Image consultation. In J. Schaverien & C. Case (Eds.), *Supervision of Art Psychotherapy: A Theoretical and Practical Handbook* (pp. 119-37). London: Routledge.

Malchiodi, C. A., & Riley, S. (1996). *Supervision and Related Issues: A Handbook for Professionals*. Chicago, IL: Magnolia Street Publishers.

McNiff, S. (2000). Computers as virtual studios. In C. A. Malchiodi (Ed.), *Art Therapy and Computer Technology: A Virtual Studio of Possibilities* (pp. 86-99). London: Jessica Kingsley Publishers.

Pedder, J. (1986). Reflections on the theory and practice of supervision. *Psychoanalytic Psychotherapy*, *2*(1), 1-12.

Robinson, W. L. (1974). Conscious competence: The mark of the competent instructor. *Personnel Journal*, *53*, 538-9.

Withers, R. (2006). Interactive drawing therapy: Working with therapeutic imagery. *New Zealand Journal of Counselling*, *26*(4), 1-14.

Yorke, V. (2005). Bion's 'Vertex' as a supervisory object. In C. Drive & E. Martin (Eds.), *Supervision and the Analytic Attitude* (pp. 34-49). London: Whurr.

제17장

국제적인 관점

Annette M. Coulter

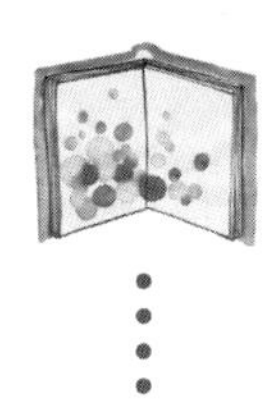

이 장은 해외로 이주해 새로운 나라에서 미술치료 실습 과정을 마련하거나 국가 기관을 설립하거나 혹은 다른 도움이 없는 직업적인 고립 상태에 있는 독자를 마음에 두고 서술했다. 이러한 '외부인' 미술치료사들은 알려진 미술치료 세계의 주변부에서 일한다. 영국이나 북미에서 활동하는 독자들에게 이 장의 내용은 공명되거나 이해하기 어려울 수 있다.

이 장의 목적은 독자들에게 현재 국제 미술치료 커뮤니티가 대서양 양쪽으로 나누어져 두 개의 '캠프'로 크게 양극화되었다는 것에 대해 생각해 보기를 제안하는 것이다. 비록 이 차이는 줄어들고 있지만 여기서 이런 상황을 정의하려는 목적은 현재 미술치료에 대한 국제적인 시각과 관련해 이해를 돕기 위해서이다. 이 두 캠프중 하나는 북미/캐나다이고, 이와 대조되는 영국/유럽 측이 또 다른 캠프에 포함된다. 앞으로 각각 'US'와 'UK'로 언급될 것이다. 두 진영 모두 풍부하고 대비되는 독특한 정보, 실제적인 구조, 이론적인 도전을 가지고 있다(Hagood, 1993, 1994).

미술치료의 전문적인 발달은 임상실습, 정신건강 서비스, 전문직의 관리에 영향을 미치는 상이한 문화 · 정치 · 교육체계에 의해 영향을 받는다. 미술치료가 실행되는 나라들이 많아지면서 “대서양 연안 국가들”의 분리는 점점 더 조사되고 인식되고 있다(Betensky, 1971; Coulter-Smith, 1983, 1989a; Woddis, 1986; Campanelli & Kaplan, 1996; Gilroy & Skaife, 1997; Gilroy & Hanna, 1998; Gilroy, 1998; Coulter, 1999, 2006a, 2006b; Slater, 1999; Rosal, 2007; Hurlbut, 2011; Potash, 2011; Wadeson, 2002; Potash, Bardot, & Ho, 2012; Kalmanowitz, Potash, & Chan, 2012). 국제적인 관점을 얻기 위해서는 두 개의 진영으로 양분된 것과 그 양극 간의 차이에 대한 이해가 필요하다. 이 장에서는 미래의 국제적인 미술치료 공동체를 위해 현재 각 진영이 기여하고 있는 강점과 차이점을 언급하고, 미술치료의 두 개의 다른 ‘캠프’를 통합하기 위한 필요가 있다는 인식을 제시한다(Coulter, 2006a). “분열을 치유하는 것”은 미술치료사들의 몫이다(Nowell-Hall, 1987).

1. 미술치료 기원에 대한 갈등

영국(UK)과 미국(US)의 미술치료 모두 초기 미술치료의 기원이라고 주장하는데, 매우 유사한 직업적 성장이 있었던 시기가 비슷하다는 것은 명확하다. 두 나라 모두 전쟁이 끝난 후였고, 대서양 양쪽 모두에서 재활을 목적으로 한 미술의 활용에 대한 기록이 있다(Hogan, 2001). ‘미술치료’라는 용어는 영국의 미술 교육자인 Adrian Hill(Hill, 1945)에 의해 처음 만들어졌고, 미국에서는 Margaret Naumburg가 진보주의 교육을 실시하며 그녀의 미술 형태의 작업을 “상징적인 언어”라고 불렀다(Naumburg, 1958). Rubin의 미술치료 역사에 대한 리서치 비디오는 최근의 국제적인 성장에 대한 탐색과 많은 미술치료사가 오랜 시간 동안 만들어 온 역사적인 공헌에 대한 것을 포함하고 있다(Rubin, 2004).

어떤 사람들은 Carl G. Jung이 최초의 '미술치료사'라고 말한다. 왜냐하면 그가 치료실에서 전이를 진단하는 동안 시각 미술의 사용을 기록한 첫 번째 치료사이고, 초기 영국의 미술치료 발달에 영향을 미쳤기 때문이다. 그러나 치료적인 미술에 대한 주장은 이러한 발달보다 먼저 있었다(Hogan, 2001). 국제적인 관점에서 보면, 미술치료의 기원에 대한 갈등이나 누가 최초의 '미술치료사'인가 혹은 좀 더 확고한 지식을 기반으로 한 곳은 어디인가 같은 질문은 영국과 미국 간의 '분열을 치유하는 것'에는 도움이 되지 않는다. 편견은 어디서 임상수련을 받았는지, 누구에게 받았는지, 무엇이 영향을 미쳤는지, 어떤 두드러진 성향이 특정한 임상실습 프로그램이나 나라에 미친 영향이 무엇인지에 의해 생겨난다.

2. 미술치료의 양극화 '캠프들'

일반적으로 미국 미술치료는 심리학에 강조를 둔다. 반면, 영국에서는 정신역동에 강조를 둔다. "전이와 역전이에 관한 깊이 있는 작업과 대상관계적 접근의 풍부함은…… 내가 미국에서 받은 임상실습이 미술치료의 이러한 측면들을 좀 더 깊이 있게 다루지 않았기에 나는 부러움을 느낀다."(Hagood, 1994: 56) 영국의 미술치료는 2001년에 설립된 준자치기관인 보건전문위원회(HPC)에서 임상수련 및 전문가 자격을 관리한다. 반면에 미국은 미국미술치료협회(AATA)와 미술치료자격위원회(The Art Therapy Credential Board: ATCB)에서 승인과 자격을 관리한다. 미국의 상황이 영국의 상황보다는 좀 더 복잡하다.

미국과 영국의 임상수련 기준의 분명한 차이 중 하나는 이것이다. 미국의 수련생에게는 미술치료 진단을 능숙하게 하는 것을 요구한다. 이를 위해서는 신뢰도와 타당도의 개념과 비슷한 통계적 추리로 기술을 습득하고, 평가에서 사용되는 진단 도구의 선정, 수단, 과정에 대해 잘 알고 있어야만 한다(Betts, 2012). 게다가 이 임상수련은 정신과 진단뿐 아니라 전문가의 치료 목표를 공식화하고 관리하며 기록하는 것과 연결되어 있다. 『정신질환의 진단 및 통계 편람(The Diagnostic and Statistical Manual of Mental Disorders 5th edition: DSM-5)』(American Psychiatric Association, 2013)의 활용, 정신병리학 이론과 정신약리학적 약물에 대한 기본 지식 역시 요구된다. 이런 지식은 미술치료 발전에 유용하고, 미국이 미술치료라는 전문 분야를 받아들이는 데 성공적인 마케팅 홍보와 함께 기여했을 가능성이 있다. 미술 진단 기법은 지원 기금에 제약이 있고, 일반적으로 진행할 수 있는 회기 수에 제한이 있는 민간 의료 제도 프로그램의 일환으로 나타났다. 서비스 전달을 입증하기 위해 미국의 미술치료사들은 효과성에 대한 연구에 많은 투자를 한다.

미국의 미술치료사들은 치료 시작 전에 기관의 구조에 의해 미술 진단평가 과제를 제공하는 것을 선호한다. 영국의 미술치료사들은 구조화된 진단체계보다는 내담자가 미술 매체를 가지고 무엇을 하는지 보고, 이 과정에서 내담자의 저항에 큰 가치를 두는 것을 선호하는 경향이 있다. 무의식적 과정을 지켜보고 저항과 전이를 이해하려는 시도가 영국 미술치료에서는 핵심적인 작업의 일부인 것이다. 영국의 미술치료사 Edwards는 진단에 대해 이렇게 기록했다.

> [내담자]는 보통 초기 진단을 위한 시간 약속을 잡는다. …… 미술치료이든 아니든 간에 가장 적합한 치료의 형태를 정하고 내담자가 표현하기 원하는 문제에 대한 이해를 공유하게 된다.
>
> (Edwards, 2004: 74)

즉, 영국의 미술치료사는 정신역동 이론에 관심을 둔 '미술심리치료사'로 볼 수 있고, 반면에 미국의 미술치료사는 심리학 관점의 스펙트럼에 좀 더 기반을 두었다고 볼 수 있다.

비록 두 작업 모두 무의식적 과정이 있으나, 미국의 미술치료 작업이 좀 더 내담자의 의식적인 깨달음을 중시하는 반면, 영국 미술치료에서는 내담자에게 무의식적 과정에 몰두할 기회를 제공한다. 영국 미술치료에서 내담자의 의식적인 이해는 치료의 목적이 아니지만 미국 미술치료에서 결과는 때때로 측정되고 분석되며, 치료를 지속하기 위한 목적으로 시간에 제약을 두기도 한다. 두 나라의 작업 모두 다양한 방법으로 문제의 의식적인 통합을 향해 나아가지만 만약 치료를 위한 기금을 계속적으로 지원받기 위해서라면 이것은 미국의 미술치료사들에게 더 중요해진다. 두 가지 접근 다 장점—두 '캠프' 모두 전문성이 있고 탁월하다—이 있다. 미국에서는 임상수련을 시작하기 전에 시각 예술에서 최소한 다섯 과목의 실기 수업과 네 과목의 심리학 수업을 필수적으로 이수하도록 한다. 반면에 영국에서 시각 예술은 여전히 선호하는 자격 요건이지만 다른 학위들도 인정된다. 두 나라 모두 관련된 임상 작업 환경에서의 실제적인 경험을 요구하지만 얼마나 엄격하게 요구하는지에 대해서는 좀 더 많은 조사가 필요하다. 미술치료에서 무엇이 "확실한 근거"인지에 관한 불일치가 Levick(1989: 59)에 의해 제기되었고, 한국에서 '미술치료에 대한 이러한 (불일치하는) 인식에 대한 연구'에서 Park과 Hong(2010)은 다른 여러 요인 중 하나로 통일된 교육 과정이 있다면 그 직업이 좀 더 신뢰를 얻을 수 있다는 것을 발견했다(Potash, Bardot, & Ho, 2012: 144).

3. 임상수련

미국의 임상수련은 영국보다 문화와 사회적 다양성을 좀 더 강조한다. 게다가 미국에서 교육받는 수련생에게는 사회적 정의, 변호, 갈등 해결과 관련된 역할에 있어 좀 더 사회적인 면이 강조된다. 영국에서 이런 영역은 미술치료사보다는 예술과 보건 운동(arts and health movement)에서 일하는 예술가들이 주로 담당한다. 명백하게 좁은 임상적 정신역동에 초점을 맞추기 때문에 영국에서 일하는 미술치료사에게서는 창조적이고 흥미로운 작업 영역이 없어져 버리곤 한다.

덜 의식적인 내용을 다루는 '미술심리치료' 전문가를 지향하는 영국에서 임상수련 기간 동안 개인치료를 받는 것은 의무이다. 더 필요한 요건으로 비지시적인 정신역동 실습 집단에 참여하는 것은 임상수련 승인을 위한 핵심적인 부분이다. 이 집단은 미술치료 수련생이 덜 의식하고 있는 내용을 인식하고 발전시키는 과정에 노출되는 것에 중점을 둔다(Waller, 1993; Rosal, 2007). 미국에서는 개인치료를 매우 추천하지만 강요하지는 않는다. 진단 기법에 대한 이해와 활용을 중요시한다. 좀 더 지시적인 집단미술치료 역동 경험에 대한 이해가 포함되지만 비지시적인 정신역동 집단에 참여하는 것은 대부분 해당사항이 없다. 미국에서 임상수련을 받은 미술치료사인 Maralynn Hagood은 영국의 미술치료 상황에 대한 연구를 했는데(Hagood, 1990), 미국과 영국의 미술치료가 서로 배우고, 각각의 나라에서 사용되는 레퍼토리와 이론적 모델을 확장하기 위해 두 나라 사이에 "대서양 건너편의 대화"를 제안했다(Hagood, 1993).

현재 영국과 미국의 임상수련 기준은 지역 문화, 다른 교육과 건강체계에도 불구하고 국제적으로 전문가 승급 요건에 영향을 미친다. 이미 자리가 잡힌 영국과 미국이 아닌 다른 나라에서는 좀 더 일반화되고 유연한 미술치료 임상수련 안내에 대한 필요가 계속적으로 증가하고 있다.

현재 미술치료사의 국제적 교육에 관해 합의된 내용이 없는 상황에서 임상수련 과정을 만드는 선구자들은 다음과 같은 세 가지 선택과 마주하게 된다.

① 미국이나 영국의 임상수련 모델 중 하나를 적용해 최소한 한 개의 '캠프'에서 승인과 지원을 받는다. 두 '부모' 나라에서 승인을 하나도 받지 못

하는 것보다는 나을 수 있다(Coulter, 2006a). 예를 들어, 타이완의 미술치료는 미국의 기준을 따르고(Lu, 2006), 싱가포르의 기준은 영국의 승인 과정에서부터 시작되었다(Coulter, 2006b).

② 미국과 영국의 임상수련 기준을 무시하고 지역 문화, 건강 보험체계, 교육 기관을 고려한 독특한 임상수련 모델을 개발한다. 좀 더 자리를 확실히 잡은 다른 치료나 상담 실습 프로그램 안에 들어가 있어서 '미술치료'라는 용어가 잘 알려져 있지 않거나 사용되지 않을 수 있다. 예를 들어, 호주에서는 개별적인 실습 프로그램뿐 아니라 심리학과 작업치료 같은 다른 전문가 직업군에 '미술치료'가 포함되거나 다른 교육 과정 타이틀 아래 '미술치료' 임상수련과 슈퍼비전이 제공된다.

③ 미국과 영국의 임상수련 기준의 가장 좋은 부분을 포함하여 절충적인 임상수련 모델을 만든다. 그렇게 되면 해외의 인정을 받기는 어려워진다. 미술치료를 먼저 시작한 '부모' 나라로부터의 승인은 받을 수 없다. 예를 들어, 호주는 이것을 처음부터 시도해 왔지만(Calomeris, Hogan, & Coulter, 1992) 절충된 자격 요건은 외부로부터 쉽게 인정받지 못했다(Coulter, 2006a). 예를 들어, 절충적인 임상수련 모델에서 집단 활동 실습은 지시적이거나 비지시적인 접근 둘 다일 수 있고, 지시적인 작업단계 이후 비지시적인 경험이 따라올 수도 있다. 두 가지 임상수련 모두를 제공하면 수련생에게 두 기법에 대한 자신감을 주어 최대한의 기술을 습득하게 할 수 있다. 영국과 미국의 임상수련 프로그램에서 이러한 차이가 점점 더 인식되고 있다(Rosal, 2007). 진보적 입장에서 새로운 실습 프로그램을 위해 좀 더 통합적인 "대서양 연안 국가들"의 이론체계에 대한 정의가 내려질 수 있고(Hagood, 1993, 1994), "미술치료사를 위한 국제적인 교육 기준을 마련해야 한다는 과제는 최소한으로 포함되어야 하는 지식의 수준을 결정한다. …… 문화적으로 적용 가능하고 관련성 있는 …… 교육 과정이 창조되어야 할 필요가 있다."(Potash, Bardot, & Ho, 2012: 144)

해외의 기준과 정책은 다른 나라의 정치적·사회적인 체계에 쉽게 옮겨 가지 않는다. 대서양 연안 국가 '캠프'의 통합은 "전 세계적으로 적용 가능한 미술치료 임상수련 프로그램을 위해서 국제화된 기준과 지역 전통의 독특한 가치 사이에서 조심스럽게 균형을 맞추는 과정이 필요할 것이다."(Potash, Bardot, & Ho, 2012: 149) 국제적으로 나타나는 경향은 점점 더 미술치료에 문화적 유연성을 제공하는 새로운 문화적 관점으로 통합되어 가고(Hurlbut, 2011), 이것은 결국 다른 나라들이 좀 더 유연하고 문화적으로 민감한 프로그램을 개발해 국제적인 임상수련 모델의 시작점을 만드는 계기가 될 수 있다. "진정한 국제적 기준은 단순하게 서구의 기준이 나머지 세계를 위압하는 것이 아니라 다른 많은 문화로부터 여러 요소가 유입되는 것이다."(Potash, Bardot, & Ho, 2012: 149)

1990년대까지 영국의 임상수련 기준은 학사 졸업 후 1년 과정을 요구하는 반면, 미국은 2년 과정의 석사학위를 요구한다. 1999년 호주에서 만들어진 최초의 임상수련 프로그램은 영국의 임상수련 기준을 따랐으나, 이후 국가기관이 미국의 기준인 석사학위 수준의 임상수련을 필수 조건으로 결정했다(Harvey, 1991). 다른 나라들—이스라엘, 남아프리카, 일본, 싱가포르, 타이완—도 비슷한 결정을 했고, 좀 더 최근에 영국에서는 미술치료의 기본 자격 요건으로 학사 후 학위를 석사학위로 교체할 것인지에 대해 논의하고 있다. 일정한 기간의 임상 경험 후 직업적인 발전이 보장되는 석사학위가 있으면 좀 더 상급 치료사의 지위에 도달하게 된다.

영국과 미국의 미술치료 임상수련, 기준, 이론 철학, 운영은 아시아 미술치료 임상수련 프로그램 설립에 영향을 미친다. 타이완과 싱가포르는 각각 미국과 영국의 임상수련 프로그램을 모델로 하여 프로그램을 마련했고, 인도, 태국, 캄보디아, 중국, 말레이시아, 인도네시아, 홍콩 같은 다른 나라들로부터의 관심도 증가하고 있다.

미술치료가 시작된 나라에 이미 확립된 미술치료 임상수련 기준이 없다면 이것은 덜 문제가 되었을 것이다. 그러나 나중에 만들어진 교육 과정이 지역 미술치료사의 임상수련 기준과 갈등을 일으킨다면, 준비되지 않은 상태에서 어려움을 겪을 수 있다. 예를 들어, 영국에서 실습한 남아프리카의 미술치료사는 자신이 하찮은 존재가 된 기분이 들었다. 왜냐하면 정부가 미국의 석사 학위를 받은 미술치료사만 인정하기로 결정했기 때문이다.

4. 미술치료의 국제적인 역기능 가족

앞에서 언급된 것과 같이 최근 대서양 양쪽으로 갈라진 미술치료의 양극화가 계속되고 있다. 내재되어 있는 직업적 차이와 이론적인 분리가 대체로 언급되지 않은 채 남아 있다. 비록 각각의 전문가에 대한 존경과 대화의 기회가 계속 증가하고 있지만(Rosal, 2007; Coulter, 2006b; Spring, 2007; Burt, 2011; Gilroy, Tipple, & Brown, 2012; Potash, Bardot, & Ho, 2012), 각각의 '캠프'는 자신을 미술치료의 탁월한 위치에 있는 것으로 보고, 역사적 · 전문적 · 학문적 · 문화적 관점에서 동등하게 타당함을 보여 준다. 대서양 양극에서 미술치료는 존경받는 전문 직업으로 잘 자리 잡았고, 두 '캠프'는 뛰어난 미술치료 전문가들을 양성해 왔다.

비유하자면 서로에 대해 인식하고 있는 부모가 있는데, 누구의 의사소통 방법이 더 일반적이고 효과적이냐는 것이다. 역사적으로 각각의 '캠프'는 그들의 존재가 타당하다는 것을 증명해 왔고, 최근까지 전문가로 인정받기 위해 싸웠으며, 서로의 존재를 부정하고 장점을 받아들이지 않는 경향이 있었다. 어느 '부모'도 서로에 대해 많이 알지 못하고, 그들이 창조해 낸 '자녀'에 대해서도 많은 책임을 지지 않았다. 그들은 결혼한 적이 없었지만 자녀가 생겼고, 그들 중 누구도 내가 부모라고 주장하고 싶어 하지 않는다. 이 '자녀들'은 다른 나라들—예를 들어, 타이완, 호주, 뉴질랜드, 이스라엘, 남아프리카,

일본, 한국, 싱가포르, 인도, 태국—이다. 이 나라들은 미술치료가 잘 자리 잡을 수 있도록 노력하고 있고, 몇몇 나라는 다른 나라들보다 더 성공적으로 자리 잡았으며, 의사소통과 상호 교류에 대한 열망을 가지고 있다. 그러나 그들은 지리적인 위치로 인해 결정적인 영향을 받았고, 미국이나 영국 '캠프'의 일부가 아니다. 고립된 장소에서 일하는 미술치료사들은 잘 형성된 전문가 조직, 최신 문헌, 지원받을 수 있는 중요한 동료, 그들이 하는 일에 대한 비준을 찾는다. 그들의 상황은 그들의 나라에서 잘 자리 잡은 교육 프로그램, 국가기관, 고용, 급여체계, 연락망을 필요로 한다. 이것은 세미나를 만들고, 해외에서 오는 발표자 · 수련생과 관계를 맺는 것이나 자격증을 받거나 허가를 위한 문서 작업을 지원하는 것에 대한 협의를 필요로 할 수 있다.

대서양 연안 국가들의 차이는 호주에서 전문 기관을 설립하는 데 있어서 모든 면에 영향을 미쳤다. 결과적으로, 설립의 초안(the drafting of a constitution), 회원 조건, 공인 자격과 임상수련 기준, 윤리적인 틀과 실행의 기준까지 포함되었다. 그래서 영국과 미국의 미술치료사로 구성된(Coulter, 2006a) 위원회의 설립이 고려될 수밖에 없었고, 어려운 협상이 진행되었기에 의사결정 과정에서 타협을 해야만 했다(Coulter-Smith & Cowie, 1988; Coulter-Smith, 1989a). 앞으로 나아가는 단 하나의 방법은 서로의 차이점을 받아들이는 것이다. 즉, 뿌리를 내린 시작점이 다름에도 불구하고 열린 마음을 가지고 유연한 자세로 상대방에 대해 배우는 것이다(Coulter, 2006a).

서로 반대되는 모델과 기준에 대해 고려하고 타협하며 유연성을 발휘하는 것은 미술치료의 선구자적 역할을 감당하며, 양극 '캠프'로부터 소외당할 위험성이 있다. 왜냐하면 양극의 가장 좋은 부분들을 통합하는 것으로 수정안을 마련하기 때문이다. 이것은 인정받지 못하는 타협이다. 대서양 연안 국가들의 차이점은 풀리지 않은 채로 남아 있고, 양극이 통합되기 위한 시도와 인식이 늘어나고 있음에도 불구하고 일반적으로 타협이라는 용어를 사용하기에는 관문이 좁으며, 미술치료의 국제적 커뮤니티가 나누어져 있다.

5. 국제적인 발달

국제 네트워킹 그룹(The International Networking Group of Art Therapists: INGAT)의 설립은 원래 미술치료의 성장과 발전을 위해 국제적인 교류에 관심이 있는(Coulter-Smith & Stoll, 1989) 지역적으로 고립된 미술치료사들 사이에서 의사소통을 위한 포럼을 제공하기 위해 시작되었다(Coulter-Smith, 1989b). 미술치료의 국제적인 홍보를 위한 취지에 따라 호주미술치료협회는 1989년 첫 번째 국제 미술치료 학회를 소집했다(Hogan, 1989a). 이 학회에서 국제적인 교육자들을 위한 포럼이 열렸고, 영국과 미국의 미술치료사들이 호주 임상수련 지침에 기여하며 도전의식을 북돋웠다(Coulter, 2006a). 초기 호주에서의 경험은 이후 "대서양 연안 국가들의 대화"라는 Hagood의 제안에 의해 반복되고(Hagood, 1993), 그 차이들을 조화시키려는 진정한 시도에도 불구하고(Spring, 2007; Gilroy, Tipple, & Brown, 2012; Kalmanowitz, Potash, & Chan, 2012) 현재까지도 국제적인 담론으로 계속되고 있다(Potash, Bardot, & Ho, 2012).

미국과 영국 밖에서 미술치료의 발전을 위한 선구자적 역할을 알아본 사람들이 그들의 연구를 기록해 왔다(Betensky, 1971; Woddis, 1986; Hogan, 1989b; Campanelli & Kaplan, 1996; Gilroy & Hanna, 1998; Edwards, 2004; Westwood, 2012; Potash, Bardot, & Ho, 2012). 그러나 지역 미술치료사들과의 회담이 이러한 연구를 위해 항상 열릴 수는 없다. 예를 들어, 지역 미술치료사들이 신경 쓰지 않는 경우, 미술치료의 역사는 대서양 연안 국가들의 '캠프' 대표에 의해 형성된 순간의 인상으로 치우칠 수 있고, 잘못된 정보가 전달되어 기록될 수 있다. 이러한 태도는 명백하게 지역주의적이다. 전문적인 직업이 자리 잡기 위해 필요한 국제적인 도전에 대한 이해를 높이지 않는다. 제한된 자원과 문화적 다양성을 다루고, 논란이 많은 정치 · 경제적인 이슈와 딜레마를 드러낸다. 미술치료의 선구자들은 대개 혼자 일했지만 전반적으로 드러나는 외부의 인상에 의존하는 것이 아니라 그들의 경험을 정확하게 기록할 필요가 있었다. 비록 직업적으로 고립되었다는 어려움이 있었지만 이 미술치료사들은 확인하거나 이해하거나 인식하기 어려운 실존적인 묘사를 남겼다. 때가 되면 이것이 한 나라의 미술치료 전문가의 역사가 된다.

고립된 미술치료사를 국제적으로 지원하는 INGAT의 원래 목적은 드러나지 않았다. 본래 INGAT의 두드러진 활동은 주로 미국의 미술치료사가 그들의 기술과 지식을 공유하기 위해 여행을 하는 것이었다. 대부분의 경우에 고립된 미술치료사를 지원하고 의사소통과 교환을 위한 포럼을 확립하는 것이 개인의 자기홍보에 비해서 확실히 밀려났다.

6. 아시아 미술치료

최근의 자연재해는 미술치료와 트라우마에 대한 관심을 불러일으켰다. 자연재해로 인한 피해자들을 돕는 구조 기관들은 트라우마 이후의 회복에 미술치료가 주는 효과를 점점 더 인식해 가고 있다(Malchiodi, 2006; Bovornkitti & Garcia, 2006; St Thomas & Johnson, 2007; Alfonso & Byers, 2012). 이러한 인식의 증가는 미술치료 임상수련을 계획하는 교육 기관에 영향을 미친다. 최근까지 미술치료사가 되기를 원하는 아시아 지역 학생들에게 가능했던 유일한 선택은 해외에서 임상수련을 받는 것이었다. 1980년대와 1990년대에 대부분의 아시아 학생들은 미국에서 공부했고, 좀 더 최근에는 호주의 프로그램에 대한 관심이 증가하고 있다. 홍콩에는 영국의 영향이 있어(Potash, 2011) 홍콩대학에서는 수년 동안 짧은 입문단계의 임상수련 과정이 운영되었고, 이것은 동종보건 기관, 교육 기관, 다른 재활 기관의 관심을 받았다. 현재 운영되고 있는 전문미술치료협회도 있다.

아시아에서 최초의 미술치료 석사는 2005년 타이완에서 시작되었고(Lu, 2006), 동남아시아 최초는 2006년 싱가포르에서 시작되었다(Coulter, 2006b). 두 프로그램 모두 서구의 미술치료 임상수련 모델을 통합해 동양적 맥락에 맞게 적용—타이완은 미국에 기반을 둔 프로그램이고, 싱가포르는 영국의 승인을 받은 프로그램이었다—했다. 싱가포르는 넓은 범위의 종교·사회·임상·문화·영적인 믿음과 배경을 가진 아시아와 유럽이 배경인 학생들이 있는 다문화 사회이다. 혁신적인 교수학습 전략은 서구의 생각과 견해를 동양적 맥락으로 통합하는 것을 도왔다. 예를 들어, 영국의 임상수련 프로그램에 기반을 두고, 서구적 개념인 대상관계와 애착 이론이 지시적이고 인지적인 기법을 선호하는 지역의 의학적 맥락과 싱가포르의 방식으로 통합되는 것은 도전적인 과제였다. 영국의 미술치료 임상수련에서 기본 과정이 아님에도 불구하고, 문화적으로 민감한 방법으로 영유아 관찰과 세미나에 대한 소개를 한 것은 이러한 서구의 개념을 가르치는 데 효과적이었다. 학생들은 매주 방문해 아동을 한 시간 동안 관찰하는 임상실습 과목에 참여하고, 아동이 중요하거나 중요하지 않은 물건이나 사람과 맺는 관계를 관찰한다. 가족 내에서 아동의 역할은 그들이 문화적으로 어떤 신분을 가지고 있는지 결정하며, 이것은 매주 있는 집단 토론 세미나와 연관되고 논의될 수 있다. 이 수업 내용은 이후 미국의 수업 내용이 소개되었을 때 개정되었으나, 이 임상수련 프로그램은 영국과 미국의 이론과 임상 적용이 아시아의 맥락 안에서 풍부하게 융합되는 것으로 계속되고 있다.

타이완의 미술치료 선구자들은 미국의 기준을 적용했고, 그들이 미국에서 받는 임상실습 경험을 그들 지역의 문화적 맥락에 맞추었으나(Lu, 2006), 싱가포르에서는 서구의 프로그램 리더들이 지역의 문화·의학·임상적 맥락에 덜 익숙해(Coulter, 2006b) 영국과 미국의 이론과 실제를 적용하는 데 불이익이 있었다. 두 가지 경우 모두 지역과 해외의 지원이 있었음에도 불구하고 '대서양 연안 국가들의 분리'로 양극화된 미술치료의 기원이 유지되었고, 언급되지 않은 이야기들이 계속되고 있다.

미술치료가 효율적으로 운영되기 위해서 전문가는 반드시 아시아의 임상 실무에 풍부하고 다양한 공헌을 제공하는 동양적인 생각과 문화적인 가치를 수용할 수 있어야만 한다(Coulter, 2006b). Jung의 아시아 여행은 Jung의 이후의 저서와 이론에 큰 영향을 주었다. 예를 들어, 남성성 대 여성성, 내향성 대 외향성 같은 전체를 구성하는 반대 요소를 설명하는 Jung의 개념은 음과 양 같은 아시아의 개념(Jung, 1964: 290)과 동양 철학에 나오는 개념인 '만다라'의 치료적인 적용(Jung, 1964: 213-7)에 직접적인 기원을 가진다. 우리는 동양 문화에 대한 서구의 인식이 점점 더 존중되고 이해되며 흥미를 가지는 시대에 살고 있다. 침, 마사지, 요가, 한약 같은 아시아 의료에 대한 인식도 부상하고 있다. 미술치료 분야에서 아시아 문화는 미래 서구의 이론적 모델에 도전할 만한 풍부한 생각과 개념을 제공한다. McNiff는 "북미, 유럽, 호주에서 임상수련을 받은 미술치료사가 기본적인 개인의 감정을 억누르는 것이 당연한 한국, 중국, 일본에서 어떻게 미술치료를 운영하는가?" 같은 질문을 제기함으로써 미술치료에서의 국제적인 관점에 대한 고려를 하게 한다(McNiff, 2012: 15). Kalmanowitz, Potash와 Chan은 서구의 개인에 대한 개념에 대비하여 동양의 전체에 대한 개념을 강조한다. "동양은 전통적으로 분리가 생겨도 모든 삶의 부분은 서로 영향을 준다는 것을 우리에게 상기시키며 전체적인 건강을 중요시한다."(Kalmanowitz, Potash, & Chan, 2012: 40) 현재 영국과 미국에 자리 잡은 미술치료 '캠프'는 그들의 문화와 다른 도전적이며 대안적인 시각을 받아들이고 고려할 필요가 있다. 이 과제는 서구의 전문가에게 아시아의 관점을 받아들이라고 하는 것이 아니라 그 사회에서 동등하게 중요한 그들만의 복잡한 고대 철학과 전통을 복잡한 미술치료 이론에 적용하고 통합하는 것을 의미한다. "서구의 건강은 대개 …… 전체에 강조를 두지 않고 특정한 부분에 초점을 맞춘다. …… 교육자들은 그 나라에 있는 건강에 대한 지배적인 신념을 존중할 필요가 있다."(Potash, Bardot, & Ho, 2012: 147) 동양 사회는 존중과 통합에 가치를 두고, 그것이 중요하다고 믿는다(Kalmanowitz, Potash, & Chan, 2012).

7. 미술치료에 대한 국제적인 관점

미국과 영국의 미술치료사들은 수년 동안 가까이 만나 어울려 왔다. Gilroy와 Skaife는 "우리 자신과 미국, 서로에 대한 지식이 거의 없는 세계의 두 제국주의 나라의 네트워킹"이 중요하다고 느꼈고, "미국에서 이루어지는 미술치료의 본질이 완전히 달라서 영국의 미술치료사와 같은 전문직으로 인식할 수 없었다."(Gilroy & Skaife, 1997: 58) Rosal은 영국과 미국의 미술치료 집단 활동이 어떻게 다른지 객관적인 설명을 통해 현재의 이론적이고 실제적인 차이를 요약한다(Rosal, 2007). Hurlbut는 최근에 미술치료사들의 국제적인 네트워킹 집단 활동을 요약하고 검토했으며(Hurlbut, 2011), Potash, Bardot과 Ho는 여전히 적절한 질문들을 던진다. "국가 기관이 없거나 기준이 만들어지지 않은 나라들에게 어떤 수업 주제를 제안하는 것이 좋은가?" "협회에 의해 우리의 국경을 넘어 기준이 세워지는 것을 보고 있어야 하는가?" "어떻게 지역의 문화적인 가치와 통합할 것인가?"(Potash, 2011; Potash, Bardot, & Ho, 2012: 144)

대서양 연안 국가 양극의 미술치료사들은 이 점에 대해 바른 시각으로 기록해 왔고, 다른 진영의 '새롭고' '다른' 관점에 노출되었다(Hagood, 1993; Betensky, 1971; Woddis, 1986; Coulter, 2006a). 그러나 미술치료사 세대는 불분명한 목적의 정의에 주목하는 국제적인 입장을 유지하면서 지속적인 갈등을 겪어 왔다. 국제적인 재난이 생기면 미술치료사들은 구호 활동을 위해 그곳에 가는데, 이것은 주로 미국이 영향을 준 모델이다. 앞에서 언급된 것처럼 미국의 임상수련은 영국의 미술치료보다 좀 더 사회적이고 문화적인 강조점을 가지고, 외향적이며 시장성이 있고, 좀 더 이동이 쉽다. 지진 재난현장 옆에 임시로 만든 텐트나 산사태로 엄청난 충격을 받은 구역에서 영국의 미술치료사를 찾는 것은 쉽지 않다. 왜냐하면 영국의 미술치료는 안전한 공간, 안전한 틀을 요구하기 때문이다. 그러나 영국의 미술치료사들은 유연하지 않은 상황과 타협하는 것을 꺼리거나 그럴 능력이 없기 때문에 기회를 놓치고 있는 것일 수 있다.

많은 경우, 영국의 미술치료는 관계, 전이 문제, 무의식적 과정이 요구되는 깊이 있는 작업에 충분히 집중하는 시간을 요구한다. 미국의 미술치료는 혈기왕성하고 활동적이며, 회복력이 있다. 다른 문화적 상황에 좀 더 순조롭게 적응할 수 있는 데다가 이동성이 있고, 편리한 방법이며, 효과적이기 때문에 더 많은 사람에게 더 큰 접근성을 가진다. 반면에 영국의 미술치료는 포장하지 않고 무의식적 과정에 초점을 가지므로 자연적으로 덜 유연하다. 두 '캠프'는 서로에게 배울 점이 있다(Hagood, 1993; Rosal, 2007; Coulter, 2006a).

영국이나 미국의 '캠프'가 아닌 지역에 사는 미술치료사들은 더 큰 국제적인 담론에 대한 동기가 있다. "최근에 수용 가능한 기준은 서구에서 온 것이고, …… 미술치료가 국경을 넘어 구체화되는 것에 따라 …… 교육자들은 재고할 필요가 있을 것이다."(Potash, Bardot, & Ho, 2012: 149) 미국의 교수들은 학생의 미술치료 인턴십과 임상수련 후 프로젝트가 해외에서 진행되는 것을 추구한다. 그러나 영국의 미술치료는 HPC의 임상수련 규정을 따르는 데 그다지 유연하지 않다. 만약 공인된 자격, 임상수련, 임상실습 기준에 대한 더 넓은 국제적인 기준이 결정될 수 있다면 미술치료에 큰 유익이 있을 것이다.

8. 국제 공인

현재는 미술치료 자격을 승인하기 위한 국제적인 메커니즘이 없는 상황이다. 공인 전문가 자격을 위해서는 미술치료 전문가로 일하고 있다는 것을 임상적으로 증명해야 한다. 그러나 모든 나라가 미술치료를 공인하는 것도 아니고, '미술치료사'라는 위치나 임상 자격 과정이 마련되어 있지도 않은 상황이다. 미술치료사가 임상 자격을 받기 위해서는 임상수련을 받은 곳이 어디인지에 따라 슈퍼비전 시간을 좀 더 요구할 수 있다. 어떤 나라들은 승인된 임상수련 프로그램을 통해 법정 자격증을 제공한다. 호주와 뉴질랜드의 ANZATA, 영국의 HPC, 미국의 ATCB가 그렇다. 영국의 자격증은 주 정부가 인정하는 임상수련 프로그램을 마치면 자동적으로 받을 수 있다. 그러나 이 자격증은 미술치료사가 영국에 있을 때에만 유효하다. 영국에서 임상수련을 받은 미술치료사가 영국이 아닌 곳에 거주한다면, 그들의 자격증은 더 이상 유효하지 않다. 그들은 "…… HPC에 등록되어 있지 않고, 그러므로 [그들에게] 해당하는 회원의 범주는 Associate International(국제 준회원)이다."(Huet, 2010) 그들 자신을 '공인 미술치료사'라고 설명하기 위해서 해외에 있는 학생들은 미술치료 임상수련을 끝낸 후 고국으로 돌아가거나 해외로 이민을 가거나 직업적으로 고립된 다른 나라로 옮긴 후에도 임상 자격이 유효한 상태로 남아 있도록 할 필요가 있다. 현재 미국의 임상수련은 이러한 상황에 좀 더 유연성을 제공하지만 ATR 등록은 자동적이지 않다. AATA에서 승인된 프로그램을 통해 임상수련을 받은 후, 1,000시간의 임상실습 시간이 요구된다(대개 100시간의 임상 슈퍼비전이 요구된다. 슈퍼비전 시간 전체의 반이나 50시간은 미국 공인 미술치료사의 슈퍼비전이 필요하다).

미술치료사가 어디로 이동했는지에 따라 다양한 변화가 있으나 자격증은 면밀하게 조사되며, 새로운 나라에 동등한 자격 기준이 존재하지 않을 수도 있다. 자격 과정이 그곳에 있다고 하더라도 해외 미술치료 자격이 그 나라에서 즉시 인정되지 않을 수도 있다. 차이를 받아들이고 현재의 다양성을 인정하는 미술치료 국제 공인/자격은 미술치료사가 자격증이 유효하지 않은 상황에 놓일 위험 없이 다른 나라로 이주해서 일할 수 있다는 것을 의미한다.

이러한 체계는 문화를 넘나드는 연구와 국제적인 프로젝트의 경쟁적이지 않은 협력, 교류를 위한 더 큰 기회를 제공한다. 예를 들어, 영국과 미국의 공인 치료사들은 호주에서 자동적으로 공인된 자격을 가질 수 있다. 호주는 해외에서 임상수련을 받은 전문가들이 이주하는 것을 수용한다. 비교적 최근인 2011년 워싱턴 DC에서 열린 미술치료 교육자 연합 회의에서 ATCB는 국제적인 자격체계에 대해 고려하고 있다고 발표했다. 문화적으로 고립되어 있는 미술치료사는 이 결정을 환영할 것으로 예상된다. 지리적인 장벽이 무너지면서 전문가에 대한 국제적인 시각은 향상되며, 문화적 다양성에 대한 더 큰 인식과 다름에 대한 더 나은 이해가 미래 직업의 성장을 풍부하게 하고 통합하기 시작한다.

영국과 미국 밖에서 다양한 아이디어의 상호 교류가 증가하고 있다(Coulter-Smith & Rosal, 1985; Gilroy & Hanna, 1998; Sedgewick, 1991; Jones, 1991; Hagood, 1993; Lu, 2006; Coulter, 2006b; Kalmanowitz, Potash, & Chan, 2012). 영국과 미국의 미술치료 문헌에서 차이를 받아들이는 것과 생각을 교환하는 것이 증가하고 이에 대한 관심이 커져 가고 있다. 미국과 영국의 저자들은 서로의 관점에 노출되어 왔고, 최근의 발달은 협력적인 미술치료 자료의 증가를 가져왔다(Rubin, 2001; Malchiodi, 2003; Hogan, 2003). 국제적으로 세계적 대화, 상호 간 동의, 국제적인 관점을 고려할 필요가 있다(Coulter-Smith, 1989b; Hagood, 1994; Rosal, 2007; Potash, 2011; Hurlbut, 2011).

좀 더 상호적인 대화가 일어나기 시작하고 있다(Spring, 2007; Burt, 2011; Gilroy, Tipple, & Brown, 2012; Potash, Bardot, & Ho, 2012). 외향적이고 유연함에서 나오는 개방성을 가진 미국의 미술치료사들은 '대서양 연안 국가들'과의 교류를 시작하고 지지하고 싶어 한다. 1999년에 영국미술치료사협회는 그들의 저널을 『미술치료 국제 저널』이라고 새롭게 명명했는데, 이는 더 넓은 국제적 대화의 필요에 대한 인식을 전달한다.

국제적인 토론이 가상 공간 혁명을 통해 점점 더 생겨나고 있다. 국제적으로 계몽된 미술치료사들은 국제적인 연결을 만들고, 슈퍼비전 지원체계를 설치하며, 국경 없는 미술치료(Art Therapy Without Borders), Linkedin, Facebook과 같은 인터넷 연합과 토론 포럼을 통해 문제에 관해 논의한다. 이러한 계획들을 통해 서로 전혀 다른 개념들의 통합이 발생하기 시작할 수 있다. 가능성은 확대되고 특화된 영역에서조차 혁신적이다. "세계를 돌면서 미술치료 프로그램을 통해 배우고, 새로운 프로그램을 만드는 것이 얼마나 도전적인지 이해하고 전문성을 개발하면서 우리는 전반적인 미술치료 교육의 질을 향상시킬 수 있으며, 이것은 궁극적으로 모든 나라의 전문가와 내담자에게 이익이 된다."(Potash, Bardot, & Ho, 2012)

9. 결론

대서양 연안 국가 양극은 우리의 미술치료의 기원으로 밝혀져 왔다. 그러나 국제 미술치료 커뮤니티가 우리 직업의 미래를 결정할 것이다. 국제적인 미술치료 관점은 지속적인 유연성, 광범위한 모델에 경의를 표하며, 개방적으로 받아들이는 능력, 특히 문화적으로 민감하지 않은 환원주의적인 해석을 피하기 위해 계속 증가하고 있는 다문화적 인식에 민감할 것을 요구한다.

미국과 영국의 미술치료 '캠프' 사이에 늘어난 대화를 통해 '차이'가 좁혀지고 있음에도 불구하고, 미술치료 가족(the family of art therapy)은 명백하게 다소 역기능적인 상태로 남아 있다. 미술치료에 있어서 '아동'이나 '청소년'기에 있는 다른 나라들은 미술치료의 '부모 나라'로부터 시작되는 회복과 화해를 기다린다. 그러나 이것은 아마도 비현실적이고 비합리적인 기대일 것이다. 비록 영국과 미국이 미술치료의 '부모 나라'로 관련되어 있다 할지라도 확장된 지식에 대한 레퍼토리의 통합과 다른 곳에 뿌리를 둔 '캠프'의 상호 존중은 미심쩍은 부분이 있다. "대서양 연안 국가들의 대화"에 대한 Hagood의

비전은 영감을 주지만 현실적인가? 이제 영국과 미국이 아닌 다른 나라들이 담론을 시작하고 좀 더 통일된 국제 미술치료 커뮤니티를 만들 때가 되었다. 어느 한쪽의 미술치료 '캠프'에 대한 지지가 이론과 실제에서 영구적인 분열을 만들 것이다.

학문적 기원은 유지, 강화가 목적인 안전한 기반을 제공한다. 그러나 미술치료사가 고립된 상황에서 일하고 전문적인 지원에서 멀리 떨어져 있는 상황과 마주하는 것은 도전적이며, 미술치료를 21세기로 되돌릴 것이다. 미술치료의 국제적 커뮤니티는 서로의 차이점을 존중하고 인정하며, 문화적 다양성에 부응하고, 좀 더 국제적으로 통합된 직업의 미래를 위한 가능성을 만드는 것을 비전으로 하며, 이것이 우리의 목표이다.

참고문헌

Alfonso, G. A., & Byers, J. G. (2012). Art therapy and disaster relief in the Philippines. In D. Kalmanowitz, J. S. Potash, & S. M. Chan (Eds.), *Art Therapy in Asia: To the Bone or Wrapped in Silk* (pp. 269-82). London: Jessica Kingsley Publishers.

American Psychiatric Association. (2013). *Diagnostic and Statistical Manual of Mental Disorders (DSM-5)*. Arlington, VA: American Psychiatric Association.

Betensky, M. (1971). Impressions of art therapy in Britain: A diary. *American Journal of Art Therapy*, *10*(2), 75-86.

Betts, D. (2012). Positive art therapy assessment: Looking towards positive psychology for new directions in the art therapy evaluation process. In G. Gilroy, R. Tipple, & C. Brown (Eds.), *Assessment in Art Therapy* (pp. 203-18). London: Routledge.

Bovornkitti, L., & Garcia, B. J. (2006). An introductory course on art therapy. *Programme and Abstracts Book* (pp. 17-21 March). Bangkok, Thailand:

Silpakorn University.

Burt, H. (Ed.) (2011). *Art Therapy and Postmodernism: Creative Healing Through a Prism*. London: Jessica Kingsley Publishers.

Calomeris, S., Hogan, S., & Coulter, A. (1992). Recommended guidelines for australian art therapy training standards. Australian National Art Therapy Association(ANATA).

Campanelli, M., & Kaplan, F. F. (1996). Art therapy in Oz: Report from Australia. *The Arts in Psychotherapy*, *23*(1), 61-7.

Coulter, A. (1999). History and current training models for art therapists in Australia. Unpublished keynote address, 6th International Annual Conference of Art Therapy, Korean Art Therapy Association, 28-31 October.

Coulter, A. (2006a). Art therapy in Australia: The extended family. *Australian and New Zealand Journal of Art Therapy*, *1*(1), 8-18.

Coulter, A. (2006b). Art therapy education: No more lip-service to cultural diversity! Panel presentation, International Networking Group of Art Therapists: Education Development, Current Practice and Research, American Art Therapy Association Conference, 16 November.

Coulter-Smith, A. (1983). Report from the antipodes. *BAAT Newsletter* December, 10-1.

Coulter-Smith, A. (1989a). Art therapy in Australia. Unpublished paper, panel presentation for the 20th Annual Conference of the American Art Therapy Association, San Francisco, USA, 18 November.

Coulter-Smith, A. (1989b). The extended family: An international art therapy development. Unpublished proposal for the 20th Annual Conference of the American Art Therapy Association, San Francisco, USA, January.

Coulter-Smith, A., & Cowie, J. (1988). Core-curriculum: Masters of arts in expressive therapy-art therapy. Brisbane College of Advanced Education, 13th October.

Coulter-Smith, A., & Rosal, M. (1985). Introductory art therapy. Network for Exploring Creativity in Therapy Through the Arts (NECTA Queensland) newsletter, January, 2, 4.

Coulter-Smith, A., & Stoll, B. (1989). International Networking Newsletter. Conference handout, International Networking Group of Art Therapists, launched at the 20th Annual Conference of the American Art Therapy Association, San Francisco, USA.

Edwards, D. (2004). *Art Therapy*. London: Sage Publications.

Gilroy, A. (1998). On being a temporary migrant to Australia: Reflections on art therapy education and practice. In D. Dokter (Ed.), *Arts Therapists, Refugees and Migrants: Reaching Across Borders* (pp. 262-77). London: Jessica Kingsley Publishers.

Gilroy, A., & Hanna, M. (1998). Conflict and culture in art therapy. In A. R. Hiscox & A. C. Calisch (Eds.), *Tapestry of Cultural Issues in Art Therapy* (pp. 249-75). London: Jessica Kingsley Publishers.

Gilroy, A., & Skaife, S. (1997). Taking the pulse of American art therapy: A report on the 27th Annual Conference of the American Art Therapy Association, November 13th-17th, 1996, Philadelphia. *Inscape*, *2*(2), 57-64.

Gilroy, A., Tipple, R., & Brown, C. (Eds.) (2012). *Assessment in Art Therapy*. London: Routledge.

Hagood, M. M. (1990). Reflections: Art therapy research in England-impressions of an American art therapist. *The Arts in Psychotherapy*, *17*(1), 75-9.

Hagood, M. M. (1993). Letter to the editor. *The Arts in Psychotherapy*, *20*(4), 279-81.

Hagood, M. M. (1994). Letters. *Inscape*, *4*, 56.

Harvey, D. (1991). Report from W.A. *Newsletter of the Australian National Art Therapy Association*, *3*(2), 5-6.

Hill, A. (1945). *Art Versus Illness*. London: Allen and Unwin.

Hogan, S. (1989a). Doing it metaphorically. *Art Monthly*, *26*, 28.

Hogan, S. (1989b). Letters: Art therapy in Australia. *Inscape,* Spring, 24.

Hogan, S. (2001). *Healing arts: The history of art therapy*. London: Jessica Kingsley Publishers.

Hogan, S. (Ed.) (2003). *Gender Issues in Art Therapy*. London: Routledge.

Huet, V. (2010). Email with CEO Re: BAAT membership, November.

Hurlbut, G. (2011). Going global: A profile of international art therapy trends in 2010. Presented at the 44th Annual Conference of the American Art Therapy Association, Washington DC, July.

Jones, M. (1991). New Zealand: International reports. *Newsletter of the International Networking Group of Art Therapists(INGAT)*, *1*(1), 7-8.

Jung, C. G. (1964). *Man and His Symbols*. London: Aldus Books.

Kalmanowitz, D., Potash, J. S., & Chan, S. M. (Eds.) (2012). *Art Therapy in Asia: To the Bone or Wrapped in Silk*. London: Jessica Kingsley Publishers.

Levick, M. F. (1989). On the road to educating the creative arts therapist. *The Arts in Psychotherapy*, *16*(1), 57-60.

Lu, L. (2006). Introduction to graduate program of art therapy in Taipei Municipal University of Education, Taiwan. Panel presentation: International Networking Group of Art Therapists: Education Development, Current Practice and Research, American Art Therapy Association Conference, 16 November.

Malchiodi, C. A. (Ed.) (2003). *Handbook of Art Therapy*. New York: Guilford Press.

Malchiodi, C. A. (2006). Keynote address. The Use of Holistic Arts Therapies Symposium: Art in Hospitals, Hong Kong.

McNiff, S. (2012). Foreword. In D. Kalmanowitz, J. S. Potash, & S. M. Chan (Eds.), *Art Therapy in Asia: To the Bone or Wrapped in Silk* (pp. 13-20). London: Jessica Kingsley Publishers.

Naumburg, M. (1958). Art therapy: Its scope and function. In E. F. Hammer (Ed.), *The Clinical Application of Projective Drawings* (pp. 511-7). Springfield, IL: C.C. Thomas.

Nowell-Hall, P. (1987). Art therapy: A way of healing the split. In T. Dalley, C. Case, J. Schaverien, F. Weir, D. Halliday, P. Nowell-Hall, & D. Waller (Eds.), *Images of Art Therapy: New Developments in Theory and Practice* (pp. 157-87). London: Tavistock Publications.

Park, K., & Hong, E. (2010). A study on the perception of art therapy among mental health professionals in Korea. *The Arts in Psychotherapy*, *37*(4), 335-9.

Potash, J. S. (2011). Building a sustainable art therapy program in Hong Kong. Presented at the 44th Annual Conference of the American Art Therapy Association, Washington DC, July.

Potash, J. S., Bardot, H., & Ho, R. T. H. (2012). Conceptualizing international art therapy education standards. *The Arts in Psychotherapy*, *39*, 143-50.

Rosal, M. L. (1985). The use of art therapy to modify the locus of control and adaptive behavior of behavior disordered students. Unpublished doctoral dissertation, University of Queensland, Brisbane.

Rosal, M. (2007). A comparative analysis of British and US group art therapy styles. In D. Spring (Ed.), *Art in Treatment: Transatlantic Dialogue* (pp. 35-51). Springfield, IL: C.C. Thomas.

Rubin, J. A. (2001). *Approaches to Art Therapy: Theory and Technique* (2nd ed.). New York: Brunner/Routledge.

Rubin, J. A. (2004). *Art Therapy Has Many Faces*. A Video and DVD. Pittsburgh, PA: Expressive Media, Inc.

Sedgewick, C. (1991). Letters to the editor. *Newsletter of the Australian National Art Therapy Association*, *3*(1), 2-3.

Slater, N. (1999). Keynote address (unpublished). Tenth Annual Conference of the Australian National Art Therapy Association, Coming Full Circle: An Unfolding Journey, Brisbane, Queensland, Australia.

Spring, D. (Ed.) (2007). *Art in Treatment: Transatlantic Dialogue*. Springfield, IL: C.C. Thomas.

St Thomas, B., & Johnson, P. (2007). *Empowering Children Through Art Expression: Culturally Sensitivc Ways of Healing Trauma and Grief*. London: Jessica Kingsley Publishers.

Wadeson, H. (2002). Confronting polarization in art therapy. *Art Therapy: Journal of the American Art Therapy Association*, *19*(2), 77-84.

Waller, D. (1993). *Group Interactive Art Therapy: Its Use in Training and Treatment*. London: Routledge.

Westwood, J. (2012). Hybrid creatures: Mapping the emerging shape of art therapy education in australia, including reflections on New Zealand and Singapore. *Australian and New Zealand Journal of Arts Therapy*, 7(1), 15–25.

Woddis, J. (1986). Reflections: Judging by appearances. *The Arts in Psychotherapy*, *13*(2), 147–9.

제**18**장

미술치료 핵심 용어사전

Susan Hogan

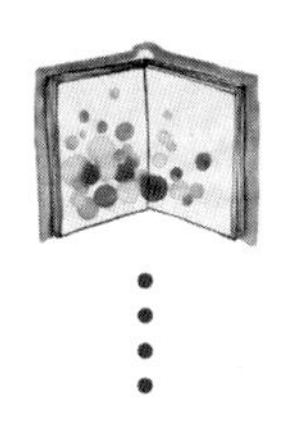

amplification 확장 이것은 Carl G. Jung으로부터 유래된 기법으로 그림의 상징적인 내용이나 분위기에 창의적인 요소를 추가하는 방법이다. 예를 들어, 치료사가 (바다 위에 있는 보트 그림을 보면서) 보트 안에서 기분이 어떤지, 보트가 어디로 가는지 혹은 보트가 목소리를 가지고 있는지를 물어볼 수 있다. 원래 이 용어는 꿈의 상징성에 대해 언급하는 데 사용되었다.

> 확장은 자유연상과 비교해서 좀 더 좁은 의미로 정의되고 좀 더 조절되고 질문을 통해 상징을 확대하며 유사점들을 찾으려는 시도에 초점이 맞춰진 연상 방법이다.
>
> (Laine, 2011: 129)

예를 들어, 영국의 초기 미술치료 개척자인 Irene Champernowne은 "종이 위에 계속되는 꿈을 꾸는 것"(Hogan, 2001: 240)에 대해 이야기하고, 내담자의 작품에 "언어적으로 개입하는 것"에 대해 변론했다. 그녀는 "그 순간에 [같은 분위기] 그 주제에서 내용을 받아들이는 것은 가능하다. 그리고 사용된 상징의 지식적인 해석보다는 경험적인 관점에서 토론하는 것이 가능하다."라고 기술했다(1949; Hogan, 2001: 271에서 재인용). 이것은 이끌어 내는 기법으로 유용하다.

analogy 유추 이것은 "서로의 동의, 유사성 또는 반응, 비교를 기반으로 한 특정한 상황에서 부분적으로 비슷한 점"(Macquarie Dictionary, 1981: 103)이다. 예를 들어, 심장과 피스톤 펌프 사이의 유추이다. 이것은 "어떤 특징 중에서 비슷하거나 아주 유사한 좀 더 익숙한 아이디어를 가지고 표현한 아이디어의 실례이다. 그러므로 이것을 유사하다고 말한다. 유추는 자주 확장된 직유법의 형태로 나타난다."(Baldick, 2001: 12)

biological determinism 생물학적 결정론 이것은 공유된 행동 규범과 집단(우선적으로 인종, 계층, 성별) 사이에 있는 사회적이고 경제적인 차이가 선천적으로 구분되어 물려받는다는 생각이다. 특정한 형태의 사회적 관계가 존재하고 진화 이론이 그것을 정당화하는 데 사용되었다(그리고 사용되고 있다). 19세기에 진화 이론의 적용은 단순하게 비유의 문제였다. 여성, 범죄자, 아동, 거지, 아일랜드인, 정신병자는 비슷하다고 추정되어 동일시되었다. 그들은 모두 사회적인 힘이 부족했고, '원시적'이거나 '야만적'이라고 비유되었다. 생물학적 결정론은 시간이 지남에 따라 행태를 변화시켜 왔다. 그러나 아직까지 정신과적 담론에서 눈에 띄고, 특히 성별 '규범'에 관한 것에서는 더 그렇다.

countertransference 역전이 ('투사'를 먼저 읽어 보자.) 내담자를 향한 치료사의 투사는 치료를 왜곡할 가능성이 있다. 이 용어는 또한 "내담자의 행동 중 특정한 부분에 대한 분석가의 반응을 포함하는, 환자를 향한 분석가의 감정적인 태도"를 뜻하는 데도 사용되었다(치료사가 내담자에 대해 이해하는 것을 돕는 치료적으로 유용한 반영일 수 있다; Rycroft, 1968: 25).

discourse 담론 토론이나 언어로 생각의 상호작용을 표현하는 것을 의미하는 이 용어는 문화 이론에서 특정한 의미를 가진다. 이것은 두서없는 관행에 대한 Foucault의 생각으로 매우 조직화되고 규정된 일련의 관행과 발언이 정의를 만들어 내는 것이며, '광기(madness)'나 '여성다움(femininity)'이 그 예이다. 이것은 역사를 가지고 있고, 관련성과 차이점 둘 다를 규명하는 다른 담론들과 구별되는 일련의 규칙을 가지고 있다. 다른 말로 하면, 이 용어는 어떤 일관성 있는 진술을 보여 주기 위해 사용되어 왔고, 관심의 대상을 정의하는 것과 분석을 위한 개념을 형성하는 것으로 현실에 대해 스스로 확신하는 설명을 만들어 낸다(예: 의학적 담론, 법적 담론, 미학적 담론). "만들어진 진술에서 특정한 담론은 생각들 사이에서 일련의 연결을 만들어 낼 것이고, 사람들이 강조하려는 특정한 추측을 포함하게 될 것이다."(Baldick, 2001: 68-9)

문학 이론가인 Catherine Belsey는 '담론'을 다음과 같이 정의했다.

> **담론**은 언어 사용의 영역이고, 말하는(그리고 쓰고 생각하는) 특정한 방식이다. 담론은 공유된 추측을 포함하는데, 이것은 특정하게 나타나는 공식화된 표현이다. 상식에 대한 담론은 구별된다. 예를 들어, 현대 물리학에 대한 담론에서 공식화된 표현은 다른 공식화된 표현과 갈등을 일으킬 소지가 있다. 담론에서 **보이는** 이념은 문자 그대로 **그 안에서** 쓰이거나 말하게 된다는 의미이다. 이것은 '생각'이라는 막연한 영역에서 독립적으로 존재하는 분리되는 요소가 아니다. 그 뒤에 언어로 상징되지만 생각하고 말하고 경험하는 방식이다.
>
> (Belsey, 1980: 5; 오리지널 강조)

우리는 이 정의에서 '담론'이 경험하는 방법으로 상징되어 있는 것을 볼 수 있고, 특정한 '언어 사용(생각하고 말하고 경험하는)의 영역'으로서 패러다임과 유사하며, 이론가인 Gee가 묘사한 "사용하는 언어"의 개념이다(1999: 7).

displacement 전치 이것은 "예를 들어, 꿈에서 하나의 이미지가 다른 것을 상징할 수 있는 것처럼 …… 카텍시스(cathexis)가 하나의 정신적인 이미지로부터 다른 것으로 옮겨지는 과정"을 묘사하기 위해 사용되는 정신분석적 아이디어이다(Rycroft, 1968: 35).

embodied image 상징하는 이미지 강한 감정을 동반하는 이미지는 상징적이다. 미술은 구체적인 방식으로 다른 사람의 감정에 영향을 미칠 수 있거나 최소한 구체적인 방식으로 나타난다. 작가인 Tolstoy는 이에 대해 다음과 같이 기록했다.

> 미술은 이것을 지속하게 해 주는 인간 활동이다. 한 사람이 의식적으로 외부적 신호에 의해서 그가 살면서 경험한 다른 감정들을 넘겨주고, 다른 사람들이 **그 감정들에 영향을 받고 그것을 경험한다.**
>
> (Harris, 1996: 2에서 재인용; 나의 강조)

Joy Schaverien은 "표현의 어떤 방법도 그것을 대체할 수는 없다."라고 제안했고, "창조의 과정에서 감정은 현재에 '살아 있는' 것이 된다."라고 말했다(2011: 80). 제8장에서 나는 우리가 다른 사람들의 감정을 어떻게 느끼는지에 대해 논의했다. 우리는 가끔 그 감정에 휩싸일 수도 있다. 그러나 그림을 그린 사람이 의도한 의미가 특권적인 위치를 고수해야 할 필요는 없다. 그래서 미술치료사들은 항상 자신이 의도된 것을 경험하고 있는지에 대해 신중해야 하고, 작품을 창조한 사람으로부터 명확한 설명을 들어야 한다. 왜냐하면 우리 자신의 경험과 '습관'을 통해(우리의 상징적인 방식으로) 미술 작품을 바라보기 때문이다. 일반적으로 미술 작품은 본질적으로 여러 의미와 해석에 대해 열려 있다. 내용 역시 마찬가지라 우리가 미술 작품을 어떻게 보는지가 중요하다(Hogan, 1997).

empathy 공감 "이것은 타인의 감정이나 어려움이 무엇인지 파악하고 그것을 이해하는 능력이다."(Wood, 2011: 81) 미술치료사들은 회기에서 만들어진 미술 작품에 대해 공감적으로 반응하기를 바란다.

feminist 페미니스트 이것은 많은 비판을 받았으며, 잘못 사용되고 있는 용어이다. 페미니즘은 여성의 사회적이고 정치적인 다른 권리들이 남성의 권리와 동등하다는 것을 주장하는 원칙이다. 페미니즘은 필연적으로 평등에 관한 질문에 관심을 가진다(Hogan, 2011). 학술지에서 페미니즘은 사회적인 관계에서 성의 역할을 검토하기 위한 분석 방법과 관련이 있다. 이 분석 방법은 성(또는 작가가 'gender'라는 용어를 사용할 수도 있다)의 구조를 역사적이고 지리적인 관점에서 보고, 변경되기 쉬운 것으로 본다. 페미니스트 미술치료라는 용어에서 볼 수 있듯이, 우선적으로 여성의 문제와 여성을 혐오하는 남성에 대한 담론(특히 여성이 물려받은 타고난 '불안정성'에 대한 부정적인 정신의학적 담론들) 관련 인식을 강화한다. 가끔 지시적인 미술치료를 사용해서 구성원들이 그들의 성과 성적 성향에 관해 반영할 수 있는 활동을 소개하는 것이 가능하다. 예를 들어, 나는 워크숍에서 남성과 여성에게 어디서든(신문, 미술책, 잡지 등) 두 가지 이미지를 가져오라고 제안한다. 만약 그들이 남성이면 남성의 이미지, 여성이면 여성의 이미지, 게이나 레즈비언, 성전환자의 경우에는 그들이 선택한 이미지에서 스스로를 어떻게 반영하는지 알 수도 있다. 나는 그들에게 하나는 그들이 좋아하는 이미지, 다른 하나는 그들이 불편함을 느끼는 이미지를 가져오라고 부탁한다. 이 이미지들은 회기의 기반을 형성하고, 어떻게 여성과 '게이' 및 남성이 표현되고 구성원들이 일상에서 우리를 둘러싼 이미지들에 대해 어떻게 느끼는지를 탐색할 수 있는 기회를 준다.

> 어떤 미술치료사들은 임신과 출산(Hogan, 2003, 2008, 2012a), 유방암이나 강간 같은 트라우마(Malchiodi, 1997)나 노화에 대한 경험(Hogan & Warren, 2012) 같은 그들만의 독특한 경험을 탐색하도록 하기 위해 여성으로만 구성된 집단 작업을 한다. 그러나 페미니스트 의식을 유지하는 것은 일반적으로 상담 과정의 중요한 측면이고, 훈련의 초기 부분에서 형성되어야 한다.
>
> (Hogan, 2011b: 87)

group resonance 집단 공명　구성원들은 비슷한 그림 방식이나 특정한 상징, 모티프에 적응하면서 서로에게 공감할 수 있다. 이 과정은 매우 무의식적으로 일어날 수 있어서 Gerry McNeilly와 다른 사람들은 이것을 '집단 공명'이라고 불렀다(1984, 2005). 이것은(물리학에서 차용되어 비유적으로 사용된다) 이미지가 외견상으로 서로에게 영향을 미치는 방식을 묘사하는 것으로 '공명'하거나 서로에게 반향을 불러일으키는 것이다. 특정한 주제가 미술 작품에서 나타날 수 있고, 그것이 계속해서 반복적으로 나타나고 재작업될 수 있다. 이 과정은 몇 주 혹은 몇 달 동안 지속될 수 있다. Richardson은 "공명은 마치 합창단에서 개개인의 목소리가 합쳐져 복잡한 코드를 만들어 내는 순간과 비슷하고, 집단을 부분의 합보다 더 크게 만든다."라고 설명한다(2011: 202).

hegemony 헤게모니　이것은 정치적인 중요성을 의미하는 것으로 사용되어 왔다. 문화 이론에 Gramsci의 연구로부터 '상식적인' 의미로서 여겨져 사용되거나 아무 의심 없이 받아들여지는 가정을 언급한다. 이것은 또한 지배적인 이념을 지칭하는 데 사용된다. Douglas가 언급한 취향의 개념에 대한 예를 보면 다음과 같다.

> 취향은 항상 특정한 지역사회에서 **헤게모니의 투쟁**과 연결되어 있다. …… 비록 좋은 취향이 보편적 원리에 기초하고 있다고 주장하지만 항상 비판의 여지가

> 있다. 기존 취향에 대한 도전은 이전에 확립된 기준을 전복시키려는 사람들로부터 나온다.
>
> (Douglas, 1994: 29; 나의 강조)

이것은 많은 경우 헤게모니가 하나의 매우 중요한 헤게모니를 제시하는 것보다 여러 다른 '커뮤니티'의 흥미와 연결되어 있다는 것을 알려 준다.

icon 아이콘 기호학에 의하면, 아이콘은 기표와 기의 사이에서 실제로 닮은 점을 포함한다. 예를 들어, 초상화는 임의적인 관례보다는 그 사람을 비슷하게 묘사한 것을 의미한다(Culler, 1981). 그러나 닮은 것은 유사할 수 있다.

iconography 도해 이것은 "그림이나 조각적인 표현과 관련 있는 지식의 분야" 또는 "상징적인 표현"(Macquarie Dictionary, 1981: 865)이다.

ideology 이데올로기, 이념 Hadjinicolaou는 이념에 대해 이렇게 썼다.

> 이념의 주 기능은 …… 사람들의 시각을 형성하고 그들의 삶의 경험을 바라보는 관점에 대한 환상의 체계를 가공함으로써 삶의 모순을 숨기는 것이다. …… 이 체계는 …… 특정한 사회의 신화, 취향, 스타일, 패션, '전체적인 삶의 방식'까지 확장된다.
>
> (1978: 10)

이 예에서 이념은 허위의식(false consciousness) 및 사람의 경험과 활동에 조건을 부여하는 데 있어 의식이 부족함을 나타낸다. 이 용어는 또한 '자본주의 사상' 같은 특정한 사회 집단을 아이디어체계로 적절하게 묘사하기 위해 사용되어 왔다(Williams, 1983: 157).

introjection 내사 전이에 대한 아이디어에서 부분적으로 형성된 정신분석적 개념(그러므로 그것에 포함됨)이다.

> 외부 객체의 기능이 정신적 표상에 의해 지배되는 과정을 묘사한다. '외부에 있는' 객체가 '내면에 있는' 상상의 객체로 대체되는 관계이다. 결과로 초래된 정신 구조는 **내사, 내사된 대상, 내부 대상**으로 다양하게 불린다.
>
> (Rycroft, 1968: 77; 오리지널 강조)

metaphor 비유 이것은 "적절하게 적용되지 않는 어떤 대상을 이름이나 묘사적인 용어로 바꾸는 비유적 표현"(Shorter Oxford English Dictionary, 1973: 1315) 또는 "~와 비슷한 또는 ~처럼 같은 단어 없이 다른 것과 비교하는 것"(dictionary.com)이다. Henzell은 비유는 실질적인 힘을 가지고 있어 단순한 진실이나 유추(analogy)보다 더 관계가 있을 수밖에 없다고 주장한다. "비유에서 드러난 비교는 반드시 기존의 인식을 변화시켜야 하고, 그로 인해 새로운 틀을 형성한다."(Henzell, 1984: 23) 그는 비유를 "다른 것에 관하여 연관된 사실, 연관성, 역사, 배치이다. 이것은 다른 것들에 대한 적어도 두 개의 개념이 하나의 상징으로 연결되고, 그 상호작용에 의해 성립된다."라고 정의한다(Henzell, 1984: 22). 단순한 예로 관용구를 들 수 있는데, 솔직함을 나타내는 표현으로 '가진 패를 탁자 위에 내놓는다.'라는 말이 있다. 비유는 문학에서뿐만 아니라 미술치료에서도 아주 분명하고 유창하게 사용된다. "그 길은 달빛의 리본이었다."(dictionary.com)는 문학적인 예이다. 미술치료에서 아이디어의 새로운 조합을 만들기 위해서는 비유가 사용되는 것이 중요하다. 여러 비유가 다양한 의미를 만들기 위해 서로 연결될 수 있다.

motif 모티프 이것은 "되풀이되어 나타나는 주제나 테마 …… 디자인에서 구별되는 모양"(Macquarie Dictionary, 1981: 1118)이다.

paratatic distortion 병렬왜곡 이 개념은 Harry Stack Sullivan의 활동에서 나왔는데, 우리가 다른 것에 대해 가지고 있는 개념을 왜곡하는 경향을 언급한다. 이 왜곡은 다른 사람과 연관된 것의 결과로 "타인의 진짜 특성에 기반을 둔 것이 아니라 전반적으로 혹은 주로 우리의 환상에서 보는 것을 기반으로 한다."(Molnos, 1998) 병렬왜곡은 이전에 경험했던 것과 연관되어 반응을 어떻게 형성할 것인지에 대한 개인적인 성향의 결과이다. 이것은 불안에 대한 방어로 사용되기도 한다. 이것보다는 '전이'가 더 큰 개념이다. '아비투스(habitus)'를 참조하기 바란다.

projection 투사 이것은 문자 그대로 '자기 자신 앞에 던지는 것'이다. 그러므로 정신의학과의 정신분석에서 '정신적 이미지를 객관적인 현실로 보는 것'을 의미한다. 정신분석 이론에서는 두 개의 더 깊은 의미가 있다. 첫째, "꿈과 환상에서 사건이 일어났다고 생각하는 정신 활동의 일반적인 오해"이다. 둘째, "외부에 있는 객체에 자기 자신의 소원이나 충동 혹은 자신의 다른 측면이 다른 곳에 존재한다고 상상하는 것"이다(Rycroft, 1968: 125). 투사는 자주 반전과 연결되는데, 부정된 감정이나 소원이 다른 사람의 것이라고 주장한다.

reification 구체화 이것은 추상적인 개념을 개체로 전환하려는 경향이다. 이 경향은 복잡하고 다양한 면을 가진 인간에게 있는 능력이다. 이러한 지적인 능력의 '개념'은 이후에 구체화된다. 인간 상호작용에 대한 지적인 아이디어들이 건물을 설계하는 것으로 '구체화'될 수 있다. 예를 들어, 독서대가 설치되어 있는 계단식 강의실은 지식의 전달이라는 가정을 분명히 보여 주는 물리적인 설계이다.

representation 묘사 문화 이론에서 이미지와 글은 단순히 현실을 반영하는 '거울'로서 보지 않는다. 오히려 묘사는 우리의 경험에 영향을 미치는 관행과 형식을 설명하는 관례 및 규칙이라고 볼 수 있다.

resonance 공명 (집단 공명 참조)

scapegoat transference 희생양 전이 (전이 참조) Joy Schaverian은 전이의 개념을 "정신역동 이론의 중심축으로 속성과 상태에 대한 마법 같은 이동성에 대한 개념"이라고 묘사한다. Schaverien은 성경적인 희생양이 '의식화된 전이'—죄를 뒤집어쓴 한 염소가 부적이 되는 것(1987: 74-5)—를 묘사하는 것으로 보일 수 있다고 주장한다. 그 염소가 죽임을 당할 때 그의 죄는 용서받는다. 비슷한 과정이 미술치료에서도 발생한다. 한 대상에 의미를 부여하면 속성과 상태에 대한 전이가 일어나 그 대상은 부적이 된다. 이처럼 한 대상이 부적이 되는 경험을 하게 되면 그것과 관련된 해결 방법이 분명해지고, '처리' 하는 행동이 나타날 수 있다(1987: 75).

Schaverien은 '희생양'은 집단에서 일어날 수 있다고 지적한다. 어떤 사람이 그 사람의 잘못이 아닌데도 처벌받고 배척당하는 경우가 있다. 예를 들어 보면 다음과 같다.

> 거절을 표현하는 것이 두려울 수 있지만 드러내는 것이 필요할 수도 있다. 한 개인이 없어지면 다른 구성원들이 조화롭게 어울릴 수 있다는 집단환상이 있고, 이로 인해 한 사람에게 나쁜 것이 모두 집중된다.
>
> (1987: 80)

그러나 만약 전이의 인식이 '처리'보다 먼저 발생할 수 있다면, Schaverien은 처리가 부정적이기보다는 긍정적일 수 있다고 주장한다. 미술 작품을 만드는 것은 '인식'을 할 수 있게 하는데, 이는 미술 작품이 내담자에 의해 만들어져 부정할 수 없기 때문이다. 그러나 그런 인식은 곧 사라질 수 있다(1987: 86).

Schaverien은 미술 작품의 파괴를 이렇게 묘사한다. "희생양을 만드는 전체적인 과정에서 진짜 기회를 제공하는 의미가 있는 행동이다. 미술 작품을 보관하는 것 또한 다른 형태의 처리 방법을 제공하는 의미 있는 행동이다." 그녀는 내담자가 "사람에게는 불가능한 방법으로 그림이나 미술 작품을 지배한다."라고 주장한다(1987: 87).

sign 표시 표시에서 기표와 기의 관계는 임의적이고 관습적이다. 예를 들어, 빨간 십자가(대개 흰색 바탕 위에 있는)는 영국에서 구급상자를 의미한다.

simile 직유 이것은 비슷하지 않은 두 개의 분명한 비교이다. 예를 들어 보면 다음과 같다. "그녀는 장미 같았다."

surrealist 초현실주의자 '초현실적'이라는 단어는 1970년대 대화에서 '엉뚱하다'를 대체하며 자연스러운 대중적 의미를 획득했다. 이는 인습타파주의적인 이미지를 가리킬 수 있다. 그 이미지들은 우리의 평상시 느긋한 감성에 충격을 준다. 초현실적인 이미지 아이콘의 예로, Meret Oppenheim의 털이 덮인 컵, 받침, 스푼과 Salvador Dali의 녹는 시계 또는 René Magritte의 'Ceci n'est pas une pipe'('이것은 파이프가 아니다') 혹은 그의 떠다니는 중절모 그림 중 하나를 들 수 있다. 초현실주의 예술 사조는 1920년대로 거슬러 올라간다. 예술가들은 정신분석의 '자유연상'이라는 아이디어를 예술에 적용하는 것을 추구하고, "논리와 합리로부터의 자유"와 연결되길 원했다(Brenton, 1924; Hogan, 2001: 94에서 언급). '무의식적으로 쓴 글(automatic writing)'이라고 불린 첫 번째 기법이 발달했고, 그러고 나서 이러한 아이디어들이 이미지에 적용되었다. 초현실주의는 현대의 미술치료의 발달에 공헌했다(Hogan, 2001).

symbol 상징 이것은 "실체가 없는 어떤 것을 표현하는 유형의 물체이다. 엠

블럼, 토큰, 사인 ……. 제안을 통해 아이디어나 기분을 표현하는 것으로, 그렇게 하지 않으면 표현할 수 없거나 이해할 수 없는 상태로 남아 있게 된다. 많은 비유가 만나는 지점을 의미한다."(Macquarie Dictionary, 1981: 1720) "대표하거나 묘사하거나 다른 것을 의미하는 어떤 것(그대로 닮은 것이 아니라 막연한 제안이나 어떤 우연적이거나 관습적인 관계에 의해), 특히 실체가 없거나 추상적인 것을 표현하거나 표현하기 위해 차용된 유형의 물체를 말한다." 예를 들어, 결혼반지는 결혼의 상징이 될 수 있다(Shorter Oxford English Dictionary, 1973: 2220).

정신분석 이론에서는 상징주의를 [무의식적인 마음의] 억압된 경향과 억압된 것 사이에 있는 정신 사이의 갈등에서 생성된 것이라고 본다. "오직 억압된 것만이 상징화된다. 오직 억압된 것만이 상징화될 필요가 있다……." (Rycroft, 1968: 162) 게다가 상징화된 물체나 활동은 "항상 기본적이거나 본능적이거나 생물학적인 흥미 중의 하나"라는 이론을 제시한다(1968: 163). 그러므로 '상징적'이라는 단어는 정신분석적 관점을 가지고 있는 작가에게 특정한 방법으로 사용된다.

상징주의를 환원주의적인 정신분석 이론과 지나치게 연결할 필요는 없다. 그러나 상징적인 표현은 모든 형태의 미술치료에서 매우 중요한데(단지 정신분석적 관점에서 작업하는 것뿐만 아니라), 이는 감정을 언급하고 언어적으로 표현하기 힘들거나 불가능한 생각들을 상징과 비유로 표현할 수 있기 때문이다. 상징은 다양한 의미가 있어 '쉽게 가늠할 수 없다.' Baldick은 문학적인 상징에 대해 언급했는데, 그의 초점이 이미지에도 동등하게 적용되었다. 그가 제안한 내용은 다음과 같다.

> 문학적 상징이 '나타내는' 어떤 아이디어가 고정된 의미를 편리하게 대체한다고 말하는 것은 너무 단순하다. 이것은 다양한 해석을 할 수 있는 주요한 이미지이다.
>
> (Baldick, 2001: 252)

그러므로 상징은 상호작용을 하는 풍부하고 복잡한 방법을 제공한다고 할 수 있다.

transference 전이 "환자가 그의 분석가[또는 미술치료사]에게 과거에 있던 대상으로부터 받은 느낌, 생각 등을 대체하는 과정", 이 과정을 전치라고 불렀다. 이 과정에서 내담자는 마치 치료사가 "그의 삶에 있었던 대상"인 것처럼 치료사와 관계를 맺는다. 정신분석에서는 초기 내사에 의해 획득된 대상 표상[대상에 대한 정신적인 표상]이라고 부른다(Rycroft, 1968: 168). 또는 좀 더 단순하게 내담자가 "원래 그들의 가족[혹은 중요한 다른 사람들]을 향한 것인데, 치료사와의 관계에서 감정 반응을 재경험하는 경향"이라고 한다(Tredgold & Woolf, 1975: 22). 이러한 느낌들은 치료사에게, 그리고 특정 이미지에 투사된다. 넓게 보면 이 용어는 치료사를 향한 내담자의 감정적인 태도를 묘사하는 데 사용될 수 있다(Rycroft, 1968: 168). 미술치료에서 내담자의 작품을 향한 그들의 태도는 치료사에 대한 그들의 감정만큼 굉장히 중요하다. 그러나 치료적인 관계의 모든 측면을 볼 때 전이의 변환은 나의 관점에서 보면 환원주의적일 가능성이 있다.

unconscious 무의식 무의식적 상태는 어떤 것의 발생이나 존재를 인식하지 않는 것이다. 즉, "일시적으로 의식하지 못하는" 상태이다(Shorter Oxford English Dictionary, 1973: 2406). 정신분석 이론에서 무의식적 과정은 거의 의식할 수 없고, 억압되거나 전의식(나중에 좀 더 쉽게 의식으로 떠오를 수 있는)적인 정신적인 자료라고 볼 수 있다. 이러한 정신적인 자료는 행동에 엄청난 영향을 줄 수 있다. "막연히 사용될 경우에 무의식은 비유적이고 의인화된 개념으로서 자아가 모르는 그 자체로 영향을 주는 독립체이다."(Rycroft, 1968: 173) 1920년대에 Freud는 의식적인 마음을 '에고', 무의식적인 마음을 '이드'(유용한 구분)라고 다시 이름을 붙였다. 이드는 '본능적인' 에너지와 기본 욕구에 대한 만족감과 관련되어 있고, 에고는 정신의 균형을 이루고 현실적이며 사회화된 측면이다. Rycroft는 왜 무의식이라는 용어의 사용이 문제가 될 가능성이 있는지에 대해 다음과 같이 논의했다.

> 첫째, 다른 구분들을 없애는 데 사용될 수 있고, 사용되고 있다. 예를 들어, '자발적인'과 '자발적이지 않은', '자신도 모르는'과 '의도적인', '자신을 의식하지 못하는'과 '자기의식'. 둘째, 회의적인 혼란을 불러일으킬 수 있다. **만약 어떤 사람[환자]이 무의식적인 동기가 있어서 일반적인 문제가 생겼다는 것을 수용한다면 그것에 대해 동의할 수밖에 없는 자기 자신을 발견할 것이다.** 왜냐하면 그가 인식하는 것과 일치하지 않는 사실이 그가 인식하지 않고 있는 부분을 정확하게 언급하지 못하게 한다. 결과적으로, 그는 실제적으로 찬성하지 않고 형식적으로 문제(설명)에 대해 동의할 수도 있다.
>
> (1968: 173; 나의 강조)

본문에서 논의된 바와 같이 이런 이유로 해석을 하는 것이 미술치료사들에게 문제가 될 수 있다. 무의식적 동기가 불러일으켜졌을 때 치료사가 해석을 하지 않는 것은 어렵다. Rycroft(1968)는 내담자가 "그들의 무의식적 동기에 대해 그들 중 어떤 것이 진실인지 어떻게 결정할지에 대해 아무런 생각 없이 무한한 가설을 세우고 즐기는" 문제에 대해 논의한다. 미술치료 구성원에 의해 이루어진 미술 작품에 대한 해석은 그 혹은 그녀의 인식에 생각과 감정이 닿을 때 훨씬 적절하다. Rycroft가 앞에서 제시한 것처럼 내담자의 행동에 대한 '무의식적' 동기에 초점을 맞추지 않는 다른 이유는 작품이 너무 대충 만들어져서 내담자가 자신의 심리적인 동기와 복잡성을 탐색하는 것을 방해하기 때문이다. 나의 의도는 정신분석적인 접근으로 돌아가려는 것이 아니다. 이 용어를 사용하는 것이 함축하고 있는 개념적인 위험성을 지적하려는 것이다. 본문에서 논의된 바와 같이 미술이나 담론에서 무엇이 무의식적인지에 대해 가정하는 것은 문제가 될 소지가 있다. 제13장에서 나는 습관이라고 부르는, 우리가 무엇을 '무의식적으로' 가져오는가에 대해 또 다른 방법을 강조한 Pierre Bourdieu의 공헌을 논의했다. 이것은 "구현된 역사이다. 두 번째 본성으로 내면화되어 역사로서 잊힌, 전체의 활성화된 현재"이다(Bourdieu, 1990: 56). 그것은 우리의 의식적인 마음 혹은 의식에조차 있을 필요가 없는 습관적인 삶의 방법들을 상기시킨다. 미술치료에서 구현(embodiment)에 대한 강조가 증가하면서 Bourdieu의 아이디어가 우리에게 유용할지 모른다.

참고문헌

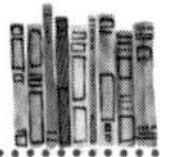

Baldick, C. (2001). *Concise Dictionary of Literary Terms*. Oxford: Oxford University Press.

Belsey, C. (1980). *Critical Practice*. London: Routledge.

Culler, J. (1983). *On Deconstruction: Theory and Criticism*. London: Routledge and Kegan Paul.

Douglas, M. (1994). The construction of the physician. In S. Budd & U. Sharma (Eds.), *The Healing Bond* (pp. 23–41). London: Routledge.

Gee, J. P. (1999). *An Introduction to Discourse Analysis: Theory and Method*. London: Routledge.

Hadjinicolaou, N. (1978). *Art History and Class Struggle*. London: Pluto.

Harris, R. (1996). *Signs, Language and Communication*. London: Routledge.

Henzell, J. (1984). Art, psychotherapy and symbol systems. In T. Dalley (Ed.), *Art as Therapy: An Introduction to the Use of Art as a Therapeutic Technique* (pp. 12–23). London: Tavistock Publications.

Hogan, S. (Ed.) (1997). *Feminist Approaches to Art Therapy*. London: Routledge.

Hogan, S. (2001). *Healing Arts: The History of Art Therapy*. London: Jessica Kingsley Publishers.

Hogan, S. (2008). Angry mothers. In M. Liebmann (Ed.), *Art Therapy and Anger* (pp. 197-210). London and Philadelphia: Jessica Kingsley Publishers.

Hogan, S. (2011a). Feminist art therapy. In C. Wood (Ed.), *Navigating Art Therapy: A Therapist's Companion* (pp. 87-8). London: Routledge.

Hogan, S. (2011b). Postmodernist but not postfeminist! A feminist postmodernist approach to working with new mothers. In H. Burt (Ed.), *Art Therapy and Postmodernism: Creative Healing Through a Prism* (pp. 70-82). London: Jessica Kingsley Publishers.

Hogan, S., & Warren, L. (2012). Dealing with complexity in research findings: How do older women negotiate and challenge images of ageing? *Journal of Women and Ageing*, *24*(4), 329-50.

Laine, R. (2007). Image consultation. In J. Schaverien & C. Case (Eds.), *Supervision of Art Psychotherapy: A Theoretical and Practical Handbook* (pp. 119-37). London: Routledge.

Laine, R. (2011). Amplification. In C. Wood (Ed.), *Navigating Art Therapy: A Therapist's Companion* (p. 14). London: Routledge.

The Macquarie Dictionary. (1981). Chatswood: Macquarie University.

Malchiodi, C. (1997). Invasive art: Art as empowerment for women with breast cancer. In Hogan S. (Ed.), *Feminist Approaches to Art Therapy* (pp. 49-64). London: Routledge.

McNeilly, G. (1984). Directive and non-directive approaches in art therapy. *Inscape: Journal of Art Therapy,* Winter, 7-12.

McNeilly, G. (2005). *Group Analytic Art Therapy*. London: Jessica Kingsley Publishers.

Richardson, L. (2011). Resonance. In C. Wood (Ed.), *Navigating Art Therapy: A Therapist's Companion* (p. 201). London: Routledge.

Rycroft, C. (1968). *A Critical Dictionary of Psychoanalysis*. London: Thomas Nelson and Sons.

Schaverien, J. (1987). The scapegoat and the talisman: Transference in art therapy. In T. Dalley, C. Case, J. Schaverien, F. Weir, D. Halliday, P. N. Hall, & D. Waller (Eds.), *Images of Art Therapy: New Developments in Theory and Practice* (pp. 74-108). London: Tavistock.

Schaverien, J. (2011). Embodied image. In C. Wood (Ed.), *Navigating Art Therapy: A Therapist's Companion* (p. 80). London: Routledge.

Shorter Oxford English Dictionary. (1973). Oxford: Oxford University Press.

Tredgold, R., & Wolff, H. (1975). *UCH Handbook of Psychiatry*. London: Duckworth.

Williams, R. (1981). *Keywords: A Vocabulary of Culture and Society*. London: Fontana.

Wood, C. (2011). Empathy. In C. Wood (Ed.), *Navigating Art Therapy: A Therapist's Companion* (p. 81). London: Routledge.

웹 사이트

Dictionary.com (n.d.) http://dictionary.reference.com/browse/metaphor (accessed 23/11/11).

Molnos, A. (1998). A Psychotherapist's Harvest. http://www.net.klte.hu/~keresofi/psyth/a-toz-entries/parataxic_distortions.html (accessed 23/11/11).

찾아보기

인명

내용

저자 소개

Susan Hogan은 미술치료학 석사학위, 예술 행정(예술 정책 및 관리) 석사학위, 사회과학 연구 방법(사회 정책 및 사회학) 석사학위를 취득했다. Aberdeen 대학교에서 문화사학(광기와 예술에 관한 아이디어의 역사)으로 박사학위를 취득했다. 또한 집단-분석 심리치료에 대한 추가 교육을 제공했다. 그녀는 건강전문위원회(UK)에 초빙되어 6년간 활동했다. 호주국립미술치료협회(ANATA)의 부회장을 역임했고, 영국미술치료사협회(BAAT)의 지역 코디네이터로도 재직했다. 그녀는 여러 미술치료 교육 과정을 준비하는 데 도움을 주었다.

Susan은 1985년에 미술치료사 자격을 취득했다. 영국의 '치료 공동체 운동'과 관련된 정신과 의사인 Maxwell Jones와 함께 일했던 또 다른 정신과 의사인 Peter Edwards와 함께 집단 작업 및 경험적 학습에 대해 특별한 관심을 가졌다. 그녀는 현재 Derby 대학교의 문화예술대학 교수로 재직 중이며, 경험적 워크숍과 미술치료 훈련 중 폐쇄 집단의 구성 요소를 만들었다. 이 훈련 과정은 Diane Weller 교수가 묘사한 집단 상호작용 접근방식에 기반을 두고 있다(이 책에 요약되어 있다). 현재는 슈퍼비전과 연구에 전념하고 있다.

그녀는 임산부 및 최근에 출산한 여성들과의 작업을 통해 여성을 지원하는 미술치료 집단을 제공하고, 임신과 모성으로 인해 변화된 자아 정체성과 성에 대해 탐색할 수 있는 기회를 제공했다. 이 주제와 관련하여 여러 출판물을 발간했다.

Susan은 1990년부터 New South Wales 대학교, Sydney 공과대학교, Macquarie 대학교, the National Art School Sydney 등 여러 기관에서 근무했다.

그녀의 연구 분야는 치유 미술이다. 「치유 미술: 미술치료의 역사(Healing Arts: The

History of Art Therapy)』(2001)에 대해 고인이 된 정신의학 교수인 Roy Porter는 '앞으로 더 인정받게 될 훌륭한 논문'이라고 설명했다. 다른 출판물로는 『미술치료에 대한 페미니스트 접근법(Feminist Approaches to Art Therapy)』(편집자, 1997), 『미술치료의 성 문제(Gender Issues in Art Therapy)』(편집자, 2003), 『산모 일기: 임신과 모성에 대해 생각하기(Conception Diary: Thinking About Pregnancy and Motherhood)』(2006), 『미술치료에 대한 페미니스트 접근법 재검토(Revisiting Feminist Approaches to Art Therapy)』(편집자, 2012), 그리고 『미술치료 이론(Art Therapy Theories)』(2015)이 있다. 현재 Sheffield 대학교의 사회학자들 및 Nottingham 대학교의 정신건강 재활 분야의 예술 및 인문학 분야 연구자들과 함께 노화에 대한 여성의 경험을 공동 연구하고 있다. 또한 여성과 정신이상 이론에 관한 다수의 학술지와 논문을 발표했다.

특히 고인이 된 시어머니인 Mary Douglas 교수의 인류학적인 연구에 영향을 받은 Susan의 연구는 미술치료에 사회, 인류학 및 사회학적 아이디어를 적용함에 있어 혁신적이었고, 환원주의적인 심리 이론의 기반을 세우는 데 기여한 바 있다.

• • • • • • • • • • •

Annette M. Coulter는 호주로 여행하기 전 영국 Griffith 대학교(Queensland College of Art, 이전 명칭)에서 순수 미술을 전공했으며, Hertfordshire 대학교(Hertfordshire College of Art and Design, 이전 명칭)에서 미술치료 전문 대학원 학위와 Birmingham City 대학교(Birmingham Polytechnic, 이전 명칭)에서 미술치료 전문가 과정을 마쳤다. 그녀는 호주/뉴질랜드미술치료협회(ANZATA), 미국미술치료협회(AATA) 및 한국미술치료협회(KATA)의 공인 미술치료사이다. 또한 가족치료사로서 호주의 심리치료 및 상담연맹(PACFA), 호주 상담 및 심리치료사(ARCAP)에 등록되어 있다.

그녀는 영국미술치료사협회(BAAT)의 자문위원회 총무 및 협회 사보 편집자로 활동했다. 고립된 환경에서 활동했던 경험을 바탕으로 호주미술치료협회(현재 ANZATA)와 국제 네트워킹 그룹(INGAT)을 공동 설립했다.

그녀는 1976년부터 임상 미술치료사로 일해 왔다. 성인 정신건강, 치료적 커뮤니티, 낮 병원, 지적장애, 아동 정신의학, 소년원, 아동 상담소, 복지관, 임상현장에서의 미술치료 수련생 교육 및 슈퍼바이저로서의 임상 경험이 있다. 분석 집단 작업, 가족치료, 심리극(사이코드라마), 모래놀이 및 아동 · 청소년의 정신분석적 심리치료를 전문적으로 발전시키고 있다. 또한 상호작용 드로잉치료(IDT) 훈련 과정을 마쳤으며, IDT 강사 및 슈퍼바이저이다.

그녀는 어린이, 청소년 및 그 가족들과 전문적으로 일했으며, 8년 동안 정서장애 아동을 위한 입원 병동에서 개인, 가족 및 집단 미술치료를 진행했다. 또한 다양한 배경의 학생들의 슈퍼비전을 진행했다. 그녀는 소외된 품행장애 남자 청소년을 위한 기숙학교에서 근무했고, 13년간 호주에서 청소년 및 가족상담 서비스를 조직했으며, Relationship Australia의 임상 코디네이터였다.

또한 1983년부터 미술치료 교육 전문가로 활동했고, 초기에는 Queensland College of Art의 미술학부 과정에서 미술치료를 선택할 수 있도록 개설했다. 창립 첫해에 Edith Cowan, Perth 및 Western Sydney 대학교의 미술치료 석사 과정의 임상 코디네이터 및 교육 과정 코디네이터로 근무했으며, 최근에는 싱가포르 LaSalle College of the Arts의 동남아시아 미술치료 전공의 첫 미술치료 석사 과정 프로그램 지도자로 활동했다. 현재 호주의 블루 마운틴에서 개인, 부부, 가족 및 집단 미술심리치료의 상담, 감독 및 교육을 제공하고 있다.

Annette의 최근 출판물은 다음과 같다. 『청년 현대 미술치료(Contemporary Art Therapy with Transient Youth)』(in H. Burt, 미술치료와 포스트모더니즘: 프리즘을 통한 창조적 치유, 2011), 『돌아왔으나 돌아오지 않았다−전쟁에서 돌아오기』(in M. Liebmann, 미술치료와 분노, 2008), 『부부미술치료: 차이점을 보는 것은 차이를 만든다』(in E. Shaw & J. Crawley, 호주 커플미술치료: 혁신적 접근법, 2007), 그리고 「호주 미술치료: 확대 가족」(호주/뉴질랜드 미술치료 연구지, 2006), 10월, 1(1), 8-18.

역자 소개

대표 역자 하은혜(Eun Hye Ha)

University of California, Berkeley 방문교수

연세대학교 심리학과 학사, 석사, 박사

세브란스병원 정신과 임상심리학 수련

보건복지부 정신보건임상심리사 1급

한국심리학회 임상심리전문가

한국인지행동치료학회 인지행동치료전문가

현 숙명여자대학교 아동복지학부 교수

곽진영(Jin Young Kwak)

숭실사이버대학교 상담심리학과 겸임교수

연세신경정신과 미술치료사

숙명여자대학교 아동심리치료전공 석사, 박사

Parsons School of Design 학사

한국미술치료학회 임상미술심리상담사 1급

현 숙명여자대학교 심리치료대학원 미술치료학과 겸임교수

김효식(Hyo Sik Kim)

Long Island University 미술치료 석사

고려대학교 사범대학 학사

미국 공인 미술치료사(Registered Art Therapist, ATR)

한국미술치료센터 연구원

성신여자대학교 평생교육원 미술치료 강사

현 해솔클리닉 미술치료사

임상 적용을 위한 미술치료의 이해

The Introductory Guide to Art Therapy

-Experiential Teaching and Learning for Students and Practitioners-

2019년 3월 25일 1판 1쇄 인쇄
2019년 3월 30일 1판 1쇄 발행

지은이 • Susan Hogan · Annette M. Coulter
옮긴이 • 하은혜 · 곽진영 · 김효식
펴낸이 • 김진환
펴낸곳 • ㈜ 학지사
04031 서울특별시 마포구 양화로 15길 20 마인드월드빌딩
대표전화 • 02-330-5114 팩스 • 02-324-2345
등록번호 • 제313-2006-000265호

홈페이지 • http://www.hakjisa.co.kr
페이스북 • https://www.facebook.com/hakjisa

ISBN 978-89-997-1805-2 93180

정가 19,000원

이 도서의 국립중앙도서관 출판시도서목록(CIP)은 서지정보유통지원시스템 홈페이지(http://seoji.nl.go.kr)와 국가자료공동목록시스템(http://www.nl.go.kr/kolisnet)에서 이용하실 수 있습니다.
(CIP 제어번호: CIP2019008974)